PETIT MANUEL

À L'USAGE DE

CEUX QUI VIVENT RETIRÉS DU MONDE

Alan et Gill Bridgewater

LAROUSSE

21 rue du Montparnasse 75283 Paris Cedex 06

ÉDITION ORIGINALE

The Self-Sufficiency Handbook
© 2007 New Holland Publishers Ltd, London
Texte © Alan & Gill Bridgewater

ÉDITION FRANÇAISE

Traduction et adaptation pour la version française
Catherine Maillet

Direction éditoriale
Catherine Delprat

Édition
Agnès Dumoussaud

Direction artistique
Emmanuel Chaspoul

Mise en pages
Jean-Yves Grall

Couverture
Véronique Laporte

Lecture-correction
Édith Zha

Fabrication
Donia Faiz

ISBN : 978-2-035-87904-2

Sommaire

LES PETITS ÉLEVAGES 166

DES PRODUITS FAITS MAISON 192

ANNEXES 228

Avant-propos

« Dans les années 1960, lorsque je fis la connaissance de Gill, une impression de liberté toute neuve baignait dans l'air. Nous étions persuadés que nous ferions mieux que les générations précédentes. Je me souviens de discussions animées où nous évoquions les temps très proches où, faute de pétrole, nous serions obligés de changer notre mode de vie pour habiter, qui sait, dans des cabanes de bois, avec des chevaux au lieu de voitures. Nous pensions que la société de consommation s'accaparait les ultimes ressources de la planète. Depuis le début de la révolution industrielle, nous n'avions cessé de nous approprier des richesses, puis de déverser des déchets : nous avions ainsi fait main basse sur le charbon et laissé les résidus derrière nous, puisé le pétrole et laissé la pollution, pris la richesse de la terre avant de la laisser complètement épuisée, détruit les forêts...

Comment passer d'une société vorace, gloutonne, qui profite au maximum sans rien donner en échange, à une société plus soucieuse de son environnement et moins égoïste ? Telle était la grande question. À l'époque, Gill et moi avions pour livre de chevet Walden ou la Vie dans les bois de Henry Thoreau. Dans cet ouvrage publié en 1854, Thoreau décrit comment, après voir décidé de s'installer dans une cabane dans un arbre pour y vivre en autarcie, il s'était préoccupé du moindre détail, depuis l'orientation par rapport au soleil jusqu'aux possibilités de survie avec une nourriture composée uniquement de poisson et de haricots. Mais surtout, Thoreau remettait en cause beaucoup de choses – l'agriculture sur brûlis, le développement des voies ferrées et des villes, tout cela au détriment de la nature. Cette idée d'indépendance complète – sans connexion à un quelconque réseau d'approvisionnement – nous séduisait.

Dans les années 1970, nous habitions dans une maison à moitié délabrée au milieu d'une prairie, sans eau courante, sans électricité, en fait avec pratiquement rien, si ce n'est deux enfants en bas âge et l'idée bien arrêtée de vivre en autarcie. Tout semblait si simple ! Nous pensions pouvoir arranger la maison, installer un atelier, creuser un puits, construire un moulin à vent, faire pousser nos légumes, élever des poules, bref, nous étions supposés ensuite vivre heureux jusqu'à la fin de nos jours... L'idée n'était pas de se marginaliser pour retourner à l'ère préindustrielle, mais plutôt, comme Robinson Crusoé arrivant sur son île, de prendre ce qu'il y avait de mieux et de l'utiliser pour créer un monde nouveau.

Adoptant une démarche inspirée de Thoreau et de Robinson Crusoé, nous mettions les problèmes à plat, nous cherchions une solution par nous-mêmes ou en discutant avec des gens plus âgés qui avaient vécu sans eau et sans électricité. Nous nous interrogions sur les éventuels impacts sur l'environnement, et nous adaptions notre existence à tout cela. Bien sûr, nous étions influencés par nos expériences précédentes. Quand j'étais enfant, par exemple, j'habitais à la campagne avec mes grands-parents, et j'avais l'impression que les gens étaient heureux sans eau courante et sans voitures, sans télévision ni lave-vaisselle.

Naturellement, tout n'a pas toujours été simple : des bêtes mouraient, nous nous retrouvions à court d'argent, nous ne demandions pas conseil à la bonne personne… mais chaque expérience, bonne ou mauvaise, enrichissait nos connaissances. Au début, les gens comme nous étaient traités de hippies chevelus, mais petit à petit, en particulier avec la crise pétrolière des années 1970, les médias et l'opinion publique commencèrent à accepter l'idée d'une autre voie. La plupart des gens étaient d'accord sur le fait que notre société était en train de brûler des ressources irremplaçables et, ce faisant, de tuer la planète à petit feu.

Qu'en est-il aujourd'hui, dans les années 2000, avec une bonne trentaine d'années de recul ? Les réserves de pétrole s'amenuisent de plus en plus, il y a plus de voitures que jamais, la pollution augmente, le réchauffement climatique s'accroît, la déforestation s'accélère, les gens sont stressés par une vie de plus en plus trépidante, et des produits alimentaires de mauvaise qualité, fabriqués industriellement, se révèlent nocifs. Le côté positif est que l'écologie, le recyclage et la protection de la nature, considérés dans les années 1960 comme l'apanage de quelques illuminés végétariens, sont aujourd'hui dans l'air du temps et considérés comme des valeurs sûres, d'avenir.

Des questions pratiques se posent maintenant. Comment se libérer des réseaux ? Comment chauffer nos maisons sans gaz et sans pétrole ? Comment cultiver notre jardin sans produits chimiques ? Comment optimiser le recyclage ? Et non seulement nous avons les réponses, mais les gouvernements et les courants de pensée dominants nous encouragent dans cette voie. Dans les années 1970, quand nous cherchions une turbine pour une éolienne, il n'existait qu'un ou deux modèles, très coûteux et fonctionnant plus ou moins bien. Il y en a désormais des centaines sur le marché, et en plus il existe des subventions ou des crédits d'impôt si on en installe !

Mais cette recherche de l'autarcie n'a rien d'une théorie « barbante » de plus. L'idée est de retrousser ses manches et de s'amuser, de réduire ses dépenses, de manger mieux et de faire sa part de « révolution verte ». Jamais ces objectifs n'ont été plus de circonstance. Nous espérons que ce livre vous inspirera sur le chemin de l'autosuffisance et vous aidera à réaliser vos rêves. »

Les auteurs

Cepes 06
Compote de

Vivre à la campagne

Le lieu **idéal**

Si vous avez le choix de vivre en autarcie, vous ne pourrez pas vous contenter de réfléchir vaguement à ce projet à vos moments perdus. Il faut que cette aventure vous passionne, envahisse votre vie entière, devienne une véritable obsession. Quand vous aurez dépassé le stade où l'imagination se lance dans les directions les plus audacieuses, alors, et alors seulement, vous pourrez commencer à envisager les choses concrètement.

Se poser les bonnes questions

> Combien de **terrain** vous faut-il ?

> Le **lieu** de vos rêves est-il en pleine campagne ou en périphérie d'une petite ville ? Est-ce un endroit très isolé ou y a-t-il des voisins à proximité ?

> Êtes-vous tenté par l'idée de renoncer à vous approvisionner en **eau**, en **gaz** et en **électricité** par des réseaux de distribution ?

> Votre projet est-il réalisable **sans déménager**, juste en louant un bout de terrain supplémentaire ?

> Souhaitez-vous intégrer une **communauté** vivant déjà en autarcie ?

> Allez-vous continuer **à travailler** par ailleurs ?

> Vos **ressources financières** sont-elles suffisantes pour vivre en autarcie ?

> Êtes-vous prêt à vivre sans voisin ?

De quelle superficie avez-vous besoin ?

Tout dépend de l'emplacement, du climat, de la qualité de la terre et de vos besoins.

Une parcelle de 250 m^2 de terre riche pourrait à la rigueur suffire à couvrir la totalité des besoins alimentaires d'une personne seule. Elle lui permettrait en outre de vivre en vendant le produit de ses récoltes ou en les échangeant contre d'autres denrées.

Pour deux personnes comptez à peu près 1 hectare (10 000 m^2). Mais là encore, si ces deux personnes achetaient des bois non débroussaillés et décidaient de faire commerce, pour en vivre, de poteaux, de pieux ou d'objets façonnés au tour à bois, elles pourraient s'en sortir avec un peu moins de surface… Si au contraire dans ce lieu de rêve, elles comptaient pêcher, élever des chevaux, des moutons et des poulets, il leur faudrait beaucoup plus d'espace.

Tout dépend donc de votre rêve personnel et bien sûr de vos possibilités financières, mais l'idéal serait que le terrain soit… aussi vaste que possible. La vérité, quand on y regarde d'un peu plus près, est que la plupart de ceux qui aspirent à se retirer du monde sont conduits par les circonstances à rechercher plutôt une propriété rurale entourée de terres qu'une petite ferme. L'immense majorité choisira une maison avec 1,2 à 2 hectares de terrain. Or, ce genre de propriété s'accompagne généralement de terres de faible rendement.

Pour résumer, en cherchant le lieu de vos rêves, vous devez être prêt à des compromis. Envisagez scrupuleusement toutes les possibilités, y compris celles qui « ne conviennent pas tout à fait », et préparez-vous à contourner les difficultés les plus évidentes. La maison est dans un état épouvantable ? Comment cela peut-il s'arranger, quels sont les travaux indispensables ? Il est toujours possible d'en louer une partie. Même une affaire qui dépasse votre budget mérite d'être considérée.

Si au contraire il n'y a pas assez de terrain, vous pouvez peut-être louer ce qui vous manque. Avant tout, gardez l'esprit ouvert. Et ne perdez jamais espoir.

Un simple jardin peut-il faire l'affaire ?

La réponse est oui, sans hésiter. Jetez un coup d'œil au dessin ci-dessous. Vous verrez que l'on peut tirer profit d'un jardin, même petit. Considérez votre parcelle et commencez par établir un calendrier des activités et cultures sur une année, en vous posant trois questions : quoi ? où ? comment ? Il vous faudra beaucoup d'organisation, car chaque recoin devra être exploité. Quant à l'élevage, une sélection drastique s'impose. Vous n'aurez pas forcément assez d'espace pour élever une vache, mais pourquoi pas une chèvre, une

> *« Ma première tentative de vie en autarcie se fit dans une maison d'accès difficile, entourée de 500 m² seulement d'une terre pauvre et marécageuse. Mon épouse et moi-même approchions de la trentaine, nous avions deux jeunes enfants. Je gagnais ma vie en faisant des conférences et, pour être honnête, ce sont mes revenus réguliers qui ont rendu les choses possibles. Mon épouse pouvait rester à la maison pour faire du tissage, je faisais de la poterie pendant les congés d'été et nous nous occupions tous les deux de nos garçons. Nous avions entrepris aussi d'élever des poules, des oies, des moutons et des chèvres. Bien sûr, ce n'était pas facile, mais comme nous vivions hors réseaux d'approvisionnement en énergie, aucune facture ne venait grever notre budget. »*
>
> *Les auteurs*

La parcelle idéale

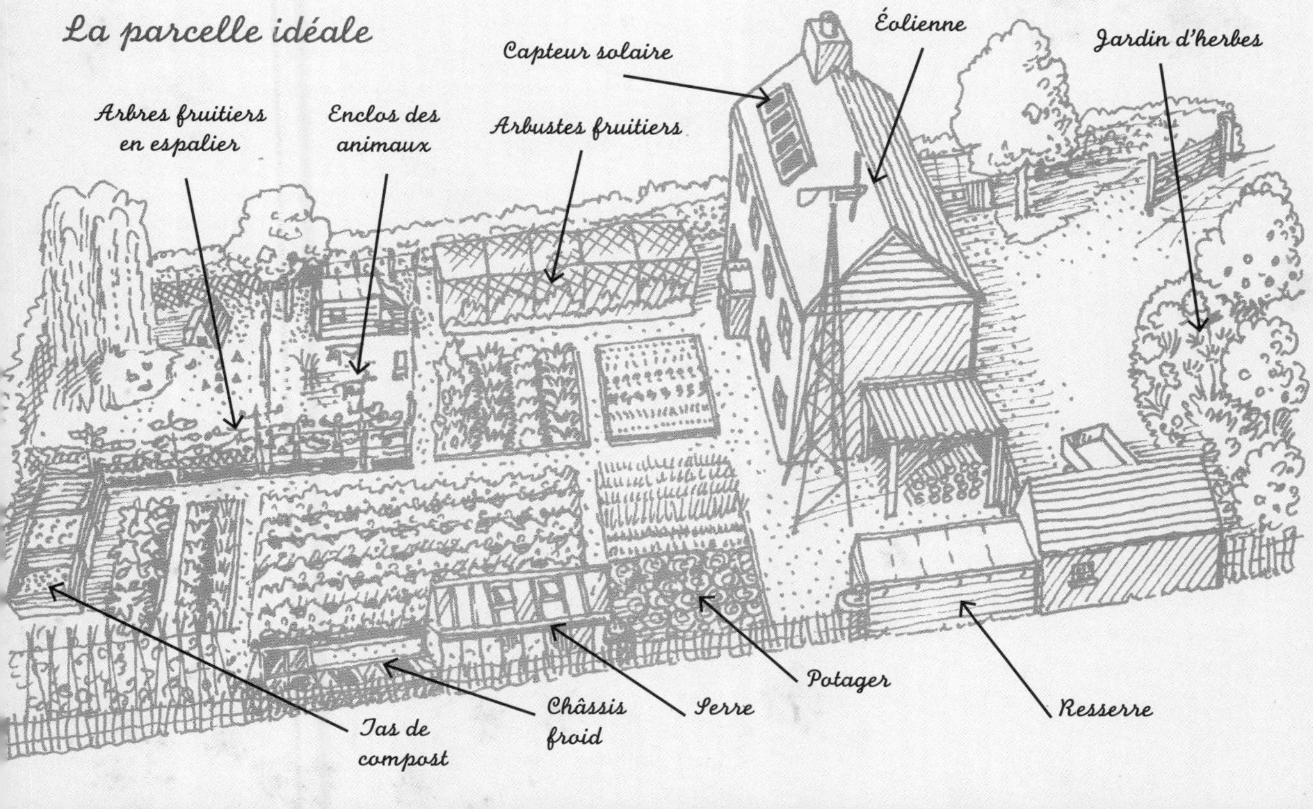

demi-douzaine de poules, peut-être même de prélever le miel d'une ou deux ruches ? Et qui sait si vous ne pourrez pas vendre aux voisins des œufs bio, du miel et du fromage de chèvre ?

La période d'essai

Vous avez décidé de partir vivre au milieu des bois, ou au bord de la mer... et vous hésitez à dynamiter le pont derrière vous. Bonne nouvelle, rien ne vous y oblige. Mieux vaut, en tout état de cause, prévoir une période d'essai. Imaginons que vous soyez propriétaire, ou en passe de le devenir, d'une maison en ville, et que votre rêve soit d'émigrer dans le Sud pour cultiver des amandes. La prudence consiste à mettre en location votre maison actuelle et à utiliser les fonds pour louer quelque chose dans la région de vos rêves. Vous apprendrez ainsi à connaître cette région et ses habitants. Le rêve ne deviendra pas complètement réalité, mais vous aurez une idée précise de la topographie, du climat, vous aurez pu discuter avec les agriculteurs de la qualité de la terre et des marchés locaux ; vous en saurez davantage sur les commodités (écoles, commerces, etc.). Et si à la fin de la période d'essai, vous réalisez que cet endroit n'est pas le bon, il sera toujours temps de faire machine arrière et de redémarrer ailleurs.

Le bon moment pour acheter

Le meilleur moment de l'année pour acheter une propriété est la fin de l'été, au moment où les propriétaires commencent à s'inquiéter de ne pas avoir vendu avant l'hiver et à considérer les surcoûts que cela représente pour eux. Si vous faites une offre à ce moment-là, à un prix un peu plus bas que celui demandé, vous avez de bonnes chances de remporter l'affaire. Mais ne tardez pas trop, car si vous attendez le mois de décembre, vous risquez de vous trouver face à des propriétaires ayant décidé de passer les fêtes de fin d'année

L'importance de l'eau

L'approvisionnement le plus simple consiste à être relié à un réseau de distribution, mais il est possible aussi d'utiliser l'eau d'un puits, d'une source, de recueillir l'eau de pluie dans une citerne, ou de capter l'eau d'une rivière ou d'un torrent coulant sur votre terrain.

• Le réseau de distribution
Solution simple, à défaut d'être économique. Coûteuse en particulier si vous avez du bétail. Si vous n'avez pas le choix, la meilleure chose à faire est de l'utiliser avec parcimonie, et d'essayer de dépenser moins en ayant recours conjointement à une autre source d'approvisionnement. Sachez qu'en France, partout où le réseau de distribution existe, vous avez obligation de vous y raccorder, et même si vous ne consommez pas d'eau, vous devrez payer la location du compteur.

• Le puits
S'il y a un puits, qui a bien dû être utilisé à un moment donné, cela signifie en principe qu'il y a de l'eau... Pompez toute l'eau et voyez combien de temps il met à se remplir à nouveau. Cela vous donnera une idée de l'importance de la nappe phréatique. Prenez contact avec les autorités sanitaires et faites analyser l'eau.

• Les puits forés
Il est relativement coûteux de faire forer un puits, et en plus, vous n'êtes même pas sûr que vous pourrez en tirer de l'eau, ni que celle-ci sera potable. Certaines entreprises sont prêtes à faire le travail sous condition de résultat. La réglementation est sévère : il faut déclarer le puits aux autorités, il devra être muni d'un compteur et répondre à certains critères de forage.

• La citerne
Une citerne n'est ni plus ni moins qu'un réservoir où l'on recueille et stocke l'eau. C'est une bonne solution si vous habitez dans une région de fortes pluies. En complément, la citerne permet de réduire la facture d'eau du réseau de distribution.

• Les torrents et rivières
Il est souvent possible de capter l'eau d'une rivière ou d'un torrent passant sur votre propriété, à condition d'en demander l'autorisation aux autorités locales et, cela va sans dire, de faire analyser l'eau.

« Je me souviens de deux petites propriétés voisines, toutes les deux sur une butte de terre, de part et d'autre d'une route allant d'est en ouest. Les deux propriétés se font face, séparées par la route. Les deux sont prospères, mais celle qui est au sud de la route, dont la maison et la terre sont au sud de la butte de terre, est mieux placée, car la face arrière de la maison ainsi que le jardin et tout le terrain sont abrités des vents du nord et orientés vers le soleil. La maison du côté du nord, elle, est désavantagée, parce que les vents montent sur la colline et soufflent sur la façade arrière. Si vous étudiez attentivement les deux propriétés et les vieilles cartes, vous verrez que ces avantages et inconvénients de la topographie se retrouvent dans leurs noms : celle du côté nord, par exemple, s'appelle « Domaine des grands vents », tandis que celle qui est au sud s'appelle « Versant ensoleillé ». Celle côté sud abrite un verger depuis plus de cent ans, tandis que de l'autre côté poussent toujours de luxuriantes prairies. Acheter l'une ou l'autre des deux propriétés serait un bon choix, mais l'une est plus facile à exploiter que l'autre. »

Les auteurs

dans leur maison et ensuite de patienter jusqu'aux beaux jours, pour vendre quand les prix auront remonté. Sachez bien de quel budget vous pourrez disposer ; bref, faites en sorte que les arrangements financiers soient aussi aboutis que possible afin de pouvoir foncer et conclure rapidement une affaire si elle se présente.

L'exposition

Dans nos contrées de l'hémisphère Nord, l'idéal, tant pour la maison que pour le terrain, est d'être protégé au nord par une élévation de terrain, de telle sorte que la façade de la maison et les meilleures terres soient face au sud, en pente douce.

Quand le moment sera venu pour vous de choisir pour de bon, étudiez les cartes, promenez-vous encore et encore dans les environs, parlez aux voisins, regardez comment les lieux sont exploités, observez les bâtiments, regardez comment les arbres poussent – sont-ils couverts de mousse ou balayés par le vent ? D'une manière générale, essayez d'en savoir le plus possible sur la propriété que vous songez à acquérir.

Vérifier l'orientation de la parcelle

BIENVENUE

Se lancer en famille ou avec des amis

Si vous êtes un peu juste financièrement ou si vous avez en tête une « entreprise » importante demandant beaucoup de main-d'œuvre, partir avec des amis ou en famille, et former une sorte de mini-communauté, est une solution envisageable. Bien sûr, cela dépend beaucoup de votre situation personnelle et des circonstances, mais supposons que vous soyez un couple lambda, au budget limité, et que les parents de l'un ou l'autre d'entre vous soient disposés à contribuer au financement des terres et à lier leur destin au vôtre. Il s'agit d'un scénario très courant, qui ne convient pas à tout le monde mais présente de nombreux avantages. Les gens plus âgés ont en effet davantage l'expérience de la vie, ils peuvent disposer de plus d'argent et de temps libre. Par ailleurs, nombre de tâches sont plus faciles à exécuter avec des bras supplémentaires.

Mieux vaut prévenir...

Tenter l'aventure avec des amis est beaucoup plus compliqué. Mon expérience m'a appris que ce genre d'arrangement gagnait toujours à être assorti d'une sortie de secours possible, afin que le cas échéant les membres du groupe ayant perdu leurs illusions puissent se retirer de l'affaire. Fixez de façon légale les règles de fonctionnement de votre association.

Cette propriété, composée d'une maison principale et d'une annexe, est assez grande pour que deux familles puissent y vivre et y travailler.

Les points à débattre

- Peut-être avez-vous besoin de l'argent de vos parents ou de vos beaux-parents, mais pourrez-vous travailler avec eux ? Avez-vous déjà vécu et travaillé avec eux ?
- Si vous décidez de partir en famille ou avec des amis, vous devrez tous faire des concessions. Chacun devra avoir son domaine de responsabilité, mais il faudra tout de même que quelqu'un prenne les commandes.
- Il est essentiel qu'il y ait assez d'espace à vivre pour que chacun puisse se retirer dans une zone privée.
- Si vous partez avec vos parents, que se passera-t-il si l'un d'entre eux vient à mourir ? Faudra-t-il vendre la propriété ? En quoi votre arrangement risque-t-il d'affecter d'autres membres de la famille ?
- Si vous partez avec des amis, que se passera-t-il si les uns ou les autres souhaitent récupérer leurs fonds ?
- Acheter un endroit où deux couples peuvent vivre chacun dans sa maison est une bonne solution. Est-ce pour autant envisageable ?

Les pièges à éviter

Le droit de passage

L'idéal serait que la voie d'accès à votre propriété et à l'ensemble de vos terres vous appartienne et que cela soit consigné dans l'acte de propriété. Faute de mieux, vous devrez vous contenter d'un droit de passage pour aller de la route jusqu'à votre propriété. En ce qui concerne les servitudes de passage, il est préférable que vous n'en ayez pas sur vos terres. Assurez-vous que tout cela soit bien consigné sur le titre de propriété et, le cas échéant, que soit établi un acte définissant le tracé des sentiers grevés d'une servitude de passage. Renseignez-vous aussi pour savoir si les sentiers publics passant chez vous ne risquent pas de vous empêcher d'élever des animaux, par exemple. En cas de doute sur la question des droits de passage, n'hésitez pas à consulter le cadastre.

Les trop proches voisins

En ville, les voisins représentent parfois un problème : trop nombreux, trop proches, on se passerait bien de certains. À la campagne, au contraire, les voisins sont indispensables. Bien sûr, vous n'avez pas envie d'une proximité trop importune, mais il viendra un moment où vous aurez besoin de leur aide ou eux de la vôtre.

Si votre maison et votre propriété faisaient jadis partie d'un ensemble plus vaste – si, par exemple, votre maisonnette est construite juste à côté d'une grande ferme –, votre terrain est encerclé, et vous avez toujours à proximité des gens plus expérimentés pour vous conseiller. Vous allez certes avoir besoin de conseils, mais il faut aussi que vous puissiez apprendre par vous-même.

Vous n'avez nul besoin d'avoir quelqu'un sur le dos en permanence, ni de perdre confiance en vous au point de n'oser prendre aucune décision sans leur en parler.

POUR LES « PROS »

Connexion au réseau de distribution d'énergie ou pas ?

Le vrai rêve de la vie en autarcie se réalise sans connexion à un réseau d'approvisionnement en énergie – eau, gaz et électricité –, mais il est difficile, évidemment, d'atteindre d'emblée cet idéal.

« Dans notre première propriété, par exemple, nous avions 600 m² de terrain, une maison, une grange et un réservoir d'eau de pluie. Nous savions qu'il y avait un puits quelque part, mais il était dissimulé dans les sous-bois. Nous campâmes plus ou moins dans la maison la première année ; nous buvions l'eau de pluie et nous lavions avec, nous utilisions des bouteilles de gaz pour la cuisine et l'éclairage, et nous faisions du feu dans la cheminée pour nous chauffer.

On peut survivre ainsi, mais cela représente beaucoup de travail. Mieux vaut commencer en utilisant les réseaux de distribution et remplacer (ou les compléter) progressivement ceux-ci par des solutions plus écologiques. »

Avantages et inconvénients **de la vie à la campagne**

Si vous êtes né dans une ferme, vous savez ce que vivre à la campagne signifie ; mais pour ceux qui ont toujours vécu en ville, il n'est pas facile d'imaginer les bons, les mauvais… et les horribles côtés de la vie à la campagne.

Bien réfléchir avant de se lancer

Supposons que vous soyez un citadin rêvant de s'installer en autarcie à la campagne. Vous tirez votre inspiration de *Walden ou la Vie dans les bois* de David Thoreau, vous avez réfléchi mille fois à l'idée, vous avez fait vos comptes et vous commencez à faire des projets précis. Bien décidé à laisser derrière vous la grisaille des villes, vous voici prêt à réaliser votre rêve, à retourner à ce que vous pensez être un mode de vie simple. Vous avez parcouru la campagne en tous sens et étudié diverses possibilités et – j'espère pour vous ! – vous avez fait un petit essai avant de vous lancer.

Il est étonnant – mais pas tant que ça, finalement – de constater que beaucoup d'entre nous se font une idée tellement romantique de la vie à la campagne qu'ils en oublient les réalités, parfois difficiles. À mon sens, c'est à la campagne qu'il est le plus facile de vivre en autarcie, car le terrain y est moins cher, le choix plus large, mais beaucoup d'habitants des villes peuvent aussi vivre en semi-autarcie. Et vivre à la campagne en Normandie ou dans le Larzac sont deux choses bien différentes. Il est essentiel que vous envisagiez tous les avantages, mais aussi les inconvénients qui vous attendent à la campagne. N'oubliez pas que la médaille a un revers.

Avantages

> L'impression d'espace a souvent un effet très euphorisant.

> Vous tirerez probablement un grand plaisir de l'observation du changement des saisons et du paysage.

> Généralement, il y a moins de pollution à la campagne. Certains agriculteurs continuent à utiliser des pesticides, mais vous ne serez pas gêné par les gaz d'échappement des voitures.

> Si vous leur en donnez l'occasion, les gens de la campagne peuvent se révéler chaleureux et serviables, en particulier s'ils se rendent compte que vous aussi êtes un agriculteur qui essaie de s'en sortir et qui cherche tout simplement à faire de son mieux.

> La pollution sonore est beaucoup plus faible qu'en ville. Vous vous entendrez penser. Vous entendrez les oiseaux chanter, les animaux, le vent dans les arbres…

> La pollution visuelle est faible aussi. La nuit, vous verrez les étoiles…

> Si vous avez des enfants d'âge scolaire, vous vous intégrerez grâce aux activités extrascolaires.

Vendre votre production

Vos enfants amèneront leurs amis à la maison, vous rencontrerez leurs parents, et élargirez ainsi votre cercle de relations. Vous connaîtrez bientôt tous les enfants du coin, ainsi que leurs parents.

> Le prix de la terre cultivable est peu élevé. Vous pouvez louer des champs entiers, des prés, des bois, selon vos besoins.

> À la campagne, chacun peut se distraire à peu de frais : les enfants peuvent camper dans les champs, on peut faire de longues promenades, aller aux champignons...

> Vous avez assez d'espace pour entreprendre de nombreuses activités : vous remettre à l'équitation, observer la nature, construire des structures de jardin excentriques, courir dans le jardin en chantant à tue-tête... tout ce qui vous passe par la tête.

Il faut nourrir les cochons, même les jours fériés

> Si vous êtes indépendant(e) de nature, vous vous sentirez très libre.

> Comme il y a moins de monde, vous aurez beaucoup plus d'espace vital.

Inconvénients

> Le coût des déplacements peut se révéler élevé, surtout si vous êtes loin de tout. Pensez-y en établissant votre budget.

> Il vous faudra une bonne fourgonnette ou une camionnette, peut-être un 4 x 4. Une panne en pleine campagne peut être problématique – voire dangereuse – si vous n'y connaissez rien en mécanique.

> Le bétail (cochons, chèvres...) a besoin de soins 24 heures sur 24. Il faut nourrir les bêtes tous les jours, y compris le jour de l'an et le 1er mai !

> La santé est un enjeu particulier à la campagne. Un rhume, une grippe ou une cheville foulée peuvent se transformer en catastrophe, surtout si vous avez du bétail.

> Pour que les enfants d'âge scolaire se rendent à l'école, au collège ou au lycée, vous aurez peut-être des kilomètres à faire chaque jour. Il existe des cars de ramassage scolaire, mais les horaires contraignent les enfants à partir tôt et à rentrer tard. Peut-être devrez-vous envisager l'internat dans certains cas.

De la boue, encore de la boue...

Sucre
Farine
Café

L'autarcie en ville

Est-il envisageable de tenter le pari de l'autarcie en ville ? Pourquoi pas, même s'il s'agit d'un choix de vie différent de celui de partir à la campagne. Vous pouvez essayer si vous avez un grand jardin et si vous envisagez d'en consacrer la plus grande partie à la production de votre nourriture ; vous pouvez même installer une serre et élever des lapins. Les inconvénients sont évidents, mais quels seraient les avantages d'un tel choix ?

Avantages

- Si vous habitez déjà en ville, pas besoin de déménager.
- Vous pouvez facilement travailler à mi-temps pour compléter vos revenus.
- Une vieille voiture ou une camionnette peuvent faire l'affaire, car les garages étant à proximité, une panne sera moins problématique qu'à la campagne.
- Même si vous ne parvenez pas à couvrir tous vos besoins en nourriture, vous pourrez déjà réaliser de substantielles économies en consommant votre production et en achetant pour compléter des produits de saison que vous ne pouvez pas produire.
- Si, pour vous, vivre en autarcie signifie vendre vos produits afin de gagner de l'argent, c'est plus facile en ville.
- Vous êtes à proximité des écoles pour les enfants et de toutes les activités culturelles auxquelles vous êtes habitué.

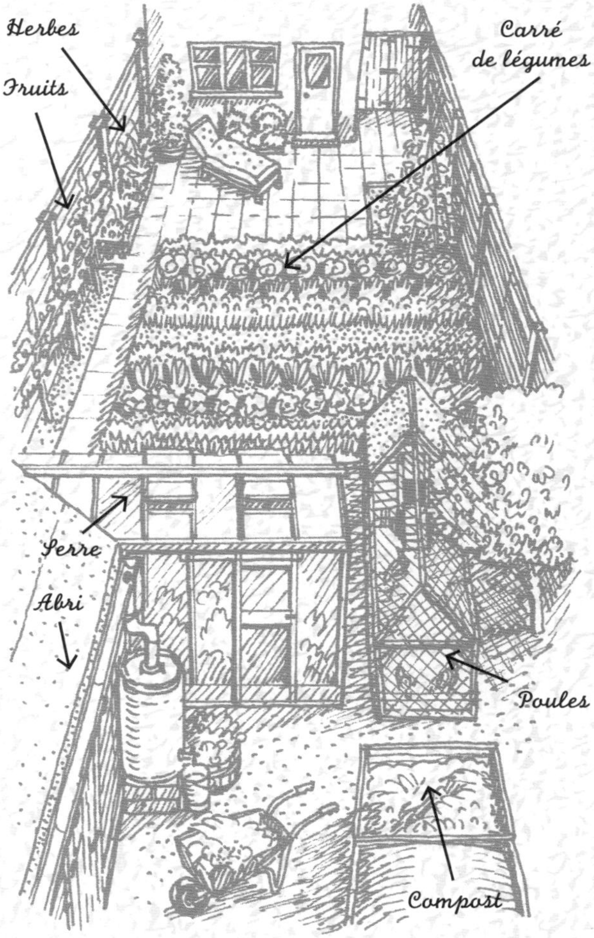

Un jardin en ville

> La météo a beaucoup plus d'importance à la campagne qu'en ville – la neige, la pluie, le vent et la sécheresse vont régenter votre vie.
> L'obscurité est plus présente à la campagne : une route ou un endroit sauvage seront plongés dans le noir total dès le soir venu.
> La boue envahit tout dès qu'il pleut.
> La vie dans une petite communauté, qu'il s'agisse d'un hameau ou d'un petit village, peut sembler très « limitée ». Et tout le monde saura tout sur vous.
> Les animaux de compagnie des villes – chiens et chats – ne parviennent pas toujours à s'adapter à la vie à la campagne. Si votre chien s'en prend aux moutons ou traîne partout, vous risquez d'avoir des ennuis avec les voisins.
> Portails et barrières sont une source permanente de friction avec le voisinage. Si vous laissez une barrière ouverte, le bétail risque de s'échapper, et vous aurez des problèmes. Suivez cette règle très simple : laissez les barrières ouvertes si vous les avez trouvées ainsi et refermez-les si elles étaient fermées.

La maison écologique

La maison **idéale**

Une maison écologique « autosuffisante » est une maison autonome qui fabrique l'énergie dont elle a besoin et recycle ses déchets. Mais c'est bien davantage encore.

Mythe ou réalité

Idéalement, les habitants d'une telle maison ne devraient pas travailler à l'extérieur pour gagner de l'argent qu'ils dépenseraient ensuite pour se nourrir, ils devraient rester à la maison pour s'occuper de leur potager... Bien sûr, nous savons tous que ce mythe d'autarcie, d'abandon de la civilisation – le mythe d'un Robinson Crusoé new age – est irréaliste.

Car nous avons besoin d'argent pour payer nos impôts, notre loyer, pour vivre. Cette maison écologique idéale ne peut donc se concevoir complètement en dehors de la société. Et d'ailleurs, ces mêmes responsables politiques qui, dans les années 1960-1970, traitaient les écologistes de joyeux farfelus, ne nous encouragent-ils pas maintenant... à produire moins de déchets, à conduire des voitures moins polluantes, à utiliser moins d'eau, à isoler nos maisons, et en général à consommer moins d'énergie.

Éolienne sur le toit

Produire sa nourriture

Une vraie tendance de fond

Beaucoup d'idées qui semblaient utopiques dans les années 1960-1970 sont aujourd'hui devenues réalisables. Maisons chauffées à l'énergie solaire, véhicules à faible consommation énergétique, éoliennes miniatures sont autant de rêves désormais accessibles. Si chacun d'entre nous faisait un petit effort – ne serait-ce qu'en isolant nos maisons tandis que les plus « jusqu'au-boutistes » se libéreraient des réseaux de distribution d'énergie –, ce serait un grand pas. Autre évolution considérable depuis les années 1970 : alors que la plupart d'entre nous étaient contraints de se déplacer vers leur lieu de travail, le développement des micro-ordinateurs et des technologies dérivées permet de plus en plus le choix du travail à la maison.

Les chefs de file de l'autarcie considèrent aujourd'hui que la meilleure solution est à mi-chemin entre deux extrêmes : nous avons, pour la plupart, besoin de gagner de l'argent, mais nous pourrions passer la majeure partie du temps à cultiver notre potager et à nous occuper de notre maison écologique. Cela dit, soyons réalistes : peu nombreux seront ceux qui suivront la voie de l'autarcie par choix ou qui seront intéressés par une démarche écologiste ; le plus grand nombre se ralliera aux écotechnologies par souci d'économies.

Comment économiser l'énergie en 9 points

1 Posez d'épais rideaux à toutes les fenêtres et aux portes donnant sur l'extérieur. Ouvrez les rideaux pendant la journée et fermez-les le soir pour conserver la chaleur. Couvrez-vous de plusieurs épaisseurs quand il fait froid.

2 Remplacez toutes les fenêtres par des modèles à double, voire à triple vitrage.

3 Réduisez le nombre de portes donnant sur l'extérieur.

4 Isolez le grenier et tous les murs creux. Si vous avez des murs pleins, posez un isolant sur l'un des côtés.

5 Réduisez le nombre ou la taille des fenêtres orientées au nord et créez de nouvelles fenêtres au sud, ou bien agrandissez celles qui existent.

6 Installez un poêle à bois et débarrassez-vous des radiateurs électriques ou à gaz. Installez des conduits de ventilation pour diffuser la chaleur dans toute la maison.

7 Installez une véranda, une serre ou un jardin d'hiver devant chaque porte donnant sur l'extérieur. Posez des ventilations au niveau du sol et du plafond pour diriger l'air chaud des structures vitrées vers l'intérieur ou créer un circuit de rafraîchissement.

8 Installez des capteurs solaires sur le toit pour préchauffer l'eau destinée à la cuisine et au circuit de chauffage.

9 Modifiez votre plomberie pour pouvoir réutiliser l'eau grise (eaux usées), de façon à recycler l'eau des bains et des douches pour alimenter la chasse d'eau des toilettes.

Une maison de « bric et de broc »

La solution de la maison « bricolée » convient à quatre types de personnes : à ceux qui choisissent l'écotechnologie par défaut, simplement pour faire des économies, et ne sont intéressés que par l'aspect financier de l'opération ; à ceux qui font cette démarche parce qu'elle est dans l'air du temps ; à ceux qui seraient vraiment partants mais ne peuvent pas déménager et doivent faire avec ce qu'ils ont ; enfin, à ceux qui aimeraient vraiment changer de maison et tenter la vie en autarcie, mais ne peuvent pas franchir le pas d'un seul coup.

Pour tirer le maximum de ce qu'on a, l'apprentissage de diverses techniques de bricolage est indispensable. Lorsqu'on a pris cette option, il convient dans un premier temps d'analyser la situation : votre maison est-elle petite ou grande ? Avec quels matériaux a-t-elle été construite ? Est-elle bien isolée ? Procédez ensuite à quelques aménagements pour dépenser moins d'énergie.

Une maison écologique « bricolée »

La maison **autonome**

Il faut voir la maison autonome comme un environnement complet où l'on a cherché à optimiser tout ce qui relève de la création d'énergie et du recyclage des déchets. L'aboutissement de ce concept étant l'autonomie énergétique, il s'agit à terme de couper tous liens avec les canalisations publiques et les câbles d'alimentation électrique.

Ses spécificités

La maison autonome est équipée de capteurs solaires sur le toit, d'une ventilation thermique verticale naturelle permettant à l'air chaud de circuler à travers la maison, d'un système de stockage de chaleur en lit de roches, d'un système permettant de stocker l'eau, d'éoliennes pour transformer l'énergie du vent en électricité, de systèmes simples pour recycler les déchets, de quelques pieds de fraxinelle (*Dictamnus alba*, ou plante aux éclairs, qui dégage une essence volatile s'enflammant facilement), de systèmes pour récupérer les « eaux grises », pour recueillir et stocker l'eau de pluie, de systèmes utilisant des piles à combustible...

Qui dit maison autonome dit contestation de l'ordre établi, temps d'avance sur les usages et parfois la législation, et combat incessant pour parvenir à un environnement totalement autonome, sans connexion aux réseaux de distribution d'énergie... Le concept de maison autonome est dû à Brenda et Robert Vale, architectes et auteurs britanniques de plusieurs best-sellers sur le sujet.

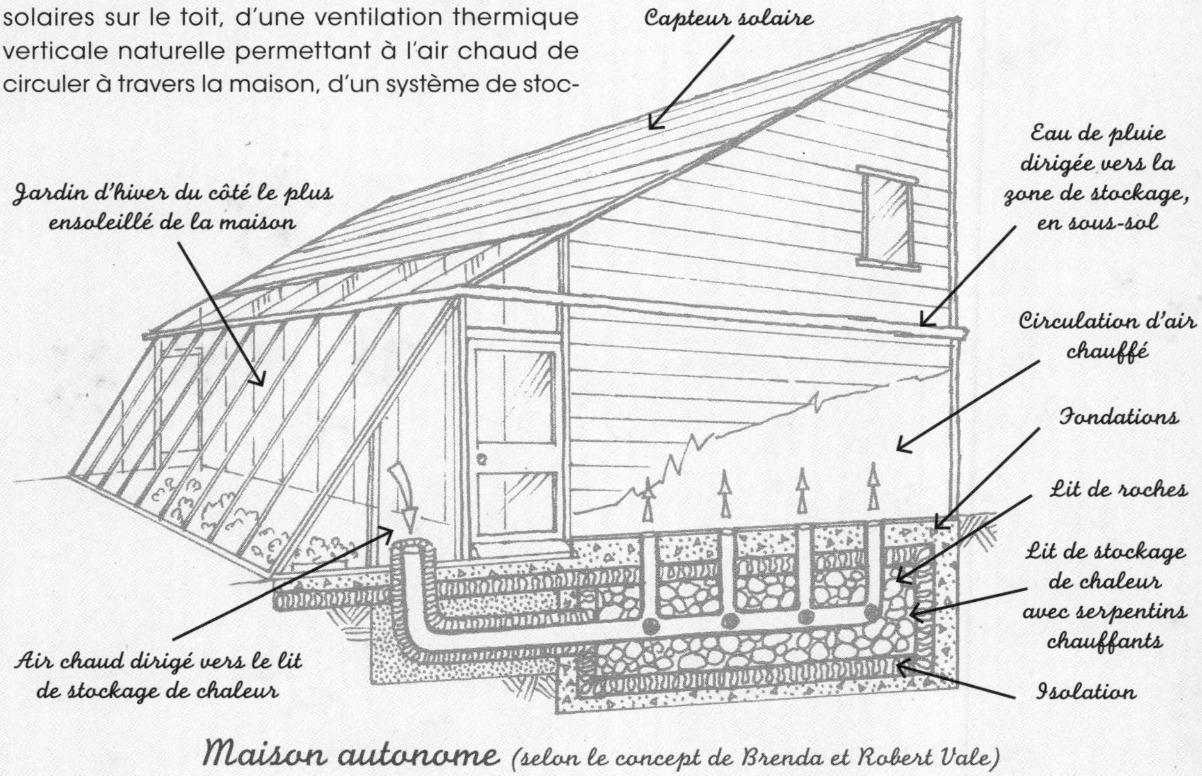

Maison autonome (selon le concept de Brenda et Robert Vale)

La maison **bioclimatique**

Ce type de maison, qu'on appelle aussi maison passive, n'utilise pas d'énergie pour le chauffage, mais récupère grâce à des méthodes passives liées à l'inertie thermique la chaleur dégagée par le système de chauffage de l'eau, par la cuisine et l'éclairage, mais aussi par le corps des habitants et, bien sûr, la chaleur du soleil.

Ses spécificités

Le bâtiment est conçu pour accumuler la chaleur du soleil. Fenêtres ouvrantes, conduits de ventilation, murs absorbants (mur Trombe, voir p. 49) cheminées thermiques et isolation sont les éléments clés. Les murs Trombe utilisent des matériaux capables d'emmagasiner la chaleur – maçonnerie et eau –. Le soleil brille à travers les parois vitrées et chauffe les murs ou les réservoirs d'eau, de façon à transformer en cheminée thermique l'espace entre les murs et les vitrages. Des buses de ventilation au niveau du sol et du plafond, à la fois dans les vitrages et les murs Trombe intérieurs, sont mises en place afin que les courants d'air chaud qui s'élèvent par convection entre le mur et le vitrage soient dirigés soit vers l'intérieur, soit vers l'extérieur du bâtiment. L'air chaud dégagé qui s'élève peut être utilisé pour réchauffer ou rafraîchir l'espace, il suffit d'ouvrir ou de fermer les ventilations, selon la saison. Les éléments essentiels de l'habitat passif sont l'orientation par rapport au soleil, l'utilisation d'une masse thermique, une isolation d'excellente qualité, et des pièges à air ou des tampons thermiques sur les portes donnant sur l'extérieur. La masse thermique absorbe la chaleur pendant la journée et la restitue la nuit. Idéalement, une maison bioclimatique est une longue structure étroite, entièrement vitrée sur l'une de ses façades, construite de telle sorte que la surface vitrée reçoive le soleil à midi. Il s'agit d'un système simple demandant peu de maintenance.

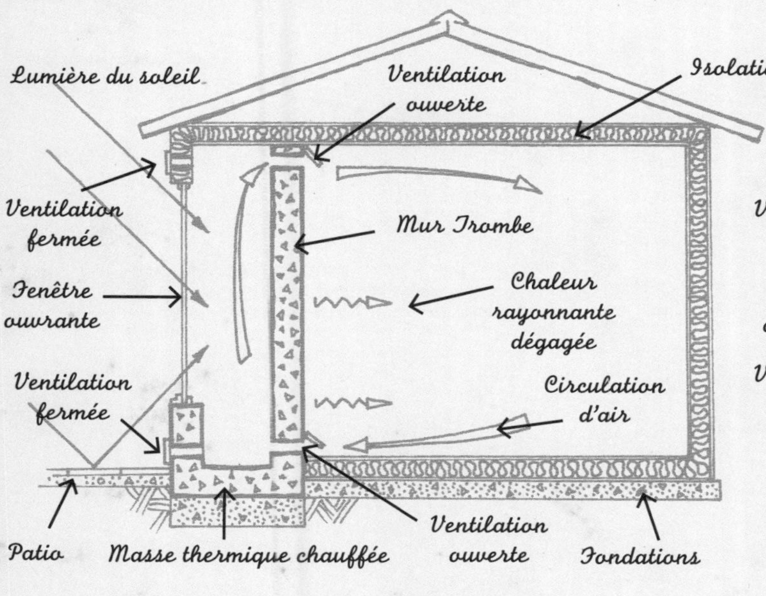

Maison passive en hiver

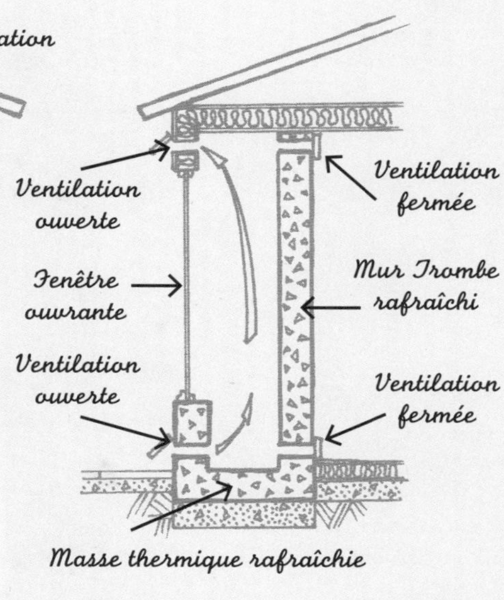

Maison passive en été

La maison **high-tech**

Une maison high-tech, ou maison intelligente, abrite un système centralisé qui gère par ordinateur un certain nombre de fonctions. L'ordinateur central commande l'ouverture et la fermeture des portes, l'allumage et l'extinction des lumières, l'ouverture et la fermeture des volets et des stores, l'ouverture et la fermeture des bouches d'aération…

Ses spécificités

Bien sûr, la maison high-tech ne convient pas aux réfractaires à la technologie, et un tel équipement coûte cher. L'idée même a été sévèrement critiquée pour n'être pas vraiment écologique – ce qui à certains égards est tout à fait exact. Toutefois une maison de ce type est un bon moyen de dépenser beaucoup moins en énergie. L'approche high-tech minimise le gaspillage en synchronisant les appareils. Peut-être l'idée qu'un ordinateur fasse tourner des boutons et allume ou éteigne des lumières vous semble-t-elle inquiétante, mais imaginez que plusieurs appareils ou, mieux encore, qu'un unique système centralisé soit capable d'allumer et d'éteindre les lumières selon vos déplacements dans la maison, de régler la température et la ventilation. Convenez que cela donnerait lieu à de vraies économies d'énergie. La maison intelligente est conçue pour répondre à des stimuli de l'extérieur. Si, par exemple, vous reliez à une installation de chauffage solaire passif les températures extérieures et vos horaires journaliers à l'intérieur de la maison, elle sera capable de tout synchroniser avec précision. Un tel système, outre qu'il économise l'énergie et facilite la vie quotidienne, est une vraie solution pour les personnes âgées ou handicapées.

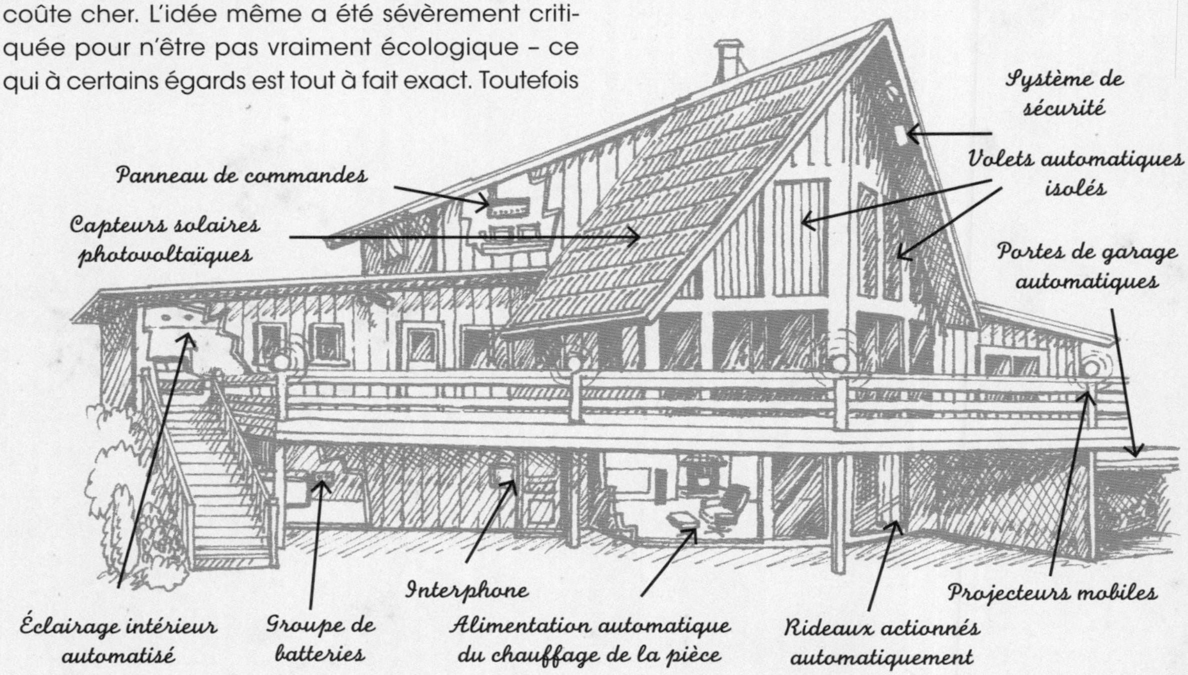

Une maison « high-tech » entièrement automatisée

La maison **naturelle**

Dans une maison naturelle, tout est en parfaite harmonie avec l'environnement – forme, structure, matériaux et emplacement. L'idée n'est pas sans évoquer le retour au « bon vieux temps ».

Ses spécificités

Songez aux habitats traditionnels un peu partout dans le monde : en utilisant des matériaux locaux et des technologies connues depuis des centaines d'années, mais aussi en plaçant leurs maisons dos au vent et face au soleil, chaque population était en adéquation avec la nature. En hiver, les familles entières se regroupaient devant l'unique cheminée, tandis que l'été, ils s'installaient plutôt à l'extérieur, sous un porche couvert. Les pièces étaient petites et sombres, mais les bâtiments remplissaient bien leur fonction d'abri. Les proportions d'ensemble étaient bonnes, les couleurs et la texture en accord avec l'environnement ; les maisons étaient saines et en harmonie avec la nature.

Après la révolution industrielle, la plupart des communautés ont renoncé aux méthodes de construction traditionnelle pour en adopter de nouvelles, plus simples. Les toits de chaume furent remplacés par de l'ardoise, des tuiles ou du zinc, et les épais murs de torchis, par de la brique, de l'amiante et de la tôle ondulée ; les maisons furent désormais construites en rangées étroites et bien alignées, sans aucun souci quant à l'orientation par rapport au soleil ou aux vents dominants...

Construire ce type de maison signifie porter un regard nouveau sur les méthodes traditionnelles. Les mots clés sont : petit, naturel, matériaux locaux, sain, passif, harmonie.

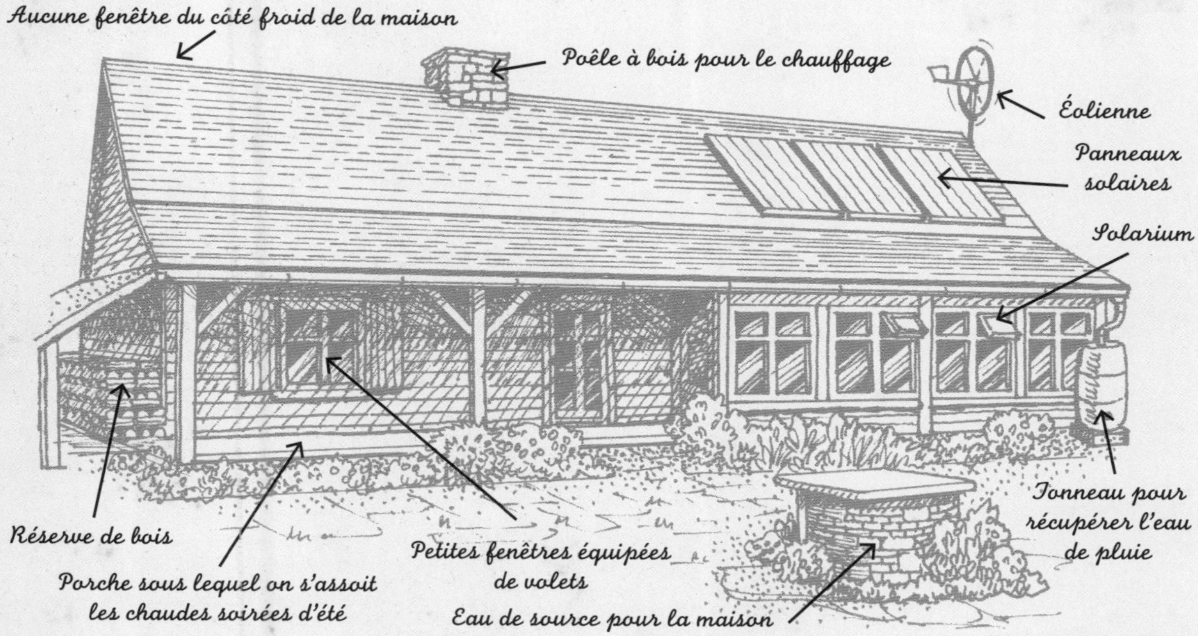

Une maison naturelle utilise des matériaux de construction naturels

Se chauffer et cuisiner : **énergies traditionnelles**

Pour le chauffage ou la cuisson des aliments, nous avons accès à plusieurs sources d'énergie traditionnelles ou modernes : l'électricité, le gaz, le charbon, le bois et le pétrole.

L'électricité du réseau

Dans les pays développés, la plupart des foyers sont reliés à des réseaux de distribution d'électricité. L'immense majorité d'entre eux bénéficie de l'électricité dans chaque pièce, et possède souvent une cuisinière électrique ou des plaques et un four électriques, un four à micro-ondes, un grille-pain, une cafetière, une bouilloire, un réfrigérateur, parfois de petits radiateurs électriques d'appoint, un ordinateur, un poste de télévision, peut-être une pompe pour alimenter un système de chauffage à mazout..., une masse d'outils électriques fonctionnant à l'électricité.

Pour

> Les **coûts** d'installation sont faibles et une fois que le système est en place – avec tous les câbles et les prises –, il peut durer vingt-cinq ans ou plus.
> L'électricité est une **énergie instantanée,** propre, silencieuse et très pratique – il suffit d'actionner un interrupteur et tout fonctionne.
> L'électricité présente **peu de danger :** pas de risque de fuite – pas de risque de vol non plus...
> L'électricité du réseau est **toujours accessible,** à la demande – on ne risque pas d'oublier de passer la commande.
> Pour le moment, **les prix sont régulés :** pas de crainte de subir des hausses incontrôlées.
> Les gouvernements feront en sorte que les besoins de la population soient toujours couverts.

Contre

> Il faut être **relié au réseau,** ce qui est parfois compliqué et impossible dans quelques zones particulièrement isolées.
> Même en réduisant sa consommation, il faut payer **l'abonnement.**
> L'électricité est l'énergie **la plus chère.**

Le gaz du réseau

Le gaz était jadis considéré comme une source d'énergie miraculeuse, qui évoluait au fil du temps : ainsi on utilisa d'abord le gaz de houille, puis le gaz dit « de ville », enfin le gaz naturel, en provenance de divers gisements. Exploité un temps pour l'éclairage, il sert dorénavant uniquement au chauffage et à la cuisine. Encore économique il y a quelques années, en particulier pour le chauffage central, le gaz voit ses réserves diminuer, ce qui provoque une rapide augmentation des prix.

Pour

> Bien que le coût de l'installation soit relativement élevé, une fois que le système est en place – la chaudière et les canalisations –, il peut **durer** toute une vie.
> Le gaz du réseau est très pratique et la distribution est **instantanée ;** il n'y a qu'un robinet à tourner.
> Le gaz ne présente **pas trop de danger** si l'installation a été faite par des professionnels.
> Le gaz du réseau est toujours **accessible ;** pas besoin de passer commande.

Contre

> Il faut être relié au **réseau**, ce qui n'est pas toujours possible, notamment dans les zones rurales.

> Le **prix** du gaz augmente constamment et c'est en train de devenir une source d'énergie chère.

> Quelle que soit la consommation, il faut toujours payer un **abonnement**.

> Le gaz peut servir à l'éclairage, mais le niveau obtenu est **inférieur** aux standards recommandés.

Les gestes qui économisent l'énergie

• **Portez des vêtements adaptés à la saison** : si vous avez froid, mettez une épaisseur de plus et ne montez pas le chauffage.

• **Portez des fibres naturelles**, moins sensibles aux variations de température, et qui conservent mieux la chaleur ou la fraîcheur : la laine pour la chaleur, le coton et le lin pour la fraîcheur.

• **Améliorez l'isolation** du grenier, des murs et du sous-sol.

• **Installez des doubles ou triples vitrages** aux fenêtres.

• **Posez d'épais rideaux** doublés et calfeutrez portes et fenêtres.

• L'hiver, profitez de la chaleur du soleil en ouvrant bien les rideaux toute la journée et en les fermant dès qu'il fait nuit.

• **L'été**, ouvrez les fenêtres et fermez les volets plutôt que de brancher un ventilateur ou l'air conditionné.

• **Utilisez moins les appareils électriques** : mixers, outils, sèche-cheveux, couverture électrique, et tous ces gadgets qui dépensent de l'énergie.

• **Contentez-vous d'un éclairage moins intense.** N'éclairez que la pièce – ou même la partie de la pièce – où vous vous trouvez.

• **Protégez le côté venté de la maison** par une haie, des arbres ou des panneaux de bois.

• **Installez un jardin d'hiver ou un porche** devant les portes donnant sur l'extérieur.

• **Allez à pied** à l'école, chez vos amis, faire vos courses.

> À la fois **toxique** et **explosif**, le gaz est potentiellement dangereux.

Le pétrole

On l'a d'abord utilisé dans les lampes à pétrole, puis pour les moteurs à explosion, les installations de chauffage central et enfin... pour tout et n'importe quoi ! Au cours des cent dernières années, notre consommation s'est emballée ; avec les billets d'avion à bas prix et les millions d'automobiles en circulation... nous avons littéralement gaspillé le pétrole. Et nous retrouvons à l'aube du IIe millénaire, avec des réserves qui s'épuisent. Le pétrole est parfait pour la cuisine et le chauffage, mais pour combien de temps encore ?

Pour

> Bien que le coût initial soit élevé, l'**installation dure longtemps**.

> Le pétrole est très **pratique**.

> Certaines cuisinières, chaudières, et certains poêles à pétrole sont très élégants.

Contre

> Vous êtes à la merci du **camion de livraison** ; s'il n'arrive pas à temps, vous êtes à court d'énergie.

> Les réserves mondiales diminuent et les **prix gonflent**.

> Après la **pénurie de pétrole** des années 1970, on craint aujourd'hui que cela ne se reproduise, ce qui n'est guère sécurisant.

> Une grande cuve dans le jardin est nécessaire pour **stocker** le pétrole.

Le charbon

Au XIXe siècle et dans la première moitié du XXe, le charbon était roi : chaque habitation comptait une ou plusieurs cheminées à foyer ouvert alimentées au charbon, des poêles et parfois des cuisinières à charbon. Une fumée noire s'échappait des cheminées. Maintenant, avec l'augmentation des prix du gaz et du pétrole, on commence à se demander si le charbon ne pourrait pas de nouveau être mis à contribution.

Pour

> Les **réserves mondiales** sont encore importantes, même si les gisements français sont à peu près épuisés.
> On connaît maintenant tous **les dangers** liés à la combustion du charbon et aux émissions de CO^2.
> Il présente **moins de dangers** potentiels que l'énergie nucléaire.
> On peut **transformer le charbon** en une source d'énergie d'**utilisation facile**.
> On peut aujourd'hui faire brûler du charbon **proprement**.

Contre

> Le charbon étant **volumineux**, le transport et le stockage posent problème.
> L'extraction du charbon est **polluante** et **dangereuse.**
> Préconiser le retour à l'utilisation du charbon pour la cuisine et le chauffage représenterait une **volte-face complète** pour les gouvernements.
> Il serait possible de rendre les installations domestiques de chauffage au charbon peu polluantes, mais ce serait **très coûteux**.
> L'utilisation du charbon dans une maison – même un charbon ne fumant pas – est **sale** et c'est une source de poussière.

Cuisinière à charbon

Le bois

Le bois est une bonne solution traditionnelle, qui convient à la fois au chauffage et à la cuisine – formidable si vous habitez la campagne et si vous êtes en contact avec des associations de retour à la nature. C'est envisageable pour ceux qui sont installés à proximité d'une forêt, mais hélas la forêt ne peut fournir du bois à tout le monde.

Pour

> Les poêles et les chaudières à bois sont très **attrayants** et cadrent bien avec la tendance au « retour à la nature ».
> Le bois implique des efforts physiques, mais certains aiment avoir des **activités** en prise directe avec la réalité.
> Dans certaines zones, c'est un très bon choix ; si la matière première est à proximité, elle est bon marché, durable, et la **technologie** est parfaitement maîtrisée.
> Vous pouvez opter pour un **poêle** avec une porte ouvrante et une plaque chauffante si vous avez envie de faire griller du pain ou bouillir de l'eau.

Contre

> Même dans les meilleures conditions – si vous vivez dans un endroit où le bois est disponible en grandes quantités –, le bois reste une source d'énergie **salissante** et qui fait de la poussière.

Cuisinière à bois

> Il faut beaucoup d'**espace** pour stocker le bois, un grand hangar ou un espace couvert.
> Se chauffer au bois implique beaucoup de **manutention** : il faut sortir le bois du hangar, le débiter en bûches, le porter jusqu'à la maison, allumer le feu, nettoyer les cendres…
> Le bois n'est **pas à usage instantané** et demande une planification importante.

La chasse au gaspillage

Personne ne conteste que les réserves de pétrole et de gaz se réduisent de plus en plus, et pourtant la consommation continue à augmenter. Et la situation se complique car les pays riches cherchent maintenant à faire main basse sur ce qu'il reste de pétrole et de gaz. Pire encore, non contents d'avoir gaspillé notre énergie, nous avons ce faisant détruit notre environnement.

Il est déraisonnable et dangereux d'être aussi dépendants des sources d'énergie fossiles non renouvelables – charbon, gaz et pétrole. Nous savons très bien qu'il faut que cela s'arrête. Nous ne pouvons pas continuer à gaspiller notre capital énergétique. Mais il est évident aussi que l'on ne peut pas revenir en arrière. La plupart d'entre nous sommes prisonniers de nos habitudes : se déplacer en voiture, manger des fruits hors saison, acheter des vêtements bon marché fabriqués dans des pays où les salaires sont très bas… et autres activités qui dévorent les réserves d'énergie de la planète. Alors, que faire ?

Chacun peut essayer d'utiliser moins d'énergie fossile et de la remplacer par des énergies naturelles renouvelables : solaire, éolienne, géothermique et hydraulique. Le changement ne peut pas se faire d'un seul coup, mais nous pouvons au moins essayer de parvenir à un équilibre en recourant de plus en plus au soleil, au vent, à l'eau et à la terre. Si votre maison est alimentée par le gaz provenant du réseau, avec une chaudière à gaz pour le chauffage et la cuisine, vous pouvez isoler parfaitement les murs et le grenier. Si les épaisseurs d'isolant recommandées sont de 15 cm dans le grenier, vous pouvez mettre une épaisseur de 30 cm. Vous pouvez aussi mettre des rideaux plus épais, installer un poêle à bois et des panneaux solaires sur le toit.

Ces mesures peuvent sembler timides, mais la plus grande partie de vos besoins en énergie seront couverts par des énergies renouvelables. Et si chacun mettait en pratique tous ces petits changements, nous aurions fait les trois quarts du chemin.

« Dans les années 1970, quand la crise pétrolière était à son comble et que nous nous promenions tous avec nos bougies, il était difficile de s'approvisionner en fuel pour se chauffer ; il y eut à ce moment-là un énorme élan d'intérêt pour les énergies alternatives. Des articles de journaux et des livres furent publiés sur le sujet, les gouvernements créèrent des comités, des subventions furent octroyées, et les particuliers se lancèrent dans leurs propres installations. On avait un sentiment d'urgence. Un consensus se dégageait : il fallait faire quelque chose avant que les énergies non renouvelables soient épuisées. Toutes sortes de chiffres apocalyptiques et de calendriers étaient avancés et débattus. Certains affirmaient que les réserves de gaz seraient épuisées en cinquante ans. La seule chose sur laquelle tout le monde s'accordait était qu'il fallait faire quelque chose. Et là, ça se compliquait. La recherche de sources d'énergie durables et renouvelables devenait urgente, mais les gouvernements renâclaient à prendre leurs responsabilités. Finalement, on découvrit de nouvelles réserves de pétrole, ce qui fit baisser les prix, et tous ces problèmes furent momentanément oubliés. »

Les auteurs

Les poêles **à bois**

Quoi de plus agréable, les soirs d'hiver, que de s'installer bien au chaud devant un poêle à bois ? À condition de choisir un modèle adapté à la pièce et de l'installer convenablement, un bon poêle moderne permet de chauffer une vaste zone habitable. Avec la même quantité de bois, il fonctionne deux fois plus longtemps et bien plus proprement que ces horribles vieilleries en fonte.

Quelques conseils

> Les **bois durs** comme le chêne ou l'érable brûlent mieux que les bois tendres. Fendez les bûches en deux pour qu'elles sèchent plus vite.
> Ne brûlez que du **bois bien sec** : il ne contient que 20 à 30 % d'eau et brûle beaucoup mieux que du bois fraîchement coupé. Les bois durs bien secs donnent un feu de longue durée et une température élevée.
> Ne faites jamais brûler de matière plastique, des emballages par exemple, dans un poêle, car elle dégage des **fumées toxiques**.
> Assurez-vous que le **conduit de cheminée** soit au moins aussi large que l'orifice d'émission du poêle.
> Les **fumées** émises par la combustion du bois sont potentiellement toxiques, alors préférez un modèle moderne, capable de diminuer les émanations toxiques de 90 %.
> La **combustion** est bonne s'il se dégage une fumée blanche ou transparente, et non une fumée grise ou noire.
> Ce n'est pas forcément une bonne idée d'éteindre le feu pour la nuit. En effet, si cela a le mérite de limiter les risques d'incendies, c'est aussi l'un des facteurs d'accumulation de créosote dans la cheminée.
> Ouvrez tous les **orifices d'arrivée d'air** au moment d'allumer le poêle ; le feu très vif qui démarrera alors brûlera la créosote et préchauffera la cheminée.
> Référez-vous toujours aux instructions du fabricant, car les **systèmes de ventilation** varient d'un modèle à un autre.

Allumer un poêle à bois

1. Froissez une demi-douzaine de feuilles de papier bien sec (du papier journal ordinaire, pas des revues en papier glacé !) et mettez-les dans le poêle.
2. Prenez une vingtaine de morceaux de bois d'allumage bien sec et finement découpés (de préférence un bois tendre comme le pin) et posez-les bien parallèles, pour former une sorte de grille au-dessus du papier journal.
3. Prenez deux moitiés de petites bûches bien sèches – que vous aurez fendues en deux dans la longueur –, et posez-les à plat sur le petit bois.
4. La porte et les arrivées d'air grandes ouvertes, allumez le papier journal en plusieurs endroits.

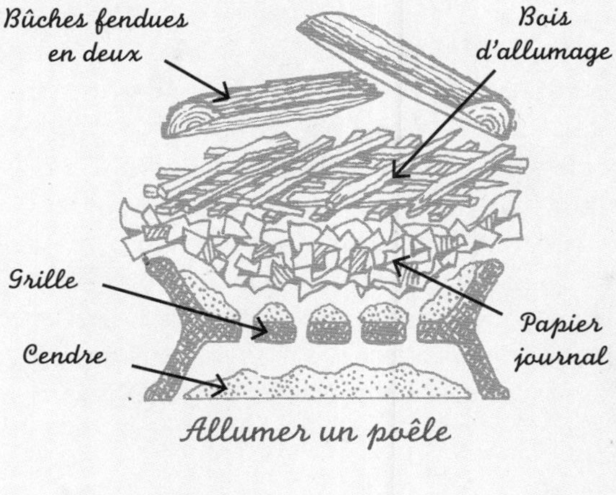

Allumer un poêle

5. Laissez la porte et les arrivées d'air ouvertes jusqu'à ce que les bûches soient bien enflammées.
6. Laissez le feu brûler vivement ; quand les bûches sont bien carbonisées, ajoutez-en d'autres, puis fermez les admissions d'air une par une, ou selon les instructions du fabricant.

Isoler votre cheminée

Observer le conduit existant Si vous avez pris la décision d'installer un poêle à bois, étudiez bien, avant tout achat, la façon dont sont installés le conduit et la cheminée, si toutefois ils existent. Deux choix s'offrent à vous : soit vous choisissez un poêle correspondant à l'installation existante, soit vous changez la cheminée pour l'adapter au poêle, si vous avez envie d'un modèle ne correspondant pas à votre installation.

Dans les deux cas, que vous habitiez une vieille maison avec un foyer ouvert ou une maison moderne avec un conduit de cheminée sur lequel aucun poêle n'a encore été installé, il y a toutes les chances pour que le conduit soit une simple structure de briques. Alors, il faut prévoir de la doubler par un tubage.

Pourquoi isoler votre cheminée ? Les gaz émis par la combustion du bois produisent du goudron et des impuretés qui, au fil du temps, s'accumulent à l'intérieur du conduit. Comme un poêle est plus efficace qu'un foyer ouvert, il produit plus de goudrons. Ce qui pose plusieurs problèmes : les goudrons filtrent progressivement et tachent les murs ; ils descendent le long du conduit de cheminée sous la forme d'un résidu collant risquant de suinter à l'intérieur du poêle ; ce phénomène augmente le risque de feu de cheminée.

Garnir le conduit de cheminée d'un tubage isolant évite cela en créant une surface lisse qui empêche les goudrons de se former facilement ; s'il s'en forme tout de même, ils sont redirigés vers le feu, où ils se consument. Dans un conduit de cheminée d'un diamètre suffisant revêtu d'un gainage isolant, les gaz passent beaucoup plus vite – en d'autres termes, le tirage se fait mieux et l'efficacité de la cheminée est accrue.

Installer un poêle

Poêle à évacuation arrière Si vous avez une petite cheminée traditionnelle ouverte, avec un manteau (ce qui signifie que vous devez vous agenouiller pour regarder dans le conduit), l'une des options envisageables est un poêle à évacuation arrière, avec un court tuyau allant directement de l'arrière du poêle à l'intérieur de la cheminée.
1. Mesurez l'ouverture de votre cheminée – sa largeur et sa hauteur depuis la dalle jusqu'en haut du foyer. Mesurez aussi la profondeur du foyer.
2. Achetez un poêle à évacuation arrière qui puisse être installé le long du mur, l'embout d'évacuation s'encastrant juste dans l'ouverture de la cheminée.
3. Si l'ouverture de la cheminée est très basse, il faudra peut-être percer un trou plus haut dans le mur pour faire passer le tuyau d'évacuation des gaz de combustion. Dans ce cas, choisissez un poêle d'une hauteur suffisante pour que l'ouver-

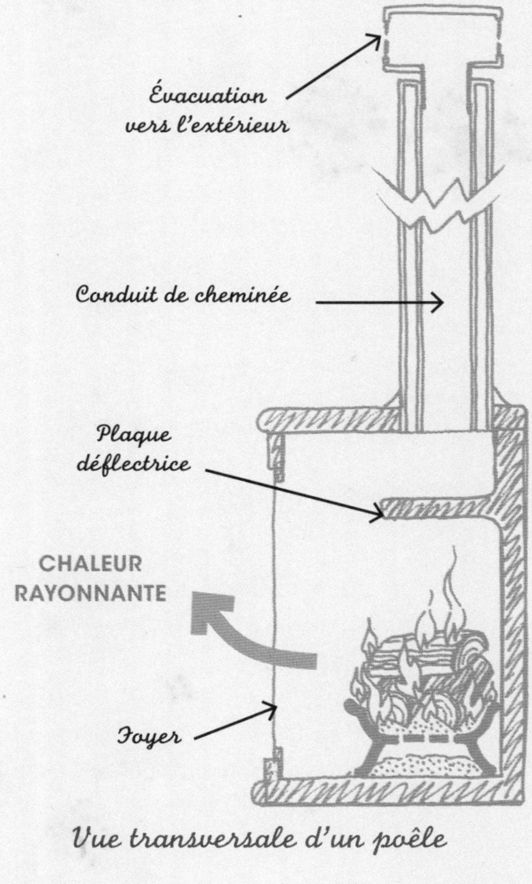

Vue transversale d'un poêle

ture à créer soit située un peu plus haut que la cheminée existante.

4. Installez le poêle – en plaçant l'évacuation soit au niveau de l'ouverture existante, soit plus haut – et fixez son tuyau au gainage de la cheminée.

5. Pour terminer, fermez l'ouverture de la cheminée par une plaque métallique ou par des briques. Murez l'ouverture, ou ajustez la plaque métallique au conduit, puis fixez-la au tuyau à l'arrière du poêle.

Poêle à évacuation supérieure Si vous avez une cheminée haute, où vous pouvez à peu près tenir debout, il est possible de murer l'ouverture pour installer un poêle à évacuation arrière (comme expliqué plus haut) le long du mur, de telle sorte que le poêle soit à l'intérieur de la pièce. Mais vous pouvez aussi installer un poêle à évacuation supérieure à l'intérieur de la cheminée, avec un petit tuyau vertical en haut du poêle qui passe à travers une plaque de métal et continue vers le haut, dans le conduit de cheminée. La plaque de métal ferme l'orifice de la cheminée afin que la suie ne tombe pas dedans et que la chaleur ne sorte pas de la pièce. Cette solution a l'avantage de ne pas empiéter sur la surface de la pièce, mais l'installation est plus délicate. Si la cheminée est vraiment grande, il faut aussi combler l'espace dans le conduit, à l'extérieur du tubage, avec un isolant comme de la vermiculite. Voici pas à pas comment procéder (faites appel à un spécialiste si vous n'êtes pas sûr de vous).

1. Mesurez l'ouverture de la cheminée : largeur, hauteur intérieure, profondeur totale, et tous les détails tels que renflements, morceaux de ferraille protubérants, etc.

2. Choisissez un poêle à évacuation supérieure qui puisse tenir dans la cheminée soit partiellement, soit entièrement, calé contre le mur du fond. Cherchez un modèle qui permette au tuyau d'évacuation d'aller directement du haut du poêle vers le conduit, d'une taille laissant assez d'espace entre le haut du poêle et le dessous du conduit de cheminée pour l'utilisation et l'entretien courants du poêle ; si ce dernier a une ouverture sur le dessus, par exemple, assurez-vous de pouvoir y accéder. Dans une grande maison, essayez d'installer un poêle avec bouilleur, qui donnera de l'eau chaude ou alimentera un système de chauffage central.

3. Procurez-vous une plaque de métal pour obstruer le conduit. Si l'ouverture est grande, il est probable qu'il vous faudra une plaque de fermeture avec un support, des trappes d'accès pour nettoyer la cheminée, etc. Dans ce cas, mieux vaut vous faire aider par un spécialiste.

4. Installez le poêle et raccordez-le au conduit de cheminée.

5. Pour finir, fermez l'ouverture avec la plaque de métal selon les conseils du fabricant.

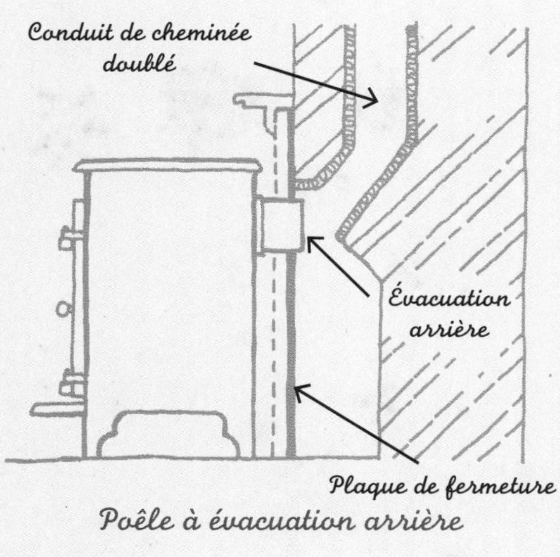

Poêle à évacuation arrière

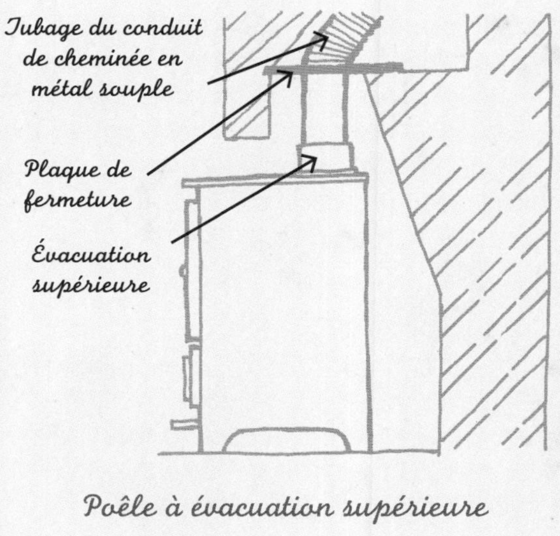

Poêle à évacuation supérieure

Créer une cheminée

Si vous n'avez pas de cheminée, le plus simple est de construire une cheminée avec un tubage en acier inoxydable à double paroi isolante. Il s'agit tout simplement d'un assortiment de tubes de 15 cm, 18 cm ou 20 cm de diamètre – des morceaux droits, des coudes, des jonctions, des angles, des colliers de fixation – vous permettant de construire un conduit de cheminée cylindrique jusqu'au niveau du toit soit à l'intérieur, soit à l'extérieur du bâtiment. La double paroi donne une cheminée très bien isolée (classe M1), conformément à la réglementation du bâtiment. Cette excellente isolation signifie que la plus grande partie des gaz de combustion du conduit s'élèvent sans condensation, mais aussi que vous pouvez faire passer sans danger le conduit d'un étage à l'autre, à travers un grenier ou des chambres.

Pour ou contre les inserts

Remplacer un foyer ouvert par un insert cheminée est une bonne solution, puisque le rendement du foyer ouvert n'est que de 5 à 15 %, tandis que celle d'un insert est de 55 à 65 %. Toutefois, les poêles de masse (qui accumulent la chaleur et la restituent par rayonnement) sont plus performants encore ; ils dégagent par rayonnement une chaleur moins sèche.

Il est ainsi possible de créer une cheminée sans briques ni mortier. Le système a besoin d'être soutenu par des attaches à intervalles réguliers. **Attention** Cette réalisation relève du bricolage basique, mais il vous faut absolument vous procurer de l'inox double paroi d'excellente qualité, et suivre les instructions du fabricant pour le montage.

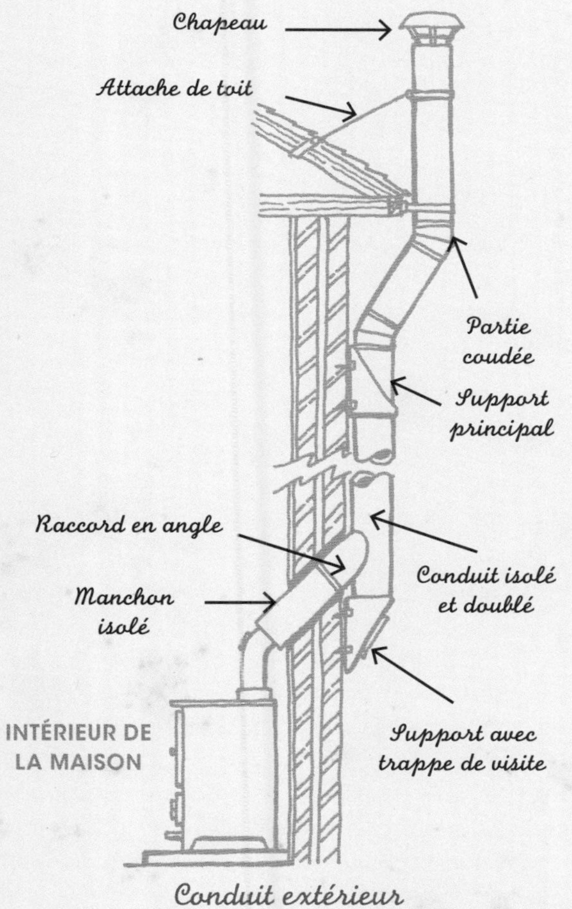

Conduit extérieur

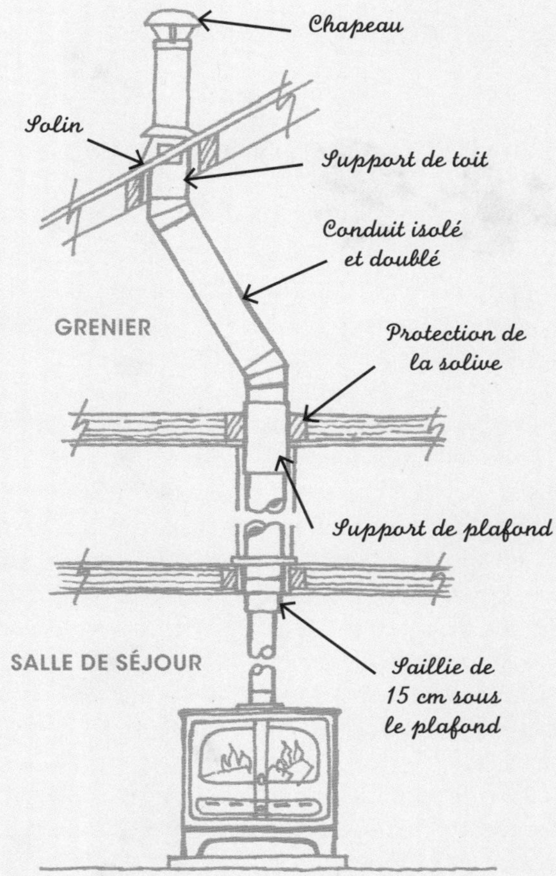

Conduit intérieur

L'éclairage

Même si nous considérons l'éclairage électrique comme un acquis, il fut un temps, pas si lointain, où s'éclairer faisait du bruit, sentait mauvais, demandait beaucoup d'efforts et était tout sauf instantané… Les maisons, les magasins, les rues étaient éclairés, mais sans que tout soit en permanence inondé de lumière comme aujourd'hui. En réduisant notre niveau d'éclairage nous économiserions beaucoup d'énergie.

« Dans les années 1970, nous avons vécu – nous, c'est-à-dire Gill et moi, avec nos deux enfants – une dizaine d'années dans une ferme isolée, complètement hors réseaux d'approvisionnement en énergie. Je trichais un peu en rechargeant des accumulateurs à la faculté où j'enseignais, ce qui nous permettait de profiter un peu de la télévision et de la radio, mais à part cela, nous n'avions pas d'électricité. Nous nous éclairions avec des bougies, des lampes à pétrole et à gaz. Il peut être très agréable de passer de belles soirées d'été à discuter, de s'asseoir au coin du feu l'hiver, en écoutant la radio, ou simplement d'aller se coucher tôt pour lire un bon livre à la lueur d'une bougie. Je garde vraiment un bon souvenir de cette époque. Bien sûr, nous sortions de temps à autre, nous allions au pub ou au cinéma. Mais pendant ces dix années, l'éclairage électrique n'a pas fait partie de ce qui nous a manqué le plus. »

Les auteurs

Évolution des niveaux d'éclairage

Au début du XXe siècle, le niveau d'éclairage recommandé pour les lieux publics était de 30 lux – c'est-à-dire 1 lumen par mètre carré multiplié par 30. En 1920, on passa à 200 lux, puis en 1940 à 300 lux, pour arriver de nos jours à environ 1 500 lux ! Le paradoxe de l'histoire est que, au-dessus de 350 lux, on est soumis à une lumière trop violente. Nos ancêtres s'abîmaient les yeux en essayant de lire à la lumière vacillante des chandelles, tandis que nous abîmons les nôtres vouloir lire sous l'éclat de millions d'ampoules électriques. En passant à un niveau d'éclairage moindre, tout en restant autour des 350 lux recommandés, nous réduirions de deux tiers la consommation d'électricité consacrée à l'éclairage.

En attendant d'étudier les moyens alternatifs de produire de l'électricité (voir p. 40-49), réfléchissons pour l'instant aux moyens de minimiser notre consommation.

Vivre au rythme de la nature

Par le passé, on se levait plus ou moins à l'aube pour se coucher avec le soleil. Ceux qui se levaient très tôt ou se couchaient très tard avaient besoin de lumière pour éclairer leur chemin. De nombreuses communautés vivent encore ainsi aujourd'hui dans les pays en voie de développement. Si par exemple vous demandez à un paysan du nord de l'Inde comment il s'éclaire après le coucher du soleil, il vous répondra que, à ce moment-là, il est tellement fatigué qu'il se couche.

Cela ne veut pas dire que nous devrions nous épuiser au travail pour nous écrouler de fatigue le soir venu, dans le but de faire des économies d'éclairage, mais plutôt qu'il faudrait essayer de trouver un nouvel équilibre entre le travail, le sommeil et le temps libre. Il ne s'agit pas de couper l'électricité, mais d'essayer de changer de comportement et de minimiser vos besoins en éclairage.

Minimiser la consommation

Éteindre... Dans la mesure où nous avons en général deux sources d'éclairage, ou davantage, dans chaque pièce, nous pourrions économiser de l'énergie en éclairant simplement l'espace où nous nous trouvons. La maison entière n'a pas besoin d'être illuminée.

Préférer les ampoules basse consommation. Pourquoi ne pas remplacer toutes les ampoules par des modèles basse consommation ? Selon les chiffres les plus récents, cela représenterait des économies conséquentes.

Éteindre les appareils laissés en veille. La plupart des maisons modernes sont éclairées toute la nuit par de petites lumières rouges scintillantes qui attestent que divers appareils électriques sont prêts à être allumés – téléviseurs, lecteurs de DVD, chaînes hi-fi, ordinateurs... En les éteignant quand ils ne sont pas utilisés, d'autres économies peuvent être réalisées simplement.

Penser à la décoration. Pour la décoration intérieure, optez pour des peintures blanches ou crème, des tissus clairs, des surfaces brillantes, des miroirs – tout ce qui est susceptible de réfléchir la lumière disponible.

Installer des puits de lumière

Installé sur le toit, le puits de lumière capte la lumière directe et ambiante du soleil pour la guider à travers des tubes vers l'intérieur de l'habitation, où il la diffuse depuis le plafond ou le mur. Chaque extrémité du tube est équipée d'un diffuseur en verre ou en acrylique, et la face interne des tubes est réfléchissante. Lorsque les rayons du soleil atteignent la paroi interne des tubes, la lumière est renvoyée vers l'intérieur du bâtiment. Bien sûr, un puits de lumière ne fonctionne que lorsque le soleil brille, ou du moins pendant la journée, mais cela signifie que vous pouvez travailler dans un grenier, un sous-sol ou une pièce sans fenêtre sans pour autant avoir la lumière allumée en permanence.

Fenêtres et surfaces réfléchissant la lumière

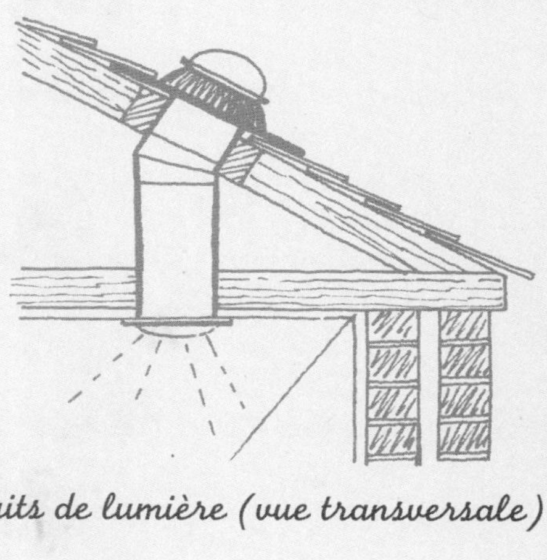

Puits de lumière (vue transversale)

L'eau

Au début du XXe siècle, la plupart des gens avaient un puits dans leur jardin, ou, s'ils étaient plus fortunés, une pompe à main dans la cuisine, ou à l'extérieur de la maison. Puiser l'eau et porter les seaux, aller la chercher à la pompe du village ou la pomper à l'évier pour la mettre dans un seau – tout cela était difficile et fastidieux, et chacun faisait son possible pour se contenter d'un minimum d'eau.

Réduire la consommation

Les chiffres indiquent que, au début du XXe siècle, un ou deux seaux par jour et par personne en tout et pour tout suffisaient pour faire la cuisine, se laver, laver le linge… Cela semble peu, mais n'oubliez pas que les toilettes consistaient en un simple cabinet d'aisance à l'extérieur, avec juste un seau et un broc. Progressivement, avec l'apparition des toilettes et des salles de bains à l'intérieur des habitations, des toilettes munies de chasses d'eau, des douches, des machines à laver et des lave-vaisselle, nous avons fait passer notre consommation d'eau quotidienne de 2 seaux à environ 30 à 60 seaux !

Si l'on considère qu'en moyenne nous utilisons largement 30 seaux d'eau par jour – ce n'est qu'une moyenne très approximative –, les statistiques nous apprennent qu'un tiers environ de cette consommation, soit à peu près 10 seaux, sert à alimenter les chasses d'eau. Nous pourrions grappiller quelques centilitres par-ci par-là en utilisant moins la machine à laver ou le lave-vaisselle et en limitant les arrosages du jardin, mais il s'agirait d'économies de bouts de chandelle comparées à celles que nous pourrions réaliser en réduisant les quantités d'eau utilisées pour les toilettes.

Utiliser l'eau « grise »

On qualifie de « grise » toute l'eau provenant des douches, des bains, de la cuisine et de la lessive – en fait, toutes les eaux usées dépourvues d'excréments, d'urine ou de nourriture en décomposition. L'eau grise représente environ 50 % des eaux usées

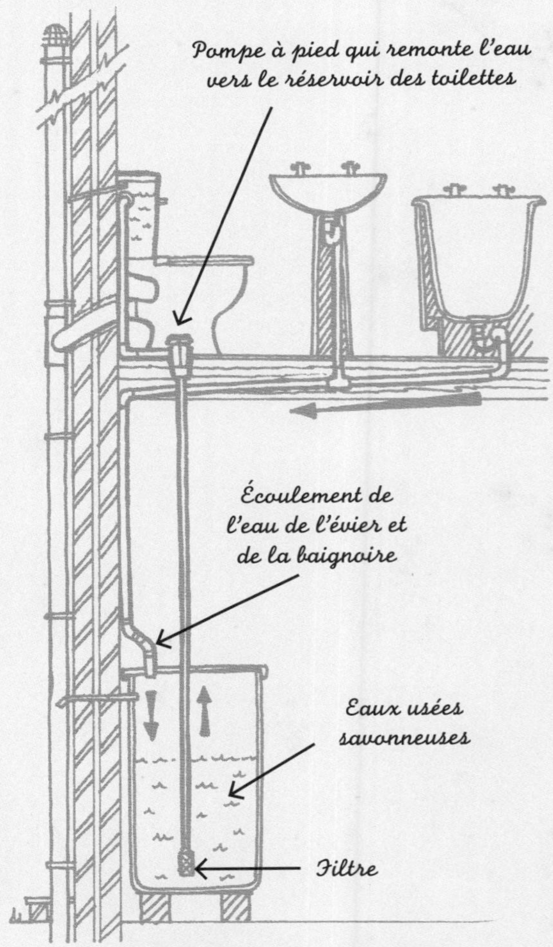

Recyclage de l'eau grise

En l'utilisant pour les toilettes, – pour lesquelles il n'est pas indispensable d'utiliser l'eau potable d'excellente qualité, nous économiserions de l'énergie sur deux fronts : 50 % de coûts en moins et 50 % de consommation en moins. Mais une bonne part de l'eau grise est polluée par des savons et détergents – ce qui ne serait pas un problème pour la chasse d'eau mais le deviendrait pour l'arrosage de votre jardin. L'autre difficulté vient du fait que l'eau grise sent vite mauvais.

Une bonne option, économique et simple, serait une installation comprenant un lavabo relié au réservoir d'une chasse d'eau : lorsqu'on se lave les mains, l'eau s'écoule dans le réservoir. Après avoir utilisé les toilettes, vous tirez la chasse d'eau, puis vous vous lavez les mains ; la personne suivante tire la chasse d'eau dont le réservoir a été rempli avec l'eau qui vous a servi à vous laver les mains, et ainsi de suite.

Forer un puits

L'un des meilleurs moyens de s'assurer un bon approvisionnement en eau pure et de réduire les coûts à long terme est d'avoir sa propre source. Les puits forés sont respectueux de l'environnement dans la mesure où ils limitent la captation de l'eau des rivières et des réservoirs. Dans la plupart des cas – selon l'emplacement –, l'eau du puits foré n'est pas la même que l'eau de surface.

On peut effectuer un forage jusqu'à 50 m de profondeur environ, puis il faut le doubler par un tubage d'acier, surmonté d'une pompe. Lorsque l'on ouvre un robinet dans la maison, l'eau stockée arrive dans un réservoir où un flotteur actionne un interrupteur qui met en marche la pompe. Celle-ci monte alors l'eau du puits vers le réservoir. L'investissement initial pourrait être amorti en trois ans.

Recueillir l'eau de pluie

En zones rurales, recueillir l'eau de pluie pour la réutiliser était jadis monnaie courante. Pourquoi ne pas vous lancer aussi ? C'est simple : l'eau de pluie tombe sur le toit où elle est recueillie et envoyée vers une gouttière qui la fait passer à travers un filtre ; l'eau tombe ensuite dans un réservoir où elle est entreposée, prête à être utilisée dans la maison.

Il est difficile de parvenir à l'autarcie en matière d'alimentation en eau – et ce d'autant plus qu'en France, dans les zones desservies par un réseau de distribution, obligation est faite de souscrire un abonnement à celui-ci –, mais utiliser de l'eau de pluie pour laver le linge, pour les bains et pour la chasse d'eau est un bon compromis.

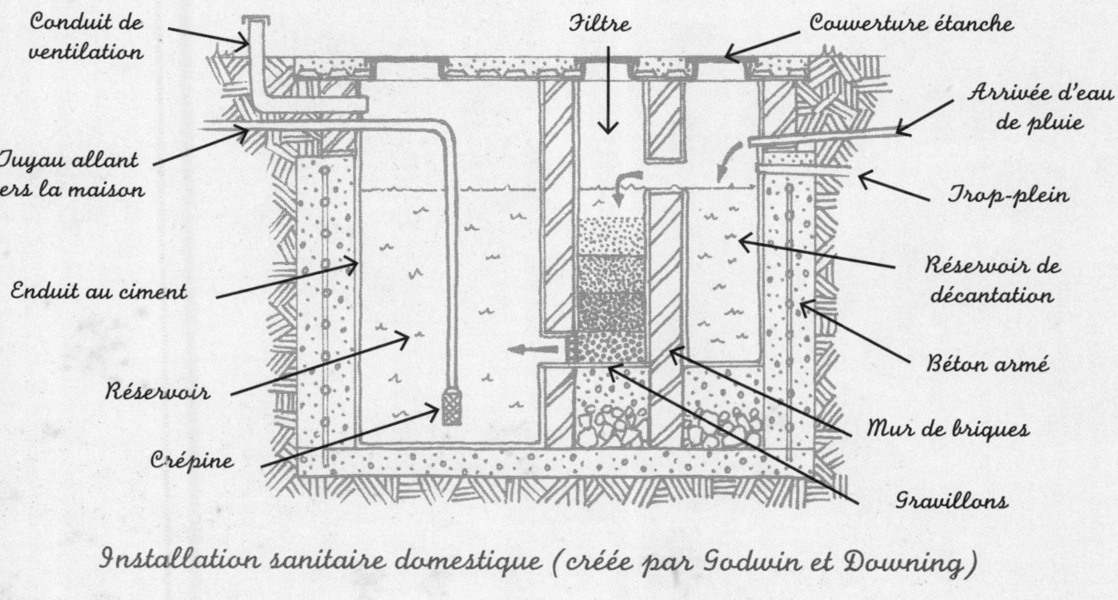

Installation sanitaire domestique (créée par Godwin et Downing)

Les systèmes d'évacuation **des eaux usées**

Le développement des toilettes munies de chasses d'eau a représenté un progrès considérable qui nous a débarrassés des mouches, des rats, du choléra et de toutes les joies des égouts à ciel ouvert, mais nous nous trouvons maintenant face à un autre problème : nous utilisons pour les chasses d'eau d'énormes quantités d'eau potable. Cela coûte cher, et c'est un gâchis en termes d'énergie et de ressources.

Les options possibles

Une fois la chasse d'eau tirée, tout dépend de l'endroit où vous habitez. Il y a quelques années à peine – dans les années 1990 –, les eaux usées étaient envoyées directement vers l'étendue d'eau la plus proche – une rivière ou la mer –, alors qu'aujourd'hui, elles partent au tout-à-l'égout ou, si vous habitez la campagne, vers une fosse septique. En tout état de cause, le fait d'utiliser de l'eau d'excellente qualité pour évacuer nos excréments dans une rivière ou dans la mer est une très mauvaise idée à bien des égards – on gâche de l'eau potable et on pollue la rivière ou la mer.

> **Le tout-à-l'égout** est une bonne chose quand il rend à la terre le produit final, après épuration, mais il est coûteux en transport et en ressources.

Des expériences ont été faites pour transformer les eaux d'égout en gaz, mais cela ne fonctionne vraiment qu'à l'échelle d'une grande ville, s'il on a beaucoup de fumier à recycler.

> **La fosse septique** est une bonne solution si vous habitez à la campagne. On pourrait d'ailleurs utiliser de l'eau grise pour l'approvisionnement en eau des chasses d'eau reliées à la fosse septique.

> **Les toilettes sèches**. Dans un contexte d'autarcie, l'utilisation d'un système de toilettes sèches à compostage, de type Clivus ou TLB (toilettes à

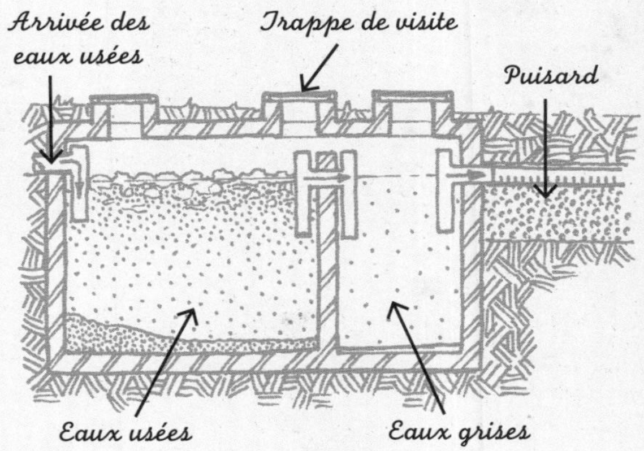

Fosse septique

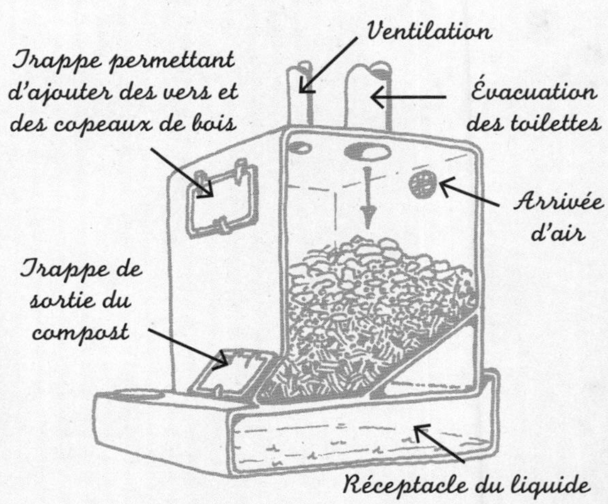

Les toilettes de type Clivus

litière biomaîtrisée), qui transforment les déchets en compost – mon grand-père avait déjà eu l'idée d'enterrer celui-ci un an ou deux et de le remettre en terre –, est l'une des meilleures trouvailles.

> La **gestion des eaux usées par phytoépuration.** Ce procédé d'épuration par filtres plantés n'est pas homologué, mais il est de plus en plus souvent autorisé sous certaines conditions (il faut demander l'autorisation au SPANC, service public d'assainissement non collectif).

Les toilettes sèches

Les toilettes sèches à compostage consistent en un cube de plastique et de fibre de la taille d'une petite pièce, équipé de 3 ou 4 tuyaux – deux de diamètre important allant vers le haut (l'un vers les toilettes et l'autre vers la cuisine), parfois un autre tuyau de diamètre inférieur allant vers un autre évier et un gros tuyau, ou conduit de ventilation, montant et sortant au niveau de la toiture. Quand vous utilisez les toilettes ou quand vous travaillez dans la cuisine, vous jetez des déchets qui, après être passés par une sorte de trappe ouvrant, tombent dans le conteneur où ils se décomposent progressivement. Un ou deux ans plus tard – un peu comme le faisait mon grand-père avec les toilettes rudimentaires de mon enfance –, vous pouvez prélever à la pelle le plus beau des composts.

Les questions courantes

Les toilettes sèches sentent-elles mauvais ? En principe, non. Le courant d'air descendant des toilettes est si fort que les odeurs sont évacuées de la cuisine et des toilettes et envoyées vers le conduit d'aération.

Est-ce vraiment sain ? Oui. Le procédé est tel que le compost obtenu est sain et sans danger.

Le compost ressemble-t-il à des excréments ? Non. Il se transforme en une fine couche marron grumeleuse qui peut être épandue dans le jardin.

Peut-on installer ce système n'importe où ? Non. Comme il faut pouvoir accéder au panneau de vidage, il faut l'installer dans un sous-sol ou au rez-de-chaussée d'une maison où les toilettes et la cuisine sont au premier étage.

Ce système utilise-t-il de l'eau ? Non, pas une goutte d'eau n'est nécessaire.

Peut-il y avoir des problèmes ? Oui. Les mouches peuvent être attirées par l'odeur, mais les modèles les plus récents règlent ce problème par des ventilateurs qui accentuent le courant d'air descendant et écartent les mouches. L'inconvénient est alors l'obligation d'utiliser de l'électricité.

Que deviennent les eaux grises produites par la maison ? Elles peuvent partir au tout-à-l'égout ou, si l'espace le permet, passer par des bassins de phytoépuration.

« Lorsque j'étais enfant, dans les années 1950, j'habitais la campagne et les toilettes étaient assez primitives : il fallait d'abord sortir de la maison pour se rendre dans un minuscule cabanon sans fenêtre, à l'entrée du verger, puis s'asseoir sur un rudimentaire siège en bois, au-dessus d'un trou noir ; il fallait ensuite rester dans la pénombre, puis jeter une poignée de terre sèche ou de cendre sur les excréments. Il n'y avait pas de carrelage étincelant ni de chasse d'eau, juste plein d'araignées, des odeurs fortes, et l'obscurité…
Tous les jours, quand le seau était prêt à déborder, mon grand-père l'emportait au bout du verger, le vidait dans une fosse vide et le recouvrait de quelques pelletées de terre. Quand la fosse était presque pleine, il la remplissait de terre et creusait une nouvelle fosse. Après deux années de ce régime – et après avoir rempli 12 fosses –, il retournait à la première fosse et la vidait de son contenu – un beau mélange marron grumeleux, ne dégageant aucune mauvaise odeur – pour le répandre sur les légumes du jardin. Rien de tout cela ne nous paraissait étrange. C'était notre quotidien. tout simplement. »

Les auteurs

L'énergie **solaire**

On parle d'énergie solaire pour désigner l'électricité ou la chaleur obtenues à partir du rayonnement solaire. Ce rayonnement peut être transformé, utilisé pour le chauffage de la maison et de l'eau, ou être converti en énergie électrique. Mais il peut aussi être simplement absorbé, accumulé et restitué de manière passive.

La première source d'énergie

Nous savons tous qu'il fait plus chaud à midi qu'au lever ou au coucher du soleil, et que la température est plus élevée à l'équateur qu'aux pôles. En effet, la quantité d'énergie solaire qui atteint la Terre est déterminée par l'angle selon lequel le soleil touche sa cible – différent selon les latitudes, les heures et les saisons – et par l'absorption de la chaleur. Nous savons aussi que si nous portons du noir, nous ressentons plus la chaleur que si nous sommes vêtus de blanc. Le noir absorbe mieux les rayonnements du soleil que le blanc. Et certains experts affirment que le vert foncé mat a des capacités d'absorption encore meilleures que le noir mat.

De ces connaissances très anciennes sont nées deux façons d'exploiter l'énergie solaire, l'une, passive, fait partie de ce que l'on appelle aujourd'hui le bioclimatisme, l'autre, active, utilise capteurs et cellules photovoltaïques.

Énergie solaire et bioclimatisme

Selon les principes du bioclimatisme, on cherche, pour réduire les besoins en chauffage et en climatisation des bâtiments, à capter le rayonnement solaire, à stocker l'énergie captée, puis à distribuer la chaleur dans l'habitat en évitant les déperditions. Les éléments clés sont :

> L'exposition : de grandes baies vitrées exposées au sud (face au soleil de midi) captent les rayonnements solaires.
> Le stockage dans la masse thermique du bâtiment : murs en béton et en briques absorbent la chaleur du soleil comme des radiateurs à accumulation, puis la restituent progressivement.
> Une excellente isolation des murs, plafonds et sols – ainsi que les volets et rideaux – empêche la chaleur de s'échapper.
> La climatisation solaire : par un effet « cheminée », l'air chaud est expulsé à l'extérieur et remplacé par de l'air plus froid.
> Les panneaux solaires actifs : un fluide chauffé par le soleil (dit « caloporteur ») est transmis par une pompe au système de chauffage de l'eau ou de l'air.
> Le stockage actif par des panneaux solaires : le soleil chauffe une surface peinte en noir (l'absorbeur), celle-ci chauffe l'air qui est ensuite transporté vers l'ensemble du bâtiment.
> Les cellules photovoltaïques, qui transforment l'énergie solaire en électricité.

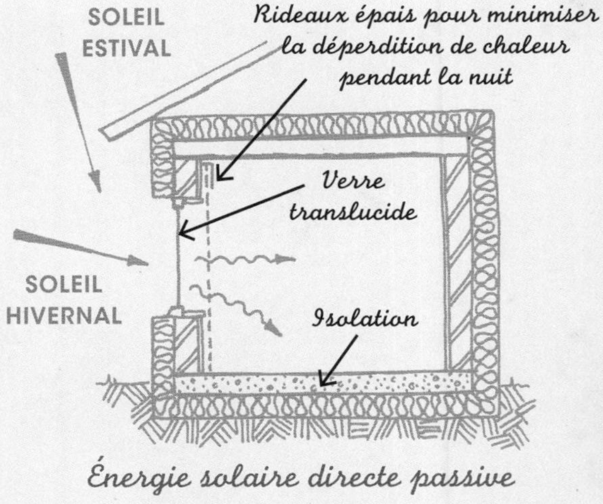

Énergie solaire directe passive

L'énergie solaire directe passive

En construisant nos maisons comme des boîtes bien isolées, avec de grandes baies face au sud, donc au soleil de midi, nous utilisons l'énergie solaire directe passive. La lumière du soleil passe par les fenêtres et atteint les murs, les sols et les meubles, où elle est recueillie et stockée sous forme de chaleur. Si la nuit est froide, il suffit de tirer les rideaux ou de fermer les volets pour retenir la chaleur, qui est restituée progressivement par les murs, les sols et les meubles – exactement comme des radiateurs à accumulation – et si la nuit est chaude, on ouvre les fenêtres pour laisser sortir la chaleur.

Il est possible d'augmenter considérablement la capacité de stockage de la chaleur de la maison grâce à des planchers et à des murs plus épais – comportant plus de maçonnerie et de béton –, à une meilleure isolation du plancher, des murs et des plafonds, à de plus grandes surfaces vitrées avec une inclinaison optimisée par rapport aux rayons du soleil, et en utilisant des couleurs plus foncées pour la décoration.

Toutefois, si cette utilisation de l'énergie solaire est adéquate en climat tempéré, où les jours et les nuits sont doux, elle ne convient pas sous un climat où les journées sont chaudes et les nuits froides, car les pièces seraient inhabitables à midi.

L'énergie solaire indirecte passive

Les murs absorbants

Pour bénéficier de l'énergie solaire passive de manière indirecte, on peut installer une paroi vitrée devant un mur absorbant la chaleur – en briques ou en béton peint en noir – ou devant un réservoir de liquide (mur d'eau), pour qu'il reçoive directement le rayonnement du soleil. Ce système est connu sous le nom de mur Trombe : le soleil chauffe le mur à travers le vitrage, celui-ci absorbe la chaleur et l'espace entre le vitrage et le mur devient une cheminée thermique ; on actionne ensuite des ventilations installées au niveau du sol et du plafond dans le vitrage et le mur Trombe pour utiliser au mieux la chaleur stockée : les courants d'air chaud qui s'élèvent par convection dans la cheminée thermique sont dirigés soit vers l'extérieur, soit vers l'intérieur du bâtiment.

La récupération de chaleur accumulée

Si vous avez une serre ou un jardin d'hiver, vous savez à quel point la température y monte vite. À la fin de l'automne et au début du printemps, ou même par un automne plutôt frais, il fait bon s'y tenir. En revanche, de la fin du printemps au début de l'automne, la chaleur y est le plus souvent étouffante. Souvent, à cette saison, quand la véranda ou la serre sont trop chaudes, la maison est un

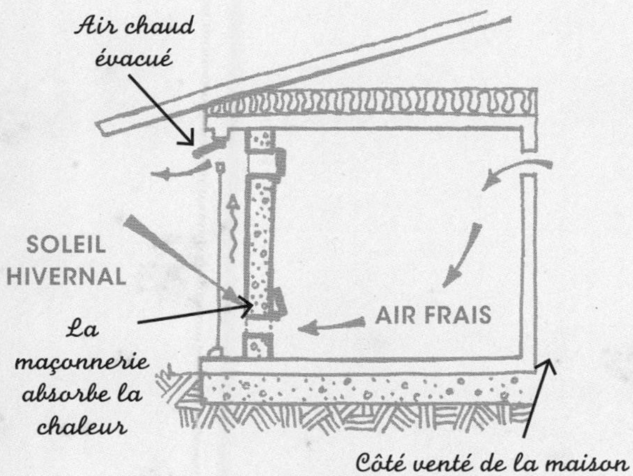

Mur Trombe

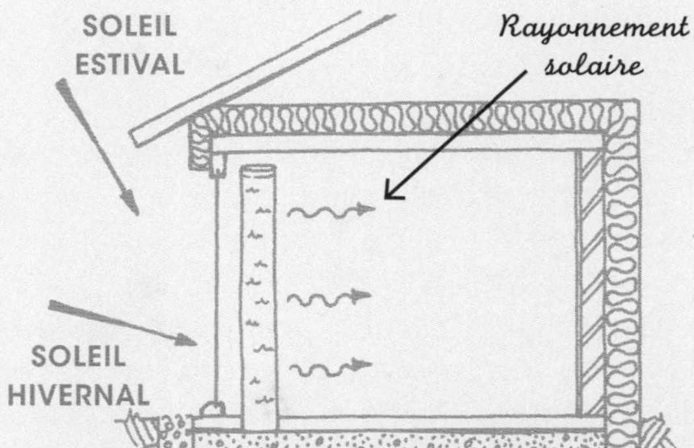

Mur d'eau

Fonctionnement d'un mur Trombe

Jours chauds, nuits chaudes La journée, les ventilations de la fenêtre sont ouvertes et celles du mur sont fermées. L'air emprisonné entre les deux monte par convection ; l'air chaud sort par les deux ventilations en haut de la fenêtre, attirant de l'air frais à l'intérieur par la ventilation basse. L'air qui circule contribue à rafraîchir l'intérieur.

Jours chauds, nuits très froides Dans la journée, la ventilation haute de la fenêtre et celle du bas du mur sont ouvertes et les autres fermées. Une autre ventilation est ouverte sur le mur d'en face. L'air emprisonné monte par convection ; l'air chaud sort par la ventilation haute de la fenêtre, attirant de l'air frais à l'intérieur.

Jours chauds, nuits froides La journée, les ventilations de la fenêtres sont ouvertes et celles du mur sont fermées. L'air emprisonné entre les deux monte par convection; l'air chaud sort par les deux ventilations en haut de la fenêtre, attirant de l'air frais à l'intérieur par la ventilation basse. La nuit, les ventilations de la fenêtre sont fermées et celles du mur sont ouvertes. L'air chaud emprisonné entre les deux monte et passe à l'intérieur.

Jours froids, nuits froides La journée, les ventilations de la fenêtre sont fermées et celles du mur sont ouvertes. L'air emprisonné entre les deux monte par convection ; l'air chaud sort par la ventilation en haut du mur et chauffe l'intérieur. La nuit, toutes les ventilations sont fermées.

peu froide. Instinctivement, nous ouvrons alors les portes entre la véranda et la maison pour laisser entrer la chaleur dans la maison.

En partant du même principe, on peut créer des ventilations dans le mur séparant la véranda et la maison – un peu comme dans un mur Trombe –, de façon à créer un effet de cheminée pour « aspirer » l'air chaud à l'intérieur de la maison. Une alternative est de faire fonctionner la ventilation haute en extraction pour faire circuler, par des conduits répartis dans toute la maison, de l'air chaud vers les endroits froids. Il ne s'agit, en l'occurrence, que d'envoyer de l'air chaud inutilisé vers des endroits où on en a besoin.

L'accumulation de chaleur en lit de roches à l'intérieur de la serre, en s'attaquant au problème de la maison-trop-froide-serre-trop-chaude, représente encore une avancée dans cette direction. Le soleil chauffe la structure de la serre – murs et sol –, l'air se réchauffe et commence à s'élever. À ce moment-là, une ventilation à extracteur se met en marche et fait sortir l'air chaud de la serre, par des conduits, pour le diriger vers une zone isolée où est installé un lit de roches – idéalement un bac de stockage situé en sous-sol. Le choix se porte en général sur la pierre parce qu'elle est bon marché et facile à trouver, mais n'importe quel autre matériau inerte peut convenir, pourvu qu'il soit lent à réchauffer et lent à refroidir – comme du béton ou du verre pilé. Une fois que la chaleur de l'air a été absorbée par le matériau en question, l'air devenu frais est redirigé vers la serre. La nuit, l'air chaud accumulé dans le bac de stockage est renvoyé dans la maison, par convection naturelle ou par un système de ventilation.

L'accumulation de chaleur dans la roche est une solution plus mécanique que le mur Trombe, mais c'est une approche intéressante lorsque les structures existantes posent un problème – serre trop chaude et maison trop froide –, car elle règle ces deux problèmes.

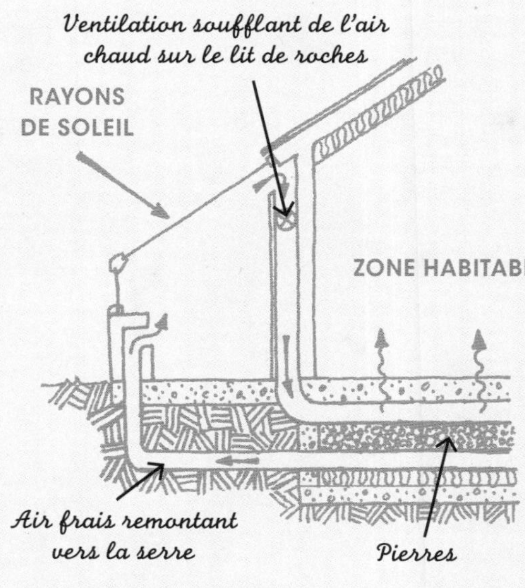

Accumulation en lit de roches

> *« Quand on a commencé à s'intéresser à l'autarcie, dans les années 1970, les gens essayaient toutes sortes de capteurs solaires, qu'ils fabriquaient à partir de vieux radiateurs, de tuyaux en plastique noir, etc. Je me souviens d'un système étonnamment simple : de l'eau coulait goutte à goutte le long d'un toit en acier galvanisé recouvert d'un vitrage, dans une cuvette puis dans un réservoir installé à la cave, où on l'utilisait pour le chauffage ou comme eau chaude. Pas très esthétique, cette énorme structure disposée à côté de la maison, quasiment aussi volumineuse que le pignon, était néanmoins très efficace et produisait de l'eau très chaude avec de l'eau froide au départ. Il existait un autre système, avec un tuyau en plastique noir enroulé autour d'un énorme réservoir cylindrique – de la hauteur de la maison. Là aussi, l'eau rentrait froide d'un côté et sortait très chaude à l'autre bout. »*
>
> *Les auteurs*

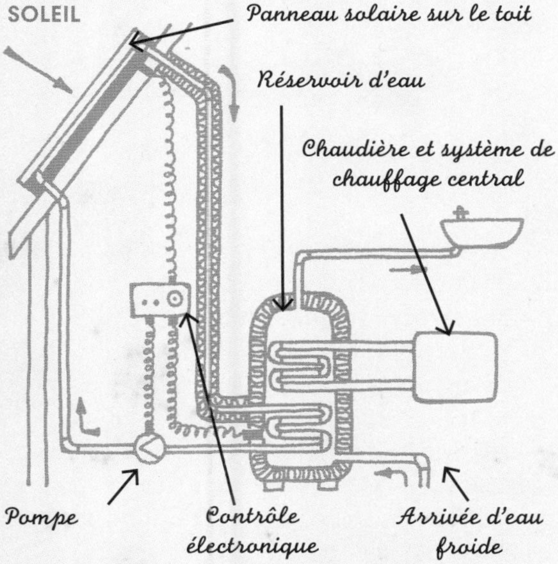

Fonctionnement des panneaux solaires

Capteurs solaires

Les capteurs solaires sont les éléments de base du chauffage solaire actif. Les premiers capteurs solaires firent leur apparition sur le marché, dans les années 1970, mais il s'agissait surtout d'appareillages encombrants, très coûteux, plutôt destinés à une clientèle « hippie », et d'une manière générale assez peu fiables.

Aujourd'hui, des capteurs solaires industriels sont commercialisés à des prix très raisonnables et qui continuent à baisser. De plus, ils sont efficaces, sophistiqués, et généralement bien conçus. Si vous voulez juste réduire votre facture d'électricité grâce à un système éprouvé, les capteurs solaires sont un bon choix.

Il existe différents modèles compacts et sans pompe, mais la plupart sont équipés d'une ou plusieurs pompes pour faire circuler un fluide caloporteur (eau/antigel/huile) dans le système.

Les systèmes de chauffage solaire sont constitués de cinq éléments essentiels :
- un capteur ;
- un ballon de stockage d'eau chaude ;
- un système de contrôle automatique ;
- une ou plusieurs pompes ;
- de la tuyauterie.

Comment fonctionnent-ils ?

> Les rayons ultraviolets du soleil réchauffent l'absorbeur de chaleur situé à l'intérieur du capteur ;
> la chaleur de l'absorbeur est transférée à l'eau ou au liquide caloporteur ;
> à une température prédéterminée, les pompes sont mises en action ;
> le fluide caloporteur est transféré du capteur à un échangeur de chaleur situé dans un réservoir de stockage de l'eau sanitaire ;
> l'eau chauffée stockée dans ce réservoir est utilisée soit directement comme eau chaude, soit pour chauffer à son tour l'eau du circuit de chauffage central.
> refroidi, le liquide caloporteur repart vers les capteurs où il va être chauffé à nouveau, et ainsi de suite.

Types de capteurs

Il y a trois principaux types de capteurs solaires, tous légèrement différents par leurs qualités et leurs caractéristiques. Étudiez bien les services qu'il peut vous rendre pour définir avec certitude celui qui correspond à vos besoins.

Capteur plan

Ce capteur est constitué d'un groupe de conduits/tubes/tuyaux, posés sur une surface absorbant la chaleur à l'intérieur d'un boîtier isolé et recouvert d'un vitrage ; il est très proche des prototypes des années 1970. Le fluide caloporteur circulant dans les tuyaux récupère la chaleur en provenance de la surface absorbante. Pour avoir le meilleur rendement possible, il doit être perpendiculaire au rayonnement solaire.

Capteur à concentration

Le capteur est constitué d'un tube de cuivre équipé d'ailettes installées dans un logement en forme de capteur. À bien des égards, ces modèles sont préférables aux capteurs plans dans la mesure où la forme incurvée concentre les rayons du soleil à la fois sur l'avant et sur l'arrière des ailettes.

Capteur à tubes sous vide

Ce modèle est constitué d'une série de tubes collecteurs composés chacun d'un tube interne et d'un tube externe en verre, séparés par du vide. La chaleur du soleil est absorbée par une couche recouvrant la surface intérieure du tube en verre. Cette chaleur passe à l'extrémité du tube chauffant et, à un moment donné, est transférée à un tube collecteur en cuivre pour être dirigée ensuite vers le réservoir de stockage.

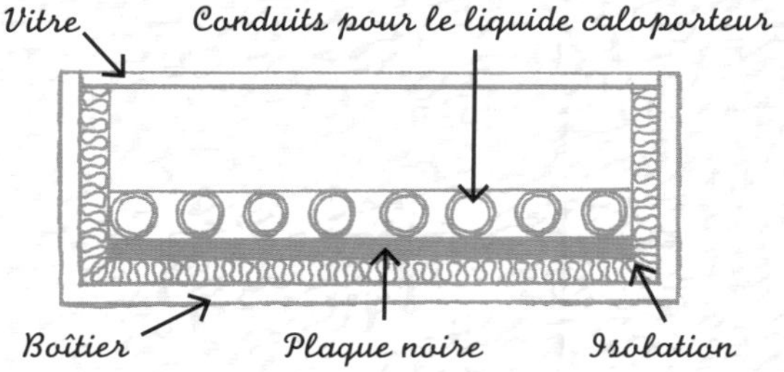

Capteur plan

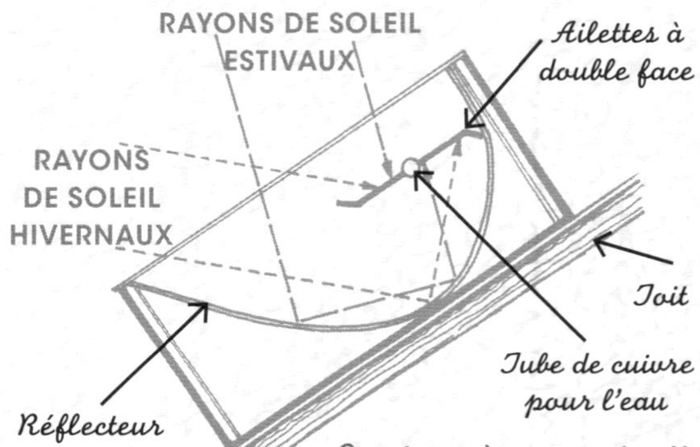

Capteur à concentration

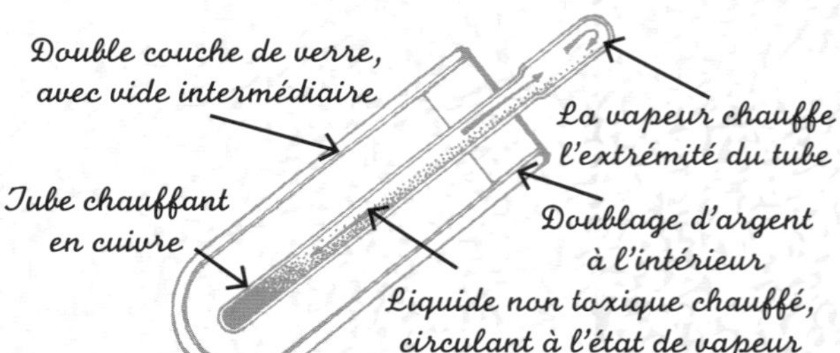

Capteur à tube sous vide

Les cellules photovoltaïques

À la fin des années 1970, les cellules photovoltaïques, ou photopiles, issues de la course à l'espace et des industries dérivées, furent développées pour convertir directement la lumière en énergie électrique. Elles n'utilisent pas d'eau – juste la lumière du soleil, transformée directement en courant continu. À l'époque de leur création, ces cellules étaient incroyablement chères et, en réalité, on ne pensait pas qu'elles pourraient un jour être utilisées à l'échelle domestique. Aujourd'hui, on voit des panneaux photovoltaïques un peu partout – sur le toit des yachts, en pleine montagne, où ils sont raccordés à des minigénérateurs pour fournir de petites quantités d'électricité, en particulier dans les zones où il n'y a pas de raccordement possible au réseau. La production en grandes quantités a permis de baisser considérablement les prix. Alors que dans les années 1970, les coûts étaient très élevés, ils le sont beaucoup moins et diminuent encore. Dans les sites isolés, ce type d'électrification s'impose souvent comme une des solutions les plus économiques. Il est d'ailleurs possible d'obtenir des subventions et bien sûr le crédit d'impôt énergies renouvelables.

De nombreuses installations de ce type sont aujourd'hui en fonctionnement un peu partout dans le monde – pas seulement dans les pays à fort ensoleillement, mais aussi dans des zones de climat difficile. Les cellules photovoltaïques sont faciles et rapides à poser et n'ont besoin en matière d'entretien que d'une vérification annuelle par un agent de maintenance. Il suffit en outre pour augmenter la puissance d'accroître le nombre de cellules.

Comment fonctionnent-elles ?

La cellule photovoltaïque transforme une partie du rayonnement solaire en courant continu. Une cellule est généralement constituée de plusieurs couches : un point de contact à l'arrière, deux couches de silicium (semi-conducteur), une couche antiréfléchissante, une grille de contact, le tout protégé par une vitre. Quant au fonctionnement lui-même, il suffit de savoir que quand la cellule est bombardée par les photons des rayons de soleil, un flux régulier d'électrons produit une quantité précise d'électricité sous forme de courant continu, d'une tension de l'ordre de 0,5 V. Certes, la quantité produite par chaque cellule est faible, mais en connectant toute une batterie de cellules sur un panneau et en ayant recours à un onduleur pour transformer le courant continu en courant alternatif, on obtient une source d'énergie simple et peu coûteuse.

Capteurs et cellules photovoltaïques associés

On se pose beaucoup de questions sur les cellules photovoltaïques. Leur prix va-t-il baisser ? Sont-elles fiables ? Quelle est leur durée de vie ? Peuvent-elles convenir en climat frais ? On commence seulement à s'en servir pour des usages autres qu'industriels, associées à des capteurs traditionnels : ce sont souvent de petits panneaux photovoltaïques qui fournissent l'électricité alimentant les pompes et les commandes.

Ce genre de système n'est pas très complexe et les cellules photovoltaïques pourraient être exploitées bien davantage, mais c'est déjà bien.

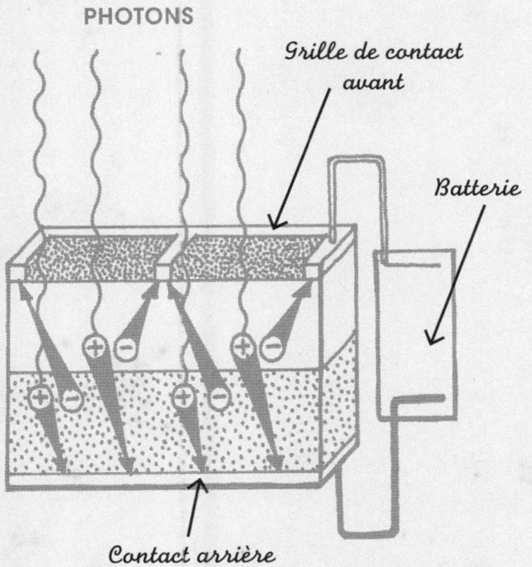

Cellule photovoltaïque

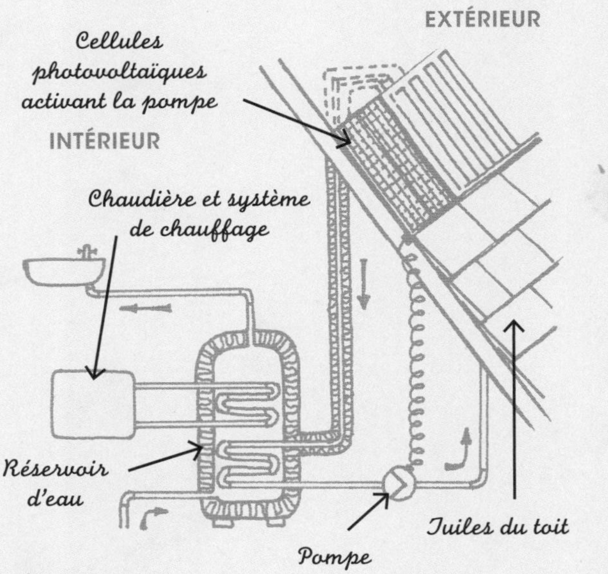

Pompe activée par l'énergie solaire

L'énergie **éolienne**

Utilisée depuis des siècles, l'énergie éolienne a d'abord servi à fournir un travail mécanique (les moulins à vent, puis les éoliennes mécaniques qui convertissent l'énergie cinétique du vent en énergie mécanique). Les aérogénérateurs, eux, convertissent directement l'énergie cinétique du vent en énergie électrique.

Vieille éolienne mécanique

Les divers types d'éoliennes

Aujourd'hui ne trouve-t-on pas des rangées d'éoliennes géantes sur les collines et au sommet des montagnes, de petits aérogénérateurs le long des autoroutes ? La question n'est plus de savoir si l'on va en construire une soi-même, ni même de savoir où s'en procurer une, mais plutôt de choisir quel type d'éolienne installer. En fait, il y a tellement de modèles et le jargon dans ce domaine est si compliqué que tout cela peut se révéler fort déroutant.

Nous connaissons tous **les éoliennes mécaniques traditionnelles.** Le vent souffle, faisant tourner l'hélice, et la force de rotation horizontale est transformée par des engrenages et moyeux en force de rotation verticale destinée à faire tourner de grosses pierres plates pour moudre du grain, ou à faire tourner un pivot qui actionne le vilebrequin et les pistons d'une pompe à eau. Il y a toutes sortes de modèles possibles de nacelles et de mâts : volant en toile sur un axe horizontal, rotor cylindrique sur un axe vertical, pales de rotor sur un axe vertical, pales ressemblant à celles d'un moulin à vent miniature sur un axe vertical...

La plupart des générateurs éoliens de haute technologie, ou aérogénérateurs, ont deux à cinq pales (ou propulseurs) constituées d'un morceau

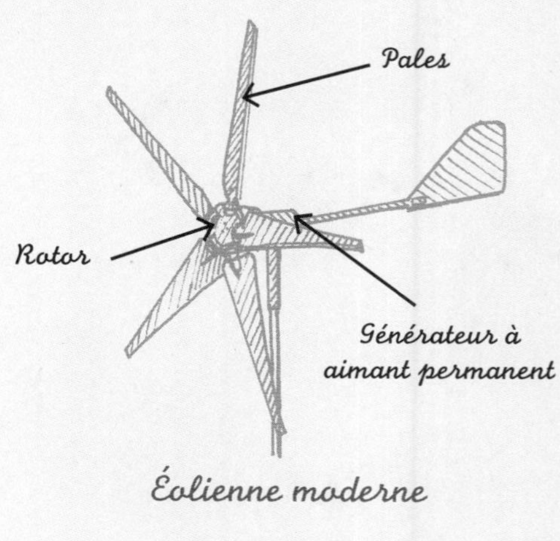

Éolienne moderne

de voilure fixé sur un axe horizontal – un peu comme une aile d'avion. La plupart des machines sont montées sur un mât ou une tour et conçues de façon qu'un système de sécurité mécanique ou électronique se mette en marche et fasse fonctionner un frein quand une vitesse maximale du vent est atteinte. Le vent souffle sur les pales, faisant ainsi tourner l'arbre de l'axe horizontal, qui alimente un générateur électrique. Le générateur convertit l'énergie mécanique en énergie électrique et finalement, l'électricité résultante est stockée dans des accumulateurs, convertie en courant alternatif et, dans certains cas, dirigée vers le réseau de distribution national.

« Nous habitions dans un endroit où le vent soufflait si fort que le moindre arbre, le moindre bâtiment semblait cuirassé contre lui, alors quoi de plus naturel que de construire un générateur éolien ? J'écrivis à une communauté hippie des États-Unis, et on m'envoya tout un tas de dessins techniques accompagnés de notices pour me permettre de construire moi-même un générateur à partir de pièces récupérées sur de vieilles voitures. Quand vint le grand jour, le générateur était en place, les fils branchés, et l'hélice commença à tourner. Elle était magnifique. Pour finir, nous eûmes de l'électricité pendant une bonne dizaine de minutes, puis les lumières commencèrent à vaciller, les fils fondirent et le carter de l'hélice se mit à rouler dans le champ. Dès lors, nous retrouvâmes nos bougies et nos lampes à gaz. »

Les auteurs

Questions techniques

> Combien de pales ? Certaines machines en ont deux, d'autres trois et d'autres encore cinq. Il y a tant de modèles différents que la seule manière de s'y retrouver est d'en lire les données et de choisir une machine qui semble avoir fait ses preuves.

> Combien d'électricité peuvent-elles produire ? Il existe diverses puissances : 0,6 kW, 1 kW, 1,5 kW, 2,5 kW, jusqu'à 6 kW et davantage. Une machine de 600 W (0,6 kW) produit assez d'électricité pour éclairer une maison de quatre pièces. Une machine de 2 500 W (2,5 kW) peut en plus fournir l'électricité pour faire fonctionner la plupart des appareils électriques.

> Quelle est leur durée de vie ? Tout dépend de l'appareil, mais certains fabricants affirment que leurs machines peuvent durer plus de vingt ans.

> Quelle doit être la hauteur du mât ? Les hauteurs varient de 5,50 m, pour les plus petites éoliennes, à 15 m.

> Peut-on les installer sur le toit ? Bien que l'industrie cherche à augmenter les diamètres de moyeux et la hauteur des mâts (partant du principe que ces tailles sont proportionnelles à l'électricité produite), on a tendance aujourd'hui à exploiter plusieurs petites machines plutôt qu'une seule grosse. On pourrait imaginer que chaque maison ait une ou plusieurs petites machines sur le toit – un peu comme des antennes de télévision ou des paraboles. Mais les opposants aux éoliennes de toit affirment que c'est bruyant et que les vibrations poseront toujours des problèmes pour la conception des toitures.

> Puis-je en construire une moi-même ? C'est envisageable si vous êtes bon en mécanique et si vous avez quelques connaissances en électricité.

> Est-ce une solution en site isolé ? Dans les zones rurales non raccordées au réseau, de petites éoliennes équipées d'une batterie peuvent être une bonne – parfois la seule – solution.

> Des subventions existent-elles ? Un crédit d'impôt peut être accordé au titre des économies d'énergie. Si vous êtes dans une zone isolée et s'il s'agit pour vous de produire de l'électricité qu'EDF ne peut pas vous fournir, vous pouvez sous certaines conditions obtenir des aides du FACÉ (Fonds d'amortissement des charges d'électrification) et d'EDF.

> Quelles sont les autorisations à demander ? L'installation d'une éolienne est soumise à l'obtention d'un permis de construire auprès de la mairie pour une tour de plus de 12 m.

L'éolien hors réseau

Un système hors réseau comprend un générateur éolien ou une turbine montés sur un mât, une batterie d'accumulateurs et un onduleur. Le vent souffle sur les pales et les fait tourner, le propulseur tourne sur un axe horizontal, fait tourner l'axe lié au rotor du générateur et ce dernier convertit la force motrice en électricité. Celle-ci est stockée dans des batteries, puis passe dans un onduleur et parvient dans la maison sous forme de courant alternatif. C'est l'idéal – parfois la seule solution – si vous voulez approvisionner en électricité une propriété isolée. On peut aussi utiliser l'électricité directement pour alimenter un chauffe-eau, mais bien sûr cela ne fournit pas d'éclairage.

En site isolé : l'indépendance complète

Certains aspirants à l'autarcie ont pour objectif de vivre hors réseau de distribution d'électricité. Et d'autres vivent dans des zones si isolées qu'ils sont bien obligés de produire leur propre électricité. La solution de l'énergie éolienne ne sera viable, cependant, que si vous avez du bois pour vous chauffer, et sous certaines conditions climatiques : les sites les plus favorables sont les endroits un peu élevés et dégagés où soufflent des vents réguliers une bonne partie de l'année.

L'éolien relié au réseau

Dans le cas où l'aérogénérateur est relié au réseau, l'électricité est d'abord utilisée dans la maison, puis l'excédent est basculé vers le réseau. Vous faites ainsi des économies et vous utilisez une énergie renouvelable plutôt qu'une énergie fossile, vous limitez les émissions nocives et vous gagnez en indépendance.

Pour faire des économies d'énergies

Vous vivez dans une grande maison avec un vaste jardin, et vous avez envie de plus d'indépendance énergétique sans pour autant vous couper des réseaux. Vous avez beaucoup de temps, mais des moyens limités, et vous voulez faire le plus d'économies possible. Vous avez un permis de construire pour une petite turbine de 1000 W. En dehors de la turbine, vous êtes prêt à vivre comme les premiers habitants de votre maison, dans les années 1920.

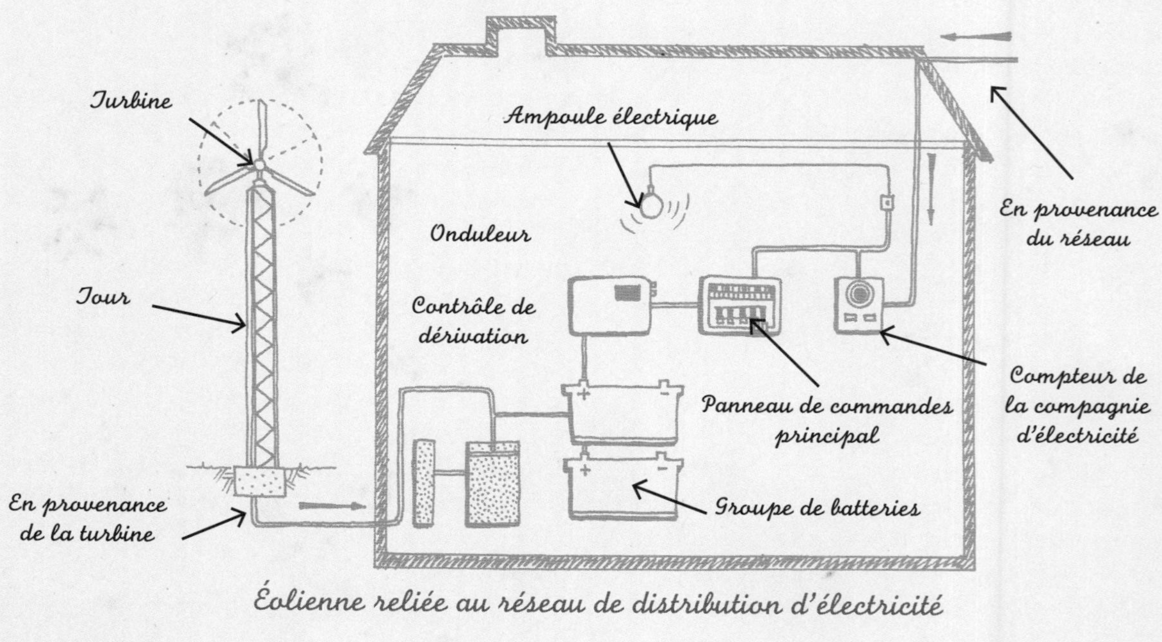

Éolienne reliée au réseau de distribution d'électricité

Que faire avec une petite éolienne de 1 000 W ?

HORS RÉSEAU

Éclairage. Pas de problème si vous installez un onduleur pour obtenir du courant alternatif (ou du 220 volts).

Télévision, radio, ordinateur. Ils peuvent fonctionner comme le reste grâce à un onduleur, mais aussi en 12 volts avec quelques ajustements, à faire réaliser par un électricien. Vous risquez juste quelques baisses de tension de temps à autre.

Bouilloire électrique. Impossible, elle demande trop d'électricité.

Chauffage et eau chaude. Oui et non. Vous pourriez utiliser la turbine pour alimenter un chauffe-eau à basse tension, mais vous n'auriez pas d'éclairage – sauf en stockant l'électricité en excédent dans une batterie d'accumulateurs destinés à alimenter le chauffe-eau.

Cuisinière électrique, four électrique. Impossible, ces appareils sont trop gourmands en électricité.

Machine à laver et lave-vaisselle. Oui si vous avez des batteries assez puissantes et si vous êtes prêt à utiliser ces machines à des moments soigneusement choisis dans le but d'économiser l'énergie.

Appareils de bricolage. Certains, mais surtout pas une perceuse à percussion.

RELIÉ AU RÉSEAU

Éclairage. Pas de problème. Avec votre turbine, vous en aurez plus qu'assez.

Télévision, radio et ordinateur. Vous pouvez vous en servir comme d'habitude.

Bouilloire électrique. Elle fonctionnera, mais l'énergie viendra du réseau, pour l'essentiel. Pourquoi ne pas utiliser une bouilloire non électrique ?

Chauffage et eau chaude. Vous pouvez avoir un chauffe-eau, mais une bonne part de son alimentation viendra du réseau. Un poêle équipé d'une chaudière est plus économique. Vous pouvez aussi réfléchir à la façon d'utiliser l'eau chaude. Si vous vous faites couler un bain, inutile d'avoir une eau très chaude et de compléter avec de l'eau froide, mieux vaut qu'elle soit au départ à bonne température.

Cuisinière électrique. Elle fonctionnera, mais l'essentiel du courant sera fourni par le réseau.

Machine à laver et lave-vaisselle. Fonctionneront bien. Ils sont de moins en moins gourmands en énergie, et utilisent moins d'eau que le lavage à la main.

Outils de bricolage. Traditionnellement, la plupart des gens utilisaient des outils à main, et n'avaient à se préoccuper ni du bruit, ni des fils, ni de la poussière. Alors pourquoi ne pas essayer vous aussi ?

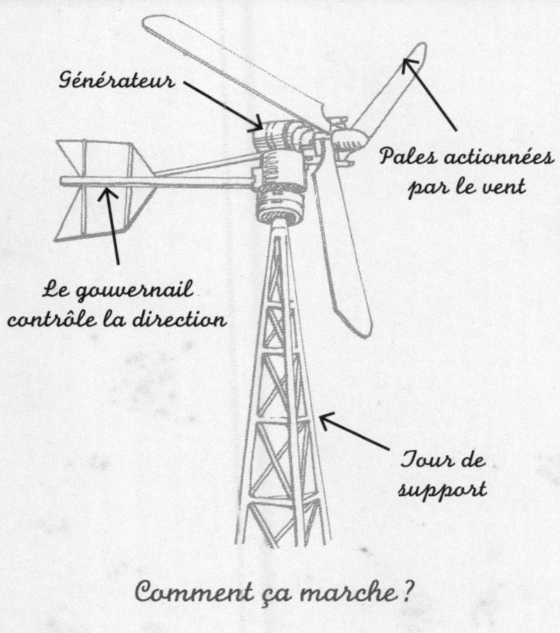

Comment ça marche ?

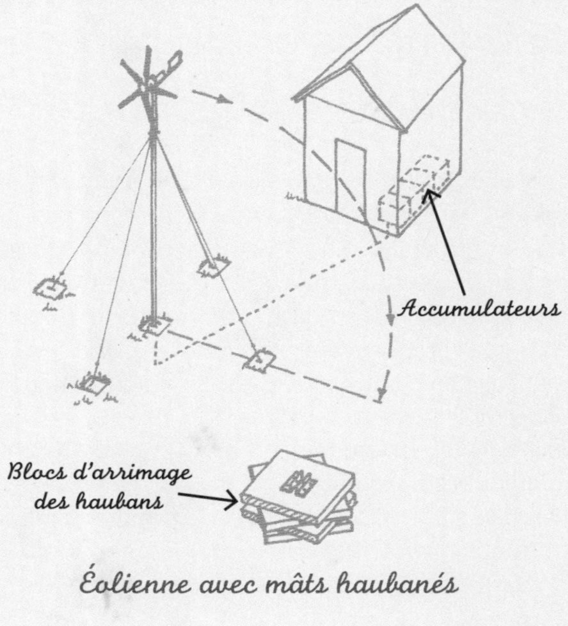

Éolienne avec mâts haubanés

L'énergie **géothermique**

Sous nos climats tempérés, tandis que les températures extérieures montent et descendent au fil des saisons, les températures du sous-sol emmagasinent durablement la chaleur du soleil ; elles restent à peu près constantes et s'élèvent de plus en plus au fur et à mesure que la profondeur augmente. Il y a là une source d'énergie durable et respectueuse de l'environnement. Promises à un fort développement, notamment pour l'habitat individuel, des pompes à chaleur sur sol sont aujourd'hui commercialisées.

Le principe d'une pompe à chaleur géothermique

L'objectif de la PAC (pompe à chaleur géothermique) est de récupérer dans le sol, grâce à un capteur, la chaleur du soleil qui y a été emmagasinée. Le capteur se présente sous la forme d'un réseau de tubes enterrés formant une boucle étanche. La boucle est constituée par un tube de plastique où circule un fluide frigorigène (ou, selon la technique employée, d'un mélange d'eau et d'antigel). Entièrement enterré, le tuyau absorbe la chaleur stockée dans la terre, puis la dirige vers la maison. Le système fonctionne comme un réfrigérateur inversé : le fluide frigorigène récupère la chaleur stockée, puis se transforme en gaz. Il est ensuite comprimé, puis détendu et, en revenant à l'état liquide, il transmet sa chaleur au circuit de chauffage. En hiver, le système extrait la chaleur absorbée, puis la distribue dans la maison. En été, le même système, s'il est réversible, fonctionne en sens inverse pour rafraîchir le bâtiment.

Choisir son système

Il existe différents types de capteurs : vous choisirez en fonction de la configuration de votre terrain.

Circuit avec capteurs horizontaux

C'est un bon choix si vous avez beaucoup de terrain. La boucle – constituée de 100 à 200 m de longueur de tuyau – est enterrée dans des tranchées ou dans un bloc d'excavation à une profondeur de 1,50 à 1,80 m. C'est une solution économique sur un site vierge et/ou si vous prenez vous-même en charge une partie du terrassement, pour limiter les coûts. On estime que la surface du capteur doit être égale à une fois et demie à deux fois la surface à chauffer.

Circuit avec capteurs verticaux (ou sonde géothermique)

Bonne solution si vous avez peu de terrain. On installe la boucle (deux tubes de polyéthylène formant un U) dans un puits foré de petit diamètre,

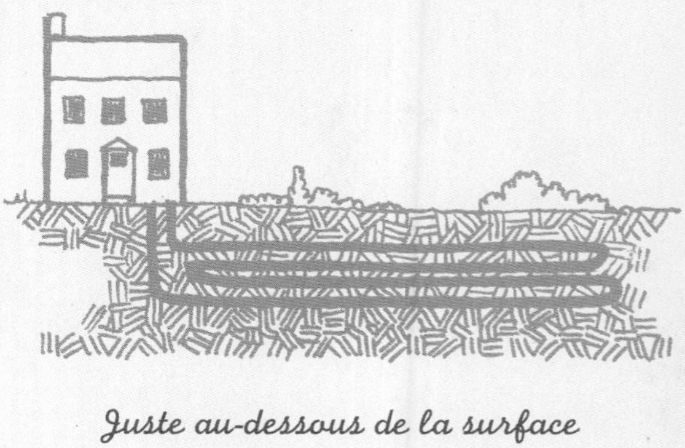

Juste au-dessous de la surface

à une profondeur de 40 à 200 m, voire plus. Économes en espace, les puits forés sont beaucoup plus chers que les tranchées.

Circuit immergé

Si vous avez un bassin ou un étang assez grands, c'est la solution idéale. On met simplement la boucle en place au fond de l'eau et le tour est joué.

Ce dont vous avez besoin

Le système est constitué de la pompe à chaleur, du support de l'échange de chaleur – le fluide coulant à l'intérieur de la boucle –, de la tuyauterie à l'intérieur de la maison et, bien sûr, de l'électricité pour faire fonctionner les pompes.

La première question à vous poser avant d'installer ce type de système concerne l'emplacement du circuit de capteurs. Pas de problème si vous avez un grand bassin dans votre jardin, mais pour la plupart des gens, le choix ne peut se faire qu'entre une sonde géothermique et des capteurs horizontaux.

Au premier abord, il peut sembler plus simple de creuser des tranchées ou de faire une excavation de la taille d'une piscine que de forer un puits, mais tout dépend de la nature du sous-sol. Si le sol est très meuble ou sableux, ou très caillouteux, ou encore détrempé et argileux, vous serez peut-être obligé d'adopter la seconde solution. Mais si vous avez le choix, cela vous coûtera sans doute moins cher de creuser des tranchées, dans la mesure où la technologie mise en œuvre est plus simple. La pompe à chaleur proprement dite est de dimension sensiblement identique à une chaudière traditionnelle ; il suffit de lui prévoir un emplacement à la cave ou dans une buanderie.

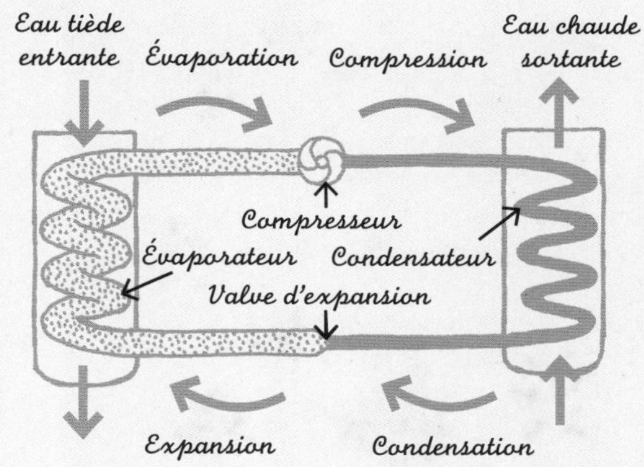

Chauffage géothermique de l'air et de l'eau

Utiliser la chaleur

Une fois la chaleur extraite du circuit, on peut l'exploiter sous forme d'air chaud ou d'eau chaude. L'eau chaude est en général plus utile, puisqu'elle peut servir à la fois au chauffage central et comme eau chaude à usage domestique – lessive, bains…

Avec un système classique, de puissance moyenne, l'eau tiède du circuit passe dans une pompe à chaleur où elle est chauffée à 50 °C envi-

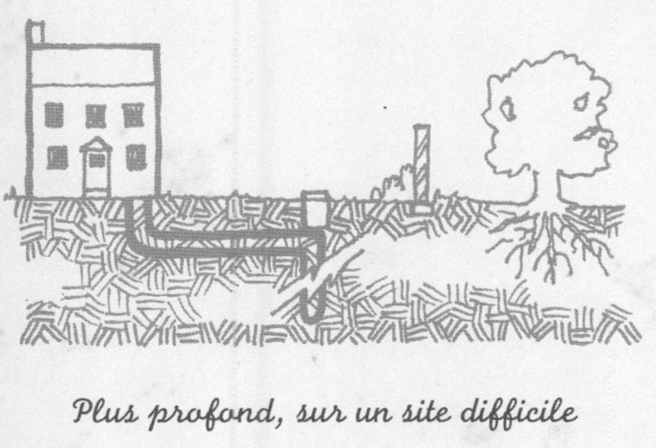

Plus profond, sur un site difficile

Dans un grand bassin ou un étang

ron, puis stockée dans un grand réservoir très bien isolé. Pour le chauffage, l'eau passe simplement dans les radiateurs ou dans un plancher chauffant basse température; pour l'eau chaude, elle est pompée et passe par un circuit auxiliaire dans un ballon d'eau chaude pour être ensuite utilisée pour la lessive et la toilette.

Est-ce efficace ?

Le meilleur moyen de tester l'efficacité de la géothermie est de la comparer aux énergies fossiles. Les pompes géothermiques sont affectées d'un coefficient de performance qui évalue la quantité d'énergie dépensée par rapport à la quantité d'énergie obtenue.

Les systèmes géothermiques sont très efficaces, car pour 1 unité d'énergie dépensée, ils produisent en chauffage environ 4 unités. En d'autres termes, alors que le charbon a un rendement de 70 à 90 % environ, une pompe à chaleur géothermique atteint environ 400 % de rendement.

Faites d'une pierre deux coups

Si vous décidez de faire creuser un puits pour une sonde géothermique, cela signifie que vous êtes prêt à y consacrer un budget non négligeable; alors profitez-en et pensez aussi à votre approvisionnement en eau.

Au bout du compte, vous aurez un puits équipé de deux réseaux de tuyauterie – un circuit fermé pour le chauffage et un tuyau avec une pompe immergée pour l'eau. Pensez-y au moment de forer le puits.

Questions sur la géothermie

> Qu'en est-il des coûts ? Tout dépend du système que vous adoptez. Si les conditions du terrain sont bonnes, vous pouvez recourir à la main-d'œuvre locale pour faire une excavation de la taille d'une piscine ou creuser des tranchées, et les coûts seront considérablement réduits.

> Quelles sont les problèmes liés à un puits foré ? Autrefois, les puits étaient bruyants, chers et faisaient de votre jardin un chantier; mais les coûts sont en baisse et les équipements beaucoup plus fiables de nos jours.

> Est-il facile de trouver une entreprise pour forer un puits ? Vous pouvez vous adresser au Bureau de recherches géologiques et minières (BRGM), qui gère une liste de foreurs engagés dans une démarche de qualité.

> Est-ce un système facile à mettre en place ? Il faut confier la pose et l'entretien à des spécialistes. Quant à l'aspect financier, sachez que l'installation d'une pompe à chaleur peut ouvrir droit à un crédit d'impôt et, dans certains cas, à des aides de l'Agence nationale d'amélioration de l'habitat (ANAH).

> Est-ce une technique de pointe ? Cette technologie est maîtrisée depuis les années 1930-1940. Le problème a toujours résidé dans la réalisation du circuit fermé de capteurs – difficile à réaliser et cher quand les tuyaux étaient en cuivre. L'apparition des tuyauteries en matière plastique, moins coûteuses, a fait considérablement baisser les prix.

Entretien

Les systèmes géothermiques sont relativement simples à entretenir. La pompe et le compresseur ont besoin de révisions régulières, mais en dehors de cela, le circuit fermé de capteurs ainsi que toute la tuyauterie n'exigent quasiment aucun entretien. En tout état de cause, la maintenance doit être effectuée par des professionnels qualifiés; il est préférable de prévoir un contrat de maintenance, afin de maintenir l'installation en parfait état de fonctionnement et de garantir des performances optimales.

Le contrôle de la pression dans les circuits est indispensable pour détecter d'éventuelles fuites de fluide frigorigène. De telles fuites sont nuisibles pour l'environnement car, même si les nouvelles générations de frigorigènes n'ont plus d'effet destructeur sur la couche d'ozone, ce sont des gaz à effet de serre. Rejetés dans l'atmosphère, ils contribuent au réchauffement climatique.

Lorsque l'installation doit être changée, il faut que le fluide soit récupéré par un spécialiste, puis recyclé ou détruit.

L'énergie **hydraulique**

L'énergie hydraulique exploitée sur une petite échelle est une question dont les groupes écologistes, les gouvernements et les industriels commencent enfin à envisager les possibilités.

Les picocentrales

Au Népal, l'entreprise Pico a commercialisé une microcentrale peu coûteuse, facile à entretenir, mobile et compacte. Loin de l'idée que nous nous faisons d'une turbine hydraulique, elle ressemble plutôt à un fouet à main. Il s'agit d'un moyeu avec une hélice d'un côté et un alternateur de l'autre, le tout monté dans un cadre. L'hélice de la turbine doit être immergée dans un cours d'eau au débit très rapide, puis reliée à des fils électriques pour obtenir un peu d'éclairage. Conçue pour les pays en voie de développement – avec beaucoup d'eau, de faibles besoins en électricité, mais peu de savoir-faire en matière d'ingénierie –, cette turbine convient bien à un scénario d'autarcie. Avec 1,50 m de hauteur d'eau et un débit de 70 l/min, cette « picocentrale » peut produire 500 W. Si vous l'installez dans un torrent rapide et construisez un canal de dérivation pour que l'eau jaillisse directement sur l'hélice, vous obtiendrez une quantité d'électricité faible, mais garantie – idéale pour n'importe quel équipement peu gourmand en électricité.

Autarcie et énergie hydraulique

Si vous avez un accès à un torrent et si vous avez vérifié sa profondeur, la possibilité de créer une chute, le débit, si vous êtes assuré qu'il coule aussi les mois d'été, il vous faut alors demander toutes les autorisations d'exploitation nécessaires, en particulier une autorisation préfectorale spécifique, le droit de l'eau (adressez-vous à l'ADEME pour vous aider dans vos démarches). Réfléchissez ensuite à ce que vous voulez alimenter avec l'électricité produite. Il vous suffira sans doute de faire tourner une roue hydraulique pour obtenir de l'électricité. Quant à savoir combien d'électricité vous pourrez produire, cela dépend de votre situation. Si vous avez emménagé dans un ancien moulin, avec une énorme roue déjà installée, il vous suffit d'installer une turbine sur le moyeu pour produire autant d'énergie que vous en avez besoin.

Mais il est plus probable que vous devrez vous-même procéder à l'aménagement d'un petit torrent. Comme pour l'éolienne, la production d'énergie est plus forte l'hiver que l'été. Tant mieux, mais la production est parfois si abondante qu'il faut la stocker dans des batteries.

Le mieux est d'analyser la situation sur place, de quantifier vos besoins et de décider quelle turbine acheter en fonction de ces deux paramètres.

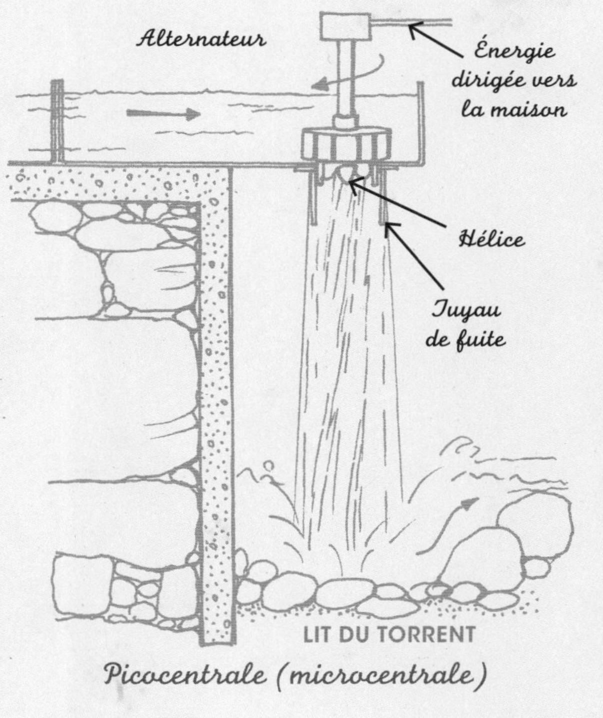

Picocentrale (microcentrale)

L'isolation

Environ 75 % de nos dépenses d'énergie sont consacrées au chauffage et à la ventilation de nos habitations. Dans une maison totalement dépourvue d'isolation, la chaleur sort presque aussi vite qu'elle est produite, par des trous et interstices, ainsi qu'à travers les matériaux de construction conducteurs de chaleur : 25 % de la chaleur monte vers le plafond et le toit, 35 % traverse les murs et 15 % traverse le plancher.

Isolation et habitat traditionnel

L'habitat traditionnel a toujours été bien isolé – qu'il s'agisse des grottes, des maisons à toits de chaume, des maisons de bois et de paille ou de celles à murs épais de pierre ou de torchis – et peu sujet à des déperditions de chaleur. Pendant des milliers d'années, les populations ont construit leurs logis avec les matériaux qu'ils trouvaient sur place. Nos ancêtres ne connaissaient pas la résistance thermique ; ils savaient simplement que les murs devaient être épais et pas trop élevés afin de soutenir le poids du toit. Ils ont appris au fil des générations, par une succession d'essais et d'erreurs, que s'ils construisaient leurs habitations d'une certaine manière, ils auraient des maisons chaudes et sèches en hiver, fraîches en été.

Isolation et habitat moderne

La révolution industrielle a mis un terme à des milliers d'années d'habitat traditionnel lorsqu'il est devenu possible de construire des maisons avec des murs et des toits minces – des maisons fabriquées en usine et non plus par leurs futurs habitants.

Ainsi, du milieu du XIXe siècle jusqu'aux années 1930, on n'a plus tenu aucun compte, ou presque, des méthodes traditionnelles pour la construction des habitations.

Vers la fin de la Seconde Guerre mondiale, cependant, les architectes ont commencé à penser que les maisons seraient tout de même plus

POUR LES « PROS »

Résistance thermique

Plus l'isolation est efficace, plus la chaleur s'échappe lentement, car les isolants ne conduisent pas ou peu la chaleur. La résistance thermique de l'isolation – en abrégé R – s'obtient par le rapport de l'épaisseur (en mètres) à la conductivité thermique du matériau considéré en mètres carrés x kelvin/watts. Plus l'isolation est efficace, plus la valeur de R est élevée. La résistance thermique d'un matériau isolant est d'autant plus élevée que son épaisseur est grande et que sa conductivité est faible. Pour choisir un produit d'isolation, on prendra en compte la résistance thermique R qui figure sur l'étiquette du produit. Notre but est d'augmenter la valeur de R autant qu'il est possible. Puisque à une résistance thermique élevée correspond une faible déperdition de chaleur, cela s'accompagne aussi d'un coût d'énergie minimal, donc tout simplement d'économies d'énergie, ce qui est globalement positif.

Isolants épais ou minces ?

Parmi les nombreux matériaux isolants disponibles sur le marché, beaucoup ne sont ni des produits naturels, ni des produits « verts ». C'est le cas en particulier des isolants minces. La laine, en revanche, est un produit naturel, mais elle est chère et doit être posée en couches épaisses, ce qui augmente le coût du transport. Impossible de comparer un produit à un autre, il faut étudier toutes les gammes et choisir ce qui semble le meilleur compromis possible.

Les isolants minces réfléchissants Constitués d'une alternance de films métallisés et de matériaux minces (fibres organiques ou végétales, mousses, bulles d'air), ils réfléchissent la chaleur vers l'extérieur l'été et vers l'intérieur l'hiver.

Ils sont simples à poser et ne prennent pas de place, mais leur prix est généralement élevé et s'ils affichent de hautes performances, aucune certification officielle les concernant n'existe à ce jour. Par ailleurs, leur utilisation en écran sous toiture est à proscrire, compte tenu de leur forte étanchéité à la vapeur d'eau.

La laine La laine de mouton mélangée à du caoutchouc naturel représente un excellent isolant, dont la résistance thermique dépend de l'épaisseur (plusieurs épaisseurs sont disponibles, jusqu'à 130 mm). Complètement naturel, ce produit est réutilisable, biodégradable, ne produit pas d'émanations toxiques, n'irrite pas la peau, convient pour un bâtiment neuf ou une rénovation, et on peut le poser soi-même.

D'autres matériaux existent : laine de chanvre, plumes de volaille, cellulose...

L'utilisation de certains matériaux peut ouvrir droit à des crédits d'impôt : renseignez-vous auprès de l'ADEME (voir adresses en fin d'ouvrage).

confortables si elles étaient mieux isolées. Ils ont d'abord utilisé de la paille, du papier journal en lanières, des chiffons..., n'importe quel produit dérivé pourvu qu'il fût peu coûteux.
L'isolation telle que nous la connaissons aujourd'hui est apparue vers les années 1940. À cette époque, certains suggérèrent timidement que l'idéal serait d'isoler avec des matériaux comme du Placoplâtre, des panneaux de fibre sur lattes, de la

« Ça n'a pas dû être amusant pour mon grand-père, qui était mineur au pays de Galles et habitait une petite maison mitoyenne, identique à toutes celles de la rue. C'était une maisonnette moderne, avec des murs épais comme du papier à cigarettes et une mince toiture en ardoise. Dans le jardin, le tas de charbon prenait toute la place, et pourtant la maison était toujours froide et pleine de courants d'air. »

Les auteurs

fibre de verre, des panneaux de liège, du coton minéral ou des feuilles d'aluminium. Toutefois, les constructeurs étant ce qu'ils sont et ne souhaitant pas rogner sur leurs marges bénéficiaires, rien ne se fit pour l'isolation jusqu'aux années 1970, lorsque la crise fit augmenter les coûts de l'énergie. Aujourd'hui encore, alors que nous savons combien il est important de bien isoler, la plupart des professionnels optent pour des épaisseurs minimales plutôt que d'essayer d'isoler le mieux possible.

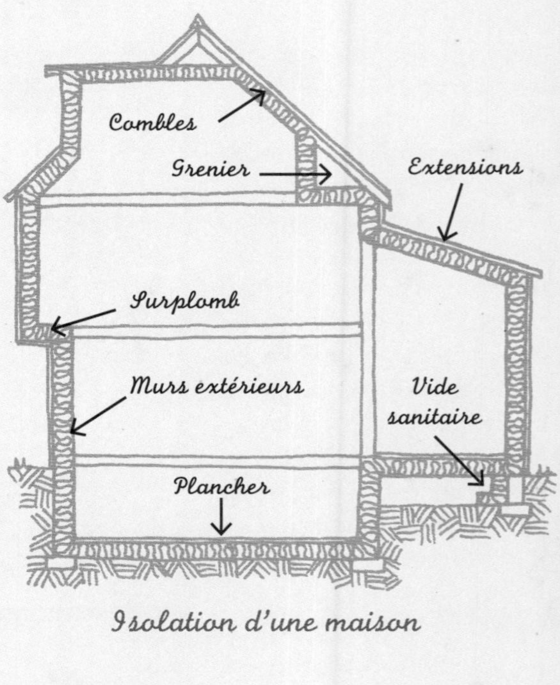

Isolation d'une maison

Isolation de toiture

Isolation de combles non aménageables

De la fin des années 1950 aux années 1980, l'usage était de placer une isolation de laine de verre dans les cavités au fur et à mesure de l'avancement de la maçonnerie, puis de placer une couche de laine de verre sur le plancher du grenier (voir dessin ci-dessous). Les toitures de l'époque étaient des toitures dites « froides », où, l'isolation étant posée au plancher, le volume de comble est naturellement ventilé puisque l'air y est en libre circulation. Représentant une amélioration considérable par rapport à ce qui se faisait précédemment, cette technique paraissait idéale sur la planche à dessin – l'isolation formant une couche bien nette entre les solives. En réalité, l'installation était souvent rapide et peu soignée. D'ailleurs, dans les greniers datant de cette époque, non seulement les angles sont souvent découverts, donnant lieu à des ponts thermiques (ruptures dans l'isolation), mais, pire encore, l'isolant n'a pas tenu en place et s'est « ratatiné » sur le plancher. Tout cela ajouté au fait qu'il y a une zone mal isolée, repérable par les taches de condensation ou d'humidité qui apparaissent à l'étage inférieur, à la jonction du mur et du plafond – ce qui peut poser un gros problème dans une salle de bains ou une cuisine située du côté froid de la maison. Un autre inconvénient de ce type d'isolation est que les éléments présents dans les combles (conduits, ballons d'eau chaude…) ne sont pas isolés et risquent de souffrir du gel.

Isolation minimale de combles

L'objectif principal est ici d'obtenir sous le toit un espace chaud, bien isolé, utilisable de manière occasionnelle. Une telle isolation sans couche d'air entre l'isolation et la finition de la toiture (ou toiture « chaude ») est bien meilleure que celle d'une toiture froide – suffisante pour éviter le gel des tuyaux, mais pas assez pour en faire une cuisine ou une salle de bains.

On voit sur le dessin ci-dessous les matériaux, de l'intérieur vers l'extérieur : Placoplâtre, isolant entre les interstices entre les chevrons, membrane respirable ou feutre bitumé, lattes et tuiles. Cette technique d'isolation reste minimale ; en particulier, elle est dépourvue de pare-vapeur. Avec un escalier, un éclairage et une ventilation adéquats, l'espace peut tout de même être utilisé comme bureau ou comme chambre d'amis.

Isolation de combles aménagés

Le besoin d'accroître les surfaces habitables a beaucoup contribué au développement des combles destinés à l'usage d'habitation. L'aspect positif de l'isolation est qu'on peut, dans une large

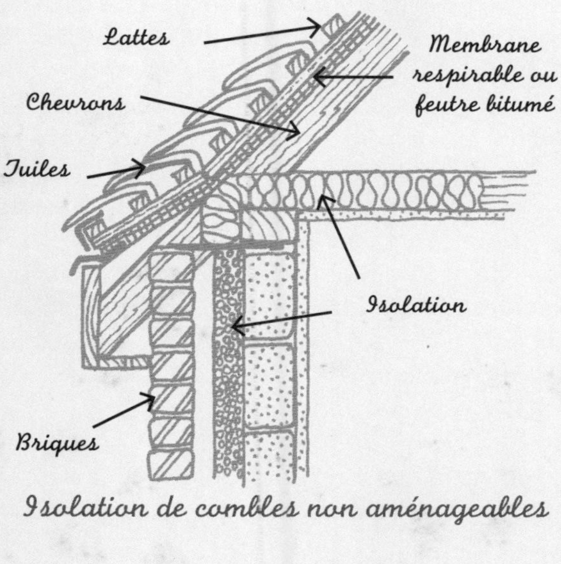

Isolation de combles non aménageables

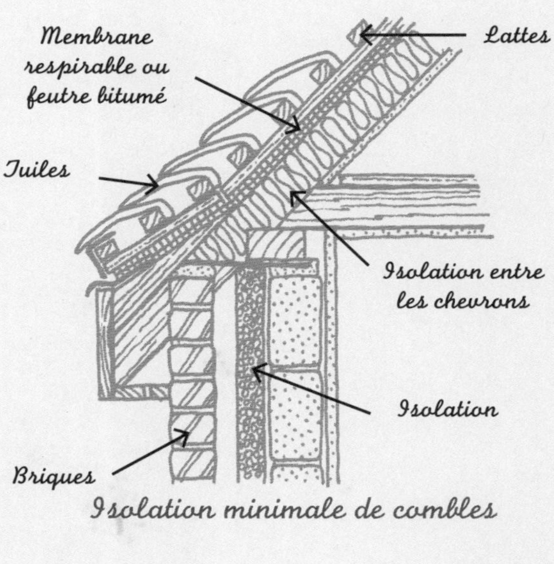

Isolation minimale de combles

mesure, l'installer soi-même. Dans la maison représentée sur le dessin ci-dessous, la zone située sous le toit est destinée à devenir un véritable espace à vivre – une cuisine, une salle de bains ou une chambre, par exemple. De l'intérieur vers l'extérieur, les matériaux sont dans l'ordre suivant : Placoplâtre, isolation entre les contre-lattes, pare-vapeur, isolation entre les chevrons, membrane respirable, lattes pour maintenir la membrane en place, contre-lattes pour les tuiles, et pour finir tuiles. Le pare-vapeur posé sur la face interne des chevrons empêche l'humidité produite normalement chaque jour – respiration, cuisine, nettoyage... – de traverser le plafond.

Si votre budget est limité ou si vous avez l'intention de faire le travail en plusieurs étapes, commencez par l'isolation entre les chevrons et continuez avec le pare-vapeur. Plus tard, quand vous aurez l'argent – ou le temps – nécessaire, ou quand vous aurez décidé d'habiter les combles, vous ajouterez les contre-lattes, l'isolation supplémentaire et les finitions intérieures.

Isolation des murs

Isolation par l'extérieur

Envisageable sur un bâtiment neuf ou au moment d'un ravalement, l'isolation par l'extérieur n'est évidemment pas adaptée aux pierres apparentes.

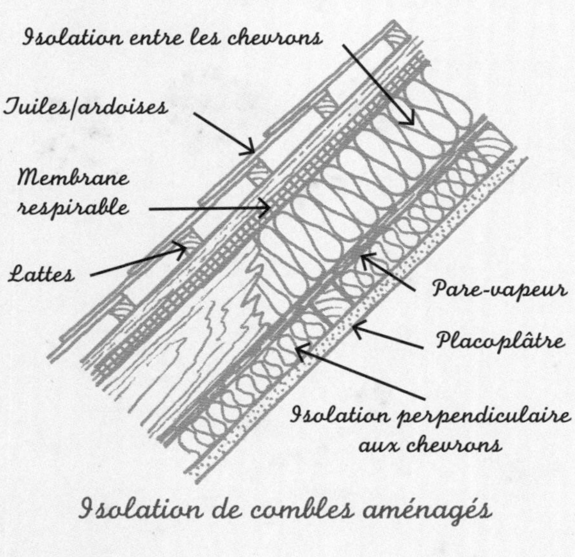

Isolation de combles aménagés

> *« Au moment de refaire nos plafonds, nous avons réfléchi aux diverses possibilités d'isolation qui s'offraient à nous, et avons décidé d'utiliser des dalles de laine. Nous avons pensé que, en les prenant un peu plus grandes que nécessaire, nous pourrions les coincer entre les solives et qu'elles tiendraient ainsi jusqu'à ce que nous ayons remis le Placoplâtre. »*
>
> *Les auteurs*

Mais elle a le mérite d'une meilleure efficacité, sans aucune intervention à l'intérieur. En outre, le problème des ponts thermiques dans les angles est ainsi quasiment résolu, puisqu'il est possible de couvrir la totalité de la paroi, y compris les points de jonction entre les planchers et le mur.

La première possibilité est la méthode dite des enduits minces, qui consiste à coller ou fixer au mur des panneaux isolants – généralement en polystyrène expansé complété par un enduit armé d'un tissu de fibres de verre –, puis un enduit de finition.

La seconde possibilité d'isolation par l'extérieur permet d'assurer, en une seule opération, l'isolation et l'étanchéité. Elle consiste à poser des bardages rapportés ou des ossatures recouvertes de parement extérieur. L'isolant – polystyrène, laine de roche, laine de verre ou autre – est fixé au support, puis accueille un parement – pierre mince, bois, ardoises, bardeaux, etc. On peut aussi acheter l'isolant et le parement prémontés en usine, pour n'avoir plus qu'à les fixer aux parois.

Relativement simples à mettre en œuvre, ces techniques sont peu coûteuses et modifient l'apparence de la façade, ce qui oblige à s'assurer au préalable de la conformité avec la réglementation locale. Par ailleurs, l'isolation terminée restera plus fragile qu'un mur de briques ou de pierre.

Isolation par l'intérieur

Les coûts de l'isolation par l'intérieur ne représentent que la moitié environ de ceux d'une isolation extérieure, et elle ne modifie pas l'apparence extérieure, mais elle est moins efficace.

On procède différemment selon l'état des murs. L'isolation de murs réguliers peut se faire par doublage, en collant par exemple des panneaux composites thermo-acoustiques constitués d'une couche d'isolant minéral et de polystyrène additionné de plâtre, avant de peindre ou de tapisser. Dans le cas d'un mur humide, il est préférable de fixer des panneaux d'isolant – en laine minérale ou en laine de mouton, par exemple – sur une ossature métallique distincte du mur, afin que la paroi isolante ne soit pas en contact avec l'humidité provenant de ce dernier.

Pour des murs irréguliers, l'isolant doit être posé selon le même principe, entre les ossatures, ce qui compense les irrégularités du mur. Il est possible aussi de monter une contre-cloison en briques ou en carreaux de plâtre à quelques centimètres du mur, solution qui règle les problèmes d'humidité, dure longtemps et permet d'accrocher de lourdes charges sur le mur, mais réduit un peu l'espace intérieur.

Isolation d'un plancher

Si votre maison est antérieure aux années 1950, vous avez probablement un plancher suspendu en bois, ce qui sous-entend des panneaux fixés aux solives. De tels planchers sont en général dépourvus d'isolation. Il existe deux solutions assez peu coûteuses : poser une couche de contreplaqué-mousse-contreplaqué directement sur le vieux plancher, et la recouvrir du revêtement de sol de votre choix ; ou enlever soigneusement l'ancien plancher, agrafer une feuille de plastique épais entre les poutres, installer l'isolant de votre choix entre les solives – il sera soutenu par le plastique, comme par une sorte de hamac –, puis replacer le plancher. Plus difficile à mettre en œuvre, cette dernière solution est plus efficace car elle réduit les écarts thermiques et réduit la condensation. Il existe aussi des mousses isolantes à vaporiser, mais elles sont très chères.

Isolation d'un plancher entre deux étages

Un plancher de bois entre deux étages est généralement exactement identique à un plancher au rez-de-chaussée, si ce n'est qu'il fait office de plafond pour l'étage inférieur. Les deux principales raisons de l'isoler sont l'isolation phonique ou le désir d'empêcher la chaleur de monter. Si, par exemple, vous voulez entreposer des pommes au grenier, il faut qu'il soit à l'abri du gel mais que la chaleur n'y monte pas.

Tout dépend de l'état du plancher et du plafond existants. Si le plancher est en bon état, contentez-vous de l'enlever, puis posez l'isolation et remettez le plancher en place. Sinon, passez par le plafond, c'est à peu près la même chose : enlevez les plâtres, emplissez la cavité d'isolant et refaites les plâtres. La seule difficulté, quand on travaille à partir du plafond, est que l'isolant a tendance à tomber sous l'effet de la gravité et qu'il faut le maintenir en place pendant que l'on travaille.

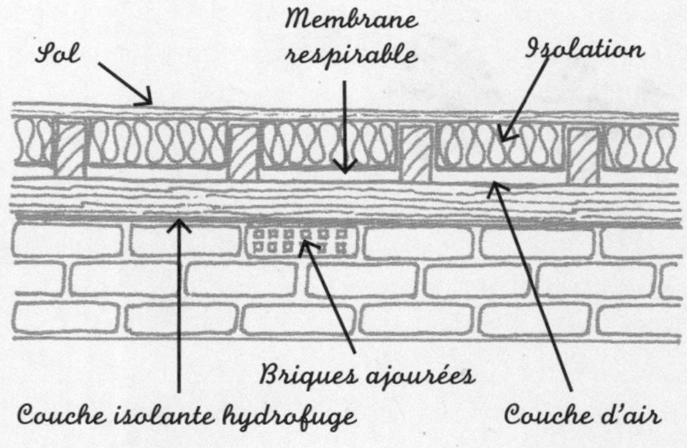

Plancher suspendu

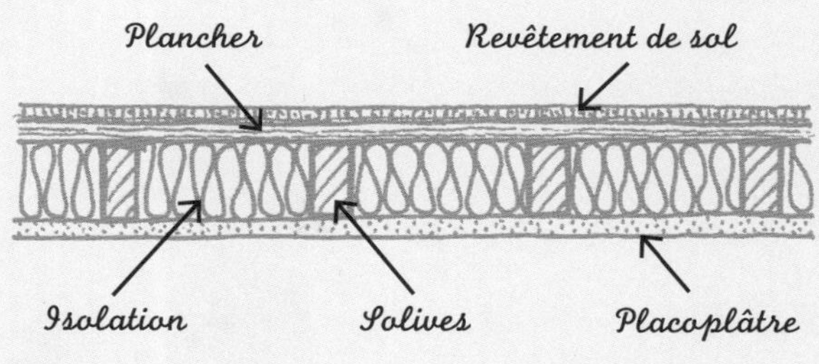

Plancher entre deux étages

Le recyclage **des déchets**

Il n'y a pas si longtemps, nos ordures ménagères, constituées de quelques emballages en papier et en carton, de quelques journaux, d'une ou deux boîtes de conserve et de déchets provenant de la cuisine, étaient soit recyclées, soit compostées.

Des progrès à relativiser

Il fut un temps où chaque maisonnée avait un poêle à charbon et/ou une chaudière dans la cuisine, dégageant une fumée noire, chaque usine avait des chaudières à charbon ou à coke, et les eaux usées brutes partaient vers la mer ou le lac le plus proche.

Aujourd'hui, on cherche à éviter la pollution, les incinérations de déchets sont contrôlées, les installations de traitement des eaux usées sont plus sophistiquées, et on essaie de dépolluer la mer et les rivières. La chaleur dégagée par certaines usines d'incinération des ordures ménagères est même récupérée pour chauffer des habitations – on parle alors de valorisation énergétique des déchets.

À bien des égards, des progrès ont été faits. Mais chaque foyer produit environ cinq fois plus de déchets que dans les années 1950 et les usines de retraitement, surexploitées, deviennent à leur tour des sources de pollution en rejetant dans l'atmosphère des poussières et des métaux lourds. L'incinération du PVC serait en outre à l'origine de l'émission de dioxines, aux effets cancérigènes. En France, la production de déchets par personne a doublé entre 1980 et 2005, et s'élève à 360 kg par an, dont 70 kg de déchets organiques qui pourraient être compostés et 50 kg de papier. Nous rejetons également 14 kg par an de déchets électriques, et ces derniers sont en augmentation constante (appareils ménagers, matériel informatique...).

Une poubelle moyenne contient :
> 29 % de déchets putrescibles.
> 25 % de papier et de carton.
> 13 % de verre.
> 11 % de matières plastiques.
> 4 % de métaux.
> 18 % de matériaux divers.

Il n'en reste pas moins qu'une quantité croissante de déchets est stockée. Si on recycle 35 % des pneus de véhicules automobiles, les 65 % restants sont bel et bien entassés ou enterrés quelque part.

La plupart des déchets pourraient être recyclés

Même si une directive européenne nous oblige depuis novembre 2006 à mettre en place une filière de récupération et de recyclage des déchets de matériel électrique, seuls 2 % sont aujourd'hui recyclés.

Que pouvons-nous faire ?

> Avant tout, bien sûr, il faut absolument pratiquer le tri sélectif lorsque c'est possible. N'oubliez pas que le recyclage des piles usagées est une façon d'éviter une pollution par le mercure.

> La meilleure solution concernant les déchets consiste à en produire aussi peu que possible ; nous pouvons les limiter en réutilisant les contenants et les contenus.

> Le recyclage économise de l'énergie. Par exemple, recycler des boîtes en aluminium économise 95 % de l'énergie qui serait nécessaire pour en fabriquer de nouvelles : moins de transport, moins de matière première et moins de pollution. En n'utilisant aucune boîte en aluminium, ce qui serait encore mieux, on économiserait l'énergie sur tous les fronts.

> Le recyclage ne règle pas tout : pour recycler le papier, on utilise du chlore, très polluant pour les rivières. Un moindre mal serait d'utiliser du papier recyclé non blanchi et, pour les imprimantes, de prendre un papier de grammage moindre, moins coûteux à transporter, puis de l'utiliser recto-verso. Le recyclage du verre coûte cher en transport du fait de son poids et doit être fondu à très haute température pour être recyclé, d'où un surcoût en énergie. Mieux vaut réutiliser les bouteilles, bocaux et pots de confiture. Quant aux matières plastiques, on connaît bien les difficultés liées à leur recyclage ; en particulier parce qu'il en existe de différentes sortes. En tout état de cause, évitez, le plus possible, les emballages plastique.

> Le compostage individuel des déchets organiques est une évidence : débarrassez-vous des déchets de la cuisine et du jardin en faisant un tas de compost qui vous fournira un amendement fertile d'excellente qualité.

Le traitement des ordures ménagères

En Frane, sur 24 millions de tonnes d'ordures ménagères, 13 millions ont été valorisées, mais seulement 2 millions de tonnes ont pu être recyclées.

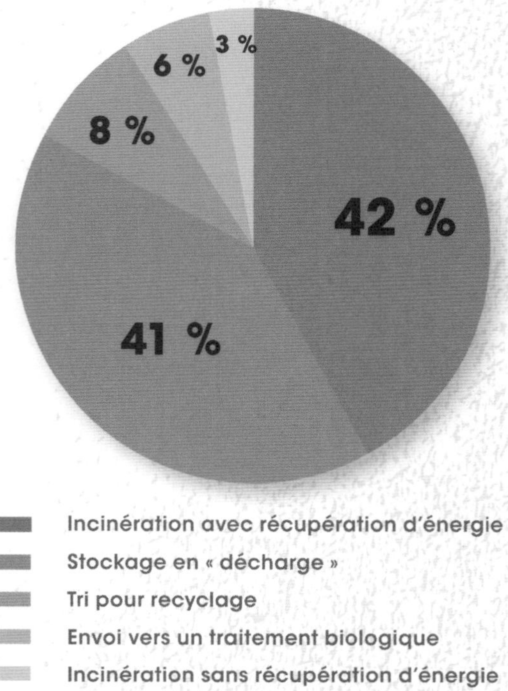

> Les sacs en plastique des supermarchés représentent une menace pour l'environnement et sont inutiles. Nous pouvons utiliser nos propres cabas – cette pratique se développe d'ailleurs de plus en plus – et militer pour éliminer les sacs en plastique ou au moins utiliser des sacs biodégradables.

> Dans une perspective d'autonomie et de recyclage, le maître mot ne peut être que : réduire les déchets et réutiliser, encore et encore. Cultiver nos fruits et légumes réduit les emballages inutiles, mais surtout, cela réduit les coûts d'énergie liés au transport. En mangeant notre propre production, nous mangeons des légumes de saison et des produits locaux plutôt que des produits cultivés à l'autre bout du monde. Et tout cela contribue à diminuer le transport et l'emballage.

Le potager bio

Jardiner **bio**

La culture biologique est souvent perçue comme synonyme de meilleur goût, de meilleures qualités nutritives, d'environnement plus sain, de sol et de biodiversité mieux préservés. Tel est du moins l'avis d'un nombre sans cesse croissant de consommateurs… et de producteurs.

Une pratique d'avenir

Pesticides et produits chimiques divers sont présents dans la plupart des aliments issus de l'agriculture que nous achetons, mais leur toxicité à long terme est encore mal connue. Toutefois, de nombreux agriculteurs considèrent désormais que la seule manière sensée de cultiver la terre consiste à remplacer les produits chimiques, pesticides et engrais de synthèse par des fertilisants d'origine biologique, plus respectueux de la nature.

Le temps où les agriculteurs répandaient à tort et à travers herbicides et pesticides, élevaient en batterie des volailles nourries d'un mélange de fumier et d'antibiotiques et nourrissaient le bétail avec les déchets des abattoirs, est peut-être bientôt révolu.

Organisation d'un jardin bio avec planches surélevées

L'abc du jardin bio

• Animaux nuisibles
Si de nombreux lapins, écureuils ou animaux de ce genre ont élu domicile dans votre jardin, et si vous les considérez comme nuisibles, adoptez un chat ou un chien. Et pourquoi ne pas manger les lapins ?

• Approvisionnement local
S'il vous est absolument nécessaire de vous approvisionner à l'extérieur, essayez de le faire à l'échelle locale. Encouragez l'artisanat, l'agriculture ou l'industrie de la région plutôt que d'acheter des produits ayant traversé la moitié de la planète.

• Contrôle biologique des animaux nuisibles
Une fois que vous aurez rétabli un environnement naturel, sans produits chimiques, le cycle naturel se rétablira : les gros insectes se nourriront des petits, les oiseaux avaleront insectes et escargots, les poules mangeront à peu près tout, crapauds, grenouilles et lézards dévoreront eux aussi des insectes, et ainsi de suite. Les animaux que vous avez l'habitude de considérer comme nuisibles seront détruits par leurs prédateurs naturels et reprendront leur place dans l'écosystème.

• Eau
Recueillez l'eau de pluie dans des tonneaux et des réservoirs. L'eau grise – des bains et des douches – peut servir à l'arrosage, si elle ne comporte pas trop de savon ou de détergents.

• Feux
Un bon feu est bien agréable, mais songez aux conséquences telles que les fumées et gaz émis : cela vous incitera sans doute à essayer de tout mettre sur le tas de compost. Faites des tas de branches et de brindilles – elles se décomposeront et attireront les insectes et divers animaux tels que souris, oiseaux, serpents.

• Implications environnementales
Réfléchissez bien à l'aménagement en « dur » des portails, clôtures et allées. La pierre, la terre et le bois sont préférables au béton, au plastique et au grillage. Une allée recouverte de copeaux de bois, par exemple, à la fois esthétique et attrayante pour les oiseaux et insectes, présente en outre l'avantage d'être recyclable : une fois abîmée, elle servira à nourrir la terre du jardin. Même chose pour le grillage entourant l'enclos des poules : en fin de vie, il finira par se décomposer dans le sol, à la différence d'une clôture en plastique.

• Mauvaises herbes
Pas si mauvaises que ça, puisque certaines peuvent nourrir les poules, se transformer en compost, faire des paillis, attirer des animaux bénéfiques ; quelques-unes sont même comestibles.

• Plastique
Le plastique, qu'il s'agisse de bâches pour faire des cloches ou des tunnels de protection, des conteneurs pour les plantes, des filets de protection..., représente un mal nécessaire. En effet, il provient de la transformation du pétrole. Et s'il ne provoque à proprement parler aucun dommage à notre jardin, à une plus grande échelle, il pollue l'environnement. Il existe des solutions alternatives – le verre, les filets de coton, les pots en terre cuite –, mais leur fabrication consomme aussi de l'énergie. La seule chose à faire consiste à considérer au cas par cas les coûts, en argent et en énergie, puis à choisir en conséquence.

• Recyclage
Utilisez, réutilisez et recyclez tout, des herbes à l'eau de pluie en passant par le papier journal, les cendres et les restes de nourriture.

Organisez votre jardin bio

Si l'idée de subvenir à vos besoins alimentaires vous tente, essayez de considérer votre jardin ou votre propriété comme l'île de Robinson Crusoé. Votre jardin est votre île, vos outils, ainsi que l'essentiel de votre matériel, représentent ce que vous avez sauvé du naufrage ; l'infrastructure – les planches et bordures surélevées, quelques parcours pour les poules, un tas de compost et un tunnel –, correspond à ce que vous avez construit. Vous disposez d'une réserve inépuisable de fertilisants d'origine animale et de graines, et le défi consiste à vous nourrir et à améliorer la terre avec très peu d'apports extérieurs et en faisant le moins de gâchis possible.

Vous allez forcément rencontrer des difficultés, et sans doute devrez-vous faire des compromis – utiliser des paillis en plastique, une clôture en grillage, des filets de protection en plastique, par exemple –, mais l'idée générale est de faire au mieux avec ce qui est à votre disposition.

La rotation **des cultures**

L'une des principales règles de l'agriculture consiste à ne pas cultiver plusieurs années de suite le même type de culture au même emplacement. Ainsi, par exemple, si vous replantez sans cesse des pommes de terre sur une parcelle, elles absorberont toujours les mêmes éléments nutritifs dans le sol, celui-ci s'appauvrira et vous finirez par récolter des légumes malades.

Rotation des cultures sur trois ans

Divisez le terrain en quatre parcelles 0, 1, 2 et 3, de superficies à peu près égales.
Parcelle 0. Plantations permanentes
Parcelle 1. Choux (et famille des *Brassica*)
Parcelle 2. Pois, haricots, fèves et salades
Parcelle 3. Légumes racines
Laissez de côté la parcelle 0, que vous réserverez aux plantations permanentes et aux cultures particulières, et établissez un plan de rotation sur trois ans pour les trois autres parcelles. On peut même aller plus loin en procédant à une rotation des cultures à l'intérieur de chaque parcelle. Par exemple, les légumes racines, cultivés dans la parcelle 1 la première année, dans la parcelle 2 la deuxième année et dans la parcelle 3 la troisième année, peuvent être agencés différemment à l'intérieur de chaque parcelle selon les années, afin que les carottes succèdent aux pommes de terre, que les radis viennent après les betteraves, et ainsi de suite.

L'idéal serait de faire en sorte que les rangs à l'intérieur des parcelles soient orientés vers le nord-ouest, et que la parcelle des plantations permanentes soit la plus exposée au vent. Faites un plan des plantations ou notez-les dans un journal de bord, afin de pouvoir vous reporter aux années précédentes au moment de faire vos prévisions pour les années suivantes.

Plantations permanentes et aromatiques - Parcelle 0

Ces plantations sont qualifiées de permanentes car elles peuvent rester au même emplacement, ou à peu près, durant plusieurs années.

Aneth odorant Annuelle rustique.

Artichauts Atteignent leur apogée la troisième ou la quatrième année.

Asperges Peuvent rester au même endroit de dix à vingt ans.

Bourrache Annuelle rustique.

Cerfeuil Bisannuelle rustique, souvent cultivée comme annuelle.

Ciboulette Vivace rustique formant des touffes, de croissance lente.

Fenouil Vivace herbacée rustique.

Laurier Arbuste persistant rustique, apprécie un sol bien drainé, retenant bien l'humidité, et un emplacement ensoleillé.

Menthe Vivace herbacée rustique.

Persil Bisannuelle rustique.

Rhubarbe Peut toujours rester au même endroit.

Romarin Buisson persistant.

Sauge Buisson persistant rustique.

Thym Buisson persistant rustique nain.

Peuvent aussi être plantés dans la parcelle des végétaux permanents les aubergines, les poivrons, les courges et courgettes, les tomates.

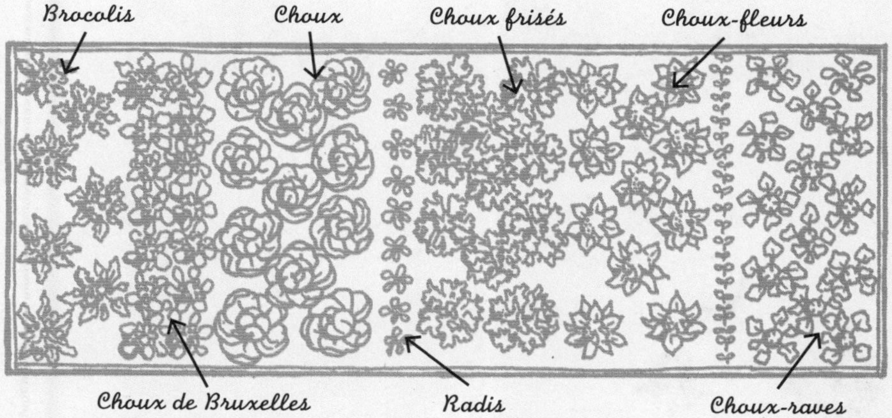

Parcelle 1, première année : choux et plantes qui apprécient le même type de sol (deviendra parcelle 2 la deuxième année, parcelle 3 la troisième année)

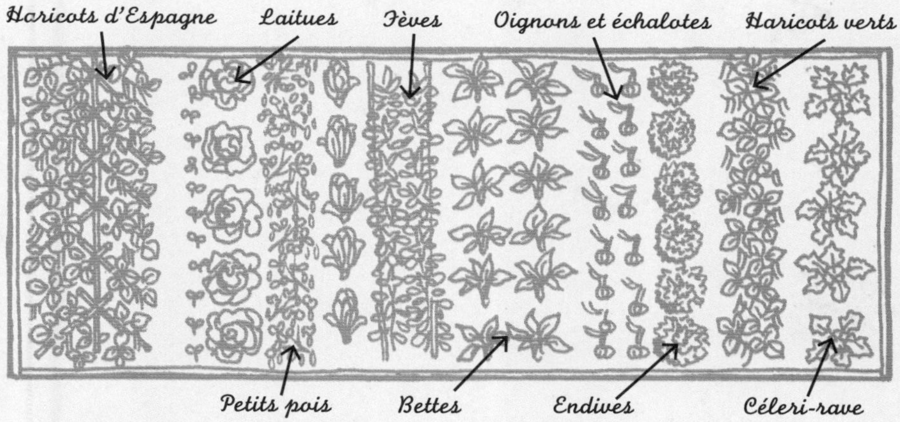

Parcelle 2, première année : pois, haricots et salades (deviendra parcelle 3 la deuxième année, parcelle 1 la troisième année)

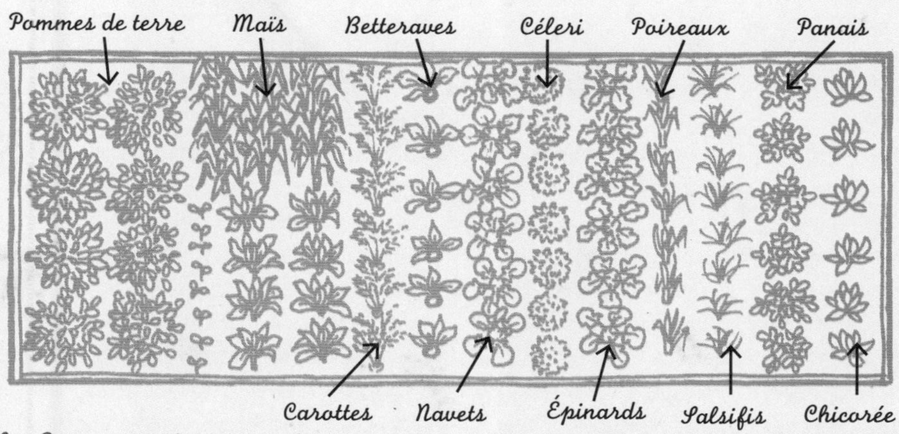

Parcelle 3, première année : légumes racines et plantes qui apprécient le même type de sol (deviendra parcelle 1 la deuxième année, parcelle 2 la troisième année)

L'entretien **du sol**

Le sol est un milieu vivant, qui respire et fournit aux plantes abri et subsistance. S'il est malade ou déséquilibré – trop acide, trop alcalin, trop froid, ou s'il présente tout autre défaut –, les plantes qui en attendent nourriture et protection vont forcément en souffrir.

Prendre soin du sol

Un sol peut être sablonneux, argileux, tourbeux, calcaire ou limoneux, et en même temps humide, détrempé, sec ou desséché. Et un sol argileux détrempé est plus problématique qu'un sol argileux humide. Alors que vous ne pouvez rien changer à la nature du terrain (de l'argile restera de l'argile), vous pouvez exploiter au mieux ses caractéristiques et les améliorer.

Un sol insuffisamment nourri, négligé, mal cultivé donnera de faibles récoltes et la tâche du jardinier « bio » consiste à en prendre soin et à le nourrir en lui apportant des matières organiques, en le recouvrant avec un paillis protecteur, en ne le retournant pas plus que nécessaire et en évitant de le surexploiter.

La vie sous terre présente des formes diverses, depuis les vers de terre et autres insectes assez gros pour être visibles à l'œil nu jusqu'aux micro-organismes seulement décelables au microscope. Il n'est pas exagéré de dire que toute forme de vie, visible ou invisible, a besoin d'un autre organisme vivant pour subsister. Si vous détruisez tous les organismes que vous considérez comme nuisibles, vous éliminez en même temps ceux qui sont bénéfiques.

La matière organique Vivants ou morts, plantes et animaux sont essentiels à la santé du sol : vivants, ils fabriquent de la matière organique, et morts, ils se transforment en matière organique. Sans ce cycle infini de vie et de mort, le sol deviendrait vite stérile. La matière organique améliore la structure physique du sol, nourrit les plantes et autres organismes du sol, absorbe et retient l'eau.

Nourrir le sol

Le compost Un beau tas de compost illustre parfaitement la philosophie de l'écologie et du cycle de la nature : on entasse d'un côté les déchets du jardin et de la maison, et on obtient de l'autre une matière qui améliore le sol, nourrit les plantes et finalement contribue à nous nourrir de nouveau. S'il est indispensable d'avoir un tas de compost, en avoir deux est mieux, et trois mieux encore.

Un gros tas de compost divisé en trois est une option intéressante. On peut y mettre une foule de choses : herbes, déchets de tonte et de taille, plantes flétries, paille, fumier d'animaux, litière d'animaux herbivores, épluchures de fruits et légumes, papier et carton, fibres naturelles telles que laine et coton – à l'exclusion du verre, des boîtes de conserve, des matières plastiques, des cendres de charbon, des excréments d'animaux domestiques, des produits d'entretien, des animaux morts, de la viande ou du poisson crus, des plantes malades telles que des pommes de terre souffrant de la rouille, ou des mauvaises herbes envahissantes.

Le lombricompost transforme vos déchets de cuisine en engrais liquide pour les plantes de serre et en compost friable, qui constituera un amendement très fertile pour les jeunes plants. Il s'agit en fait de nourrir des vers de terre avec vos déchets végétaux pas trop durs : légumes, fruits, marc de café, thé…, pour obtenir un fumier très fertile, le lombricompost.

Vous pouvez vous procurer un silo à compost dans le commerce, ou le faire vous-même. Installez un robinet de tonneau sur une vieille poubelle en plastique, ajoutez un peu de terre et quelques pelletées de fumier de cheval riche en vers, et commencez à entasser vos déchets de cuisine.

Vous saurez vite si tout se déroule bien, car dès que commence le processus du lombricompostage, les vers se multiplient, une odeur de terre se dégage, et si vous tournez le robinet, un amendement liquide s'écoule. À la fin du processus, vous pouvez extraire tout le compost ainsi fabriqué et recommencer.

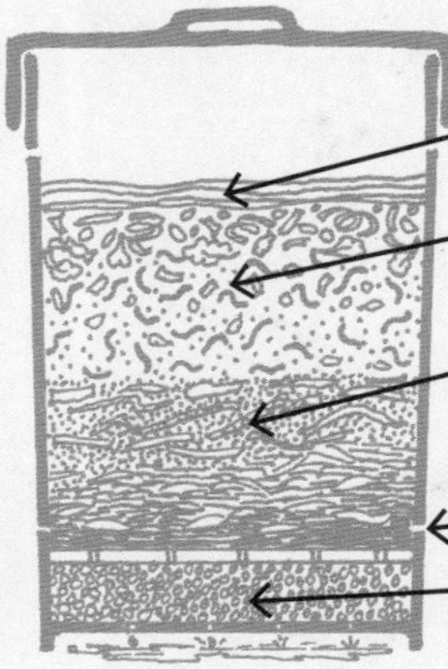

Silo à lombricompost

Les engrais verts Il s'agit de plantes cultivées spécialement pour étouffer les mauvaises herbes, protéger le sol en formant un paillis végétal vivant, éliminer certaines plantes et certains animaux indésirables en modifiant le milieu, et enrichir le sol. La plupart d'entre elles ont en effet la propriété de fixer l'azote dans le sol. On les fauche pour les enfouir dans la couche superficielle du sol après quelques jours de séchage, pour servir de nourriture aux plantes et au sol. Des engrais verts comme le trèfle et la luzerne, semés au printemps ou en été et enfouis au tout début du printemps suivant, enrichissent le sol en augmentant sa teneur en azote; le seigle améliore la structure d'un sol léger, car ses racines s'agglutinent pour l'aider à retenir l'eau.

Le fumier d'animaux Provenant du bétail – vaches, chèvres, poules et chevaux –, c'est une source traditionnelle d'engrais. Le meilleur engrais provient de votre exploitation ou de fermes biologiques. Les fumiers d'origine animale – en général mélangés à une litière de paille, de papier ou de copeaux de bois – représentent un excellent amendement, idéal mélangé aux déchets de la cuisine et du jardin. Le fumier de vache apporte toutes sortes de nutriments, celui de volailles est très riche en azote, mais sent très fort, celui de cheval est riche en azote et assez facile d'utilisation, celui de porc est un bon fertilisant, mais d'utilisation délicate : chacun a ses avantages et ses inconvénients. Une fois bien décomposé, le fumier peut soit être épandu sur le sol, soit enterré.

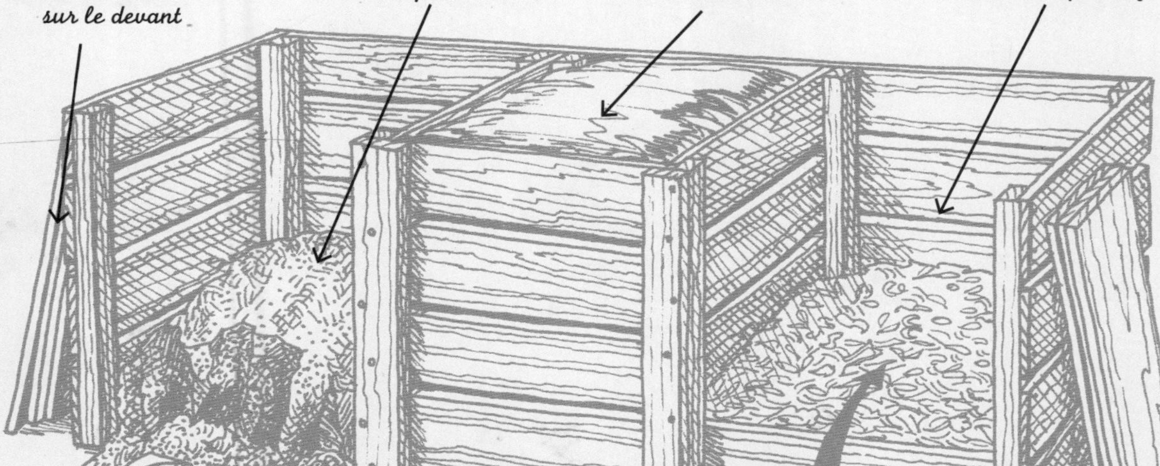

Silo à compost à trois zones

De l'eau **pour le jardin**

L'eau est notre bien le plus précieux. Pour aller vers l'autonomie, son stockage et son recyclage sont essentiels. Se servir de l'eau du réseau de distribution est coûteux et représente une source de gaspillage : pourquoi devrait-on arroser les plantes avec une eau ultra purifiée destinée à notre consommation ? Mieux vaut récupérer l'eau de pluie pour la stocker avant qu'elle retourne au réseau par le tout-à-l'égout.

La culture hors-sol

Il s'agit d'un système de culture destiné à tirer le meilleur parti possible de l'eau. L'économie est réalisée du simple fait que l'eau est envoyée directement aux racines des plantes. Ce système de culture en circuit fermé est composé d'un contenant dont le fond est recouvert d'une bâche de plastique et rempli d'un substrat chimiquement inerte – de la perlite et du gravillon fin, ou encore des morceaux de granit mélangés à du sable. Des plantes y sont cultivées dans des pots sans fonds posés directement sur le substrat de culture. De l'eau enrichie en éléments nutritifs est envoyée directement sur le substrat : les racines des plantes sortent donc des pots sans fonds pour descendre jusqu'au niveau inférieur où se trouve l'eau. La déperdition d'eau du début du processus est contrebalancée par le fait que l'on peut utiliser l'eau de pluie récupérée. Certains adeptes de cette technique vont plus loin et minimisent l'évaporation en mettant sur le substrat un paillis de copeaux de bois ou du papier recouvert de gravier.

Collecter l'eau de pluie

- **Auges** Une ou deux auges peuvent être très utiles, en particulier si vous avez du bétail. Certaines sont à la fois décoratives et fonctionnelles.
- **Bassins** Facile à construire et très décoratif, un bassin adoptera la taille que vos finances et la superficie du terrain autoriseront. L'eau de pluie peut être collectée puis dirigée vers un bassin pour y être stockée (voir dessin page ci-contre).
- **Citernes enterrées** Idéales pour conserver l'eau de pluie, elles sont un peu compliquées à installer et relativement chères.
- **Piscines naturelles** Il est maintenant possible d'avoir une piscine ou un bassin de baignade dotés d'un système de ventilation permettant de garder l'eau propre. Des plantes épuratrices peuvent également assurer le traitement de l'eau. Un tel système peut être intégré à l'ensemble et récupérer l'eau du jardin par un système de canalisations.
- **Tonneaux** En placer un sous chaque gouttière est une solution traditionnelle, facile à mettre en œuvre et peu coûteuse. On peut même utiliser des tonneaux recyclés. La capacité de stockage peut être augmentée en les reliant entre eux. Installez les tonneaux sur des blocs de pierre ou des parpaings afin que leurs robinets soient assez hauts pour placer un seau ou un arrosoir en dessous.

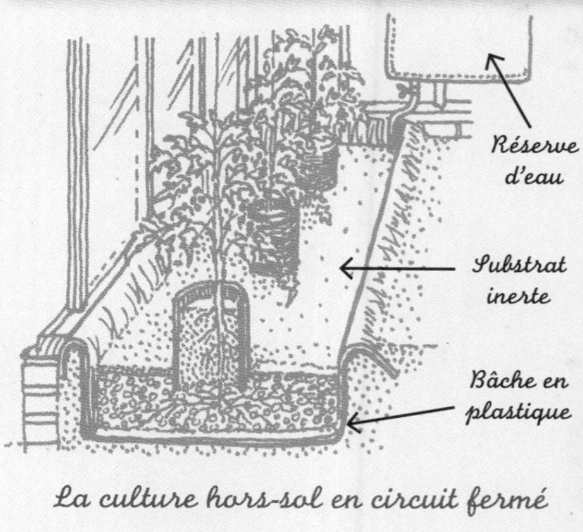

La culture hors-sol en circuit fermé

Optimiser la consommation d'eau

• **Abri** Ayez recours à des brise-vent pour limiter l'évaporation provoquée par les vents desséchants et utilisez des bâches pour protéger les plantes du soleil.

• **Arrosage sélectif** N'arrosez pas les pelouses, c'est du gaspillage.

• **Culture hors-sol** La culture dans des pots sans fond posés sur un substrat directement approvisionné en eau est un bon moyen de limiter l'évaporation (voir ci-contre).

• **Décroûter la surface à la binette** Cette technique (« Un binage vaut deux arrosages ») consiste à émietter la couche superficielle du sol (2,5 cm) par temps sec. Cela évite que l'eau des arrosages ne ruisselle sur le sol. Un binage entre deux arrosages aère la terre et fait remonter l'eau par capillarité.

• **Eau grise** Il est possible de réutiliser l'eau qui s'écoule des douches et de l'évier si elle n'est pas trop chargée en savon et en détergents. Cependant, elle n'est pas exploitable si elle contient de l'huile, de l'eau de Javel, des produits chimiques ou des colorants. Par ailleurs, l'eau grise devient vite impropre à la réutilisation, il faut s'en servir tout de suite.

• **Heure d'arrosage** Arrosez tôt le matin ou tard le soir. L'arrosage du soir attire les limaces, mais vous pouvez soit les tuer, soit planter des variétés résistantes aux limaces.

• **Matière organique** Enfouissez un volume important de matière organique pour améliorer la capacité de la terre à retenir l'eau : paille, fumier, engrais vert, écorces bien décomposées, ou toute autre matière susceptible de retenir l'eau puis de se décomposer.

• **Paillis** Recouvrez la terre d'un paillis d'écorces, de feuilles, de paille, etc., pour retenir l'humidité et limiter l'évaporation.

• **Tuyaux d'irrigation** Des tuyaux percés de nombreux trous ou entailles et enterrés juste au-dessous de la surface du sol permettent de voir que l'eau est dirigée vers le bon endroit et contribuent aussi à limiter l'évaporation, un peu comme la culture hors-sol. On trouve dans le commerce des tuyaux d'irrigation microporeux.

• **Variétés résistant à la sécheresse** Choisissez dans la mesure du possible des variétés supportant des conditions très sèches.

Récupération et stockage de l'eau

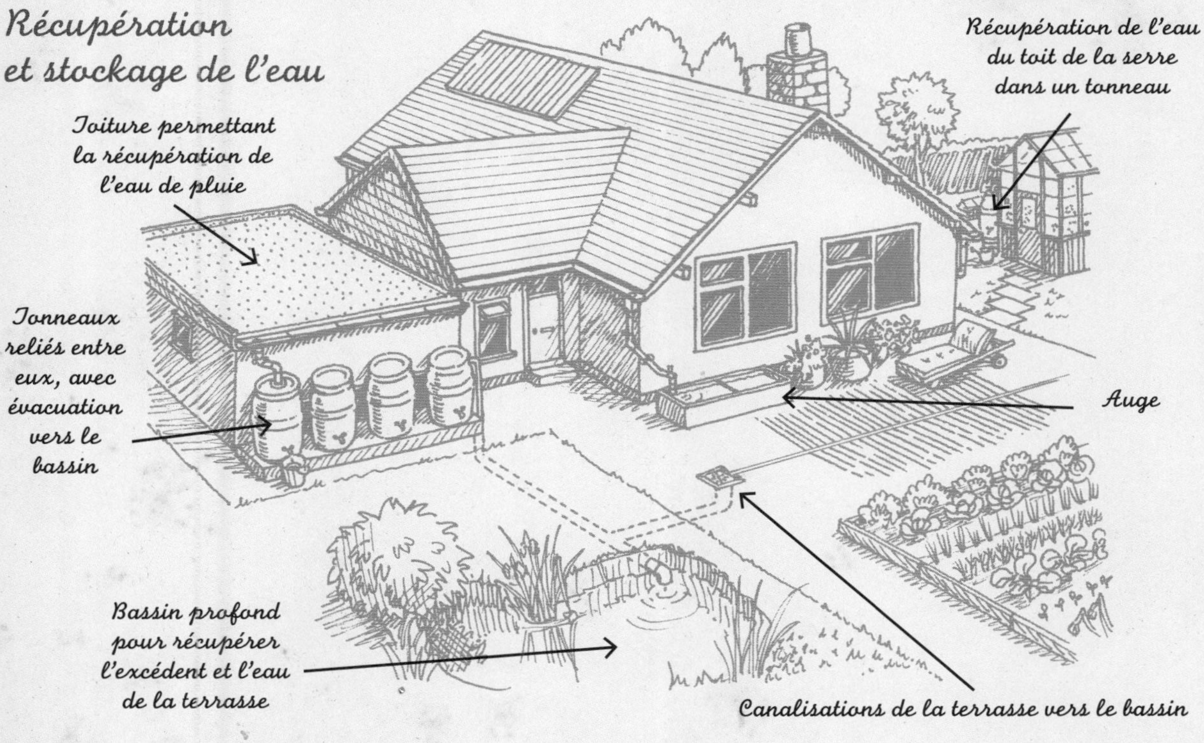

Les mauvaises **herbes**

Quelle que soit la manière d'aborder le problème, que vous pratiquiez ou non la culture bio et que vous soyez un jardinier expérimenté ou pas, une mauvaise herbe reste une mauvaise herbe ! Même si vous ne connaissez pas son nom, une plante qui pousse à un endroit où vous voulez faire pousser autre chose est, par définition, une « mauvaise herbe ».

Diverses options

Dans un contexte d'autarcie et de jardinage bio, vous avez le choix : manger les mauvaises herbes si elles sont comestibles (c'est le cas des orties, des pissenlits, des mûres et du mouron des oiseaux, voir p. 164), les donner à manger aux animaux, les éliminer par binage, sarclage ou bêchage, les couper, les tuer en les privant de nourriture, les recouvrir d'un paillis et planter autre chose par-dessus, les étouffer avec d'autres plantations, les brûler ou, enfin, changer d'attitude à leur égard pour les considérer d'un œil plus bienveillant – parce qu'elles sont esthétiques ou parce qu'elles attirent des insectes bénéfiques.

Le binage

Il y a quelque chose de très plaisant dans ce travail dont le résultat est immédiatement visible. Il suffit de retourner 2,5 cm de sol avec une binette ou un sarcloir, et le tour est joué ! L'outil le plus classique pour cette opération est la binette, à la ligne élégante en col de cygne, qu'on utilise en tirant délicatement, mais il y a aussi les binettes à pousser que l'on fait fonctionner en poussant et en tirant successivement, les grosses houes équipées d'une tête semblable à une hache et celles qui sont à mi-chemin entre la houe et la hachette… Commencez par un outil de bonne qualité comme une bonne binette traditionnelle, vous changerez ensuite, si nécessaire, quand vous saurez exactement quel type d'outil vous convient. Vous verrez vite, en particulier, qu'une binette en col de cygne est idéale pour travailler entre des racines, alors qu'une binette hollandaise est mieux adaptée si vous voulez seulement sectionner les herbes juste au-dessous de la surface du sol.

Les cultures associées

La pratique des cultures associées, qui permet de tirer le maximum d'un emplacement – par exemple, en plantant des radis, à développement rapide, à côté du céleri, à développement lent –, est aussi un bon moyen de mieux couvrir le sol, donc de le rendre moins facilement colonisable par les mauvaises herbes. La technique est très simple : à l'emplacement de votre choix, installez des plantes à développement rapide qui étoufferont les mauvaises herbes.

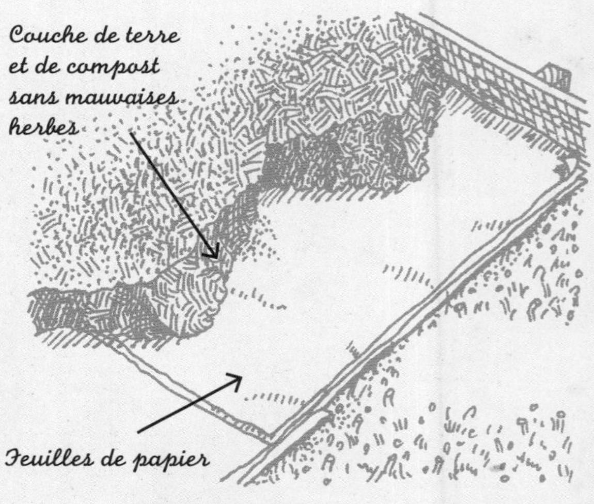

Paillis de papier recyclé

Les paillis

En matériaux recyclés On peut recycler à peu près n'importe quoi pour en faire un paillis : des feuilles de papier et de carton aux copeaux de bois, du sable et du papier émietté. Tout ce qui peut servir à recouvrir le sol (ou être enfoui juste au-dessous de la surface), à condition d'être organique et biodégradable, peut être qualifié de paillis recyclé. Une épaisse couche d'écorces déchiquetées, par exemple, peut servir à couvrir les allées entre les rangées de légumes d'un potager. Il est agréable de se promener dans ces allées car le paillis empêche les mauvaises herbes de pousser, et quand l'écorce a été piétinée pendant un an et a perdu toute tenue, il suffit de la ramasser à la pelle pour l'incorporer par bêchage à la terre des plates-bandes, puis de la remplacer par des écorces fraîches.

Aérés Ce peut être du sable ou du papier en lanières, mais aussi du paillis d'écorces ou des coquillages broyés et des galets. Tout dépend si vous voulez l'étaler ou non sur une bâche en plastique. Dans le jardin potager, il est préférable de trouver un paillis biodégradable. Le gravier sur une bâche en plastique est efficace, mais il a toujours tendance à glisser à l'extérieur de la bâche.

Poser un paillis vivant

Les paillis vivants, outre la capacité d'étouffer les mauvaises herbes, permettent aussi d'enrichir la terre pour la récolte suivante. Si vous avez une petite parcelle – destinée à des légumes, par exemple – qui doit rester nue pendant quelques mois et que vous ne voulez pas voir envahie par les mauvaises herbes :

1. Choisissez un engrais vert à développement rapide (de l'alfala, du trèfle ou des fèves).
2. Semez-le de façon à bien recouvrir le terrain.
3. Quand les jeunes plants ont leurs feuilles, coupez-les et enterrez-les dans la couche superficielle du sol.

Poser un paillis en couverture

Si dans certaines plates-bandes, les mauvaises herbes arrivent à hauteur d'épaules, et si vous voulez vous en débarrasser rapidement sans bêchage, vous pouvez poser en couverture un paillis en plastique.

1. Coupez toutes les herbes à la faux.
2. Continuez à les sectionner à la pelle, et piétinez tout autour jusqu'à ce que vous ayez un paillis d'herbes coupées bien étalé.
3. Découpez des caisses de carton ou du papier en lanières, et étalez-les par-dessus.
4. Recouvrez le tout d'une bâche en plastique dont vous fixerez les extrémités au sol avec des piquets, des planches, des blocs de béton, ou en les enterrant.
5. Pour finir, découpez de petites croix dans la bâche et le carton, et semez ou plantez à travers ces trous.

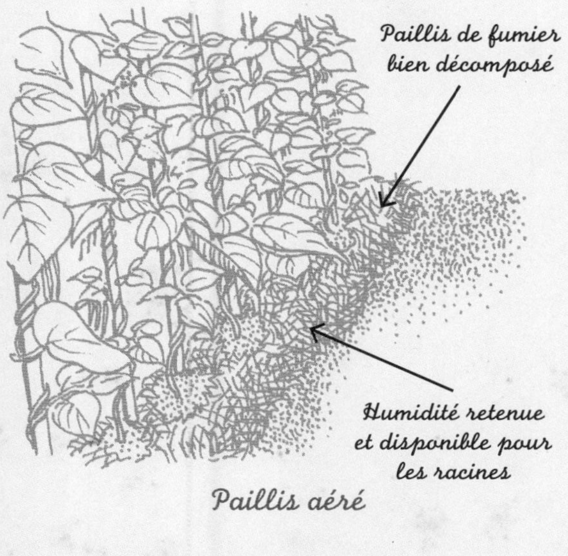

Paillis aéré

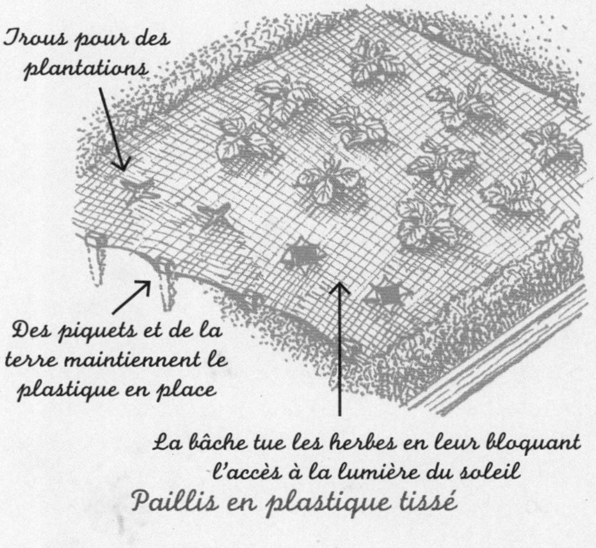

Paillis en plastique tissé

Le bêchage

La tradition voulait que l'on bêche son terrain à l'automne, puis au printemps. Le travail du jardinier, combiné à l'action du soleil, du vent, du gel et de la pluie, devait éliminer les parasites, mêler les matières organiques au sol, aérer le sol et améliorer le drainage. Toutefois, si le bêchage est bénéfique à court terme, il aurait tendance, à long terme, à nuire au drainage, à rendre le sol trop compact. C'est pourquoi, aujourd'hui, les techniques de culture sans bêchage sont appréciées des adeptes de la culture bio.

Le bêchage traditionnel

Dans une terre très lourde, le bêchage traditionnel pour retourner la terre peut être nécessaire pour décompacter le sol et y incorporer un amendement si besoin. Dans ce cas, il doit être fait en automne. Au printemps, il sera suffisant d'ameublir le terrain.

Comment faire ?

Divisez la parcelle en deux dans le sens de la longueur (voir dessin ci-contre). Dans la première moitié, creusez une tranchée de la profondeur d'un fer de bêche et étalez la terre sur le côté. Ajoutez du fumier ou du compost au fond du trou. Avant de creuser la tranchée suivante, enlevez la couche superficielle de terre portant les mauvaises herbes et posez-la dans la première tranchée, les mauvaises herbes au-dessous. Creusez ensuite la deuxième tranchée, toujours à la profondeur d'un fer de bêche, et mettez la terre au-dessus des herbes, dans la première tranchée. Répétez ces opérations jusqu'au bout de la parcelle. Passez à la deuxième moitié et procédez comme pour la première moitié. Quand vous arrivez au bout, remplissez la dernière tranchée avec la terre étalée sur le côté, tout au début.

Double bêchage

Le double bêchage se pratique au moment de la création des planches de culture ; il aère les couches profondes du sol et permet une très bonne pénétration de l'eau, ce qui donne des plantes plus vigoureuses, avec un meilleur déve-

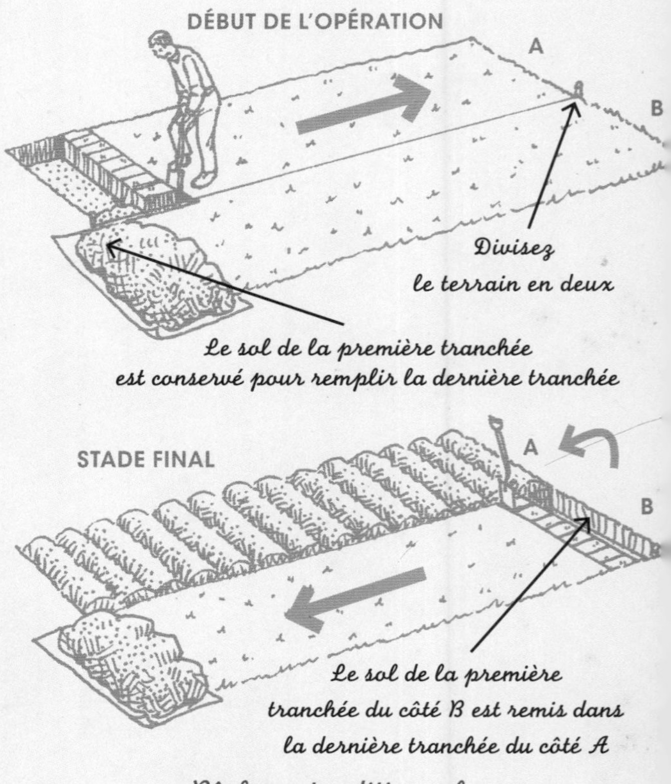

Bêchage traditionnel

loppement des racines. Les plantes peuvent ainsi aller chercher plus facilement certains nutriments en profondeur, et être plantées plus serrées sans se gêner. Par la suite, lorsque le sol a acquis une bonne structure, on ne le travaille qu'en surface et on l'ameublit sans le retourner.

Comment faire ?

Divisez la parcelle en deux dans le sens de la longueur. Creusez une tranchée double, de 60 cm de large, jusqu'à une profondeur de deux fers de bêche et déposez sur le côté la terre enlevée. À la fourche, ajoutez une épaisse couche de fumier ou de compost au fond du trou. Retirez la couche superficielle d'herbe et de terre (5 cm d'épaisseur) des deux tranchées suivantes et déposez-la à l'envers dans le premier trou.

Sortez ensuite la terre et étalez-la sur la couche d'herbe de façon à remplir le premier trou. Répétez toutes les opérations jusqu'au bout de la parcelle (voir dessins ci-dessous) ; mettez alors dans la dernière tranchée la terre déposée sur le côté.

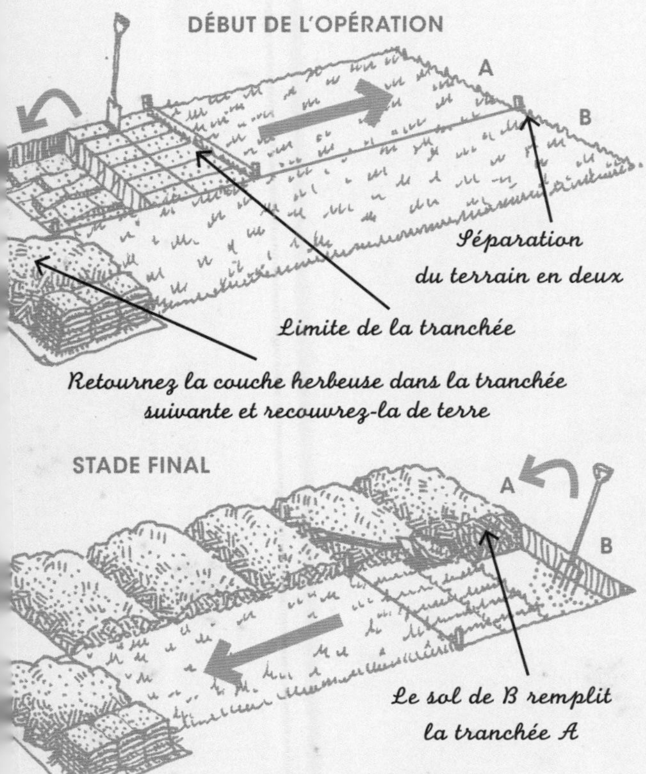

Double bêchage

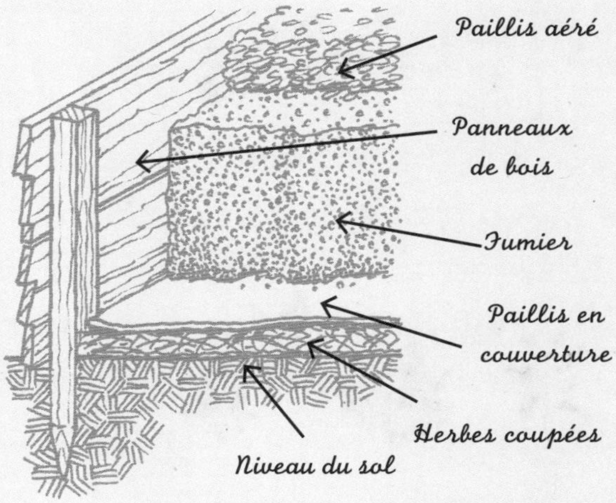

Méthode sans bêchage

La culture sur buttes sans bêchage

Alors que le bêchage est une technique traditionnelle destinée à retourner la terre avec des outils à main pour préparer la plantation, la culture sans bêchage sur buttes, ou en planches surélevées, est une technique de culture biologique qui prépare le sol à la plantation sans le retourner. Pour les traditionalistes, cette méthode est plutôt négative. Mais la culture sans bêchage présente l'avantage de demander moins d'effort physique, de préserver la structure du sol et, surtout, d'entraver la remontée des graines de mauvaises herbes à la surface.

Comment faire ?

1. Avec des planches de bois, faites une structure pour des banquettes surélevées de 1,20 m environ de côté et de 30 à 45 cm de haut.
2. Coupez les herbes à l'intérieur des structures et recouvrez le sol avec un paillis en couverture de papier ou de carton recouvert de fumier bien mûr.
3. Recouvrez le tout d'une couche de paillis aéré de paille, de foin ou d'écorces broyées.

Méthodes **de semis**

Le semis en pleine terre est le moyen le plus simple et le plus rapide pour obtenir de nouvelles plantes, mais il est parfois préférable de semer sous abri. Le choix de la méthode se fait en fonction de la plante et du climat.

Choisir sa technique

Pour certains légumes, on procède aux semis sous abri, puis on laisse les jeunes plantes se développer avant de les repiquer à l'extérieur. D'autres comme les carottes et les radis se sèment plutôt à l'extérieur, en lignes ; on éclaircit ensuite les semis. D'autres légumes, comme les choux, peuvent être soit éclaircis après un semis en place, soit semés pour être repiqués sous forme de plantules dans leur emplacement définitif. Les semis des pois et des haricots se font souvent directement en place et ne sont ni repiqués, ni éclaircis – on donne alors aux graines leur espacement définitif –, mais il est aussi possible de les semer en caissettes pour les repiquer plus tard au jardin. La méthode choisie dépend de la taille et des caractéristiques des graines.

Semer en pleine terre

Petites graines (radis, carottes…)

1. Émiettez la surface du sol à la griffe pour bien l'affiner.

2. Passez le râteau pour enlever tous les cailloux, brindilles, mottes de terre dures, etc.

3. Tendez un cordeau pour indiquer l'emplacement du semis et, avec la pointe de la binette, tracez un petit sillon d'une profondeur correspondant à la taille des graines.

4. Humidifiez le sol avec un arrosoir à pomme fine et saupoudrez les graines le long du sillon avec les doigts.

5. Recouvrez les graines d'une fine couche de terre et nivelez au râteau. Arrosez en pluie fine.

Graines de taille moyenne (petits pois, haricots verts…)

1. Après avoir émietté la surface et passé le râteau, tendez deux cordeaux pour indiquer l'emplace-

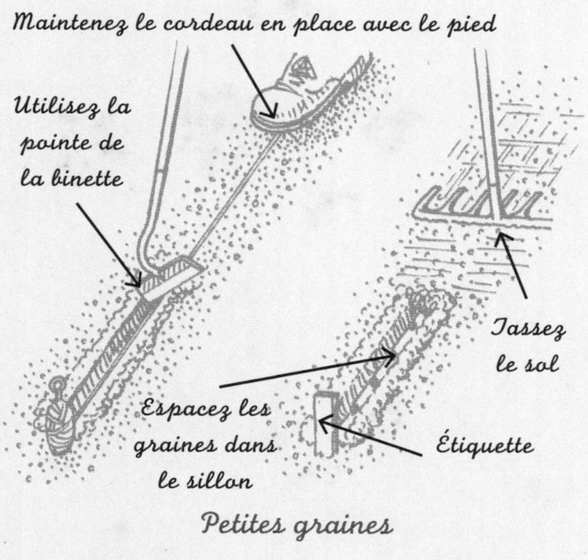

Petites graines

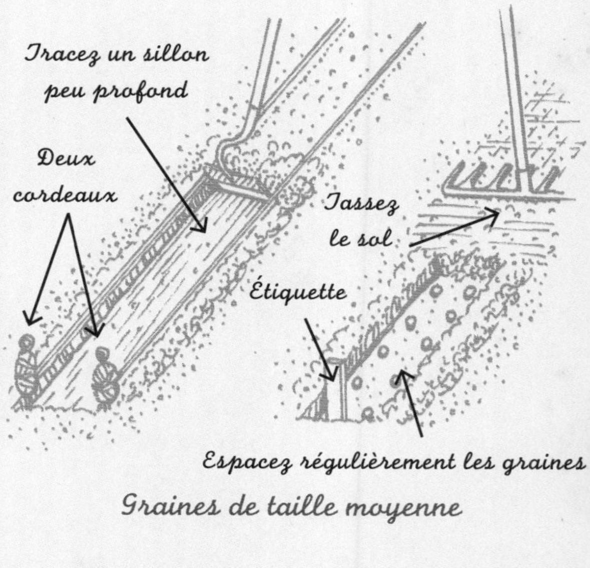

Graines de taille moyenne

ment du semis et, en tirant la binette vers vous, tracez un sillon de la largeur de la binette et d'une profondeur de la taille des graines.

2. Humidifiez le sol avec un arrosoir muni d'une pomme fine, et déposez délicatement chaque graine le long du sillon.

3. Recouvrez les graines d'une couche de terre et nivelez au râteau. Arrosez en pluie fine.

Grosses graines (fèves, haricots d'Espagne...)

1. Émiettez la surface à la griffe pour affiner le sol. Passez le râteau pour enlever tous les cailloux.

2. Tendez un cordeau pour indiquer l'emplacement du semis, puis tassez la terre au râteau.

3. Humidifiez le sol avec un arrosoir muni d'une pomme fine, et faites des trous avec un plantoir ; la taille du plantoir et la profondeur des trous varient selon les graines.

4. Laissez tomber les graines dans les trous et arrosez. Couvrez-les d'une fine couche de terre, puis nivelez le sol au râteau.

Semer sous abri

En plaques de culture alvéolées

Cette méthode limite les dommages liés au repiquage, puisqu'elle évite les manipulations des plantules.

1. Remplissez les plaques avec le substrat convenant à vos semis.

2. Éliminez l'excès de substrat avec une baguette et tassez légèrement le contenu de chaque alvéole afin que la terre arrive juste au-dessous du haut de l'alvéole.

3. Humidifiez le substrat, semez une ou deux graines dans chaque alvéole et recouvrez d'une fine couche de terreau. Arrosez.

4. Quand les plantules sont bien développées – au stade de deux vraies feuilles –, sortez-les de leurs alvéoles sans briser les mottes et repiquez-les.

En pots de tourbe

Cette méthode minimise les dommages causés aux racines et supprime la gestion des déchets en plastique.

1. Remplissez les pots de tourbe d'un mélange de terreau et de compost adapté aux graines.

2. Humidifiez le substrat, creusez un trou et placez-y une ou deux graines.

3. Couvrez de substrat et arrosez légèrement.

4. Éclaircissez ensuite pour ne garder que les plus belles plantules.

5. Quand elles sont bien développées, replantez-les à leur emplacement définitif sans les sortir des pots, préalablement trempés dans l'eau.

6. Enterrez bien le haut des pots.

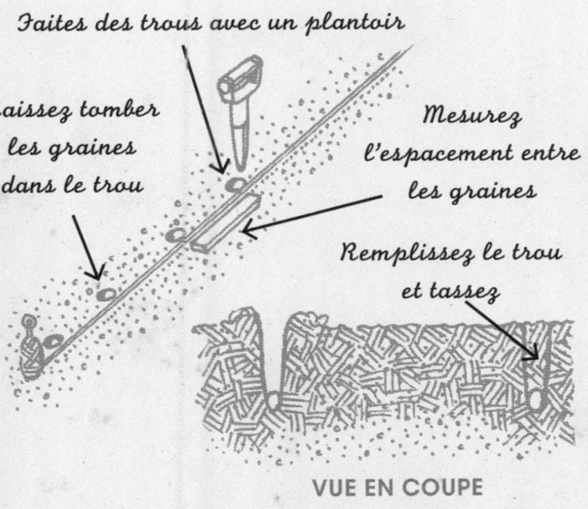

Grosses graines

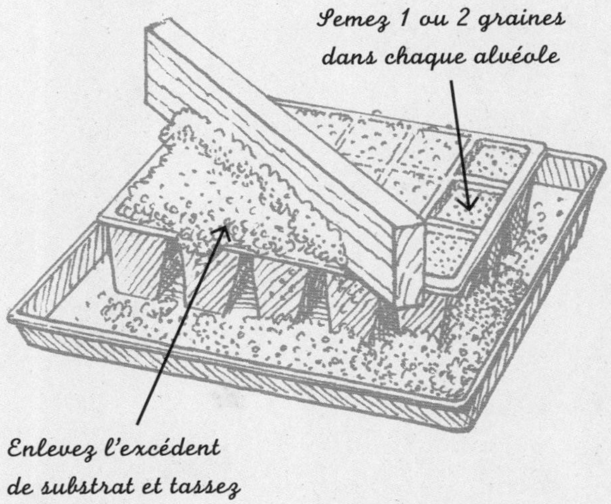

Plaques alvéolées

Cultiver **sous abri**

Une serre ou un tunnel permettent de jardiner par tous les temps, de cultiver de nombreux fruits et légumes tout au long de l'année, et aussi de vous lancer dans des cultures inhabituelles, en créant un environnement adapté à leurs besoins. Sous abri, on peut en outre semer plus précocement et récolter plus tard qu'à l'extérieur.

Les serres

La serre est le choix idéal pour un petit jardin, car son coût est relativement peu élevé, et elle est disponible en diverses tailles et formes ; le verre est en outre un matériau facile à se procurer et à remplacer, et il existe de nombreux modèles en kits à monter soi-même. Une serre est un vrai atout dans un jardin, en particulier si elle est en bois de cèdre et large de 2,50 m au moins.

Quelques conseils

> Maintenez toujours la serre propre et bien rangée.

> Lorsque vous pincez ou taillez des tiges ou des feuilles (de tomates, par exemple), faites bien attention de ne pas laisser traîner les déchets de la taille à l'intérieur de la serre.

> Désinfectez l'intérieur en début de saison, en particulier les coins et le dessous des tablettes ; utilisez un désinfectant écologique.

> Arrosez le matin plutôt que le soir.

> Par temps très chaud, arrosez les allées et les tablettes pour rafraîchir l'atmosphère.

> Par beau temps, ombragez la serre en plaçant des écrans ou des filets à mailles serrées sur le côté ensoleillé.

> En hiver, isolez l'intérieur en fixant du plastique à bulles sur la paroi intérieure – opération bien plus facile avec une serre en bois.

> Prévoyez une bonne ventilation, surtout par temps chaud et humide.

Les tunnels

Les tunnels, ou polytunnels, sont une création relativement récente et représentent un bon choix si vous voulez, pour ainsi dire, faire votre jardinage

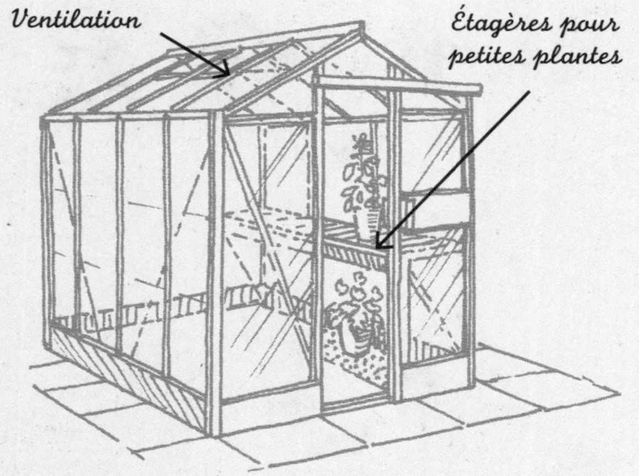

Serre

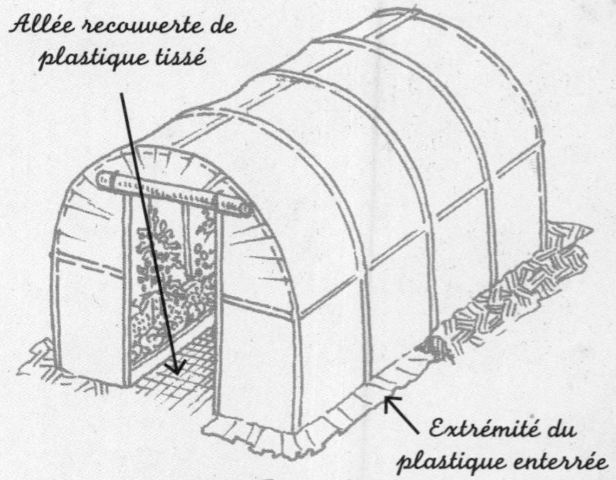

Tunnel

d'extérieur à l'intérieur. Un tunnel classique est formé d'une armature d'arceaux en acier galvanisé recouverts d'un film de plastique transparent.

Différentes formes et tailles sont disponibles (hauteur, longueur et largeur sont variables), mais le mieux est de choisir un modèle court et large, avec des parois hautes et droites ainsi qu'une grande ouverture de chaque côté. L'accès en est facile, la ventilation correcte, et ce genre de tunnel procure assez d'espace à la fois pour se tenir debout et pour installer les plantations, tout en laissant la place pour une allée centrale.

Quelques conseils

> Par temps doux, déroulez des feuilles de plastique sur les portes pour garder la chaleur à l'intérieur.

> Lorsqu'il y a beaucoup de vent, fermez le côté où il souffle, pour éviter que l'air froid ne s'engouffre à l'intérieur.

> Maintenez les feuillages éloignés des parois du tunnel, pour leur éviter de mourir et de pourrir.

> Faites attention de ne pas percer le plastique des parois avec du fil de fer, des tuteurs ou des outils pointus.

> Lorsque vous utilisez un jet d'eau, assurez-vous qu'une trop forte pression ne perce pas le plastique.

Culture sous châssis

Chassis froid Si l'on n'a pas de serre, le châssis froid permet de faire des semis sous abri. Il peut être constitué de quatre planches recouvertes d'une plaque de verre ; le vitrage, par effet de serre, réchauffe l'intérieur du châssis.

Sur couche chaude Elle se pratique tout simplement dans un châssis bien isolé – traditionnellement entouré de paille ou d'une natte de paille tressée –, posé au-dessus d'un trou rempli de fumier frais.

Au fur et à mesure que le fumier se décompose, il dégage de la chaleur, ce qui augmente la température sous le châssis. De nos jours, on utilise souvent des matériaux tels que des restes de moquette ou du plastique à bulles comme isolants pour la couche chaude.

Quelques conseils

> Si votre budget est limité, vous pouvez construire un châssis froid avec du bois de récupération et des feuilles de plastique.

> Les châssis sont faciles à aérer.

> Jadis, la culture sur couche chaude était considérée comme un moyen révolutionnaire de cultiver à contre-saison dans un espace restreint : l'idée était de superposer les couches chaudes. C'est un système formidable, à essayer si vous disposez de ressources importantes en fumier de cheval.

> Pour les couches chaudes, il faut absolument du fumier frais, qui doit être enterré aussi vite que possible car il perd sa chaleur très vite s'il est laissé à l'air libre.

Les trous de culture

Il s'agit d'une variante économique de la couche chaude. La version la plus simple consiste en un trou profond tapissé d'une couche de fumier frais, de quelques jeunes branches assez longues pour recouvrir le trou, et d'une ou plusieurs nattes de paille tressée.

On plante directement dans le trou. Le fumier dégage de la chaleur en se décomposant, comme dans la culture sur couche chaude avec châssis. La nuit, ou si le temps est plus frais, on met les branchages au-dessus du trou et on le recouvre avec le paillasson.

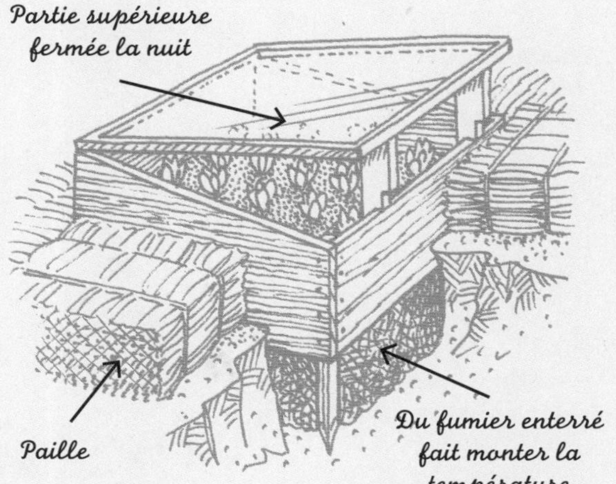

Culture sur couche chaude

Méthodes **de culture**

Les experts remettent en cause les techniques traditionnelles de plantation en lignes, ou rangées, avec une allée entre les rangées et beaucoup d'espace entre les plantes. En effet, lorsqu'une parcelle a été bêchée, plantée, et que la récolte est terminée, l'énergie dépensée pour la partie non plantée n'a servi à rien, et la structure du sol a été abîmée par les piétinements. Les différents modes de culture décrits ci-dessous ont été conçus pour améliorer ces pratiques.

Planches au ras du sol

Avantages et inconvénients

Il s'agit de zones ratissées et nivelées.

> Une fois qu'elles sont installées, plus de temps ni d'énergie perdus à bêcher ou à vous occuper des allées.

> Les coûts d'installation sont faibles, mais la terre finit par se répandre dans les allées.

> Si vous prévoyez des planches de 1,20 m de large, vous pourrez y travailler sans les piétiner.

> La petite taille de la planche limite les mauvaises herbes.

Planches surélevées

Avantages et inconvénients

Ce mode de culture surélevée maintient la terre au-dessus du niveau du sol.

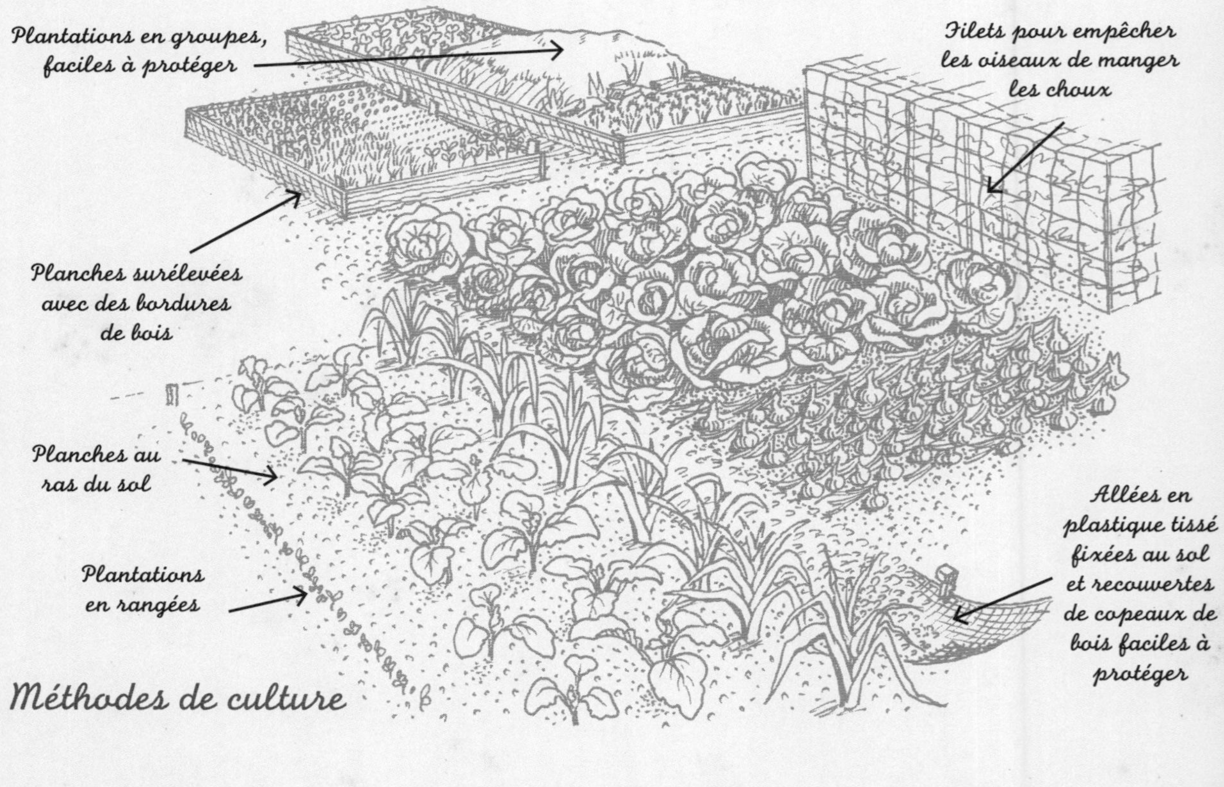

Méthodes de culture

> Une fois les planches installées, avec d'étroites allées tout autour, vous pourrez vous concentrer sur la production.
> Vous n'aurez pas à pratiquer un fastidieux bêchage.
> Les coûts d'installation sont élevés mais tout le terreau y demeurera.
> Vous n'aurez pas à piétiner les planches.
> La petite taille des planches limite les mauvaises herbes.
> La hauteur des planches et la profondeur du sol ajouté sont ajustables selon vos besoins.

Carrés

Avantages et inconvénients

Les carrés surélevés ou non permettent des cultures en masses et non en rangées.
> Une fois les carrés installés, avec d'étroites allées tout autour, vous pourrez vous concentrer sur la production.
> Les coûts d'installation des bordures surélevées sont élevés, mais tout le terreau demeurera à l'intérieur.
> Tout le jardinage peut se faire depuis les allées.
> Chaque carré peut être réservé à une culture particulière.
> Les carrés individuels peuvent être surélevés à des hauteurs différentes, avec plus ou moins de terre selon les besoins des plantes.
> La rotation des cultures est simplifiée.
> Les mauvaises herbes sont limitées au minimum.
> Il est très facile de protéger les cultures avec un filet ou des branchages.
> La forme et le dessin des carrés deviennent un élément du décor.

Préparation traditionnelle du sol

Printemps - consolidation Au tout début du printemps, un jour où l'air est sec et vif, et la terre bien sèche sous les pieds, passez le râteau pour briser les mottes de terre. Tassez la fine couche ainsi obtenue pour bien la niveler. Attention ! si le sol colle aux pieds ou au râteau, cela veut dire que la terre est trop humide.

Printemps - nivelage Passez le râteau d'avant en arrière sur le terrain pour combler les trous, niveler les bosses et éliminer les débris. N'essayez pas d'enlever jusqu'au dernier gravillon – ils sont utiles pour le drainage –, contentez-vous d'éliminer les gros cailloux.

Automne - désherbage à la fourche-bêche Par une belle journée d'automne, quand la terre est sèche sous les pieds, travaillez délicatement la terre à la fourche-bêche. Enlevez les mauvaises herbes et les détritus.

Automne - apports de fumier Épandez une généreuse couche de fumier sur le sol. Plus épaisse est la couche, meilleur sera le résultat.

Désherbage à la fourche-bêche

Apports de fumier

Une année **au jardin**

Janvier

Travaux généraux

- Vérifiez les outils, les tuteurs, les pots, les bâches de plastique et les voiles de protection.
- Mettez les pommes de terre de semence à germer.
- Commandez des graines.
- Prévoyez les emplacements des plantations.
- Taillez les arbres fruitiers rustiques.

Préparation du sol

- Retournez le sol ou étalez un paillis pour le recouvrir.
- Épandez du fumier.

Semis et plantation

- Plantez les fèves dans un emplacement ensoleillé.
- Semez des oignons, des poireaux, des radis sous châssis froid ou chaud.

Récolte et stockage

- Cueillez les choux de Bruxelles, les choux d'hiver, les dernières carottes, le céleri, la chicorée et tout ce qui est prêt à être récolté.
- Congelez ou mettez les carottes en conserve.
- Faites des conserves de céleri.
- Salez les choux.

Février

Travaux généraux

- Nettoyez les allées.
- Couvrez les châssis la nuit.

Préparation du sol

- Continuez les bêchages et les paillis.
- Préparez les planches de cultures ; choisissez un coin chaud et décompactez la terre pour obtenir une couche fine, bien nivelée.
- Éliminez les mauvaises herbes.
- Mettez vos déchets sur le tas de compost.

Semis et plantation

- Plantez les artichauts et les échalotes.
- Semez les pois précoces et une ou deux rangées supplémentaires de fèves.
- Semez des carottes, des laitues et des radis sur couche chaude.
- Élevez les plantules sous châssis tiède.

Récolte et stockage

- Cueillez les choux de Bruxelles, les choux d'hiver, les dernières carottes, le céleri, la chicorée et tout ce qui est prêt à être cueilli.
- Congelez ou mettez les carottes en conserve.
- Faites des conserves de céleri.
- Salez les choux.

Mars

Travaux généraux

- Réparez les clôtures.
- Observez le jardin et réfléchissez aux changements qui vous semblent nécessaires.

Préparation du sol

- Émiettez le sol et ratissez la surface des emplacements où vous avez pratiqué le double bêchage.
- Continuez à biner le sol.

Semis et plantation

- Semez à l'extérieur des légumes résistants, tels que laitues et panais.
- Semez des épinards, des brocolis, des poireaux, des oignons, des petits pois, du céleri, des tomates et des courgettes sous abri, soit directement dans les planches, soit en caissettes.

Récolte et stockage

- Récoltez les choux de Bruxelles, les choux-fleurs et les choux.
- Congelez ou mettez en conserve les choux-fleurs.
- Salez les choux.

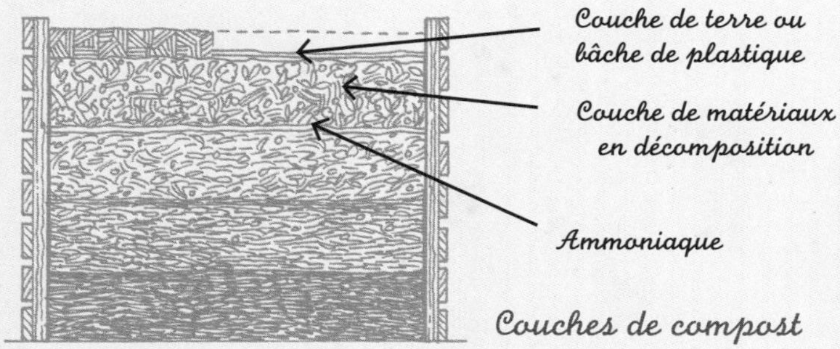

Couches de compost

Avril

Travaux généraux

- Surveillez les limaces et les escargots.
- Soyez attentif à la survenue de maladies ou de parasites sur les arbres et arbustes fruitiers.
- Éclaircissez les semis, si nécessaire, et continuez le désherbage.
- Continuez à fermer les châssis froids la nuit.

Préparation du sol

- Continuez à travailler la terre avec la binette, en particulier autour des nouveaux semis.
- Buttez les pommes de terre.

Semis et plantation

- Semez à peu près tout en plein air.
- Plantez des pommes de terre de conservation, des oignons, des radis, des carottes de conservation, des bettes, des salsifis et des scorsonères, des endives, des choux-raves, des laitues, des petits pois et des épinards.
- Plantez tous les semis qui ont été endurcis.
- Semez des haricots d'Espagne et des courgettes sous châssis.

Récolte et stockage

- Cueillez les feuilles de bettes et les brocolis.
- Congelez ou mettez en conserve les brocolis.

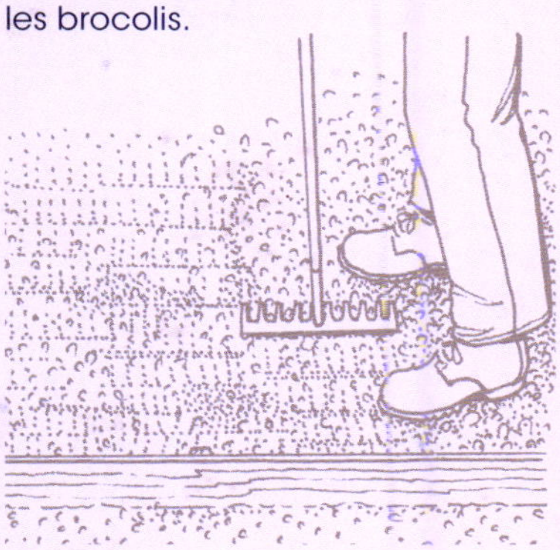

Mai

Travaux généraux

- Protégez les jeunes semis fragiles.
- Surveillez les thrips sur les haricots.
- Installez des supports pour les pois.
- Mettez un paillis autour des arbres et arbustes fruitiers.
- Supprimez les stolons des fraisiers.
- Arrosez les semis.
- Continuez à sarcler et à désherber.

Préparation du sol

- Préparez des planches de culture.
- Binez et ratissez régulièrement.
- Buttez les pommes de terre.
- Paillez entre les rangées de légumes en croissance.

Semis et plantation

- Repiquez les semis résistants provenant des châssis.
- Semez en plein air les végétaux peu résistants.
- Semez des haricots verts, des fèves et des haricots d'Espagne.
- Semez des petits pois, des endives, des radis et des épinards d'été.
- Plantez des choux de Bruxelles, des brocolis et des concombres.

Récolte et stockage

- Cueillez les bettes, les brocolis, les betteraves précoces, les carottes primeurs, les concombres sous châssis, les endives et d'autres légumes.
- Congelez ou mettez en conserve les brocolis et les carottes.
- Faites des conserves de betteraves.
- Salez les choux.

Juin

Travaux généraux

- Faites des apports de fumier frais.
- Continuez les arrosages.
- Posez un paillis autour des navets et mettez des filets sur les fruits.
- Supprimez les tiges faibles des framboisiers.
- Nettoyez les châssis froids.
- Continuez à biner et à désherber.
- Tuteurez les haricots à rames et les pois.

Préparation du sol

- Continuez le sarclage-binage.
- Arrachez les pommes de terre.
- Passez la fourche-bêche dans les planches vacantes.

Semis et plantation

- Repiquez les semis en provenance des pépinières.
- Faites des semis échelonnés d'endives, de laitues et de radis.

Récolte et stockage

- Cueillez les salades, épinards d'été, pois et pommes de terre primeurs.
- Congelez, salez et mettez en conserve tout ce que vous pouvez.

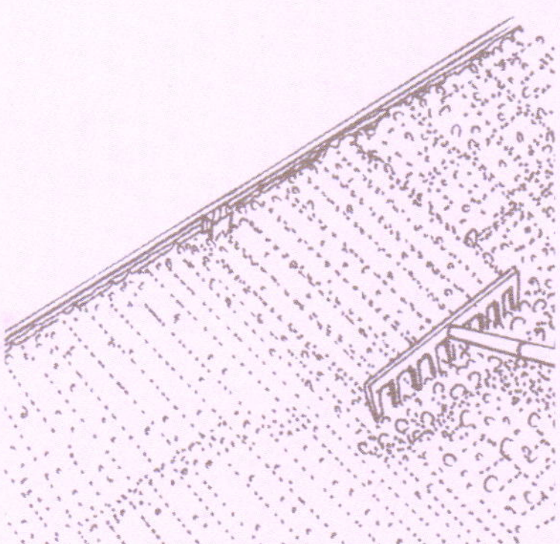

Une année **au jardin**

Juillet

Travaux généraux

- Tuteurez les plantes qui semblent fatiguées.
- Récoltez les fruits mûrs.
- Coupez la menthe et les herbes pour les faire sécher.
- Faites des apports de fumier.
- Si nécessaire, pincez les tomates et donnez-leur un amendement.
- Retournez les pommes de terre pour les faire sécher.
- Continuez le binage entre les plantations.
- Arrosez et désherbez.
- Assurez-vous que la serre et les châssis soient ouverts pour aérer.

Préparation du sol

- Désherbez et sarclez.
- Désherbez après avoir enlevé les pommes de terre.
- Buttez les pommes de terre de conservation.

Semis et plantation

- Plantez le céleri, les choux, les choux de Bruxelles et les brocolis.

Récolte et stockage

- Continuez à cueillir, à manger et à stocker.
- Congelez ou faites des conserves de brocolis.
- Salez les choux.
- Faites des conserves de betteraves.
- Faites sécher les échalotes.

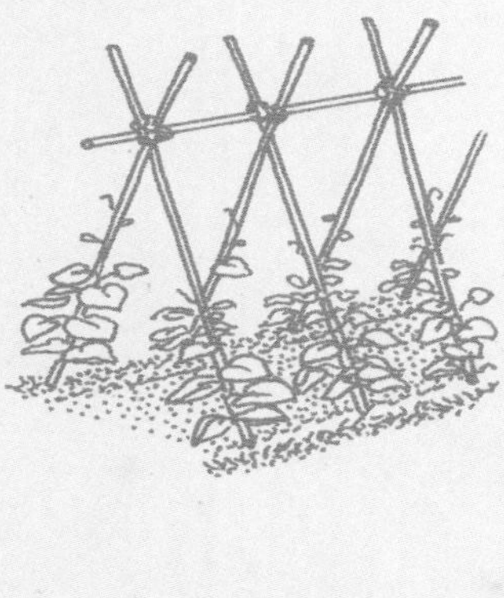

Août

Travaux généraux

- Commandez les graines à planter à l'automne.
- Continuez à mettre en conserve, à faire sécher ou à congeler les fruits et légumes.
- Suspendez les oignons tête en bas.
- Faites sécher les herbes.
- Pincez l'extrémité des pieds de tomates.
- Nettoyez le sol.
- Protégez les fruits des oiseaux.
- Repiquez les planches de fraisiers.
- Continuez à passer la fourche-bêche, à biner et à désherber.

Préparation du sol

- Désherbez et binez.
- Bêchez et passez la fourche-bêche aux emplacements où étaient plantées des pommes de terre.

Semis et plantation

- Semez des endives, des radis, des épinards, des oignons ou d'autres légumes de saison.
- Semez des laitues et autres salades sous châssis.
- Semez des choux pour les plantations de printemps.

Récolte et stockage

- Continuez à cueillir, à manger et à stocker.
- Faites sécher des herbes aromatiques.
- Récoltez des haricots, des tomates et des fruits au fur et à mesure de leur maturation.
- Entreposez les légumes racines dans du sable.
- Congelez, mettez en conserve ou salez les fèves.
- Récoltez les premières pommes.
- Salez les choux.

Septembre

Travaux généraux

- Protégez les récoltes du gel, si nécessaire.
- Récoltez et entreposez les légumes racines.
- Buttez le céleri et les poireaux.
- Surveillez l'apparition de chenilles et détruisez-les, le cas échéant.
- Taillez les framboisiers.
- Arrosez, désherbez et binez si nécessaire.
- Blanchissez les endives.

Préparation du sol

- Désherbez et binez.
- Bêchez, passez la fourche-bêche et ratissez après les récoltes.
- Buttez les plantes si nécessaire.

Semis et plantation

- Repiquez les choux de printemps.
- Après avoir consulté l'étiquette des paquets de graines, semez dès que possible.

Récolte et stockage

- Arrachez pommes de terre et oignons.
- Récoltez les haricots d'Espagne.
- Arrachez et entreposez les légumes racines.
- Cueillez et entreposez les fruits dès qu'ils sont mûrs.
- Continuez à cueillir et à manger les autres fruits et légumes au fur et à mesure de leur maturation.
- Salez ou congelez les haricots d'Espagne.
- Faites sécher les oignons ou conservez-les dans le vinaigre.
- Mettez les tomates vertes ou mûres en conserves.

Octobre

Travaux généraux

- Protégez les plantations s'il risque de geler.
- Commencez à bêcher les emplacements vides.
- Continuez à biner et à désherber si nécessaire.
- Nettoyez le terrain et ajoutez les déchets sur le tas de compost.
- Nettoyez les allées et les haies. Éclaircissez les oignons.

Préparation du sol

- Désherbez et binez.
- Bêchez et passez la fourche-bêche au fur et à mesure que les emplacements se vident.

Semis et plantation

- Plantez la rhubarbe et les arbres fruitiers.
- Semez les pois sous châssis froid.
- Semez des salades sous châssis.
- Repiquez les semis.
- Semez les pois primeurs dans un emplacement chaud.

Récolte et stockage

- Récoltez les dernières tomates.
- Récoltez le céleri et les carottes.
- Conservez les cornichons dans le vinaigre.
- Cueillez et entreposez pommes et poires.

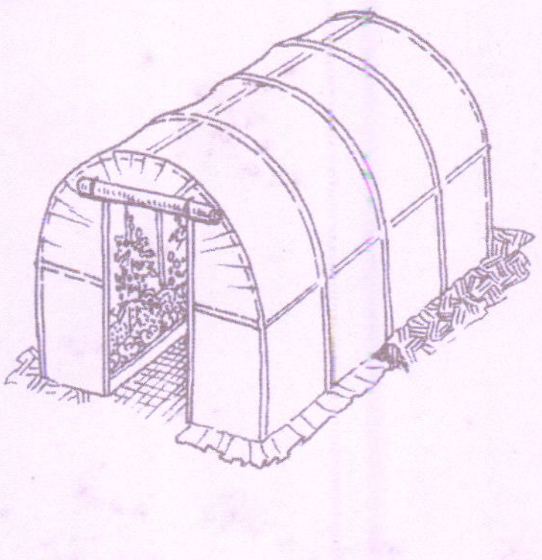

Novembre

Travaux généraux

- Protégez les plantations s'il risque de geler.
- Nettoyez les feuilles mortes et les déchets.
- Bêchez les emplacements vides.
- Désherbez et binez si nécessaire.
- Enlevez les tuteurs et les rames des haricots et des pois.

Préparation du sol

- Binez et désherbez.
- Bêchez et passez la fourche-bêche au fur et à mesure que les emplacements se vident.

Semis et plantation

- Semez des fèves dans un emplacement abrité.

Récolte et stockage

- Arrachez et entreposez les légumes racines dans le sable.
- Coupez, arrachez et mangez les autres légumes et fruits au fur et à mesure des besoins.

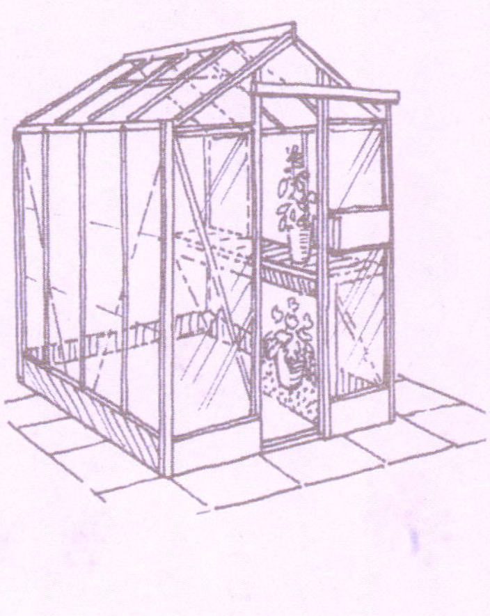

Décembre

Travaux généraux

- Protégez les plantations en cas de gel.
- Nettoyez les outils et les abris.

Préparation du sol

- Binez et désherbez.
- Bêchez et passez la fourche-bêche au fur et à mesure que les emplacements se vident.
- Passez la fourche-bêche dans le sol de façon à faire sortir les parasites.
- Vérifiez que les légumes entreposés se comportent bien.

Semis et plantation

- Semez des fèves.
- Buttez les pois.
- Semez des salades sous châssis et protégez-les si nécessaire.

Récolte et stockage

- Récoltez les dernières bettes.
- Cueillez les choux de Bruxelles, les choux d'hiver, les dernières carottes, le céleri, la chicorée et tout ce qui est prêt à être récolté.

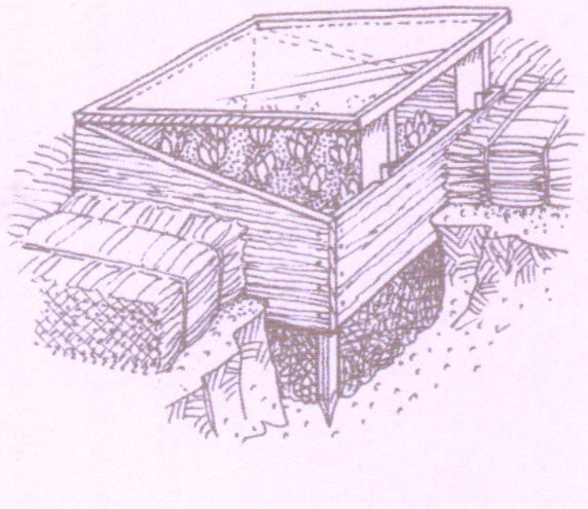

Légumes et fruits bio

Les pommes de terre

Les pommes de terre sont parmi les légumes les plus consommés en Europe. Relativement faciles à cultiver et à stocker, riches en vitamine C et en potassium, elles se cuisinent de mille manières différentes. Les pommes de terre du jardin sont bien meilleures que celles du commerce, qui perdent une partie de leurs qualités nutritives lors du stockage.

Un aliment énergétique

La consommation de pommes de terre en France est de 40 kg par an et par personne, à quoi on doit ajouter 25 kg de produits transformés à base de pommes de terre. Il faudrait donc, pour couvrir les besoins d'une famille de quatre personnes, récolter 250 kg de pommes de terre par an, ce qui représente une récolte importante.

En fonction de leur période de plantation optimale, les variétés sont classées en hâtives, demi-saison et de saison (ou tardives). Certaines variétés peuvent se consommer en primeurs, d'autres, plus tardives, sont plutôt destinées à la conservation.

Mettre à germer les tubercules

Dès février-mars, sélectionnez vos plus beaux tubercules parmi vos pommes de terre résistantes aux maladies et placez-les dans des caissettes, le côté ayant le plus de bourgeons dirigé vers le haut. Entreposez les caissettes dans un emplacement lumineux, aéré, à l'abri du gel, pendant cinq à six semaines. Quand les pommes de terre ont germé, supprimez les plus petits bourgeons pour ne conserver sur chaque tubercule que les deux ou trois plus beaux bourgeons.

Plantation et entretien

Plantation traditionnelle Creusez une tranchée ou faites des trous de 5 à 7,5 cm de profondeur, espacés de 30 cm environ. Placez les tubercules germés, les bourgeons au-dessus, et recouvrez-les de terre de 13 à 15 cm.

Culture sans bêchage Dès qu'il n'y a plus de risque de gel, installez en pleine terre les tubercules germés et recouvrez-les d'une butte de terre. Couvrez la terre avec un film en plastique noir que vous maintiendrez en place en enterrant les coins. Dès que vous constaterez que les plantes sont trop à l'étroit sous le plastique, dégagez-les : avec un couteau bien affûté, découpez très soigneusement une ouverture en forme de croix pour permettre aux jeunes pousses de se libérer.

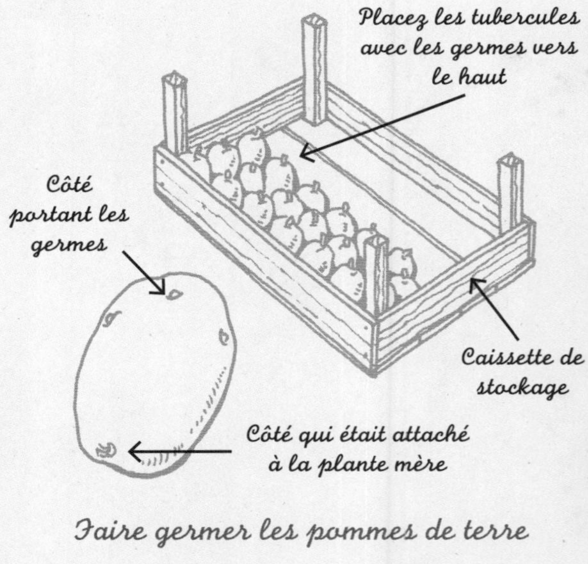

Faire germer les pommes de terre

Maladies et prévention

• Rouille de la pomme de terre
Des taches brunes apparaissent sur les feuilles, qui peuvent se couvrir de moisissure blanche au revers. Brûlez les plants atteints, plantez des tubercules sains à un autre emplacement et choisir une variété résistante.

• Limaces
De gros trous apparaissent sur les tubercules, qui sont couverts de bave. Le pire moment est la fin de l'été. Évitez de cultiver des pommes de terre dans un terrain détrempé et ne fertilisez pas trop.

• Nématode doré de la pomme de terre
Les feuilles flétrissent et les racines sont recouvertes de petits kystes. Évitez de cultiver de nouveau des pommes de terre au même endroit, ne plantez que des variétés résistantes et encouragez les prédateurs naturels par la culture sans bêchage.

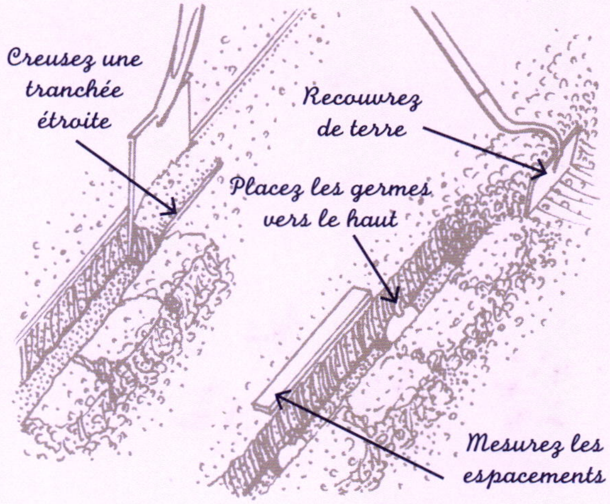

Planter des pommes de terre

Buttage Quand le feuillage apparaît, formez avec une binette une butte de terre tout autour des plantes, ne laissant émerger qu'un peu de feuillage. Répétez l'opération tous les quatre ou cinq jours environ pendant la croissance, jusqu'à ce que la butte atteigne à peu près 30 cm. Cette opération protège la plante du froid et du mildiou; elle empêche les adventices de proliférer et les tubercules de verdir.

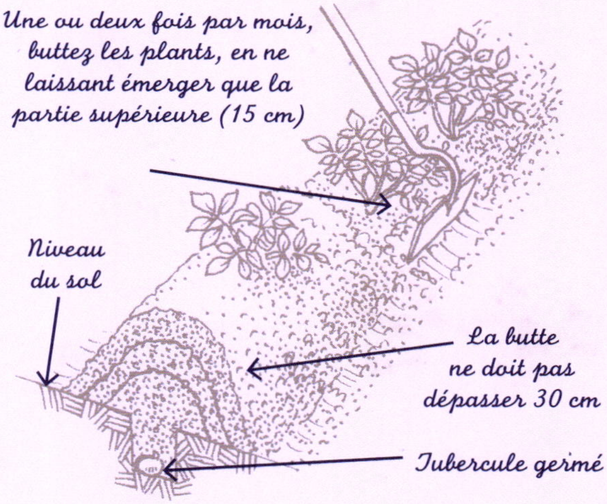

L'entretien des plants

Récolte et conservation

Les pommes de terre primeurs se récoltent avant maturité, du printemps au milieu de l'été, selon la variété. Attendez que les fleurs soient ouvertes, puis avec une fourche bêche, soulevez chaque pied et laissez délicatement tomber les tubercules à terre.

Attendez que le feuillage flétrisse pour arracher les variétés tardives (généralement en septembre). Si vous pratiquez la culture sans bêchage, enlevez le film plastique et prélevez les pommes de terre au fur et à mesure de vos besoins.

Les pommes de terre peuvent être conservées dans un silo – entassées dans un coin du jardin, à l'abri de l'humidité, puis recouvertes de paille et enterrées – ou stockées sous abri dans des sacs de jute, protégées de la lumière et de l'humidité.

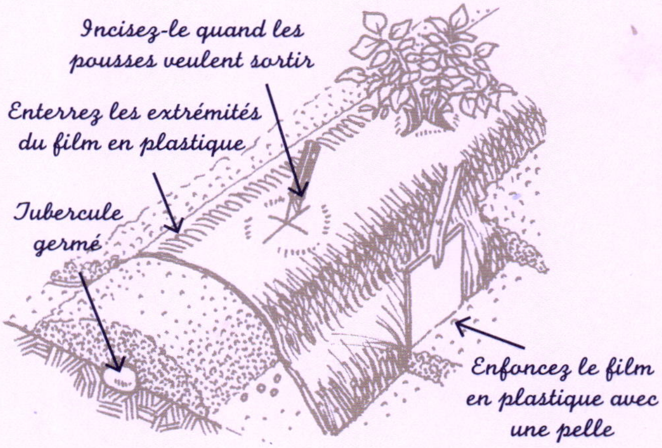

La culture sans bêchage

Les choux

Les choux appartiennent au genre *Brassica*, qui compte aussi les choux de Bruxelles, les choux frisés, les brocolis, les choux-fleurs et bien d'autres – notamment les navets et les rutabagas.

Des propriétés étonnantes

Qu'il s'agisse des brocolis ou des choux verts (ou choux cabus), ce sont des légumes « miraculeux » : ils contiennent du fer, du calcium, des vitamines C et E, du sodium et très peu de lipides. Si vous vous organisez bien, les choux vous fourniront des légumes verts régulièrement tout au long de l'année. Tout cela en fait des incontournables pour le jardinier cherchant à nourrir sa famille uniquement avec sa production.

Même s'il existe des méthodes de culture légèrement différentes, la procédure d'ensemble est toujours la même : semis et éclaircissage ou semis et repiquage, puis entretien courant.

Méthode 1. Semer et repiquer

Préparez le sol comme pour n'importe quel légume, en ratissant pour obtenir une couche fine, puis en tassant avec le dos du râteau. Dans des sillons de 12 mm de profondeur environ, distants de 23 cm, semez une fine ligne de graines ; ratissez pour les recouvrir et arrosez avec une pomme d'arrosoir fine. Après la levée, dès que vous pouvez attraper les plantules, éclaircissez pour ne garder que les plus beaux plants, espacés de 5 cm environ. Quand ces plants ont bien grossi, arrosez la terre puis prélevez délicatement les plantules afin de les repiquer en place.

Repiquer

Préparez le sol en ratissant pour obtenir une couche fine et tracez des lignes distantes de 30 à 60 cm. Au plantoir, creusez des trous distants de 30 à 60 cm – selon la variété. Placez une plantule par trou et arrosez abondamment pour que les racines « pataugent » dans le trou. Remettez la plantule à la bonne hauteur, bouchez le trou

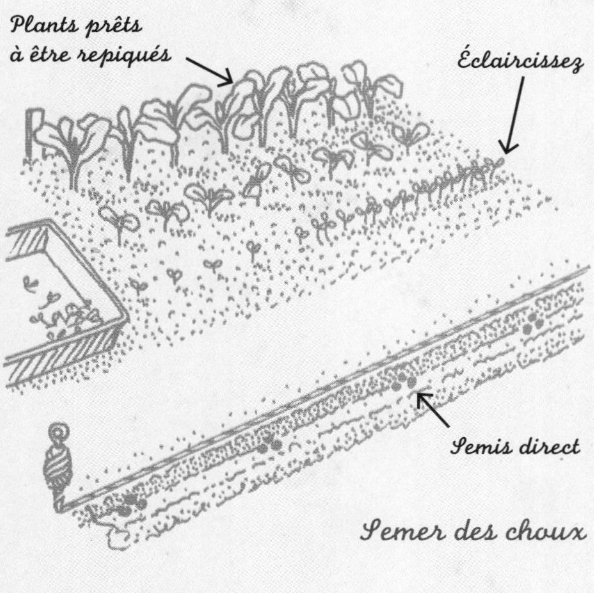

Semer des choux

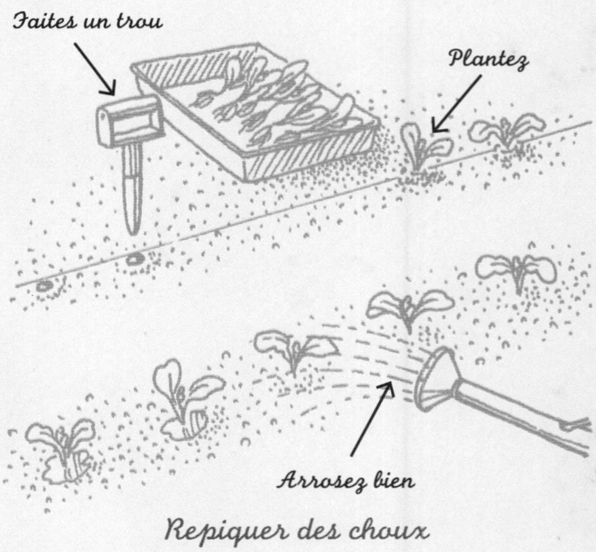

Repiquer des choux

avec de la terre puis, avec les doigts, pressez la terre pour maintenir la plantule en place. Arrosez le matin de bonne heure ou tard le soir jusqu'à ce que les plantules soient bien établies.

MÉTHODE 2. Semer et éclaircir

Préparez le sol en ratissant pour obtenir une couche fine. Semez dans des sillons de 12 mm de profondeur, distants de 45 cm environ, en poquets (de trois à cinq graines) espacés de 23 à 30 cm. Quand les plantules ont levé et peuvent être attrapées, éclaircissez-les pour ne laisser que la plus forte de chaque groupe. Quand les choux sont bien pommés, cueillez-en un sur deux pour les manger comme légumes de printemps. Selon les variétés, laissez en place un chou tous les 35 à 60 cm.

Désherber et pailler

Dès l'apparition de mauvaises herbes, éliminez-les à la binette, juste au-dessous du niveau du sol. S'il fait chaud, remuez la surface du sol de façon à créer une sorte de paillis de terre séchée – une couche de terre émiettée qui va réduire l'évaporation. Enfin, couvrez le sol autour de la plante d'une fine couche de fumier bien décomposé.

Maladies et prévention

• Dégâts du vent
Les plantes sont affaiblies et se balancent sur leur tige. Le meilleur moyen d'éviter cela est de butter les tiges avec de la terre de façon à les soutenir, car elles sont assez fragiles.

• Insectes
Ils sont responsables de trous dans les feuilles, de taches, ainsi que de l'apparition de colonies d'œufs ou de larves, entre autres... Un bon moyen de lutter consiste à couvrir les plants d'un voile horticole qui arrêtera les papillons, les pucerons et autres insectes.

• Oiseaux
Ils picorent ou dévorent les feuilles et remuent la terre tout autour des plantations. La meilleure protection consiste à poser un filet pour créer une barrière temporaire sur la plantation tout entière. Si cela vous semble trop onéreux, entourez vos plants afin de les protéger avec des piquets entre lesquels vous entrecroiserez du fil de coton noir.

• Piéride du chou
Des mouches blanches puis des masses de minuscules œufs apparaissent au revers des feuilles, et enfin des chenilles qui dévorent les feuilles. Le meilleur moyen de s'en débarrasser est de passer les œufs au jet dès que vous les voyez et/ou de couvrir les plants d'un voile horticole ou d'un filet à mailles fines.

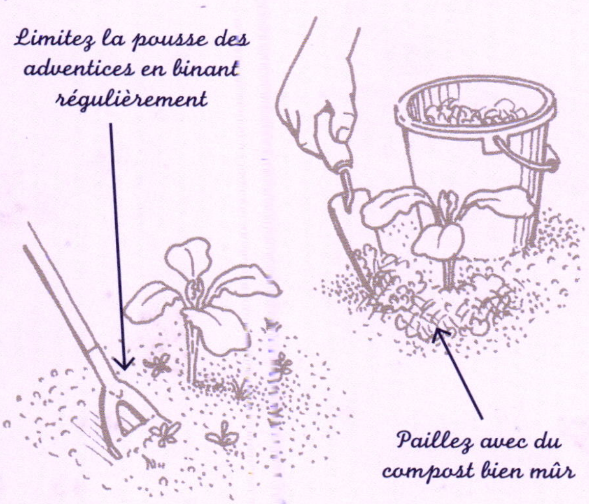

Désherber et pailler

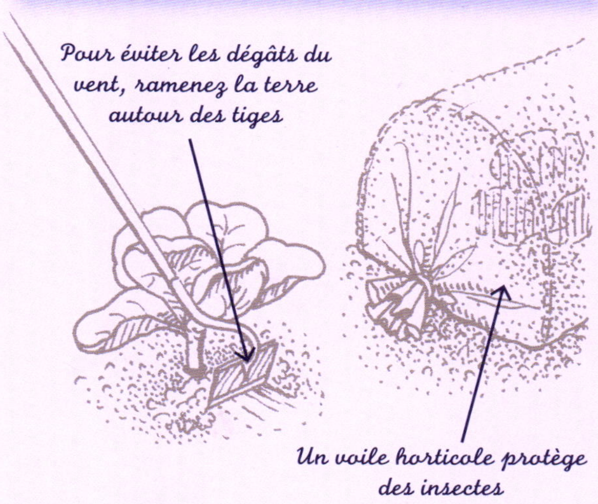

Limiter les attaques d'insectes l'été et les dégâts du vent

Les betteraves

Les betteraves font partie de la famille des Chénopodiacées, qui compte aussi parmi ses membres les épinards, les bettes, le chénopode blanc, le quinoa et l'arroche. La betterave est appréciée pour ses grosses racines rouges et juteuses. Elle est cultivée depuis fort longtemps ; généralement cuite et servie en salade, ou en potée, elle est aussi délicieuse crue, en cubes, ou râpée.

Nutritives et énergétiques

La betterave est un légume extrêmement intéressant : riche en fer, en vitamine C et en potassium, elle n'apporte que peu de calories et aucune matière grasse. Facile à cultiver, on peut la récolter en été, en automne et en hiver. Les graines sont si grosses et résistantes qu'on peut les semer directement en place. De plus, son stockage est simple : elle se conserve trois mois dans le sable, mais on peut aussi faire sécher les racines ou les conserver dans le vinaigre.

MÉTHODE 1. Le semis en ligne

Préparez le sol en émiettant la surface et en nivelant au râteau pour bien affiner le sol. Faites tremper les graines pendant environ une heure. Tendez des cordeaux à 30 ou 40 cm d'écart et, avec la pointe de la binette, tracez un sillon de 2,5 cm de profondeur. Humidifiez légèrement le sol. Semez vos graines en ligne, puis passez le râteau pour les recouvrir de terre, et arrosez en pluie fine. Quand les plants sont assez développés pour être manipulés, éclaircissez-les pour ne conserver que les plus beaux, espacés de 10 à 25 cm environ. N'oubliez pas d'arroser généreusement à chaque étape.

MÉTHODE 2. Le semis en place

Préparez la surface et passez le râteau pour bien affiner le sol. Faites tremper les graines pendant en-

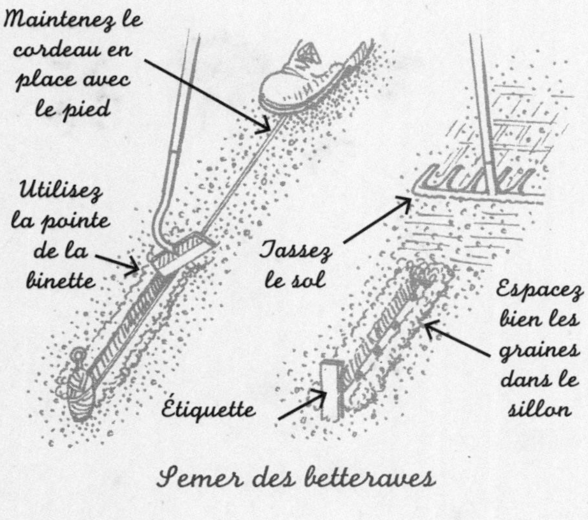

Semer des betteraves

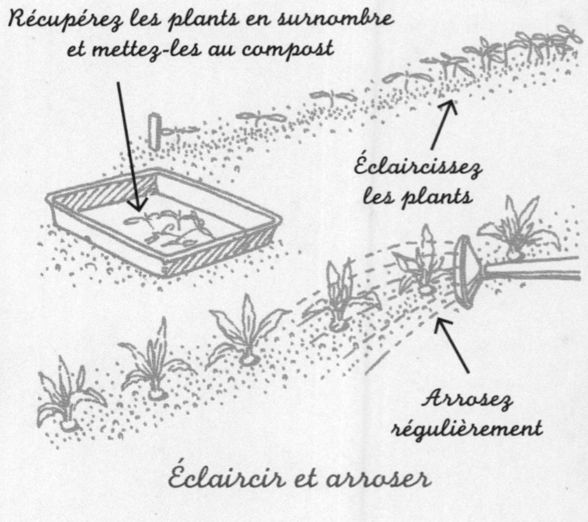

Éclaircir et arroser

viron une heure. Tendez des cordeaux à 30 ou 40 cm d'écart et semez en poquets de 2 ou 3 graines dans des trous de 2,5 cm de profondeur, espacés de 10 à 25 cm. Quand les plants sont assez développés pour être manipulés, éclaircissez-les pour ne conserver qu'un seul beau plant à chaque emplacement.

Cette méthode présente l'avantage d'économiser les graines et de limiter les manipulations.

Parasite

Mouche de la betterave

Des larves apparaissent sur les feuilles inférieures, où elles creusent des galeries, ou encore sur le haut des racines. Le plus simple est de supprimer les feuilles atteintes et d'éliminer tous les asticots que vous trouverez.

MÉTHODE 3. Le semis en planches

Préparez la planche de culture – de préférence surélevée et d'à peu près 1,20 m de côté – et ratissez. Faites tremper les graines environ une heure. Semez à la volée et répartissez ensuite les graines sur la planche, en les espaçant de 15 cm environ. Arrosez avec une pomme fine et recouvrez d'une bâche de plastique que vous enlèverez dès la levée. Cette méthode tire parti de tout l'espace disponible et ne dérange pas les semis par un éclaircissage ou un repiquage ; de plus, les plantes se retrouvent ainsi si proches les unes des autres que leur feuillage joue le rôle d'un paillis.

Paillis et désherbage

Dès l'apparition des premières mauvaises herbes, sectionnez-les juste au-dessous de la surface du sol avec la binette. Faites attention de ne pas érafler le haut des betteraves. Par temps chaud et sec, décroûtez la surface à la binette pour créer une couche protectrice isolante de terre, qui réduira l'évaporation. Enfin, recouvrez la terre autour de chaque plante d'une fine couche de fumier ou de compost bien mûr. Éliminez toutes les feuilles jaunies ou flétries.

Récolte et stockage

Vous pouvez arracher les betteraves précoces dès qu'elles sont assez grosses pour être mangées, à partir de la mi-juin (7 à 13 semaines après le semis).

Pour les conserver, récoltez les betteraves fin octobre, avant les gelées : arrachez le feuillage par torsion et entreposez les racines dans des caisses de sable ou de tourbe, en une ou plusieurs couches, selon la profondeur de la caisse.

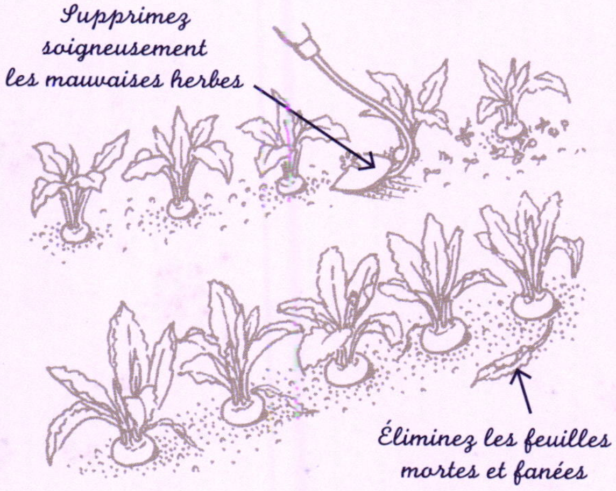

Désherber et nettoyer

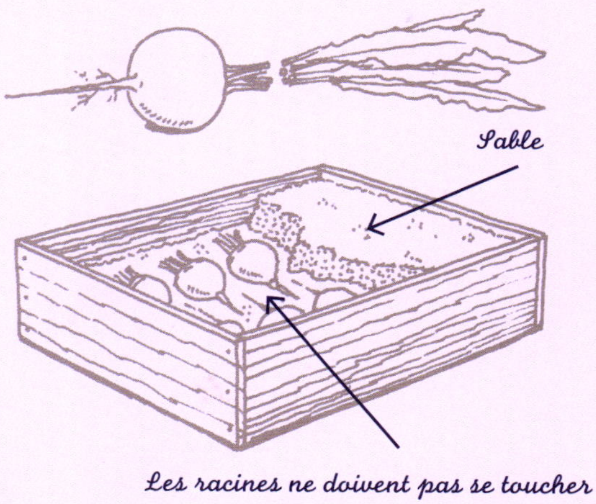

Entreposer les betteraves

Les pois, haricots **et fèves**

Les Fabacées, cultivées surtout pour leurs gousses charnues et leurs graines, regroupe les haricots communs (du genre *Phaseolus,* dont font partie les haricots verts, les haricots beurre, les haricots en grains), les haricots d'Espagne, les fèves et les pois.

Des légumes santé

Ces légumes ont une grande valeur nutritive et peuvent servir de base alimentaire : riches en protéines, en fer et en fibres, ils sont pauvres en graisses, et excellents pour le cœur et le développement musculaire.

Ils ont en outre la propriété d'enrichir le sol en azote. En un mot, ce sont des légumes très intéressants, offrant une nourriture riche à partir de plantes faciles à cultiver, aux variétés nombreuses, et se conservant très bien.

Cultiver des haricots

Certains jardiniers sèment directement en place d'avril à juillet, quand la terre est assez chaude (12 °C), tandis que d'autres préfèrent semer sous châssis et repiquer ensuite à l'extérieur ; d'autres encore pratiquent les deux méthodes.

Si le sol n'a pas été amendé pour des cultures précédentes, épandez un amendement moyennement fertile avant de semer.

Pour les variétés grimpantes (à ramer), préparez une tranchée de 60 cm de large et de 25 cm environ de profondeur, dès que les conditions météorologiques le permettent. Mettez-y une bonne couche de fumier bien décomposé et recouvrez de terre. Préparez les rames ou les tipis (on passe autant de temps à préparer les structures destinées au palissage qu'à entretenir les plantes elles-mêmes).

Pour élever les semis sous abri, placez les graines dans des pots de compost. Repiquez-les à la fin du printemps dans la tranchée préalablement préparée, en rangs doubles, à 60 cm d'écart, en espaçant les pieds de 10 cm sur le rang.

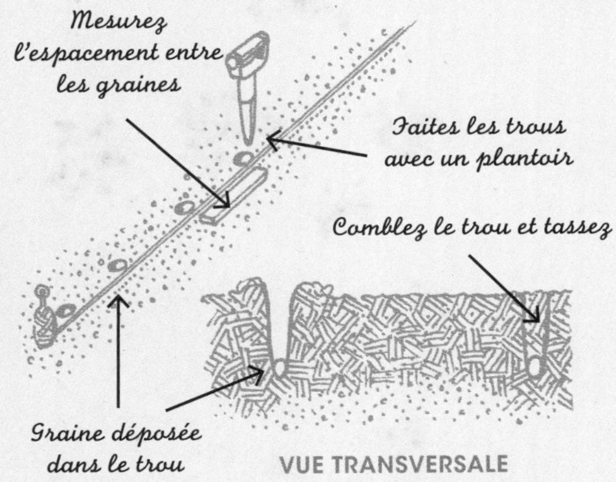

Semer des grosses graines de Fabacées en pleine terre

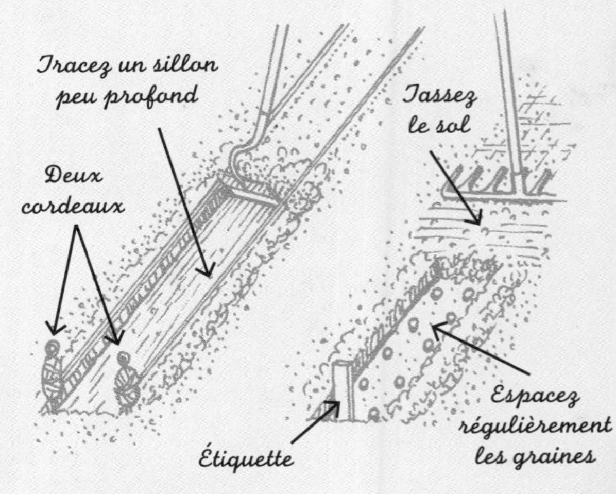

Planter des graines de Fabacées de taille moyenne en pleine terre

Pour semer directement en place, faites des trous de 4 ou 5 cm de profondeur le long de la tranchée et espacez les graines de 10 cm environ.

Pour les variétés naines, semez en rangs simples, en espaçant les graines de 25 cm.

Entretien Décroûtez le sol à la binette pour créer une couche protectrice isolante qui réduira l'évaporation et empêchera les mauvaises herbes de pousser. Par temps sec, posez un paillis de fumier sec ou de paille, de part et d'autre du rang, pour retenir l'humidité.

Récolte et conservation La récolte se fait de 7 à 13 semaines après le semis, de juillet à octobre. Selon les variétés, on récolte les gousses jeunes ou un peu plus développées (voir p. 109-110). Après la cueillette, les haricots verts mangetout peuvent se conserver au frais 2 ou 3 jours, ainsi que les haricots en grains frais (dans la gousse). On peut également les stériliser ou les congeler. Les haricots secs se conservent dans leur gousse ou écossés.

Cultiver des pois

Les variétés précoces apprécient un sol sableux, tiède et sec, tandis que les variétés de mi-saison préfèrent un sol plus riche. Les pois ont besoin de beaucoup d'humidité. Si le sol se dessèche ou se craquelle, arrosez-le abondamment et couvrez-le d'un paillis. Faites des semis successifs tous les dix jours du début du printemps (dès que la terre atteint 10 °C) jusqu'à début juillet, dans des trous de 5 cm de profondeur, espacés de 12 à 15 cm, en rangs distants de 35 cm à 1,20 m selon les variétés. Protégez les semis contre les oiseaux par des brindilles, un grillage ou un filet, et installez des supports (rames, grillage ou filet à pois).

Entretien Dès que les semis ont levé, binez la surface du sol pour émietter la croûte et constituer une couche protectrice isolante. Répétez le binage au moins une fois par semaine tout au long de la saison, surtout par temps sec. Pendant les longues périodes de chaleur, trempez le sol et déposez une couche de fumier bien décomposé de part et d'autre du rang.

Récolte Récoltez du début de l'été au milieu de l'automne, environ 12 semaines après le semis. Cueillez tous les 2 ou 3 jours pour encourager le développement de nouvelles gousses.

Cultiver des fèves

Les fèves préfèrent un sol riche, pas trop sec, bien drainé et enrichi en fumier bien mûr, dans un emplacement ensoleillé et abrité. Elles n'aiment ni les courants d'air, ni les sols détrempés et lourds.

Les jardiniers expérimentés pratiquent plutôt les semis d'hiver (en octobre-novembre), à récolter en juin. Semez en mars (semis précoces) ou en octobre-novembre (semis rustiques), en déposant les graines une par une, espacées de 15 à 20 cm, dans des trous ou dans un sillon de 7,5 cm de profondeur, en rangs distants de 45 cm. Arrosez abondamment.

Entretien Quand les plantes atteignent quelques centimètres, buttez les tiges. Binez entre les plants. Dès que les fleurs s'ouvrent, pincez les pousses du haut pour aider les gousses à se développer et éliminez les pucerons noirs de la fève. Tuteurez.

Récolte On cueille les gousses une par une, quand on commence à sentir les fèves à l'intérieur. Après la récolte, rabattez les plantes au ras du sol et laissez les racines – riches en azote – dans le sol.

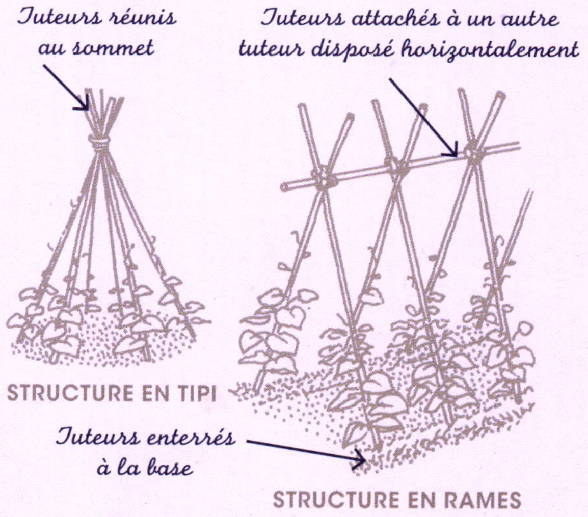

Ramer les variétés grimpantes

Les légumes **racines**

Les légumes racines sont des plantes comme les carottes, les panais, les salsifis, cultivées pour leurs racines comestibles. Ils apprécient un sol enrichi, humide, et ne se plaisent guère en sol caillouteux. Ces légumes sont en général multipliés par semis en place, car ils supportent mal les repiquages.

Manger les racines

Les carottes ont belle allure, elles sentent bon, ont un goût délicieux, font du bien à la santé et sont relativement faciles à cultiver. Il en existe de nombreuses variétés et – mieux encore – on peut en manger de mai jusqu'en novembre.

Les panais poussent dans à peu près n'importe quel type de sol, pourvu qu'il soit fertile et bien préparé ; rustiques, ils peuvent rester en terre tout l'hiver.

Les salsifis et les scorsonères ne sont pas très esthétiques dans l'assiette, mais ils ont bon goût et donnent des récoltes conséquentes.

Cultiver des carottes

Les carottes apprécient un sol meuble, bêché en profondeur, bien drainé, sableux et fertile, et préfèrent un emplacement ensoleillé. Si votre sol est excessivement caillouteux ou contient beaucoup de fumier frais, les racines risquent fort de se diviser et de devenir fourchues.

Faites vos semis dès que la température du sol dépasse 7 °C, en février ou mars pour les variétés précoces, en mai-juin pour les légumes de mi-saison. Semez les carottes de conservation fin mai-début juin. Semez clair dans des sillons de 1 ou 2 cm de profondeur, en rangs espacés de 15 à 20 cm, et arrosez à la pomme fine. Éclaircissez les semis à 5 cm environ. Protégez les plantes par des cloches en début et en fin de saison pour éviter la mouche de la carotte.

Entretien Binez pour éliminer les mauvaises herbes. Arrosez peu, mais fréquemment.

Récolte et stockage Les semis précoces parviennent à maturité en 9 à 12 semaines. Si vous faites des semis échelonnés de plusieurs variétés, vous pourrez les récolter selon vos besoins de mai à novembre, en protégeant éventuellement les récoltes en fin de saison de façon à les laisser en terre. Arrachez les dernières carottes avant les fortes pluies d'automne, elles risqueraient de pourrir. Entreposez les carottes de conservation dans des caisses de sable, dans un lieu abrité du gel.

Cultiver des panais

Même si les panais acceptent tout type de sol, l'idéal est un sol bien préparé, meuble, fin, bien drainé et fertile, déjà enrichi pour une culture précédente. Évitez de mettre du fumier frais, car s'il entre en contact avec les racines, celles-ci ris-

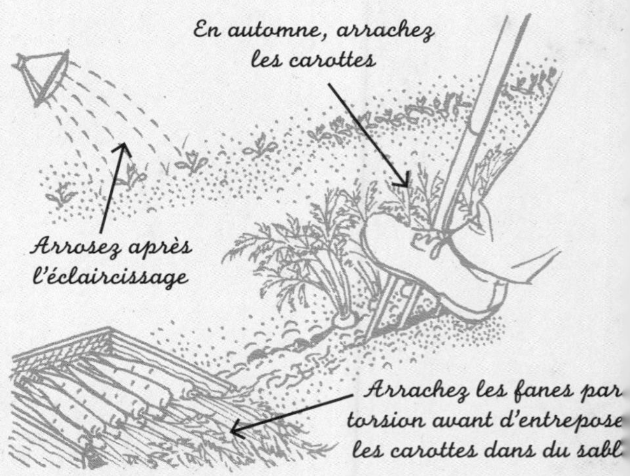

Cultiver des carottes

quent de se fendre ou de contracter le chancre du panais. Bêchez le sol à une bonne profondeur pour que les racines s'enfoncent bien.

Si vous voulez cultiver des panais dans une terre pauvre et caillouteuse, choisissez une variété courte et trapue. Vous pouvez commencer à semer dès février-mars et continuer jusqu'en mai-juin, en poquets de 3 ou 4 graines, à 15 cm de distance, dans des sillons de 2 cm de profondeur espacés de 20 à 25 cm. Tassez le sol et arrosez. Quand les plantules sont assez développées pour être manipulées, éclaircissez pour ne conserver que le plant le plus robuste de chaque groupe.

Entretien Émiettez le sol à la binette pour créer une couche protectrice isolante. N'éraflez pas la partie émergée des racines, car ce genre de blessure peut provoquer une pourriture des racines. Arrosez peu, mais souvent, pour éviter l'alternance de sécheresse et d'humidité qui provoque les racines fourchues.

Récolte Les panais peuvent se récolter 16 semaines environ après les semis, un peu plus pour les semis tardifs, mais peuvent rester enterrés plus longtemps. Les racines résistent au gel – elles sont même plus sucrées après les gelées, vous pouvez donc les laisser en terre tout l'hiver et récolter les panais selon vos besoins, de septembre à février. Arrachez les dernières racines en février, avant qu'elles forment un cœur dur et ligneux. Sortez-les de terre à la fourche, en faisant attention de ne pas briser l'extrémité des racines.

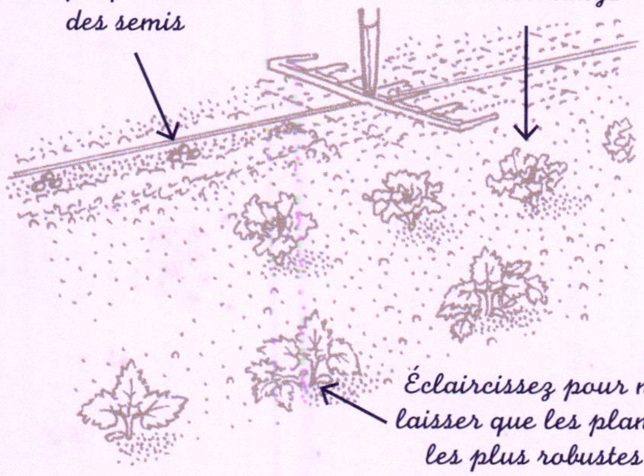

Cultiver des panais

Cultiver des salsifis

Ces légumes apprécient un sol profond, léger, humide, meuble, sans cailloux, fertile. Préparez bien le sol et apportez beaucoup de fumier bien mûr. Évitez de mettre du fumier frais, cela provoquerait des fentes des racines ou même des pourritures, et pourrait rendre le goût rance et terreux.

Semez au printemps, en poquets de 2 ou 3 graines, espacés de 15 cm, à 12 mm de profondeur, en sillons distants de 25 à 30 cm.

Tassez le sol et arrosez généreusement à la pomme fine. Quand les plantules sont assez développées pour être manipulées, éclaircissez pour ne garder que les plus robustes dans chaque groupe. Arrosez avant et après l'éclaircissage, et buttez les jeunes pousses restantes.

Entretien Émiettez la terre en surface pour créer une couche protectrice isolante. Faites attention de ne pas érafler les racines, au risque de provoquer une pourriture ou un chancre. Arrosez peu, mais souvent, pour éviter les racines fourchues.

Récolte Laissez les racines se développer et récoltez environ 4 mois après le semis, d'octobre à mars. Si vous avez beaucoup de plants, laissez-en une partie en place et coupez leurs tiges en automne. Avec la binette, formez ensuite une butte de terre de 15 cm de haut environ : vous mangerez les nouvelles pousses qui apparaîtront au printemps suivant, blanchies par l'obscurité.

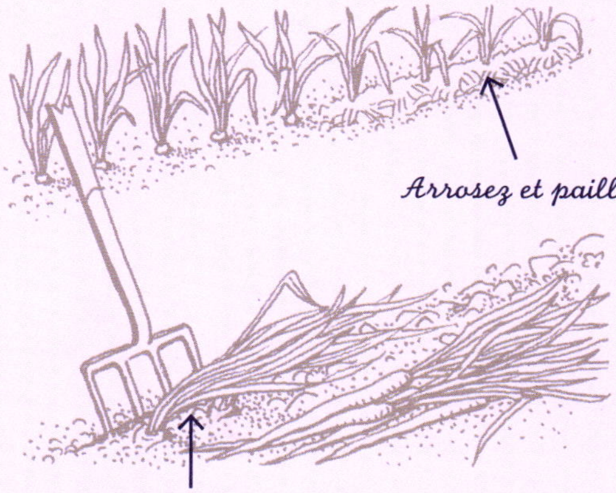

Entretenir des salsifis

Oignons, ail, **poireaux**

Les membres de la famille des Liliacées sont souvent décrits comme des aliments miracles. Ils contiennent un antioxydant et d'autres micronutriments qui réduiraient les caillots sanguins et le cholestérol. Ces plantes riches en vitamines B et C, pour un faible apport calorique, sont de culture relativement facile, et il existe mille manières de les conserver.

Des légumes santé

Les oignons blancs primeurs (de printemps) poussent vite et se consomment jeunes (on mange le bulbe, mais aussi les feuilles). Les oignons jaunes, destinés à la conservation, l'échalote et l'ail se récoltent à maturité et se consomment frais ou séchés.

La culture des poireaux s'apparente à celle de la chicorée et des endives car il est nécessaire de les blanchir. Le poireau est un bon légume pour l'hiver, lorsque les autres produits du jardin sont rares. Du petit poireau doux au gros poireau, au goût très fort, les variétés sont nombreuses.

Cultiver des oignons

Les oignons réussissent bien au soleil, en sol fertile, humide, meuble, bien drainé, sableux. Bêchez le terrain et incorporez-y un amendement en automne, pour préparer les semis de printemps. N'importe quel type de fumier bien décomposé fera l'affaire, mais, selon certains, il n'y a pas mieux qu'une fumure en surface composée d'un mélange de fumier de volailles séché et de sable. Si votre sol est sableux, ajoutez de l'argile, et si au contraire il est lourd et collant, mettez plus de sable. Les semis réussissent bien, mais les oignons blancs peuvent aussi être obtenus par plantation de petits bulbes (les caïeux).

Semer des oignons Semez clair de fin février à avril (ou en août-septembre en climat doux), en lignes distantes de 25 cm, à 12 mm de profondeur environ. Éclaircissez les semis à 2,5-5 cm entre chaque plantule, selon les variétés. Plus les semis sont serrés, plus les oignons seront petits.

Planter des bulbes Plantez les caïeux d'oignons blancs et d'échalotes de février à mai, espacés de 5 à 15 cm, à 10 cm de profondeur, en rangs distants de 25 cm. Ramenez le sol autour des caïeux et tassez pour que seules les parties pointues soient visibles.

Entretien Binez. Ensuite, avec les doigts, dégagez la terre pour que la partie supérieure des bulbes en développement affleure la surface du sol. Inutile d'arroser, mais continuez à biner afin de réduire l'évaporation.

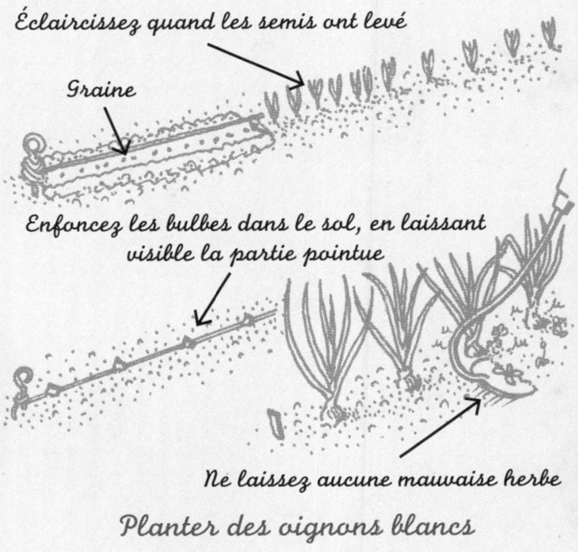

Planter des oignons blancs

Récolte Les oignons blancs primeurs peuvent être prélevés avant complète maturité, à partir de juin. Les autres variétés d'oignons et d'échalotes s'échelonnent ensuite, pour finir en septembre-octobre par les oignons jaunes.

Cultiver de l'ail

Au printemps, ou en automne dans les sols gardant peu l'humidité, plantez des caïeux (gousses) espacés de 20 cm, à 2,5 cm de profondeur, dans des sillons distants de 30 cm. Arrosez fréquemment.
Entretien Binez pour créer une couche protectrice isolante qui freine l'installation de mauvaises herbes. Quand les plants sont bien établis, entourez chaque pied d'un paillis de fumier bien mûr.
Récolte et stockage Quand le tiers supérieur des feuilles jaunit – de 16 à 36 semaines après la plantation, arrachez les bulbes avec la fourche-bêche et prélevez-les au fur et à mesure des besoins ou laissez-les sécher quelques jours sur le sol avant de les suspendre en bottes dans un endroit sec.

Cultiver des poireaux

On peut cultiver les poireaux dans tout type de terrain, mais mieux vaut un sol bêché en profondeur, humide, bien drainé et bien amendé. Faites des trous ou des tranchées et placez les poireaux dans un mélange de compost et de fumier bien mûr. Le sol destiné au buttage doit être travaillé souvent et rester fin, meuble et légèrement humide.

Pour la récolte principale, semez clair en avril-mai dans des sillons de 12 mm de profondeur, espacés de 25 à 30 cm. Quand les semis ont atteint la taille d'un crayon (environ 12 semaines après le semis), procédez à l'habillage : coupez leurs racines à la moitié de leur longueur et réduisez le feuillage d'un tiers avant de les replanter. Repiquez-les dans des trous de 15 cm de profondeur, espacés de 15 cm, dans des rangs espacés de 30 cm. Placez une plante dans chaque trou, et complétez avec de l'eau.
Entretien Binez pour créer une couche protectrice isolante. Quand les plantules repiquées sont bien établies, entourez-les de paille coupée ou de fumier bien mûr, puis buttez-les chaque semaine à la binette. Répétez l'opération toute la saison, jusqu'à ce que toute la plante, sauf le sommet, soit enterrée. Arrosez fréquemment.
Récolte Les semis précoces se récoltent d'août à novembre, mais la récolte principale se fait de la fin de l'automne au printemps suivant – en général 5 mois après le semis. Lorsque les feuilles sont assez développées, avant que la tige monte, arrachez les poireaux avec une fourche-bêche. Conservez-les à la cave, à l'abri du gel.

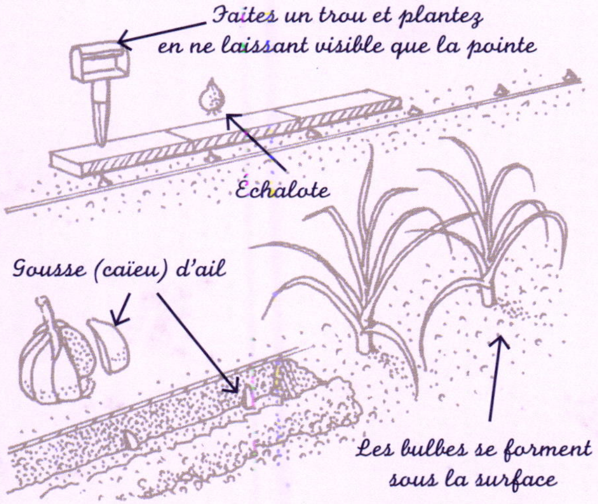

Planter des échalotes et de l'ail

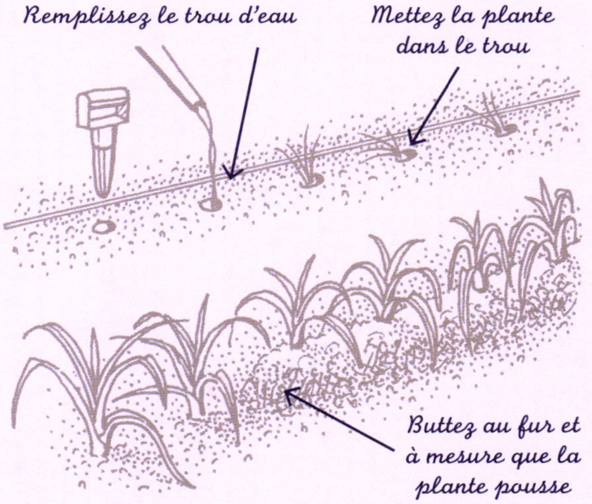

Planter des poireaux

Courges **et concombres**

Les Cucurbitacées sont des plantes grimpantes ou rampantes, qui, outre les courges et courgettes (*Cucurbita pepo*), comptent les potirons, melons et pastèques, mais aussi les concombres et cornichons. Ces plantes à grandes feuilles rugueuses et aux fleurs jaunes ont besoin d'espace, surtout les variétés grimpantes.

Manger des courges

Même si ces plantes sont essentiellement composées d'eau, elles représentent une source non négligeable de bêta-carotène, de vitamines C et B9, pour un faible apport calorique. Les graines sont riches en vitamine B, en graisses insaturées et en protéines. Les Cucurbitacées ont parfois des formes spectaculaires, mais restent délicieuses.

Cultiver des courges

On peut cultiver les courges et courgettes n'importe où, mais elles affectionnent un sol bêché en profondeur, bien amendé, humide, bien drainé, dans un emplacement abrité et ensoleillé.

Culture sur buttes Creusez des tranchées et emplissez-les de compost additionné de fumier bien mûr. Avec le même mélange, recouvert de terre, faites une butte aplatie sur le dessus, et placez-y les plantes. La butte reçoit mieux le soleil et améliore le drainage du sol. Quand les plantes commencent à bien pousser, couvrez la butte avec un paillis pour retenir l'humidité.

Semis en pots de tourbe En avril-mai, semez 2 graines dans chaque pot de tourbe et placez-les sous un châssis ou une feuille de plastique. Quand les semis ont 2 feuilles, éclaircissez avec précaution pour ne conserver dans chaque pot que le plant le plus vigoureux. En mai-juin, quand les tiges deviennent duveteuses, creusez des trous de 30 cm de profondeur et de diamètre dans des rangs espacés de 1,20 à 1,50 m, et remplissez-les de fumier bien mûr. Faites une butte de terre mélangée à du fumier autour de chaque trou. Installez les pots de tourbe dans la partie supérieure de la butte et arrosez.

Entretien Binez et étalez un paillis de fumier bien décomposé. Pincez les tiges à environ 60 cm de haut. Arrosez, sans mouiller le feuillage, et paillez toute la saison avec des déchets de tonte et du fumier bien mûr, pour faire grossir les fruits.

Récolte On les récolte de juillet à octobre (pour les courgettes, 2 mois environ après le semis). Cueillez les

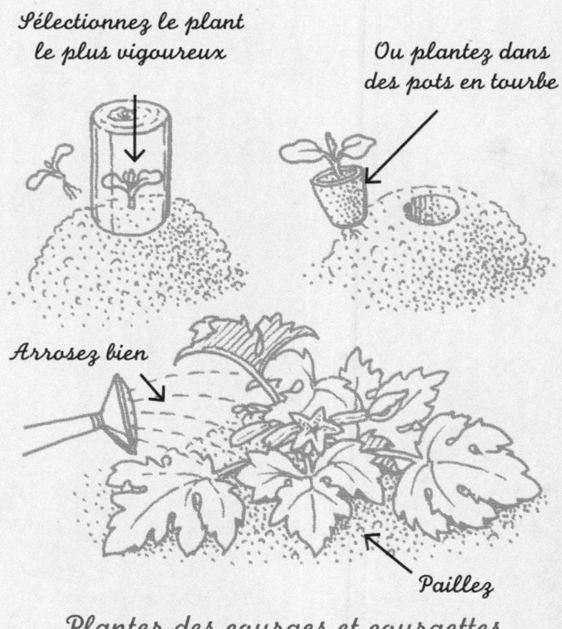

Planter des courges et courgettes

courgettes tous les 3 ou 4 jours, pour encourager la plante à produire davantage, et ramassez les courges au fur et à mesure des besoins. En fin de saison, attendez que les courges soient développées, qu'elles soient dures et sonnent creux pour les cueillir.

Cultiver des concombres

Vous pouvez les cultiver sous cloche, sous châssis froid ou à l'extérieur, avec si nécessaire un écran. Choisissez une variété correspondant à vos besoins. Si par exemple vous comptez les cultiver à l'extérieur, choisissez plutôt une variété côtelée.

Les concombres apprécient un sol léger ou moyennement lourd, souple, humide, bêché en profondeur et enrichi. Pour les variétés d'extérieur, creusez un trou de 30 cm de profondeur ou une tranchée, selon le nombre de plantes que vous souhaitez cultiver, et remplissez-le de compost et de fumier bien mûr. Le but de l'opération est d'obtenir un sol riche en humus, humide, mais bien drainé. Choisissez un emplacement ensoleillé, à l'abri des courants d'air, et installez une feuille de plastique ou un écran du côté des vents dominants.

Sous abri En mars-avril, disséminez des graines sur du papier absorbant humidifié posé dans une terrine de semis, recouvrez d'une vitre et laissez au chaud. Dès que les semis ont levé et peuvent être manipulés, repiquez-les dans des pots de tourbe de 7,5 cm de diamètre et, plus tard, dans des pots ou des sacs de culture de 25 cm. Quand les plantes sont bien enracinées et commencent à grandir, tuteurez-les. Pincez leur extrémité lorsqu'elles atteignent le haut de la serre ou de la cloche.

À l'extérieur En mai-juin, creusez des tranchées de 30 cm de profondeur et de largeur, et remplissez-les d'un mélange de terre et de fumier. Semez à 20 mm de profondeur, en poquets de 3 graines distants de 60 à 90 cm, et recouvrez-les d'une bouteille de plastique découpée et retournée. Quand les semis ont levé, conservez le plus beau plant de chaque groupe et couvrez d'une vitre ou d'une feuille de plastique. Laissez la plante s'étaler ou grimper. Pincez les extrémités des tiges secondaires quand elles atteignent le châssis, et arrosez tous les jours.

Récolte Les variétés cultivées sous abri peuvent se récolter de juillet à octobre et les variétés d'extérieur de juin à septembre. D'une manière générale, récoltez 3 ou 4 mois après le semis.

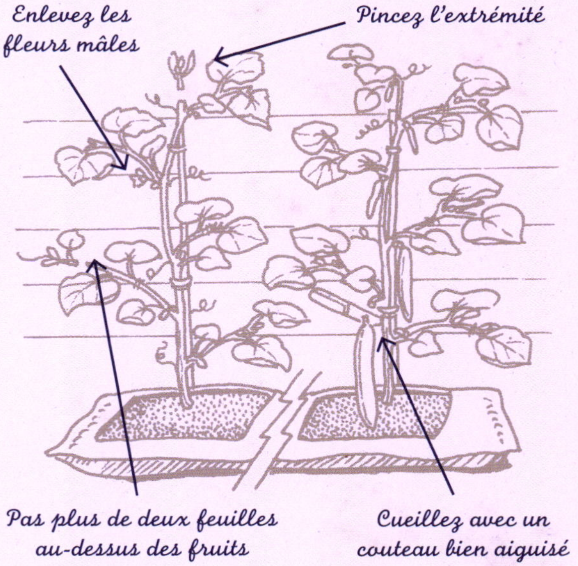

Concombres sous abri

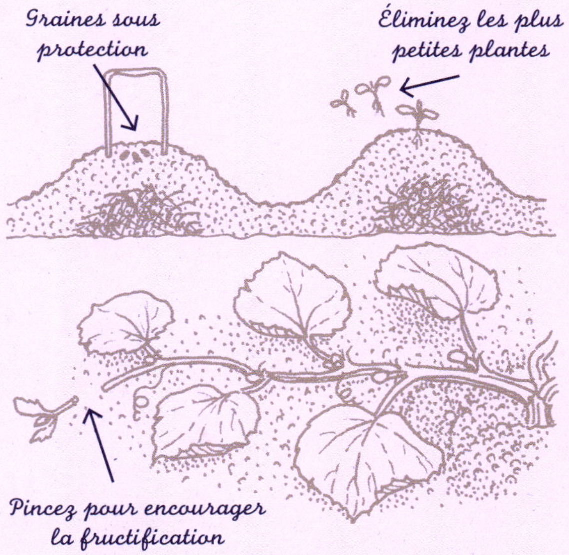

Concombres à l'extérieur

Les légumes **fruits**

Cultivés dans le potager et considérés comme des légumes, les tomates, poivrons, aubergines sont en réalité des fruits. Ils sont en général consommés dans des préparations salées. Nous évoquons ici également le maïs, bien qu'il s'agisse d'une céréale et non d'un fruit.

Manger-les en été

Les tomates cultivées à l'extérieur sont souvent plus robustes et plus savoureuses que celles qui poussent sous abri. Ces dernières peuvent être plantées plus tôt et récoltées plus tard que celles cultivées au jardin, mais elles restent plus sensibles aux maladies.

Les poivrons et les aubergines ont à peu près les mêmes exigences que les tomates en matière de sol et d'exposition. Vous pouvez les semer directement dans des sacs de culture ou dans des terrines de semis et les transférer dans des pots de tourbe puis dans des pots plus grands – à l'extérieur ou sous châssis.

Cultiver des tomates

À l'extérieur

Elles préfèrent un sol travaillé en profondeur, riche en humus, compact, bien drainé, dans un emplacement ensoleillé et abrité, protégé des vents dominants. Semez au printemps en terrines, dans un substrat pour plantes en pot humidifié, et protégez avec une vitre. Quand les plantules ont 5 ou 6 feuilles et sont assez développées pour être manipulées, repiquez-les dans des pots de tourbe de 7,5 cm et maintenez-les au chaud. Quand tout risque de gelée est écarté et que la température nocturne atteint 7 °C, installez les pots de tourbe en pleine terre, à l'abri, et arrosez.

Entretien Palissez les plantes sur des tuteurs. Éliminez les gourmands. Pincez la tige en laissant 5 à 6 bouquets de fleurs. Quand les tomates commencent à mûrir, couvrez le sol d'un paillis de fumier bien décomposé, recouvert d'une couche de paille; enlevez les tuteurs et couchez doucement le feuillage au sol. Couvrez avec une cloche et arrosez les racines. Quand les fruits mûrissent, enlevez toutes les feuilles du bas jusqu'à la première fleur au-dessus de la grappe, et retirez les fruits abîmés.

Récolte Récoltez de juillet à septembre quand les fruits sont fermes et bien colorés.

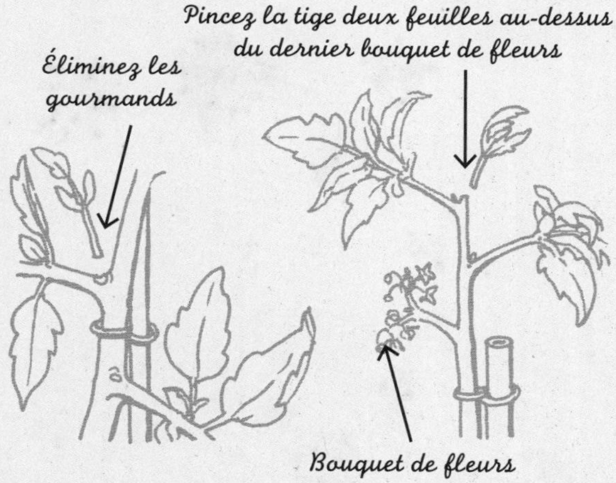

Entretenir des tomates

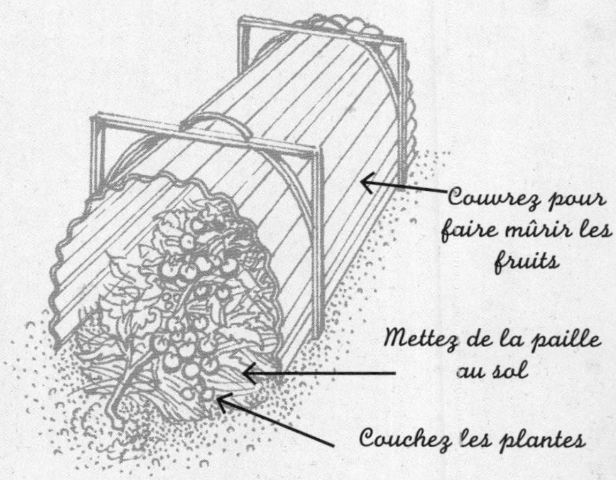

Faire mûrir les tomates d'extérieur

Sous abri

Le plus simple consiste à les planter dans des sacs de culture. Au tout début du printemps, semez en terrines dans un substrat pour plantes en pots, et protégez avec une vitre. Quand les plantules sont assez développées pour être manipulées, repiquez-les dans des sacs de culture et arrosez généreusement.

Entretien Palissez les plantes sur des tuteurs. Éliminez les gourmands des tiges latérales qui se développent à l'aisselle des feuilles. Taillez le haut des plantes juste au-dessous du plafond de la serre ou du tunnel. Arrosez peu, mais fréquemment, avec de l'eau additionnée d'un engrais bio liquide riche en potassium. Éliminez le feuillage sec.

Récolte Selon les variétés, récoltez de juin à octobre. Quand les premiers fruits commencent à mûrir, enlevez toutes les feuilles du bas jusqu'à la première fleur au-dessus de la grappe. Cueillez les tomates lorsqu'elles sont fermes et bien colorées.

Cultiver des poivrons

Poivrons et aubergines apprécient un sol bien drainé, enrichi, et un emplacement ensoleillé et abrité. En février-mars pour les poivrons, de janvier à avril pour les aubergines, semez en terrines, dans un substrat pour plantes en pots, et protégez par une vitre. Gardez au chaud. Repiquez quand les plantules ont développé 3 feuilles dans des pots de tourbe de 7,5 cm. En mai-juin, quand les plantes sont assez développées pour être manipulées, installez les pots de tourbe dans des pots de 23 cm ou dans des sacs de culture, et placez-les dans la serre ou le tunnel, ou à l'extérieur, dans une planche préparée.

Entretien Arrosez avant et après la plantation. Binez pour créer une couche protectrice isolante qui freine l'installation des mauvaises herbes. Palissez sur des tuteurs. Si le temps est sec, étalez un paillis de fumier bien mûr ou de paille, pour retenir l'humidité du sol. Arrosez fréquemment. Quand les pieds atteignent 30 cm de haut, pincez la tige. Ne conservez que les six plus beaux fruits et supprimez les autres, ainsi que les bouquets floraux.

Récolte Récoltez dès que les fruits sont formés, de juillet à octobre, selon que vous voulez des poivrons rouges ou verts, des aubergines petites ou grosses. Cueillez les fruits avec un couteau bien affûté.

Cultiver du maïs doux

Le maïs apprécie un sol bien préparé, travaillé en profondeur, bien drainé, léger à sableux, dans un emplacement ensoleillé et abrité. Enfouissez une bonne quantité de compost et de fumier pendant l'automne précédant la mise en culture. En climat frais, choisissez des variétés comme le maïs 'Northern Extra Sucré'. En avril-mai, semez dans des pots de tourbe (1 graine prégermée par pot) sous châssis ou sous un plastique de protection, et arrosez. En mai-juin, creusez des trous distants de 30 à 45 cm, organisés en carrés, placez-y les pots et arrosez. Sous climat doux, le semis peut aussi se faire directement en place d'avril à juin, dès que la température du sol atteint 10 °C.

Entretien Binez pour créer une couche protectrice isolante. Buttez les tiges avec de la terre. Par temps sec, quand les fleurs sont fanées, arrosez et couvrez le sol d'un épais paillis.

Récolte Récoltez environ 15 semaines après le semis, de juillet à septembre-octobre, quand les « soies » brunissent. Coupez les épis d'un vif mouvement tournant.

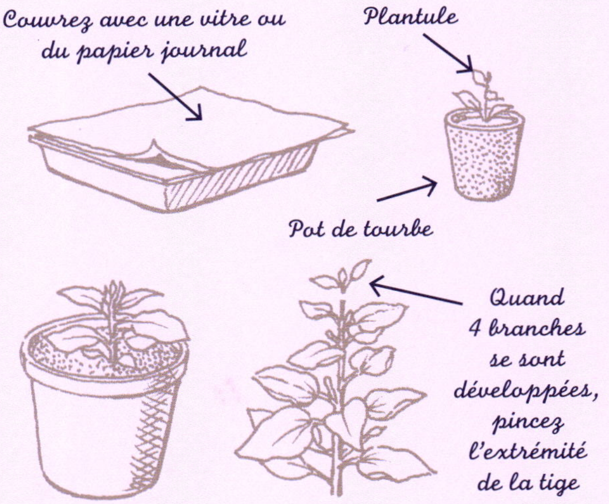

Entretenir des poivrons

Les salades

Il existe de nombreuses espèces de salades, qui se cultivent toutes très facilement : la chicorée et ses variétés – chicorée frisée, endives, scarole –, la laitue et ses variétés – feuille de chêne, batavia, romaine –, la mâche, le cresson... Elles sont toutes savoureuses.

Des aliments nutritifs

Les diverses variétés de chicorée se récoltent de la fin de l'été jusqu'au printemps suivant, et sont idéales comme salades d'hiver. Si vous vous débrouillez bien, vous n'aurez pas de rupture entre les laitues de printemps et d'été et les chicorées. Il faut les blanchir en les mettant à l'abri de la lumière, ce qui leur donne un goût un peu doux et légèrement aigre. Certaines variétés de chicorées améliorées n'ont pas besoin d'être blanchies, notamment la variété 'Pain de sucre'. Ce sont les racines de la chicorée 'de Bruxelles', arrachées en hiver et forcées dans l'obscurité, qui produisent des pousses blanchies, les endives, ou chicons. Si vous aimez leur croquant et leur pointe d'amertume, si vous avez une serre ou un châssis froid et si vous disposez d'un emplacement abrité pour le forçage, alors les endives sont un bon choix. Cependant, il vous faudra patienter une bonne partie de l'année pour les récolter.

Quant aux laitues, en pratiquant la culture sur couche chaude ou en châssis froid et en ayant recours aux voiles ou aux cloches de protection, vous en mangerez tout au long de l'année. Les enfants peuvent sans problème se lancer dans la culture des laitues, amusante et facile à réussir en jardinières.

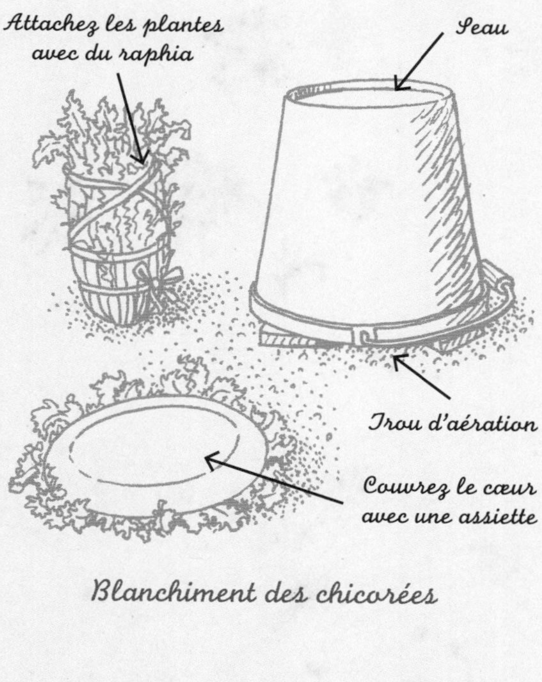

Blanchiment des chicorées

Cultiver des chicorées

Les chicorées préfèrent un sol bêché en profondeur, fertile, contenant beaucoup de fumier bien décomposé provenant d'une culture précédente. Selon les variétés, les besoins en matière d'ensoleillement peuvent varier ; alors, choisissez un emplacement en plein soleil et prévoyez si nécessaire des écrans pour faire de l'ombre. Semez de mars à septembre, à 12 mm de profondeur, dans des sillons espacés de 25 à 30 cm. Semez clair et arrosez généreusement. Éclaircissez les semis à 30 cm.

Entretien Binez pour créer une couche protectrice isolante et arrosez quotidiennement avec une pomme fine. Blanchissez les variétés traditionnelles quand elles sont complètement développées. Pour cela, par temps doux et sec, attachez les plantes avec du raphia et couvrez-les avec un pot de terre cuite. Vérifiez régulièrement pour vous assurer qu'elles sont bien au sec et ne sont pas envahies par les limaces.

Récolte Après deux semaines de blanchiment : enlevez le pot et coupez les salades au ras du sol.

Cultiver des endives

Les endives apprécient un sol léger ou moyen, bêché en profondeur, fertile, meuble, dans un emplacement ensoleillé et abrité. Vous pouvez échelonner des semis à quinze jours d'intervalle pour étaler la procuction. Semez d'avril à août, à 12 mm de profondeur, en sillons espacés de 25 à 30 cm. Semez clair et arrosez avec une pomme fine. Éclaircissez les semis à 20 cm environ.

Entretien Arrosez quotidiennement. Binez pour créer une couche protectrice isolante. Quand les feuilles sont fanées, arrachez les racines et coupez-les, puis mettez-les dans du sable.

Récolte Récoltez et mangez les variétés qui n'ont pas besoin d'être blanchies de 8 à 10 semaines après le semis (de la mi-automne au début de l'hiver). Récoltez les endives traditionnelles après les avoir fait blanchir de 10 à 15 jours, de la fin de l'automne au début du printemps. Pour ce faire, à la fin de l'automne, coupez les feuilles au ras du sol et mettez les racines de côté. Placez les racines à la verticale dans une boîte pleine de sable humide, 4 par 4, et couvrez d'un plastique noir. Les feuilles vont former des chicons en 3 ou 4 semaines. On peut mettre du fumier par-dessus pour accélérer le processus.

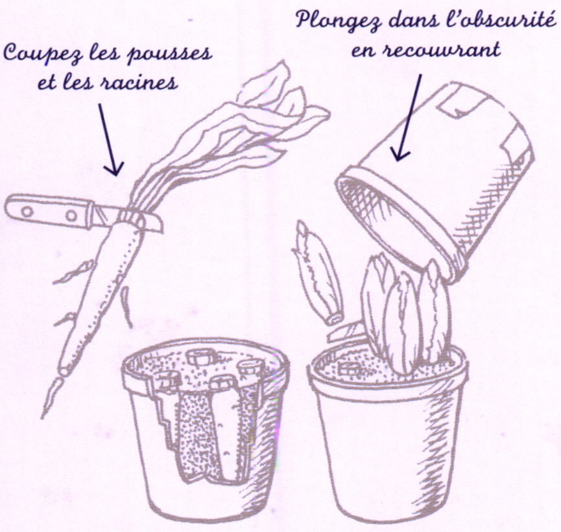

Le forçage des endives

Cultiver des laitues

Les laitues apprécient un sol léger, meuble, bien drainé, humifère et sableux. N'hésitez pas à intercaler des rangs de laitues entre des rangs de pois ou de choux, ou au pied de haricots à rames.

Pour les laitues d'hiver, semez en août-septembre en sillons de 12 mm, espacés de 25 à 30 cm. Semez clair et arrosez à la pomme fine. Protégez avec une vitre ou une feuille de plastique. Éclaircissez les semis à 30 cm.

Pour les laitues d'été et d'automne, semez de mars à juin, dans les mêmes conditions que ci-dessus, mais espacez les variétés naines de 20 à 25 cm. Éclaircissez les semis à 25 cm pour que les laitues soient plantées en quinconce.

Entretien Binez pour créer une couche protectrice isolante. Continuez les binages et les arrosages tout au long de la saison.

Récolte Les récoltes sont échelonnées et se poursuivent toute l'année, les variétés se succédant. Les laitues d'été et d'automne se récoltent 2 mois après le semis, celles d'hiver 7 mois après. Selon les variétés, on coupe d'abord les feuilles extérieures, puis on continue au fur et à mesure des besoins (laitue à couper), ou on coupe dès la formation de la pomme (laitue pommée). Ne les conservez que deux jours au frais.

D'autres salades...

Mâche

Une alternative à la laitue, très facile à cultiver, mais ne la laissez pas monter à graines, car elle peut vite devenir envahissante. Culture facile en jardinière. La mâche est riche en vitamines C et B9, en potassium, en fer et en carotène. Elle se mange crue, en salade, avec diverses sauces.

Roquette

Petite plante herbacée rustique à feuilles vertes, au goût épicé, délicieuse en salade. On coupe les feuilles sèches 45 jours après le semis, sans arracher la plante, pour encourager une seconde production. Souvent utilisée dans le mesclun.

Cresson de fontaine

Légume facile à cultiver, nourrissant et savoureux. Un bon choix si vous avez un cours d'eau à proximité.

Les légumes **tiges**

Il s'agit de légumes apparentés à plusieurs familles botaniques, dont on mange les tiges, ou parfois les feuilles, comme le céleri, les asperges, le chou-rave et le céleri-rave – la partie comestible du chou-rave et du céleri-rave ressemble à une racine, mais c'est en fait une tige renflée.

Manger les tiges

Riches en fibres, pauvres en calories, le céleri et le céleri-rave sont aussi bon crus que cuits. Le chou-rave se récolte vite : il ne lui faut que deux mois pour passer du semis à l'assiette ; il est délicieux en purée, ou cru en salade. Les asperges mettent certes 3 ou 4 ans pour s'établir, mais restent productives de 10 à 20 ans. Le plus rapide est de les cultiver à partir de griffes (turions) d'un an.

Cultiver du céleri

Le céleri apprécie une terre riche, profonde, humide, bien drainée, dans un emplacement ensoleillé et dégagé. Semez sous châssis au printemps. Préparez une tranchée de 30 cm de profondeur et de 55 cm de largeur, et étalez-y une couche de 5 cm de fumier recouvert de terre. Repiquez les semis dans des pots de tourbe ou des terrines, espacés de 5 cm. Plus tard, mettez les plantules dans la tranchée, espacées de 25 cm pour les variétés à blanchiment spontané et à 40 cm pour les variétés traditionnelles à butter.

Entretien Binez et supprimez gourmands (rejets) et feuilles mortes. Quand les variétés à butter atteignent de 25 à 30 cm, attachez-les avec du raphia et buttez-les, en ne laissant apparente que l'extrémité du feuillage. Par temps de gel, protégez le feuillage avec de la paille coupée.

Récolte Les variétés à blanchiment spontané se récoltent de juillet à septembre, et celles à butter, en septembre-octobre. Les pieds peuvent rester en terre environ un mois après avoir été blanchis. Arrachez les derniers pieds avant les grands froids.

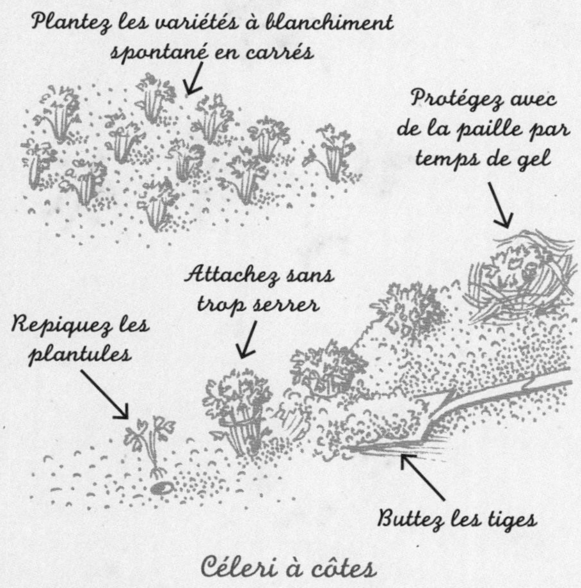

Céleri à côtes

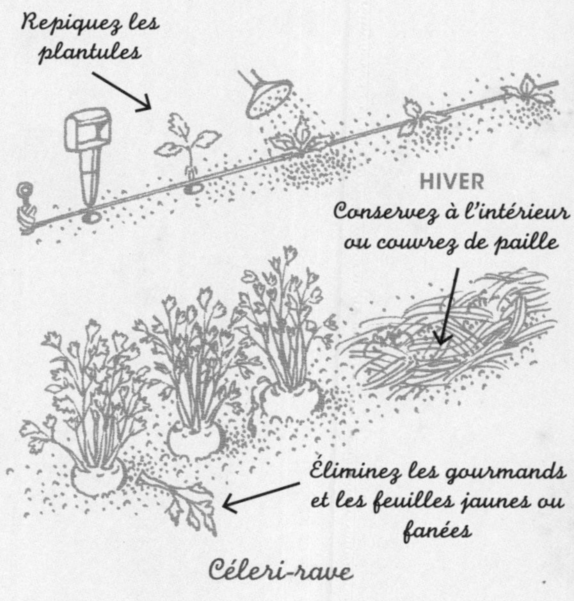

Céleri-rave

Cultiver du céleri-rave

Choisissez un lieu ensoleillé et abrité, un sol riche, fertile, enrichi d'un apport de fumier l'hiver précédent. Semez au printemps sous châssis, en terrines. Repiquez les plantules dès qu'elles sont assez développées, espacées de 5 cm, en pots de tourbe ou en terrines. Repiquez les plants en mai-juin, après les dernières gelées, espacés de 30 cm, en rangs distants de 25 à 40 cm, dans des trous peu profonds, de façon à ne pas enterrer le collet.
Entretien Binez pour freiner l'installation des mauvaises herbes et des parasites. Éliminez les feuilles flétries, les gourmands et les racines dès que c'est nécessaire. Ne laissez jamais le sol se dessécher.
Récolte et conservation Si le terrain est bien drainé et les plantes protégées par de la paille ou un voile, vous pouvez laisser les céleris-raves en terre et les récolter tout l'hiver ; si le sol est humide, il est préférable de les arracher pour les entreposer à l'abri du gel.

Cultiver des asperges

Les asperges préfèrent un sol bien drainé, profond, riche, plutôt sableux, dans un lieu abrité et ensoleillé. Plantez-les dans un sol bien bêché et enrichi par beaucoup de fumier. Creusez une tranchée de 25 cm de profondeur et de 40 cm de largeur. Étendez au fond une couche de 7,5 cm de compost ou de fumier bien mûr. En mars ou début avril, plantez les griffes, espacées de 45 cm, en étalant bien les racines sur le compost, puis recouvrez de 5 à 7,5 cm de terre. Arrosez abondamment.
Entretien Le premier et le deuxième automne suivant la plantation, coupez le feuillage, binez et buttez les plantes avec une couche de fumier bien mûr recouvert de terre. Le troisième automne et les années suivantes, répétez ce processus, mais laissez les turions (jeunes pousses souterraines) pousser. Après la récolte, débuttez par griffage.
Récolte La troisième année, récoltez d'avril à juin. Quand les turions atteignent de 7 à 10 cm, prenez un couteau à longue lame et enfoncez-la à angle droit dans le sol pour couper le turion entre 7,5 et 10 cm au-dessous du niveau du sol.

Maladies et prévention

Criocère de l'asperge et limaces
Larves et adultes de criocères dévorent feuilles et tiges d'asperges. Retirez-les larves et pulvérisez plusieurs fois un savon insecticide doux, à faible rémanence. Retirez les feuilles jaunies et les tiges abîmées. Enlevez les limaces à la main et détruisez-les. Mettez des pièges en laissant de jeunes feuilles de laitue sous des pierres.

Rouille
Des taches marron-rouge apparaissent sur les asperges en début d'été. Enlevez les feuilles et les pousses suspectes et brûlez-les.

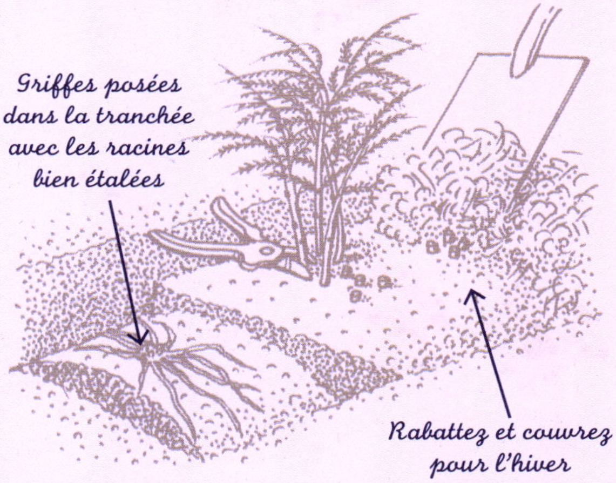

Asperges : 2ᵉ année de culture

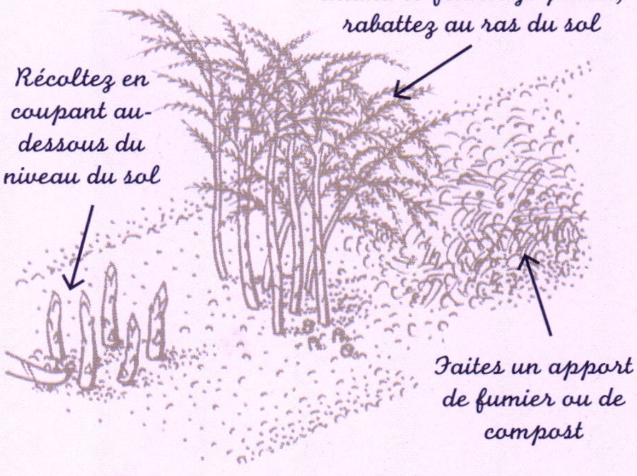

Asperges : 3ᵉ année de culture

Légumes de A à Z

Artichaut

• L'artichaut pousse à partir d'œilletons (rejets qui se développent à la base de la touffe principale) et atteint 1,20 m de haut environ.
• Les plantes atteignent leur apogée la troisième ou la quatrième saison. Plantez un ou plusieurs œilletons par an, pour 4 ans, afin d'assurer la continuité de la production.
• La première année, éliminez les premiers capitules produits pour ne récolter que ceux de la fin de l'été.

Calendrier

Semis : mars-avril (résultats variables).
Plantation : de mars à juin.
Récolte : de juin à septembre.

Sol et emplacement

En plein soleil, dans un sol profond, riche en matières organiques, bien drainé l'hiver et maintenu humide les mois d'été. Ajoutez une couche de fumier bien décomposé et arrosez abondamment. Traditionnellement, on cultive l'artichaut en planches.

Semis et plantation

• Divisez des œilletons et plantez-les immédiatement, individuellement, à 10 cm de profondeur, espacés de 75 cm.
• Tassez la terre et arrosez abondamment.
• Arrosez ensuite quotidiennement jusqu'à la reprise.

Entretien

L'été, binez pour émietter les mottes et garder le sol propre. Le premier hiver, coupez au ras du sol et paillez. L'année suivante, au printemps, enlevez la paille et incorporez au sol un amendement ou du fumier.

Récolte

Chaque pied produit successivement plusieurs grosses têtes. Quand les capitules sont mûrs mais encore bien fermés, coupez-les en laissant une tige de 5 à 7,5 cm.

Variétés

'Camus de Bretagne' est vigoureux, à grosses têtes rondes, et répandu dans les zones littorales du nord-ouest de la France.
'Vert Globe' a des têtes vert foncé et un beau feuillage.
'Vert de Provence' donne de petites pommes vertes, excellentes crues.
'Violet de Provence', répandu dans le Midi, où il est aussi appelé « poivrade », se consomme jeune, cru.

Asperge

• L'asperge se développe à partir de plants âgés d'un an (les griffes) et se récolte à partir de la deuxième ou de la troisième année.
• Une plantation produit entre 10 et 20 ans.

Calendrier

Semis : mars-juin (réservé aux jardiniers avertis).
Plantation des griffes : mars-avril.
Récolte : la deuxième ou la troisième année, d'avril à juin.

Sol et emplacement

Sol bien drainé, riche en matières humifères, plutôt sableux, préparé par un bêchage profond avant la plantation.
Installez les asperges dans un emplacement abrité, mais ensoleillé.
Elles réussissent mieux si vous enrichissez le sol de deux seaux d'amendement par mètre carré.
Sarclez le sol pour l'aérer et le débarrasser des mauvaises herbes.

Semis et plantation

• Creusez un sillon de 25 cm de profondeur et de 40 cm de large. Tapissez le fond d'une couche de 7,5 cm de fumier bien décomposé ou de compost.
• Installez les griffes, espacées de 45 cm, les racines émergeant du compost, et recouvrez-les de 5 à 7,5 cm de terre. Arrosez abondamment.

Entretien

À l'automne, les deux années suivant la plantation, rabattez les tiges au sol, émiettez la terre autour des plants à la binette de façon à créer une sorte de paillis et buttez-les en les couvrant d'une couche de fumier bien mûr recouvert de terre. Le troisième automne et les années suivantes, répétez les mêmes opérations, mais laissez les turions (jeunes pousses souterraines) se développer.

Récolte

La troisième saison, lorsque les turions atteignent de 7 à 10 cm, coupez-les à une dizaine de centimètres au-dessous du niveau du sol avec une gouge (outil à lame allongée et concave).

Variétés

'Colossale de Connover' donne de gros turions vert clair à moyen. Établie de longue date, cette variété a démontré ses qualités.
'Mary Washington' résiste très bien à la rouille et produit une abondance de gros turions allant du vert au violet. Il n'est pas nécessaire de la butter.
'Violette d'Argenteuil', aux pousses violettes, est la plus célèbre.

Aubergine

• La meilleure façon de multiplier les aubergines est le semis – la technique est très similaire à celle utilisée pour les tomates.
• Cultivez-les sous abri ou à l'extérieur, avec une protection dans les régions fraîches, car c'est un légume qui demande beaucoup de chaleur, du semis à la récolte.

Calendrier

Semis : sous abri de janvier à avril, en pleine terre en avril-mai.
Plantation : mai.
Récolte : de juin à août (environ 5 mois après le semis).

Sol et emplacement

L'aubergine réussit mieux dans un sol fertile, profond, bien drainé, dans un emplacement ensoleillé mais abrité.
Elle ne supporte ni les gelées, ni un sol détrempé, ni les vents froids.
Elle peut se cultiver en pots de 25 cm de haut et de diamètre, dans un terreau pour plantes en pots, ou dans des sacs de culture.
Dans les régions froides, prévoyez une protection en plastique noir pour chaque plante.

Semis et plantation

• Semez en godets sur un lit de compost pour plantes en pots bien humidifié ; protégez avec une plaque de verre, recouvrez de papier journal et gardez au chaud.

• Quand les plants ont atteint la taille suffisante (à la sortie des deux premières feuilles), repiquez-les dans des pots de tourbe de 7,5 cm.
• Au printemps, placez les pots de tourbe dans des pots de 23 cm, arrosez abondamment et mettez à l'abri.
• Vous pouvez repiquer les aubergines en pleine terre quand tout risque de gelée est écarté (après le 15 mai dans le nord de la France).

Entretien
Quand les plantes atteignent 30 cm, coupez l'extrémité pour encourager la ramification. Tuteurez les plants et maintenez-les avec de la ficelle, sans trop serrer. Pincez les tiges pour ne conserver que les fleurs promettant les 5 ou 6 plus beaux fruits et éliminez les autres fleurs. Vaporisez pour éliminer les pucerons. Apportez de l'engrais liquide et éliminez le feuillage fané. Paillez pour conserver l'humidité du sol.

Récolte
Quand les fruits atteignent de 15 à 25 cm, environ 5 mois après le semis, coupez-les avec un couteau tranchant.

Variétés
'Longue violette hâtive', très ancienne variété, aux fruits violet-noir de 20 à 30 cm de long, se cultive bien sous abri dans les régions fraîches ; très hâtive.
'Œuf blanc' produit des petits fruits blancs de la taille d'un œuf, qui jaunissent à maturité ; c'est une espèce productive et précoce.
'Ronde de Valence', aux fruits violets, de forme ronde, est plutôt adaptée aux zones méditerranéennes.

Bette

• Productive tout au long de l'année, la bette (ou poirée) représente un bon choix pour remplacer les épinards.
• Vous pourrez manger à la fois les côtes et les feuilles si vous les cueillez jeunes et tendres.
• Cuisinez les côtes à part, en gratin, à la crème, cuites à l'étouffée ou à la vapeur.
• Les variétés à tiges rouges sont d'un bel effet dans les parterres de fleurs.

Calendrier
Semis : d'avril à juin.
Récolte : toute l'année.

Sol et emplacement
Le même sol que les épinards – bien fertilisé, bêché profondément – et un emplacement ensoleillé.
La bette pousse en sol pauvre, mais réussit mieux dans une terre riche, bien drainée, pas trop sèche.
Certains jardiniers la cultivent en planches surélevées.

Semis et plantation
• Semez en pleine terre, dans des sillons de 15 mm de profondeur, espacés de 40 cm environ, en poquets de 3 ou 4 graines espacés de 25 cm.
• Tassez le sol et arrosez bien.
• Quand les plantules sont assez développées pour être manipulées, éclaircissez pour ne conserver que les plus vigoureuses.
• Tassez le sol autour des plantes.

Entretien
Binez le sol pour créer une couche protectrice isolante. Par temps sec, épandez une couche de compost bien mûr pour retenir l'humidité.

Récolte
À partir de juin-juillet et tout au long de l'année – selon la variété, la région et le mode de protection que vous avez adopté. Cueillez les jeunes feuilles au ras du sol. Éliminez le feuillage fané ou jauni.

Variétés
La côte de bette blonde à carde blanche a de très larges cardes.
La côte de bette verte à carde blanche est un peu plus rustique que la variété blonde.
La côte de bette à carde rouge, au magnifique feuillage bronze, ressemble à une jeune rhubarbe.

Betterave

• La betterave est classée parmi les 10 légumes ayant les meilleures propriétés antioxydantes, susceptibles d'éviter certains cancers.
• Les betteraves n'aiment pas être dérangées : faites attention en désherbant autour et lorsque vous les éclaircissez.
• Après l'arrachage, éliminez la terre à grande eau pour éviter que les betteraves n'aient un goût fade et vaseux.
• Faites-les cuire aussitôt récoltées si vous voulez qu'elles soient bien sucrées.

Calendrier
Semis : d'avril à juillet
Récolte : de juillet à octobre.
Pour une récolte continue, faites des semis échelonnés toutes les 3 semaines jusqu'en juillet.

Sol et emplacement
Les betteraves apprécient un sol bien drainé, sableux, léger, déjà enrichi pour une précédente récolte.
Traditionnellement, en sol argileux, on sème deux semaines plus tard, afin de conserver les racines compactes.

Semis et plantation
• Faites tremper les graines quelques heures dans l'eau. Déposez 3 ou 4 graines à des intervalles de 13 cm.
• Semez à une profondeur de 2,5 cm en lignes espacées de 25 à 30 cm.
• Tassez le sol et arrosez abondamment.
• Quand les plants ont levé, éclaircissez pour ne conserver que les plus beaux. Tassez le sol autour des tiges des plantes restantes et arrosez généreusement à la pomme d'arrosoir fine.

Entretien
Tendez un filet de coton noir sur les jeunes plants pour les protéger des oiseaux. Éclaircissez à 20 cm et utilisez les pieds éliminés pour faire des salades. Binez le sol pour faire un paillis de terre émiettée. Par temps sec, épandez une couche de compost bien décomposé pour retenir l'humidité. Arrosez fréquemment.

Récolte
Le récolte se poursuit jusqu'aux gelées, selon les variétés. Utilisez une fourche pour sortir les racines du sol. Arrachez les feuilles avec un mouvement de torsion. Mangez les betteraves fraîches ou stockez-les dans du sable.

Variétés
'Ronde de Détroit' est une variété traditionnelle à chair tendre, rouge foncé, se consommant crue ou cuite.
'Crapaudine' est longue, très sucrée, et sa peau sombre rappelle un radis noir.
'Noire d'Égypte', à la chair rouge foncé intense, est précoce, idéale pour les récoltes d'été ; elle monte rarement en graines.

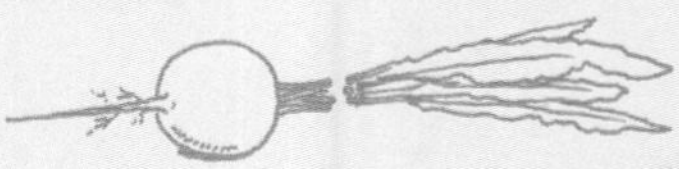

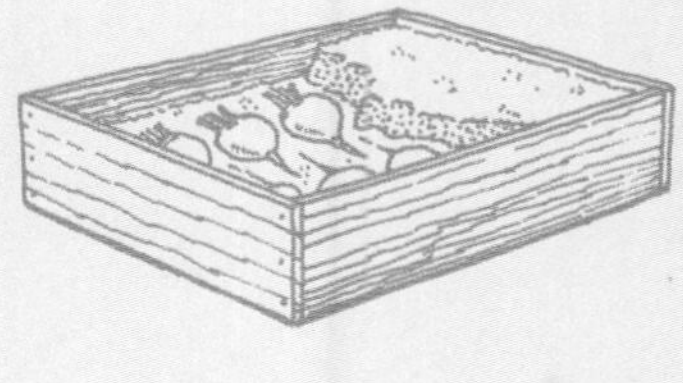

Brocoli

- Aucune commune mesure entre le brocoli que l'on cultive soi-même et celui qu'on achète au supermarché.
- Vous pouvez allonger la période de production en commençant à cueillir précocement, dès la formation des boutons, et jusqu'à la floraison.

Calendrier

Semis : d'avril à juin.
Plantation : de mai à juillet.
Récolte : selon les variétés, de juin à novembre.

Sol et emplacement

Il préfère un sol lourd, fertile, à tendance argileuse, mais accepte un sol sableux.
L'idéal est un sol bêché profondément pour une précédente récolte, bien amendé et dense, pour obtenir des choux à têtes compactes.
Plantez dans un emplacement ensoleillé et abrité.

Semis et plantation

- Semez en pépinière ou en godets.
- Repiquez quand le plant a 4 ou 5 feuilles, par temps gris ou pluvieux.
- Creusez des trous espacés de 45 à 70 cm en rangées distantes de 45 à 70 cm, arrosez et calez bien les plantules, puis tassez le sol.

Entretien

Arrosez les plantules avant et après le repiquage. Binez le sol afin de créer une couche protectrice isolante. Par temps sec, épandez une couche de compost bien mûr pour retenir l'humidité.

Récolte

Selon les variétés et le mode de protection adopté, la récolte se fait de juin à novembre. Commencez par couper la pomme centrale et continuez avec les pousses latérales. Une cueillette régulière, à peu près deux fois par semaine, favorise l'apparition de nouvelles pousses.

Variétés

'Red Arrow' produit une abondance de jets et de fleurs violet foncé qui se récoltent au printemps.
'Vert calabrais', à petites pommes vertes, de saveur très fine, se récolte en automne.
'Romanesco', précoce, se présente comme un chou-fleur compact et tout en spirales, d'un beau vert pomme. Très digeste, il a une saveur excellente.

Carotte

- Pour manger des carottes la plus grande partie de l'année, faites des semis échelonnés de plusieurs variétés.
- Intercalez des rangs d'oignons entre vos rangs de carottes pour éloigner la mouche de la carotte.

Calendrier

Semis : de mars à juin.
Récolte : de mai à novembre (de 9 à 20 semaines après le semis, selon les variétés).

Sol et emplacement

Les carottes apprécient un sol meuble, bêché en profondeur, bien drainé, sableux et fertile, et préfèrent un emplacement ensoleillé.
En sol lourd, choisissez plutôt des variétés courtes.
En sol caillouteux, les racines risquent de se diviser ou de devenir fourchues.

Semis et plantation

- De mars à juin selon les variétés, mais pas avant que la température du sol atteigne 7 °C, semez clair dans des sillons de 1 ou 2 cm de profondeur, en rangs espacés de 15 à 20 cm, et arrosez à la pomme fine.
- Éclaircissez les semis à 5 cm environ.
- Protégez les plantes par des cloches en début et en fin de saison.

Entretien

Binez pour créer une couche protectrice isolante, ce qui réduit l'évaporation et améliore l'absorption de l'eau.
Faites attention de ne pas abîmer les jeunes plants.

Récolte

Arrachez les carottes de mai à novembre. Entreposez celles qui sont destinées à la conservation dans des caisses de sable, dans un lieu abrité du gel.

Variétés

'Chantenay à cœur rouge' est une variété classique, éprouvée et fiable, qui produit des racines volumineuses à chair rouge et sucrée. De mi-saison ou de conservation.
'Nantaise tip-top améliorée' est une variété de mi-saison, aux longues racines pointues.
'Flyaway F1' est la première variété résistant à la mouche de la carotte ; assez précoce, elle produit de grosses carottes parfumées.

Céleri

- La culture du céleri demande beaucoup de temps.
- Les variétés à blanchiment spontané ne demandent pas de buttage.
- Si vous cultivez à la fois des variétés traditionnelles et des variétés à blanchiment spontané, vous pourrez manger du céleri de juillet jusqu'en février.

Calendrier

Semis : fin mars-début avril.
Repiquage : fin mai-début juin.
Récolte : septembre-octobre.

Sol et emplacement

Le céleri apprécie une terre riche, profonde, humide, bien drainée, dans un emplacement ensoleillé et dégagé.
Le céleri a besoin de beaucoup d'humidité, mais il ne se développera pas dans un sol détrempé.
Enrichissez le sol avec du fumier bien décomposé. La terre utilisée pour le buttage doit être fine et meuble.

Semis et plantation

- Semez sous châssis en terrines pour semis.
- Rempotez dans des pots de tourbe dès que les plantules sont assez développées pour être manipulées.
- Repiquez fin mai-début juin ; préparez une tranchée de 30 cm de profondeur et de 55 cm de largeur. Étalez-y une couche de 5 cm de fumier recouvert de terre et mettez les plantules dans la tranchée, espacées de 25 cm pour les variétés à blanchiment spontané et de 40 cm pour les variétés traditionnelles à butter.

Entretien

Arrosez quotidiennement. Binez pour créer une couche protectrice isolante. Supprimez les gourmands et les feuilles mortes. Quand les variétés à butter atteignent de 25 à 30 cm, attachez-les avec du raphia et buttez-les avec de la terre fine et meuble, en ne laissant apparente que l'extrémité du feuillage. Par temps de gel, protégez le feuillage avec de la paille coupée.

Récolte

Récoltez les variétés à blanchiment spontané de juillet à septembre et les variétés à butter un peu plus tard en septembre-octobre. Arrachez les derniers pieds avant les grands froids. Ils peuvent rester en terre environ un mois après avoir été blanchis.

Variétés

'Géant doré amélioré', à blanchiment spontané, est une variété tendre idéale pour les conserves.
'Plein blanc Pascal', variété à butter, est très fiable et produit de belles tiges blanches à vertes.
'Tall Utah' est précoce, résistant et très productif.

Céleri-rave

• Le céleri-rave doit être semé sous châssis, arrosé abondamment et endurci avant d'être repiqué à l'extérieur.

• Un cœur de céleri a à peu près le même goût qu'un jeune céleri-rave, mais là s'arrêtent les points communs.

• On le consomme cru, râpé (le fameux céleri rémoulade, avec de la mayonnaise), mais aussi cuit à la vapeur, en purée ou en soupe, mélangé à d'autres légumes.

Calendrier

Semis: de février à avril.
Plantation: de fin mai à juin.
Récolte: d'août au printemps suivant, ou même plus longtemps si vous les protégez.

Sol et emplacement

Le céleri-rave apprécie un sol bien amendé, enrichi d'un apport de fumier l'hiver précédent, dans un emplacement ensoleillé et abrité.
Il a besoin d'énormément d'eau.
Les jeunes plantes craignent les vents froids.

Semis et plantation

• Semez sous châssis, en terrines.
• Repiquez les plantules dès qu'elles sont assez épanouies pour être manipulées.
• Plantez au jardin après les dernières gelées, à un espacement de 30 cm, dans des rangs distants de 25 à 40 cm. Plantez le moins profondément possible, pour ne pas enterrer le collet.

Entretien

Arrosez quotidiennement. Binez pour créer une couche protectrice isolante.
Supprimez les feuilles fanées et toutes les tiges ou racines intempestives (drageons).
Ne laissez jamais le sol se dessécher.

Récolte

Si le terrain est bien drainé et si les plantes sont bien protégées par de la paille ou un voile de protection, vous pouvez laisser les céleris-raves en terre et les récolter tout l'hiver au fur et à mesure des besoins ; si le sol est humide, toutefois, il est préférable de les arracher pour les entreposer à l'abri du gel.

Variétés

'Géant de Prague' est très fiable et produit de grosses tiges renflées à récolter à partir de septembre.
'Prinz' résiste aux maladies des feuilles et ne monte pas. Sa peau est fine et légère et sa chair blanche.
'Alba' est parfumé et résiste bien au froid si on le couvre d'une couche de paille.

Chicorée

• Les chicorées doivent être blanchies, sinon elles sont immangeables.

• Le blanchiment prend 2 ou 3 semaines ; cette opération adoucit le goût amer et laisse un petit arrière-goût piquant.

• Certaines variétés ont des pommes si grosses qu'elles « s'autoblanchissent » en quelque sorte, les feuilles externes protégeant le cœur de la lumière.

Calendrier

Semis : de mars à septembre selon les variétés.
Récolte : d'août à mars.
Faites des semis échelonnés pour une récolte continue.

Sol et emplacement

Les chicorées apprécient un sol bêché en profondeur, fertile, contenant beaucoup de fumier bien décomposé provenant d'une culture précédente.
Choisissez un emplacement en plein soleil pour les variétés d'été et d'automne, et à mi-ombre pour les variétés de printemps.

Semis et plantation

• Semez à 12 mm de profondeur, dans des sillons espacés de 25 à 30 cm. Semez clair et arrosez généreusement.
• Quand les semis ont 6 ou 7 feuilles, éclaircissez à 30 cm.
• Arrosez abondamment par temps sec.

Entretien

Binez pour créer une couche protectrice isolante. Blanchissez les chicorées lorsqu'elles sont complètement développées. Une belle journée ensoleillée, par temps sec, rassemblez les feuilles de chaque pied et attachez-les ensemble avec du raphia, puis mettez un pot de terre cuite par-dessus pour les protéger de la lumière et les blanchir. Vérifiez chaque jour que les plantes restent bien au sec et ne sont pas envahies par les limaces.

Récolte

Récoltez 2 ou 3 semaines après avoir commencé le blanchiment : enlevez les pots et coupez les salades au ras du sol avec un couteau.

Variétés

Chicorée frisée 'Grosse Pancalière' est une variété très populaire, aux pommes vert foncé à cœur jaune, avec des feuilles au bord dentelé.
Chicorée frisée 'Wallonne', à grosses pommes, blanchit toute seule.
Scarole 'Géante maraîchère', au feuillage vert clair, forme un gros cœur. Pour la récolte d'automne.
Chicorée 'Pain de sucre' a des feuilles s'enroulant en cornet, formant une pomme blonde ; elle n'a pas besoin d'être blanchie.

Chou de Bruxelles

• Plantez des variétés classiques si vous appréciez le goût fort des choux de Bruxelles, ou des hybrides F1 comme 'Igor' et 'Oliver' si vous préférez une saveur plus douce.

• Choisissez des variétés aux pommes petites et fermes et cuisez-les à la vapeur plutôt qu'à l'eau.

• Elles sont encore meilleures récoltées juste après une petite gelée.

Calendrier

Semis : de mars à juin.
Plantation : d'avril à juillet.
Récolte : d'octobre à mars.

Sol et emplacement

Les choux de Bruxelles apprécient un sol bêché en profondeur, riche, fertile, ferme et sans mauvaises herbes.
L'idéal est de repiquer les choux de Bruxelles dans un sol amendé et bêché pour une culture précédente.
L'emplacement doit être ensoleillé et dégagé, mais à l'abri du vent. Si l'en-

droit est venté, optez pour des variétés basses.

Semis et plantation

- Semez de mars à mai, en planches surélevées ou en terrines sous abri.
- Repiquez environ 1 mois plus tard, par une journée pluvieuse, sans soleil.
- Tassez la terre. Faites des trous espacés de 50 à 90 cm dans des rangs distants de 50 à 90 cm, et installez les plants dans les trous.

Entretien

Arrosez les plants avant et après le repiquage. Binez pour créer une couche protectrice isolante. Éliminez les feuilles du bas si elles jaunissent. Buttez les tiges pour les soutenir. Étalez un paillis de fumier bien mûr ou de paille coupée pour retenir l'humidité.

Récolte

Récoltez d'octobre à décembre les choux semés en mars et début avril, puis de janvier à mars les semis plus tardifs, effectués de fin avril à juillet. Selon les variétés et le mode de culture, comptez entre 20 et 30 semaines après le semis. Prélevez les pommes en commençant par le bas de la tige.

Variétés

'De Rosny' est une variété française classique, très rustique, à récolter l'hiver.
'Oliver' est une des premières variétés résistantes aux maladies, à récolter d'août à octobre.
'Igor', vigoureux, résistant au gel, très productif, donne des masses de petites pommes rondes.

Chou-fleur

- **Les jardiniers aguerris affirment que quiconque est capable de réussir les choux-fleurs est capable de cultiver n'importe quoi.**
- **Les choux-fleurs ont besoin de beaucoup d'eau et ne poussent pas dans un sol pauvre.**
- **Ils souffrent des excès de chaleur, d'humidité ou de sécheresse.**

Calendrier

Semis : de mars à mai.
Plantation : juin-juillet.
Récolte : la plus grande partie de l'année, en fonction des variétés choisies.

Sol et emplacement

Les choux-fleurs apprécient un sol profond, bien drainé, compact, bien amendé, retenant bien l'humidité, dans un emplacement ensoleillé.
L'idéal est de planter les choux-fleurs dans un sol amendé pour une culture précédente.
Dans un sol vraiment très pauvre et/ou trop sec, les pommes seront ridiculement petites et vous serez très déçu.

Semis et plantation

- Semez en terrines sous abri ou en planches surélevées préparées.
- Repiquez en pleine terre en juin-juillet : faites des trous espacés de 50 à 60 cm en rangs distants de 50 à 60 cm, et installez les plantes dans les trous.
- Tassez le sol autour des plantes et arrosez généreusement.
- Installez des filets en plastique pour protéger les jeunes plants de la mouche du chou.

Entretien

Arrosez les plants avant et après la plantation. Binez pour créer une couche protectrice isolante, et étalez de la paille coupée pour retenir l'humidité. Arrosez abondamment.

Récolte

Si vous semez tôt des variétés d'automne et d'hiver, vous pourrez récolter des choux-fleurs d'un été à l'autre. Coupez la pomme avec la totalité des feuilles qui l'entourent, ou arrachez toute la plante et entreposez-la à l'abri du gel.

Variétés

'Géant d'automne', à grosse pomme blanche, est très rustique et se récolte de l'automne, jusqu'aux gelées.
'Violet Graffiti F1', très productif, donne une pomme violette d'environ 1 kg, au goût excellent et de bonne conservation.
'Nain hâtif d'Erfurt' est une très ancienne variété, très précoce, à la pomme très blanche, à grain fin.

Chou frisé

- **Le chou frisé ne forme pas de pomme.**
- **De culture très facile, c'est un bon choix en sol pauvre, ou dans les régions sujettes aux fortes gelées, ou si les autres choux souffrent de hernies du chou.**
- **Il se récolte tout l'hiver, d'octobre jusqu'au printemps suivant. Attendez une gelée pour consommer les feuilles : plus il gèle, plus elles sont tendres.**

Calendrier

Semis : d'avril à juin.
Plantation : de juin à août.
Récolte : d'octobre à avril.

Sol et emplacement

Le chou frisé apprécie un sol travaillé en profondeur, très compact, fertile et plutôt argileux.
L'idéal est de planter les choux frisés dans un sol enrichi en fumier pour une culture précédente.
Les choux frisés supportent à peu près tout, sauf un sol trop meuble, de l'eau stagnante ou une longue période de gel sévère.

Semis et plantation

- Semez en terrines ou en planches surélevées.
- Environ 1 mois plus tard, par une journée pluvieuse, sans soleil, repiquez les jeunes semis dans des trous espacés de 40 à 45 cm, en rangs distants de 45 à 50 cm. Arrosez fréquemment.

Entretien

Arrosez quotidiennement. Binez pour créer une couche protectrice isolante. Buttez les tiges pour les soutenir et protéger les plantes des vents et du gel. Par grand vent, installez un écran ou un brise-vent du côté exposé.

Récolte

Avec un couteau, lorsque les feuilles sont suffisamment développées, prélevez-les à partir du bas de la tige. Éliminez toutes les feuilles jaunies.

Variétés

'Rouge de Russie' est une variété de grande taille qui produit un grand nombre de feuilles vert pourpre dentelées, sur de hautes tiges.
'Demi-nain de Westland' est petit et produit des feuilles tendres et très parfumées.
'Lacinato' a une tige pouvant dépasser 2 m, se terminant par un bouquet de feuilles vert-bleu foncé de 60 à 80 cm.

Chou pommé

- **Si vous vous organisez bien, les choux pommés vous fourniront des légumes verts régulièrement tout au long de l'année.**
- **Semez les variété de printemps tous les 10 cm et mangez les jeunes plants comme légumes de printemps.**

- **Blanchissez les choux de 5 à 10 minutes à l'eau bouillante.**

Calendrier

Variétés de printemps
Semis : août-septembre.
Plantation : novembre.
Récolte : mai-juin.
Variétés d'été et d'automne
Semis : de mars à mai.
Plantation : d'avril à juin.
Récolte : d'août à novembre.
Variétés d'hiver
Semis : mai-juin.
Plantation : juin-juillet.
Récolte : de novembre à mars.

Sol et emplacement

Les choux apprécient un sol bêché en profondeur, ferme, bien drainé, humide, riche et un emplacement abrité du vent.
Le sol doit être tassé, compact.

Semis et plantation

- Semez en terrines ou en planches préparées (voir techniques p. 82).
- Repiquez en place en pleine terre lorsque les plants ont 6 ou 7 feuilles. Faites des trous de 10 cm de profondeur, espacés de 30 à 35 cm, en rangs distants de 30 à 35 cm, et placez-y les plants avec leur motte.

Entretien

Arrosez quotidiennement. Avec la binette, faites une petite butte de terre à la base des tiges pour les caler. Par temps très sec, étalez une épaisse couche de fumier et de compost bien mûr ou de paille pour retenir l'humidité.

Récolte

Selon les variétés et votre méthode de culture, vous pouvez récolter des choux à peu près toute l'année. Avec un couteau, coupez le chou au ras du sol quand la pomme est bien formée. Faites une entaille en croix dans la partie de tige qui reste en terre pour encourager une deuxième récolte de « minichoux ».

Variétés

Chou cabu 'Cœur de bœuf', pour des récoltes de printemps, très rustique, allongé, à pomme pointue, volumineuse et serrée.
Chou cabu blanc 'Marner Lagerweiss', pour récolte d'été et d'automne, à pomme tendre, d'excellente qualité gustative.
Chou cabu 'Cap Horn F1', délicieux en salade.
Chou cabu 'De Vaugirard d'hiver', récolte d'hiver, teinté de rouge.
Chou de Milan 'D'hiver de Pontoise', à grosse pomme serrée et dure.

Chou-rave

- **Le chou-rave est délicieux cru en salade ; il est délicieux aussi cuit à la vapeur et réduit en purée.**
- **Il est meilleur jeune et tendre.**
- **Il existe une variété dont la boule atteint 8 kg.**

Calendrier

Semis : de mars à août.
Récolte : de juin à décembre.
Faites des semis échelonnés pour étaler la période de récolte.

Sol et emplacement

Le chou-rave apprécie un sol léger à moyen, meuble, bien drainé, fertile.
Il préfère un emplacement abrité à mi-ombre, et a besoin de beaucoup d'eau.
Les choux-raves ont tendance à monter en graines par temps sec.

Semis et plantation

- Selon les variétés, semez de mars à août quelques graines tous les 13 à 15 cm, à 18 mm de profondeur, dans des sillons espacés de 25 à 30 cm.
- Quand les semis sont assez développés pour être manipulés, éclaircissez pour ne conserver que les plus beaux plants, espacés de 15 cm.
- Arrosez généreusement par temps sec.

Entretien

Binez pour créer une couche protectrice isolante et arrosez généreusement.
Par temps sec, étalez un paillis de fumier bien mûr ou de paille coupée pour retenir l'humidité.
Éliminez les feuilles jaunies. Supprimez les tiges secondaires et le feuillage de façon à garder une forme ronde et douce.

Récolte

Lorsque la tige est bien renflée, 3 ou 4 mois après le semis, sortez-la du sol à la fourche-bêche. Prélevez au fur et à mesure de vos besoins. Attention, le chou-rave s'abîme s'il reste trop longtemps en terre ou s'il est entreposé.

Variétés

'Blanc géant' est une variété hâtive, de grande taille (sa tige forme un renflement de la grosseur d'un poing), à la chair moelleuse, au goût proche du chou-fleur.
'Blanc Logo', semi-précoce, se récolte de juin à septembre et monte difficilement en graines. Sa chair est tendre, avec un léger parfum de noisette.
'Bleu Azur Star' est très précoce et pour toutes les saisons ; il donne des boules tendres, ovales, bleu foncé, se conservant bien.

Concombres, cornichons

- **Il existe des variétés d'extérieur et d'autres à cultiver sous abri.**
- **Choisissez une variété qui corresponde à vos besoins : pour l'extérieur, prenez des cornichons ou des variétés côtelées, plus courtes et grosses. Les concombres longs et lisses sont le plus souvent des variétés de serre.**
- **Les cornichons sont tout simplement des variétés de concombres récoltées petites.**
- **Les sacs de culture conviennent bien à ce type de culture : on peut y repiquer les plants ou y semer directement.**

Calendrier

À l'extérieur
Semis : mai.
Plantation : juin.
Récolte : de juillet à octobre.
Sous abri
Semis : mars-avril.
Repiquage à l'extérieur : mai.
Récolte : de juin à septembre.

Sol et emplacement

Les concombres apprécient un sol léger à moyen, souple, humide, bêché en profondeur et enrichi.
Pour une culture à l'extérieur, préparez des trous de 30 cm de profondeur, ou une tranchée – selon le nombre de plantes que vous avez l'intention de cultiver – et remplissez-les d'un mélange de compost et de fumier bien mûr.
Choisissez un emplacement chaud et ensoleillé, à l'abri des courants d'air, et placez un brise-vent ou un écran du côté exposé.

Semis et plantation

- Pour les variétés cultivées sous abri, en mars-avril, semez en terrines sur du papier absorbant l'humidifié. Gardez au chaud.

• À la fin du printemps, repiquez les semis dans des sacs de culture et couvrez d'une feuille de plastique.

• Pour les variétés cultivées à l'extérieur, en mai-juin, préparez des trous de 30 cm de profondeur et de diamètre, ou une tranchée, et emplissez-les d'un mélange de fumier et de terre. Semez à 20 mm de profondeur, en poquets de 3 graines distants de 60 à 90 cm, et recouvrez-les de plastique.

• Éclaircissez en ne conservant que le plus beau plant de chaque groupe et couvrez d'une vitre ou d'une feuille de plastique.

Entretien

Soutenez les variétés d'intérieur avec des tuteurs et pincez les extrémités des tiges quand elles atteignent le haut de la serre ou de la cloche. Laissez les variétés d'extérieur s'étaler ou grimper, comme les courgettes. Éliminez les pousses latérales lorsqu'elles atteignent la limite de la parcelle ou le châssis. Arrosez quotidiennement.

Récolte

D'une manière générale, récoltez 3 ou 4 mois après le semis. Récoltez les concombres quand ils ont atteint une taille suffisante. En soutenant les fruits à la main, cueillez-les avec un couteau bien affûté, plutôt le matin. Récoltez les cornichons quand ils sont encore petits, le matin, tous les jours ou tous les 2 jours.

Variétés

Concombre 'Le Généreux', variété classique, pour le plein air. Précoce et vigoureux, très productif, aux fruits verts demi-longs et cylindriques qui peuvent être cueillis petits et consommés comme des cornichons.
Concombre 'Rollison's Telegraph', pour serre. À palisser. Donne des fruits cylindriques de 25 à 30 cm de long.
Cornichon 'Vert fin de Meaux', ancienne variété très rustique et productive, à fruits allongés.

Courges d'été, courgettes

• Farcies, cuites à la vapeur, passées au four, les courges sont délicieuses ; les courgettes sont excellentes en gratin, en beignets, sautées ou en ratatouille.

• Si vous aimez les légumes plus gros, cultivez des courges, mais les courgettes sont plus faciles à cultiver.

• Les fleurs des courges et courgettes sont comestibles, ainsi que les jeunes feuilles des courges.

Calendrier

Semis : avril-mai.
Plantation : mai-juin.
Récolte : de juillet à octobre.

Sol et emplacement

Courges et courgettes réussissent mieux dans un sol bêché en profondeur, bien amendé, humide, mais bien drainé, dans un emplacement abrité et ensoleillé.
Creusez un trou ou une tranchée et remplissez-le de fumier, puis de terre, pour former un monticule. Les plantes seront cultivées sur cette butte qui reçoit plus de soleil et garantit le drainage du sol. Quand les plantes seront endurcies et commenceront à bien pousser, couvrez la butte avec un paillis pour retenir l'humidité.

Semis et plantation

• Semez en pots de tourbe, à raison de 2 ou 3 graines dans chaque pot, et placez-les sous un châssis ou une feuille de plastique. Éclaircissez pour ne conserver dans chaque pot que le plant le plus vigoureux.

• Plantez en pleine terre en mai-juin. Creusez des trous de 30 cm de profondeur et de diamètre dans des rangs espacés de 1,20 à 1,50 m, et remplissez-les de fumier bien mûr. Faites une butte de terre mélangée à du fumier au-dessus de chaque trou. Installez les pots de tourbe dans la partie haute de la butte et arrosez généreusement.

Entretien

Binez pour créer une couche protectrice isolante. Étalez un paillis de fumier bien décomposé tout autour des plantes. Pincez les tiges à environ 60 cm de haut. Arrosez fréquemment et paillez tout au long de la saison avec des déchets de tonte et du fumier bien mûr, pour faire grossir les fruits.

Récolte

Elle se fait environ 2 mois après le semis. Cueillez les courgettes tous les 3 ou 4 jours, pour encourager les plantes à produire davantage. Cueillez les courges au fur et à mesure des besoins. En fin de saison, entreposez les courges, suspendues dans des filets, dans un lieu sec et frais, à l'abri du gel.

Variétés

Courge 'Pleine de Naples', variété très productive aux énormes fruits longs, renflés au bout, rayés vert et jaune. Chair douce, orangée.
Courgette 'Ronde de Nice' est une variété non coureuse, hâtive, très productive, aux fruits ronds. Chair fine, tendre et fondante.
Courgette 'Defender F1' est précoce, productive et résistante à la mosaïque du concombre.

Endive

• Ce sont les racines de la chicorée 'de Bruxelles', arrachées en hiver, qui produisent des pousses blanchies, les endives, lorsqu'elles sont cultivées dans l'obscurité.

• L'un des aspects plaisants de cette culture est de pouvoir prélever, entre novembre et mars, 3 ou 4 racines parmi celles que vous avez entreposées pour les cultiver comme endives.

Calendrier

Semis : selon les variétés, d'avril à août.
Récolte : d'octobre à avril.

Sol et emplacement

Les endives apprécient un sol léger ou moyen, bêché en profondeur, fertile, meuble.
Évitez d'utiliser du fumier frais qui provoquerait la division des racines.
L'idéal est de planter les endives dans un sol enrichi pour une culture précédente.
Choisissez un emplacement ensoleillé et bien abrité des courants d'air.

Semis et plantation

• Semez à 12 mm de profondeur, en sillons espacés de 25 à 30 cm.

• Arrosez avec une pomme fine.

• Éclaircissez les semis à 20 cm environ.

Entretien

Arrosez quotidiennement. Binez pour créer une couche protectrice isolante. Quand les feuilles sont fanées, arrachez les racines et taillez-les pour éliminer les racines fourchues et les radicelles, coupez le feuillage à 1 ou 2 cm du collet, puis enterrez-les bien à plat dans du sable.

Récolte
D'octobre à avril, vous pouvez blanchir les endives. Prélevez 4 par 4 les racines que vous avez entreposées précédemment, et plantez-les à la verticale dans un bac de sable humide, puis couvrez de paille et d'un plastique noir. Les feuilles vont former des chicons en 3 à 6 semaines. Une fois blanchies, elles doivent être consommées rapidement.

Variétés
Chicorée 'De Bruxelles' est la variété qui a donné naissance aux premières endives. Facile à cultiver, elle produit des racines de bonne taille, en forme de carotte, puis des chicons de taille moyenne, blanc-jaune.
Chicorée 'Carla' produit des chicons rouges.
Chicorée 'Zoom F1' n'a pas forcément besoin d'être recouverte de terre pour blanchir, et donne des racines en forme de carotte dès le début de l'automne.

Épinard

- **Légume vert reminéralisant et très riche en vitamine C, c'est un aliment précieux l'hiver lorsque les légumes verts sont peu nombreux.**
- **Les épinards sont faciles à cultiver.**
- **Des épinards fraîchement coupés sont délicieux : rien à voir avec ceux qu'on achète au supermarché.**
- **On peut aussi les manger crus, en salade.**

Calendrier
Semis : de mars à juin (variétés précoces) ou août-septembre.
Récolte : mai et toute l'année jusqu'au printemps suivant.

Sol et emplacement
On peut cultiver les épinards dans tout type de sol.
Ils poussent vite et peuvent servir de culture dérobée (s'intercalant entre deux récoltes d'autres légumes).
Les épinards poussent partout, mais vous n'aurez de belles feuilles que si le sol est bien préparé, bien fumé et s'il retient bien l'humidité.

Semis et plantation
- Semez clair en sillons de 2,5 cm de profondeur espacés de 25 à 30 cm, puis recouvrez de terre.
- Tassez la terre et arrosez abondamment, avec un arrosoir à pomme fine.
- Quand les semis sont assez développés pour être manipulés, éclaircissez pour ne garder que les plus beaux plants, espacés de 7,5 cm, puis renouvelez l'opération plus tard, mais avec 15 cm d'écart.
- Arrosez avant et après l'éclaircissage (vous pouvez manger les jeunes plants éliminés en salade).

Entretien
Binez pour créer une couche protectrice isolante. Arrosez abondamment. Par temps très sec, étalez un épais paillis de fumier bien décomposé de part et d'autre des rangs et continuez à arroser.

Récolte
De mai jusqu'au printemps suivant, cueillez les feuilles à la main dès qu'elles sont assez développées et profitez-en pour éliminer les feuilles jaunes et abîmées.

Variétés
'Géant d'Hiver' est une variété populaire pour l'hiver, qui se sème à l'automne. Très fiable, rustique, elle produit une abondance de grandes feuilles vert foncé.
'Émilia F1' est une variété à semer d'avril à juin, à feuilles tendres, à consommer fraîches ou en jeunes pousses.
'Matador' est à semer au printemps pour une récolte d'automne-hiver. Cette variété est très lente à monter en graines.

Fenouil

- **Le fenouil cultivé, ou fenouil doux *(Foeniculum dulce)*, est plus petit que le fenouil commun, dont on utilise les graines et les feuilles.**
- **C'est la base renflée de la tige du fenouil cultivé, au goût anisé, qui se consomme, crue en salade ou cuite (braisée ou à la vapeur).**
- **Les graines donnent du goût aux gâteaux, aux soupes et aux pains. Les très jeunes feuilles font de bonnes salades.**
- **On peut utiliser le fenouil comme culture dérobée en raison de sa végétation brève.**

Calendrier
Semis : avril-mai.
Récolte : en été, au fur et à mesure des besoins.
Échelonnez les semis pour étaler les récoltes.

Sol et emplacement
Léger, frais, mais bien drainé, si possible fertilisé pour une culture précédente. Dans un emplacement chaud, ensoleillé et abrité.

Semis et plantation
- Semez en pleine terre, à 1 cm de profondeur, en poquets, dans des sillons espacés de 30 cm ; éclaircissez dès que les plants ont 4 ou 5 feuilles, en gardant 1 plant par poquet. Recouvrez de terre, tassez le sol et arrosez pour maintenir le sol humide jusqu'à la levée.

Entretien
Binez pour créer une couche protectrice isolante. Arrosez sans excès, mais souvent, surtout l'été. Lorsque les bulbes ont la taille d'un œuf, buttez-les jusqu'à mi-hauteur pour qu'ils restent blancs.

Récolte
Coupez les bulbes au ras du sol lorsqu'ils atteignent la taille d'un poing. Coupez les tiges pour utiliser les jeunes feuilles en salade. Avant les premières gelées, arrachez les fenouils avec leurs mottes de terre pour passer l'hiver à l'abri dans du sable.

Variétés
'De Florence' produit des bulbes tendres, doux et très parfumés. C'est une variété très productive, plutôt pour les climats doux, à semer de début juillet à début août.
'Doux précoce d'été' est adapté aux climats frais ou rudes ; à semer de début mai à fin juin, et à récolter dès la formation du bulbe.
'Zeva Fino' est l'une des variétés les plus réputées en Europe. Cette variété précoce aux bulbes blancs et légèrement aplatis peut être semée dès le printemps sans monter en graines.

Fève

- **Les plantes semées fin octobre peuvent être récoltées en juin.**
- **Les plantes ayant passé l'hiver en terre résistent mieux aux pucerons.**
- **Afin d'éviter les attaques de pucerons, cultivez de l'aneth entre les rangs.**
- **On consomme les fèves crues, à semi-maturité, à la croque-au-sel ou au beurre, cuites au lard, à la crème, en potages ou en purées.**

Calendrier
Semis : de février à mai ou en automne au sud de la Loire.

Récolte : de juin à octobre.

Sol et emplacement

Les fèves préfèrent un sol riche, profond, pas trop sec, et enrichi en fumier bien mûr.

Elles apprécient d'être plantées dans un emplacement ensoleillé et abrité, dans un sol humide, bien drainé.

Semis et plantation

• Semez en sillons de 7,5 cm de profondeur dans un sol sableux et dans des trous de 7,5 cm de profondeur en sol lourd.

• Déposez les graines une par une, espacées de 15 à 20 cm, en rangs distants de 45 cm.

• Arrosez abondamment et tassez le sol, sans excès.

Entretien

Quand les plantes atteignent quelques centimètres de haut, buttez les tiges. Binez la terre entre les plants pour créer une couche protectrice isolante et éliminer les mauvaises herbes. Dès que les fleurs s'ouvrent, pincez les pousses du haut pour éliminer les pucerons noirs de la fève. Arrosez abondamment et installez un tuteurage.

Récolte

Selon les variétés et la date de plantation, les fèves se récoltent de juin à octobre, de 12 à 16 semaines environ après les semis de printemps et de 28 à 35 semaines après les semis d'hiver. Cueillez les gousses une par une, quand elles sont fermes. Après la récolte, rabattez les plantes au ras du sol et laissez les racines enfouies : elles sont riches en azote et vont enrichir le terrain.

Variétés

'D'Aguadulce à très longue cosse', à semer de novembre à mars, est très précoce. Nécessite peu ou pas de fumure.

'De Séville à longue cosse' est précoce, à très nombreuses gousses de 6 ou 7 gros grains.

'Witkiem', à semer en février-mars, est une variété résistante, productive, à gousses longues.

Haricot d'Espagne

• Le haricot d'Espagne est de culture facile.

• À la fois décoratif et utile, il peut servir d'écran ou de brise-vent pour d'autres cultures.

• Vous pouvez le semer directement dans des planches préparées ou sous châssis.

Faites tremper les graines quelques heures avant le semis.

Calendrier

Semis : d'avril à juin.

Récolte : de juillet à octobre.

Sol et emplacement

Les haricots d'Espagne apprécient un sol moyen à léger.

Les sols calcaires doivent être bien drainés. Incorporez beaucoup de fumier bien mûr.

Certains jardiniers creusent une tranchée de 60 cm de large et de 25 cm de profondeur pour semer les haricots d'Espagne en automne et l'utilisent comme fosse à compost.

Semis et plantation

• Préparez une tranchée de 60 cm de large et de 25 cm environ de profondeur, et mettez-y une bonne couche de fumier bien décomposé, puis recouvrez de terre. Préparez les rames ou les tipis.

• Pour élever les semis sous abri, placez les graines dans des pots de compost en avril-mai. Repiquez en mai en espaçant les pieds de 15 cm.

• Si vous préférez semer directement en place, attendez mai-juin pour semer dans des trous de 5 cm de profondeur, espacés de 13 à 15 cm environ.

Entretien

Décroûtez le sol à la binette pour créer une couche protectrice isolante. Par temps sec, posez un paillis de fumier sec ou de paille de part et d'autre du rang pour retenir l'humidité. Arrosez en pluie fine le soir. Pincez les extrémités dès qu'elles arrivent au sommet de la structure des rames.

Récolte

Récoltez de juillet à octobre. Cueillez quand les gousses sont jeunes et fines, quand on commence à sentir la forme des haricots. Plus vous en prélevez, plus vous en récolterez. Cueillez donc aussi souvent que possible, car si vous laissez les gousses parvenir à maturité, la plante arrêtera d'en produire.

Variétés

'Scarlet Emperor', aux grains énormes, violet pourpre mouchetés de noir et aux fleurs rouge vif, peut atteindre 4 m de haut. Les grains se consomment frais, demi-secs ou secs. Variété appréciant les climats frais.

'Énorma' produit de très longues gousses aux grains violet panaché de noir. Variété très productive.

'Streamline', aux gousses étroites de 30 cm de long et aux grains violet panaché de noir. Variété adaptée aux sols lourds.

Haricot en grains

• De la même espèce que les haricots verts, ce sont des variétés sélectionnées pour produire des graines volumineuses et savoureuses, que l'on consomme sous forme de grains frais, avant que les gousses soient complètement mûres, ou secs, à maturité complète.

• Particulièrement riches en protéines (9 g pour 100 g), les haricots blancs sont également riches en glucides, en sels minéraux et en fer.

• Faites tremper les graines 24 heures avant le semis pour accélérer la germination.

Calendrier

Semis : avril-mai jusqu'à mi-juin pour les haricots à manger en grains secs et jusqu'à mi-juillet pour les haricots à manger en grains frais.

Récolte : de juin à octobre.

Faites des semis échelonnés pour étaler la récolte.

Sol et emplacement

Les haricots à écosser apprécient un sol sain, ameubli, frais, léger et humifère, et un emplacement chaud, ensoleillé et abrité.

L'idéal est de les planter dans un sol bêché en profondeur et abondamment fertilisé pour une culture précédente.

Émiettez bien la terre par griffage et ratissage. Pour semer, attendez que le sol soit suffisamment réchauffé – au minimum 10 °C pour les grains de couleur et au moins 12 °C pour les grains blancs.

Semis et plantation

• Semez dans des sillons de 5 cm de profondeur, espacés de 40 cm pour les variétés naines et de 70 cm pour les variétés grimpantes, en poquets de 5 ou 6 graines tous les 40 cm ou à raison d'une graine tous les 5 à 7,5 cm.

• Prévoyez des planches de 2 ou 3 rangs au maximum afin de que l'aération soit parfaite.

• Dès que les haricots en grains ont levé, étalez un paillis de fumier bien mûr de part et d'autre des rangs.

Entretien

Quand les plantes atteignent quelques centimètres de hauteur, buttez les tiges pour les protéger du gel et des courants d'air. Binez et étalez un paillis de fumier bien sec et arrosez généreusement au niveau des racines. Tuteurez les variétés grimpantes.

Récolte

Selon la variété et la date de plantation, commencez la cueillette à partir de juillet. Récoltez les haricots en grains frais dès que les gousses sont bien pleines et les haricots secs à maturité.
Laissez les cosses sécher sur les plantes et, par mauvais temps, à l'intérieur, accrochées tête en bas, au chaud et dans un lieu aéré.

Variétés

'Big Borlotto langue de feu', variété italienne de haricot nain, très productive, à larges gousses et à gros grains ronds, blancs striés de rouge.
'Soissons vert à rames', très productif, à consommer en grains frais ou secs. Gros grains vert clair, peau très fine, chair épaisse, onctueuse et savoureuse. Bonne conservation.
'Crochu de Montmagny', variété de haricot à rames, productive et résistante. Donne de petits haricots rouge grenat, à chair tendre, de bonne qualité gustative, qui se consomment en grains secs. Excellente conservation.

Haricot vert

• On peut récolter les haricots verts plus tôt que les haricots d'Espagne. À maturité, ils peuvent être séchés et conservés pour l'hiver.
• Vous pouvez allonger la saison en protégeant les plantes par des voiles de protection ou des feuilles de plastique.
• Un bon choix si vous n'avez pas beaucoup de place.

Calendrier

Semis : d'avril à juillet (avril-mai pour les variétés précoces, mai-juin pour les variétés de saison, juin-juillet pour les variétés tardives).
Récolte : de juin à octobre.

Sol et emplacement

Les haricots verts poussent bien en sol léger, dans un emplacement ensoleillé et abrité du vent et des courants d'air.
L'idéal est de les planter dans un sol bêché en profondeur et abondamment fertilisé pour une culture précédente.
Faites un apport de chaux avant le semis pour neutraliser l'acidité du sol.
Dès que les plants ont levé, étalez un paillis de fumier bien mûr de part et d'autre des rangs.

Semis et plantation

• Semez dans des sillons de 5 cm de profondeur, espacés de 45 cm, à 5 ou 7,5 cm de distance.
• Arrosez abondamment.

Entretien

Quand les plantes atteignent quelques centimètres de hauteur, buttez les tiges pour les protéger du gel et des courants d'air. Binez et étalez un paillis de fumier bien sec et arrosez généreusement au niveau des racines pendant at après la floraison. Tuteurez les variétés grimpantes.
Protégez les récoltes précoces et tardives par des cloches ou un tunnel.

Récolte

Quand les haricots sont fermes, prélevez-les. Inspectez les plantes tous les 2 jours au moins, car les haricots se développent rapidement.

Variétés

'Triomphe de Farcy', l'une des meilleures variétés de haricot nain, aux gousses ultrafines à cueillir jeunes.
'Cupidon', variété de haricot nain vigoureuse, avec une production groupée facile à récolter. Gousses fines, de 15 à 20 cm, vertes, sans fils, grains marbrés brun-beige, à récolter jeunes ou en mangetout.
'Goldmarie', variété de haricot mangetout à rames, très précoce, productive, sans fil ni parchemin. Excellente qualité gustative.

Laitue

• On peut cultiver des laitues presque toute l'année et faire des cultures intercalées de plusieurs variétés.
• On distingue les laitues pommées (de printemps, d'été, d'automne et d'hiver) et les laitues à couper.
• Elles peuvent aussi se manger cuites comme des épinards, ou accompagner les petits pois à l'étouffée.
• Les batavias et les romaines sont des laitues.

Calendrier

Laitues de printemps
Semis : février-mars sous châssis, repiquage à 4 ou 5 feuilles, à 25 ou 30 cm de distance.
Récolte : avril-mai.
Laitues d'été et automne
Semis : de mars à juin.
Récolte : de mai à octobre.
Laitues d'hiver
Semis : août-septembre.
Récolte : mars-avril.

Sol et emplacement

Les laitues apprécient un sol léger, meuble, bien drainé, gardant bien l'humidité, enrichi et sableux.
Un bon moyen de les cultiver consiste à construire des carrés surélevés, entourés de planches de bois et remplis avec un mélange de terreau sableux, de compost et de fumier bien sec.

Semis et plantation

• Semez clair en sillons de 12 mm de profondeur, espacés de 25 à 30 cm. Tassez le sol et arrosez à la pomme fine. Protégez avec une vitre ou une feuille de plastique, puis éclaircissez les semis à 30 cm.
• Éclaircissez à 25 cm environ pour des plantations en quinconce.
• N'éclaircissez pas les semis de laitues à couper pour éviter qu'elles ne montent en graines.

Entretien

Binez pour créer une couche protectrice isolante. Installez un réseau de fils de coton noir au-dessus des plantes pour les protéger des oiseaux. Continuez les arrosages, surtout par temps sec.

Récolte

Les récoltes s'échelonnent de mars à octobre, les variétés se succédant. Si vous protégez votre récolte avec un voile de protection, vous pourrez semer un peu plus tôt et récolter plus tard. Selon les variétés, on coupe d'abord les feuilles extérieures, puis on continue au fur et à mesure des besoins (laitue à couper), ou on coupe dès la formation de la pomme (laitue pommée).

Variétés

Laitue 'Merveille des 4 saisons', variété résistante au froid et à la sécheresse, pour culture de printemps, d'été et d'automne. Grosse pomme rouge-brun.
Laitue batavia 'Reine des Glaces', variété à croissance rapide pour les semis de printemps et d'été, s'utilise aussi comme laitue à couper. Pomme serrée à feuilles croquantes et à graines noires.
Laitue romaine 'Grise maraîchère', très

hâtive, réussit bien sous abri. Semis de décembre à avril pour une récolte de fin d'hiver à printemps.

Lentilles

• Les lentilles sont riches en glucides, en protéines et en fer.
• Elles cuisent plus vite que les autres légumes secs et sont délicieuses.
• Conservez les graines dans leur cosse et battez-les au fur et à mesure des besoins.

Calendrier

Semis: mars-avril.
Récolte: dès juillet.

Sol et emplacement

La lentille apprécie un sol léger et sablonneux, un peu calcaire, bien drainé, fertile, ni trop humide ni trop compact, et un emplacement ensoleillé, mais pas trop chaud.

Semis et plantation

• Semez en place en mars-avril, en poquets de 6 à 8 graines dans des sillons distants de 35 à 40 cm.
• Recouvrez les graines de terre finement émiettée.

Entretien

Binez pour créer une couche protectrice isolante et pour éliminer les mauvaises herbes.
Arrosez, surtout en cas de sécheresse prolongée.
Buttez lorsque les plantes sont suffisamment hautes. Afin d'éviter que les plantes ne se couchent sur le sol, tendez quelques fils sur chaque rang.

Récolte

Dès fin juillet, avant l'arrivée à maturité des graines, lorsque les plantes commencent à flétrir, arrachez les pieds, puis laissez-les sécher sur place. Suspendez-les ensuite en bottes pour le séchage.

Variétés

'Verte du Puy', très productive, est la plus célèbre.
'Large blonde' donne de grosses graines.
'Lentillon rose de Champagne', a un goût très délicat.

Mâche

• Facile à cultiver, la mâche ne demande aucun traitement particulier.
• Elle est riche en vitamines C et B9 et en fer.
• Elle est idéale en culture dérobée.
• Associez la mâche à des cultures d'hiver (poireau, chou, etc.) en la semant à la volée entre les rangs, puis enterrez les graines à la griffe.
• La mâche passe l'hiver en terre et se ressème toute seule les années suivantes.

Calendrier

Semis: de juillet à octobre.
Récolte: de septembre à mars.

Sol et emplacement

Consistant, bien drainé, riche, ferme, non bêché, simplement ratissé. La mâche supporte l'ombre.

Semis et plantation

• Semez directement en place, en sillons de 1 cm de profondeur, distants de 20 cm, en espaçant les graines de 0,5 cm environ, ou à la volée, sur des sillons larges.
• Recouvrez d'une très fine couche de terre, puis tassez bien le sol.
• Faites des semis échelonnés pour bénéficier de récoltes étalées. Semez d'abord les variétés à grosses graines, sensibles aux gelées et destinées aux récoltes d'automne.
• Semez ensuite les autres variétés jusqu'à mi-octobre, pour les récoltes d'automne et d'hiver.

Entretien

Étalez un fin paillis d'herbes sèches pour retenir l'humidité et la fraîcheur.
Binez régulièrement pour éliminer les mauvaises herbes.

Récolte

Cueillez les feuilles au fur et à mesure des besoins (de préférence avant la floraison), en coupant les rosettes bien développées au-dessus du collet, ce qui déclenche la production de nouvelles rosettes.

Variétés

'À grosses graines de Hollande' est rustique et très productive, à grosses feuilles.
'Verte d'Étampes' est résistante au froid, à petit développement. Semis de début août à mi-septembre.
'Coquille de Louviers' produit une petite rosace de feuilles vert foncé à texture très fine. Très bonne résistance au froid.

Maïs

• C'est une bonne culture pour permettre aux enfants de se lancer dans le jardinage.
• De nouvelles variétés peuvent aujourd'hui être cultivées en climat frais, avec beaucoup de soin.
• Les nouvelles variétés hybrides doivent être cultivées à distance les unes des autres pour éviter des pollinisations croisées.
• Le maïs est délicieux cuit, enduit de beurre persillé ou accompagné d'une sauce à la crème.

Calendrier

Semis: avril-mai.
Plantation: mai-juin.
Récolte: de juillet à octobre.

Sol et emplacement

Le maïs apprécie un sol bêché en profondeur, léger à sableux, et un emplacement ensoleillé et abrité.
L'automne précédant le semis, enfouissez de grandes quantités de compost mélangé à du fumier bien mûr.
Si le sol se dessèche, arrosez abondamment et couvrez d'un paillis de fumier bien décomposé.

Semis et plantation

• Semez en pots de tourbe, à raison d'une graine germée par pot, disposez sous une vitre ou une feuille de plastique et arrosez abondamment.
• Avant de repiquer, endurcissez les plantes en les mettant à l'extérieur dans un endroit ensoleillé et abrité.
• Pour insérer les pots de tourbe, creusez des trous distants de 30 à 45 cm, organisés en carrés. Arrosez quand les pots sont en place.

Entretien

Binez pour créer une couche protectrice isolante. Par temps sec, arrosez et couvrez le sol d'un épais paillis.

Récolte

Récoltez environ 15 semaines après le semis, quand les « soies » brunissent. Coupez les épis d'un vif mouvement tournant et descendant.

Variétés

'Sucré Lark', à la texture douce, est très sucré. Ne pas l'isoler des autres variétés.
'Minor F1' donne de petits épis, pour la cuisine chinoise et les ragoûts en cocotte.
'Golden Bantam' est une variété semi-précoce aux beaux épis jaunes, savoureux et sucrés.

Melon

• Le melon est riche en vitamine C, en potassium, en calcium et en magnésium.
• Il a besoin de beaucoup de chaleur pour fructifier (de 25 à 30 °C) ; il lui faut donc une protection constante en climat frais. Dans les régions froides, il peut être préférable de le cultiver entièrement en serre.
• Réduisez les arrosages quand les fruits mûrissent.

Calendrier

Semis : mars-avril sous abri.
Plantation : mai-juin (après les gelées).
Récolte : de juillet à septembre.

Sol et emplacement

Le melon apprécie un sol profond, riche en matières organiques, plutôt calcaire, dans un emplacement chaud et ensoleillé.

Semis et plantation

• Semez en godets, à raison de 2 graines par godet de 6 à 8 cm, en posant la graine sur le côté.
• Éclaircissez si nécessaire à 1 plant par godet. Conservez au chaud jusqu'au repiquage en pleine terre, environ 7 semaines après le semis, quand tout risque de gel est écarté.
• En climat frais, réchauffez la terre en posant un tunnel avant la plantation.
• Repiquez en mai-juin sur une butte de 4 cm, puis arrosez sans tasser.

Entretien

Par temps sec, arrosez bien. Posez un paillis d'herbes sèches, de paille ou de compost au pied, pour réduire l'évaporation. Protégez du froid, puis du soleil dès que les fruits apparaissent.
Pincez l'extrémité des tiges florales en ne laissant que 2 feuilles après la fleur, et ne gardez que 4 ou 5 fruits par plant.

Récolte

De juillet à septembre, lorsque les fruits sont denses et que le pédoncule commence à jaunir. Cueillez les fruits dès qu'ils sont à maturité, pour ne pas fatiguer les plantes inutilement.

Variétés

'Cantaloup noir des Carmes' est hâtif, de culture facile. Donne des fruits de 1 kg à 1,5 kg en moyenne, à la chair orange, épaisse, sucrée et parfumée.
'Romulus F1', variété semi-précoce pour cultures précoces et de saison. Beau fruit rond, chair ferme, colorée, sucrée et parfumée.
'Vieille France', pour un semis fin mai, se cultive facilement en pleine terre, sans taille ; il produit de beaux fruits juteux et très parfumés, avec un cycle végétatif assez court pour être cultivé au nord de la Loire.

Navet

• Certaines variétés se cultivent en 6 semaines.
• On peut manger les fanes comme légumes verts.
• Choisissez bien vos variétés, elles peuvent être très différentes.

Calendrier

Semis : février-septembre.
Récolte : à partir d'avril et tout au long de l'année.

Sol et emplacement

Les navets apprécient un sol riche, léger, sablonneux, retenant bien l'humidité.
Ils aiment par-dessus tout un emplacement dégagé, à mi-ombre, à l'abri des vents dominants.
Si vous avez le choix entre deux emplacements, l'un collant et calcaire, et l'autre sec et sablonneux, choisissez le terrain sableux et améliorez-le.
Le sol doit être travaillé en profondeur, enrichi en fumier et en compost, et humide.

Semis et plantation

• Semez à 12 mm de profondeur, en sillons espacés de 25 à 30 cm. Semez clair et couvrez d'un plastique ou d'une vitre.
• Tassez le sol et arrosez abondamment.
• Quand les plantules sont assez développées pour être manipulées, éclaircissez pour ne conserver que les plus beaux plants, espacés de 7,5 cm, puis de 15 cm. Arrosez avant et après l'éclaircissage.

Entretien

Binez pour créer une couche protectrice isolante. Faites attention de ne pas abîmer le collet des navets, ce qui pourrait provoquer un chancre ou une pourriture des racines de la violette. Arrosez peu, mais fréquemment.

Récolte

Arrachez à partir du mois d'octobre et tout l'hiver, environ 2 mois après le semis (5 semaines après le semis pour les variétés précoces ou de 6 à 10 semaines pour les variétés tardives). Les navets précoces s'arrachent quand ils atteignent 4 ou 5 cm de diamètre. Pour les navets tardifs, attendez qu'ils aient la taille d'une balle de tennis.
Les fanes se récoltent au printemps. Rabattez de 10 à 15 cm pour obtenir une nouvelle récolte de feuilles.
Prélevez les racines au fur et à mesure des besoins. Mangez-les jeunes et tendres. Pour le surplus, retirez les feuilles et gardez les racines dans de la tourbe, dans des bacs en plastique. Les variétés à racines longues peuvent rester en terre tout l'hiver, avec une protection.

Variétés

'Jaune Boule d'Or', variété populaire de printemps, à chair ferme, sucrée, d'excellente qualité et très parfumée.
'De Milan rouge', précoce, à racine moyenne, aplatie, lisse, de 10 cm de diamètre sur 5 cm d'épaisseur, blanc pur en terre et rouge violacé vif au collet. Chair tendre, douce, de saveur agréable.
'Blanc Globe à collet violet', pour culture d'automne et d'hiver, résistant au froid, à chair blanche, ferme et sucrée, de bonne tenue.

Oignons et échalotes

• Si vous appréciez les oignons et les échalotes, il vous en faut plusieurs variétés, à consommer crues dans les salades ou cuites dans diverses recettes.
• On peut les cultiver par semis ou à partir de caïeux (petits bulbes) ; cette dernière méthode est plus rapide, mais revient plus cher.
• En vous organisant bien et en plantant diverses variétés d'oignons et d'échalotes, vous les récolterez de juin à octobre.

Calendrier

Culture à partir des caïeux (oignons et échalotes)
Plantation : de février à avril.
Récolte : de juin à septembre.
Semis d'oignons à récolter l'été et à consommer frais
Semis : de février à avril.

Récolte : de juin à octobre.
Semis d'oignons jaunes de conservation
Semis : d'août à octobre.
Récolte : de juin à septembre.

Sol et emplacement

Les oignons apprécient un sol léger, fertile, humide, meuble bien drainé, sableux, bêché en profondeur et enrichi. Évitez les terres humides et choisissez un emplacement ensoleillé.
Si votre sol est sableux, ajoutez de l'argile. Si, au contraire, il est lourd et collant, mettez plus de sable.
Idéalement, le fumier devrait avoir été incorporé à l'automne pour que le terrain soit prêt aux semis de printemps ; en effet, oignons et échalotes craignent le contact avec une fumure fraîche.
Certains affirment qu'il n'y a pas mieux pour les oignons qu'une fumure en surface composée d'un mélange de fumier de volailles séché et de sable.

Semis et plantation

- **Oignons blancs :** de février à avril, semez clair, en lignes distantes de 25 à 30 cm, à 12 mm de profondeur environ ; à peu près 2 mois et demi après le semis, éclaircissez à 2,5-5 cm, selon les variétés.
- **Oignons jaunes de conservation :** en août-septembre, semez clair, en lignes distantes de 25 cm, à 12 mm de profondeur environ, puis éclaircissez à 5 cm.
- **Plantation de caïeux d'oignons et d'échalotes :** de février à avril, plantez-les espacés de 5 à 10 cm, en rangs distants de 25 à 30 cm.
- **Oignons géants :** en février, semez en terrines et gardez sur un rebord de fenêtre. Repiquez en avril, à 7,5 cm de distance, en rangs espacés de 30 à 40 cm.

Entretien

Binez pour créer une couche protectrice isolante. Par la suite, avec les doigts, dégagez la terre afin que la partie supérieure des bulbes en développement affleure la surface du sol. Inutile d'arroser, mais continuez à biner afin de réduire l'évaporation de l'eau. Pour prévenir des maladies, apportez régulièrement une fumure bien décomposée.

Récolte

Les oignons se récoltent en mai-juin (oignons blancs primeurs), puis en septembre. Prélevez les oignons blancs au fur et à mesure des besoins. Pour faire sécher les variétés de garde, commencez par coucher le feuillage sur le sol, à la main ou avec le râteau, pour déclencher l'arrêt de la végétation ; quand le feuillage est bien sec, extrayez les oignons à la fourche-bêche et laissez-les sécher au soleil. Rangez-les ensuite dans des cagettes, ou tressez-les, et entreposez-les dans un endroit sec, à l'abri du gel.

Variétés

'Blanc de Paris', oignon blanc résistant, demi-précoce, très rustique et de très grand rendement. Pour une culture de printemps ou d'automne.
'Rouge de Brunswick' est aplati et tardif ; il se conserve bien.
'Jaune paille des Vertus', le plus cultivé, est précoce, productif, avec des bulbes de 10 cm environ, d'excellente conservation.
'Ailsa Craig', oignon géant au très gros bulbe à saveur douce et sucrée.
Échalote 'Vigarmor', variété tardive, à planter de mi-février à avril, productive, aux bulbes demi-longs, rose cuivré, à chair blanc rosé, parfumée, bonne conservation.

Oseille

- **Consommez-la crue, en salade, par exemple mélangée à des épinards, ou cuite, à la vapeur, à l'étuvée, en tartes, dans les omelettes, ou, bien sûr, en soupe.**
- **L'oseille est riche en vitamine C, en fer, en oméga 3 ; elle apporte 3 g de fibres et 2 g de protéines pour 100 g.**
- **L'oseille fait bon voisinage avec les plantes aromatiques et les épinards et peut rester en place plusieurs années.**
- **Un pied d'oseille peut atteindre 0,90 m.**

Calendrier

Semis : de mars à juin.
Récolte : dès avril et toute l'année.

Sol et emplacement

L'oseille aime un sol fertile, frais, léger, humide, et un emplacement à mi-ombre.
Arrosez généreusement par temps sec et épandez un paillis de compost en automne.
Pour éviter que l'oseille ne se montre trop envahissante, vous pouvez enterrer des bâches de plastique avant la plantation afin d'y contenir les racines.

Semis et plantation

- Dans un sol enrichi en compost, semez directement en place, assez clair, en sillons de 2,5 cm de profondeur, dans des rangs distants de 30 cm, puis recouvrez de 1 cm de terre et tassez bien.
- Éclaircissez d'abord à 15 cm, puis à 40 cm lorsque les plants ont atteint 10 cm de haut.

Entretien

Binez pour créer une couche protectrice isolante et empêcher les mauvaises herbes de pousser. Arrosez si nécessaire, surtout par temps sec. Étalez un paillis à l'automne. Enlevez les fleurs dès l'apparition des boutons pour diminuer l'âcreté des feuilles et encourager la production de nouvelles feuilles.

Récolte

Cueillez tout au long de l'année, au fur et à mesure des besoins, mais avant la floraison. Il faut consommer les feuilles aussitôt, car elles fanent vite.

Variétés

'Commune de Belleville', à grandes feuilles.
« Oseille-épinard », ou *Rumex patientia*, est une espèce un peu différente, de plus grande taille, un peu moins acide, aux feuilles minces et allongées.

Panais

- **Les panais sont rustiques et très faciles à cultiver.**
- **La germination demande un certain temps, soyez patient.**
- **Ils sont délicieux en purée, en soupe ou en gratin, mais aussi dans les ragoûts, potées et pots au feu.**
- **On peut les laisser en terre tout l'hiver et les arracher pour les manger à l'automne suivant.**

Calendrier

Semis : de février-mars à juin.
Récolte : de septembre à février.

Sol et emplacement

Les panais apprécient un sol bêché en profondeur, meuble, bien drainé, fertile.
Ils préfèrent un sol amendé pour une culture précédente.
Faites attention, si vous utilisez du fumier frais, les racines seront fourchues ou souffriront de chancres.
Des variétés courtes conviennent mieux en sol caillouteux.

Semis et plantation

- Semez en poquets de 3 ou 4 graines, à 15 cm de distance, dans des sillons de 2 cm de profondeur espacés de 20 à 25 cm.
- Tassez le sol et arrosez généreusement.
- Quand les plantules sont assez développées pour être manipulées, éclaircissez pour ne conserver que le plant le plus robuste de chaque groupe.

Entretien

Émiettez le sol à la binette pour créer une couche protectrice isolante. Faites très attention de ne pas érafler ni d'écorcher la partie émergée des racines, car ce genre de blessure provoque souvent une pourriture des racines ou un chancre. Arrosez peu, mais souvent, pour éviter l'alternance de sécheresse et d'humidité qui provoque les racines fourchues.

Récolte

Comptez environ 4 ou 5 mois après le semis pour récolter les panais, mais ils peuvent rester enterrés plus longtemps. Comme les racines résistent au gel, vous pouvez les laisser en terre tout l'hiver et récolter les panais selon vos besoins. Arrachez les dernières racines en février, avant qu'elles forment un cœur dur et ligneux. Sortez-les de terre à la fourche, en faisant attention de ne pas briser l'extrémité des racines.

Variétés

'Demi-long de Guernesey' est une variété très ancienne, aux racines assez trapues, blanches et lisses, au collet assez plat. Très bonne productivité.
'White Gem' produit des racines blanches de taille moyenne. Très bonne saveur. Variété très vigoureuse, bien adaptée aux sols lourds.
'Javelin F1' est un hybride, qui donne des racines longues et bien blanches, de forme régulière.

Poireau

- **Les poireaux doivent être buttés et blanchis comme le céleri.**
- **Ils sont appréciables en hiver, quand peu de légumes sont disponibles.**
- **Les variétés sont très diverses par la taille et le goût, plus ou moins prononcé.**
- **Les poireaux d'été sont de croissance rapide, mais moins résistants au froid.**

Calendrier

Semis : de février à mai.
Plantation : de mai à août.
Récolte : d'août jusqu'au printemps suivant.

Sol et emplacement

Les poireaux préfèrent un sol bêché en profondeur, humide, bien drainé et bien amendé.
Faites des trous ou des tranchées et placez les poireaux dans un mélange de compost et de fumier bien mûr, avec de la terre sur les côtés, afin qu'elle soit disponible pour le buttage.

POUR LES « CUISTOTS »

Poireau perpétuel à gousses

C'est un poireau indigène (appelé aussi poireau sauvage ou poireau de vigne) qui se multiplie par bulbilles, et reste en place pendant plusieurs années. Plus mince que les variétés cultivées habituellement, il est doux, très parfumé et se consomme cuit, en vinaigrette, gratiné, en tarte, dans les potages et potées, comme les autres variétés. Il est très rustique.

CULTURE. De septembre à fin novembre, dans une terre fraîche et riche, plantez des bulbilles à 15 cm de distance, en rangs espacés de 35 cm. Le poireau se forme dans le courant de l'été suivant. Récoltez les feuilles au fur et à mesure des besoins, elles repoussent après chaque récolte. Arrosez fréquemment en pluie fine.

Vous pouvez même récolter des bulbilles chez vous : laissez grossir quelques pieds et, à l'apparition de la fleur, coupez la tête et laissez la tige se dessécher. Fin août, récoltez les bulbilles qui se sont formées au pied. Laissez-les sécher plusieurs jours en cagettes, dans l'obscurité. Mettez en place dès que le germe paraît.

Semis et plantation

- **Semis précoces :** semez fin février en terrines, sous châssis ou sous tunnel. Repiquez à 5 cm et plantez à l'extérieur en mai.
- **Récolte principale :** semez clair en avril-mai, en sillons de 12 mm de profondeur, espacés de 25 à 30 cm. Arrosez à la pomme fine. Éclaircissez à 2,5 cm.
- Habillez les plants avant le repiquage (voir p. 91). Repiquez en juillet-août par une journée humide, sans soleil, dans des trous de 15 cm de profondeur, espacés de 15 cm, en rangs distants de 30 cm. Placez une plantule dans chaque trou, et complétez avec de l'eau.

Entretien

Binez pour créer une couche protectrice isolante. Quand les plantules repiquées sont bien fixées, entourez-les de paille coupée ou de fumier bien mûr, puis buttez-les chaque semaine à la binette. Répétez l'opération toute la saison, jusqu'à ce que toute la plante, sauf le sommet, soit enterrée. Arrosez fréquemment.

Récolte

En général 5 mois après le semis, selon la variété et le mode de culture (les semis précoces se récoltent d'août aux gelées et les autres jusqu'au printemps). Lorsque les feuilles sont assez développées, avant que la tige monte, arrachez les poireaux avec une fourche-bêche.

Variétés

'Monstrueux de Carentan', vieille variété d'hiver, très rustique et productive.
'De Saint-Victor', poireau d'hiver à gros fût court, résistant aux grands froids, lent à monter en graines au printemps.
'Jaune gros du Poitou', poireau d'été très productif, au feuillage clair. Précoce et de croissance rapide.

Pois

- **Les enfants raffolent des petits pois fraîchement écossés.**
- **Avec des semis échelonnés – hâtifs, précoces et de saison –, vous en mangerez du printemps à l'automne.**
- **Si vous cultivez des pois mangetout (ou pois gourmands), dont la gousse ne forme pas de parchemin, vous pourrez même manger les cosses.**
- **Les pois à grain rond résistent**

mieux au froid que ceux à grain ridé. Ils se sèment plus tôt et sont plus hâtifs. Les pois à grain ridé se sèment plus tard, mais ils restent tendres plus longtemps.

Calendrier

Semis : de mars à juillet selon les variétés.
Récolte : de juin à octobre.

Sol et emplacement

Les variétés précoces poussent mieux dans un sol sableux, tiède et sec, tandis que les variétés de mi-saison préfèrent un sol plus riche.

Attention, si vous ajoutez du fumier frais, les pois vont se développer de manière incontrôlée, tout en feuilles, et produire très peu de gousses.

Les pois ont besoin de beaucoup d'humidité. Si les plantes commencent à se dessécher, trempez-les et couvrez-les d'un paillis de vieux fumier bien mûr.

Semis et plantation

- De février-mars (dès que la terre atteint 10 °C) à avril pour les variétés à grains ronds, et de mars à juillet pour les variétés à grains ridés, faites des semis échelonnés tous les 10 jours.
- Semez à 5 cm de profondeur, en espaçant les graines de 12 à 15 cm, en sillons distants de 35 cm à 1,20 m selon les variétés.
- Tassez le sol et arrosez abondamment.
- Protégez les semis contre les oiseaux par des brindilles, un grillage ou un filet, et installez des supports (rames, grillage ou filet à pois).

Entretien

Binez la surface du sol pour émietter la croûte et constituer une couche protectrice isolante, surtout par temps sec. Pendant les longues périodes de chaleur, trempez le sol et étalez une couche de fumier bien décomposé de part et d'autre du rang. Buttez les tiges 3 semaines après la levée des semis.

Récolte

Récoltez du début de l'été au milieu de l'automne : les pois à grains se récoltent 3 ou 4 mois après le semis, et les pois gourmands et mangetout, 3 mois après le semis. Cueillez les gousses encore jeunes, tous les 2 ou 3 jours, pour encourager la production.

Variétés

'Merveille de Kelvedon', pois nain à grain ridé, à grosse gousse bien remplie de grains tendres et sucrés. Se congèle bien.

'Douce Provence', pois nain à grain rond, très hâtif et productif. À grains sucrés, tendres, fruités.

'Roi des conserves', ancienne variété de pois à rames à grain rond. Comme son nom l'indique, convient aux conserves.

'Carouby de Maussane', pois gourmand demi-nain, à grains violets, à consommer en mangetout ou à écosser. Tardif, semis en mai-juin.

Poivron

- **Vous pouvez les planter directement dans des sacs de culture, ou les semer en terrines et les repiquer. Pour les protéger, installez un tipi de bambou au-dessus des plantes et enveloppez-les d'une feuille de plastique.**
- **La germination est parfois capricieuse : prévoyez deux fois plus de graines que de plants désirés.**
- **Du semis à la récolte, le poivron est exigeant en chaleur.**

POUR LES « CUISTOTS »

Piment

Le piment est de la même espèce que le poivron ; les deux plantes cousines ont évolué différemment, et le deuxième, en grossissant, a perdu son mordant.

CULTURE. Cultivez les piments comme les poivrons. Un pied suffit à vous assurer une production assez abondante pour relever tous vos plats Dans les régions fraîches, la culture en pots est une bonne solution. Choisissez 'Piment de Bresse', à petits fruits pointus, rouge brillant, de saveur fruitée, moyennement piquante.

Vous pouvez récolter les piments encore verts ou les consommer lorsqu'ils commencent à se colorer ; ils deviennent plus forts au fur et à mesure qu'ils avancent en maturité.

Consommables frais, émincés ou marinés, en sauce, en coulis ou en accompagnement de viandes froides, les piments se conservent aussi séchés, ou confits dans le vinaigre (voir la recette des cornichons au vinaigre p. 225) ou dans l'huile ; on peut aussi les congeler.

Calendrier

Semis : février-mars.
Plantation : mai-juin.
Récolte : de juin à octobre.

Sol et emplacement

Les poivrons apprécient un sol bien drainé, enrichi, et un emplacement ensoleillé et abrité.

Ce peut être une bonne idée de les planter en planches surélevées, entourées d'une feuille de plastique comme brise-vent.

Vous pouvez les planter en sacs de culture dans une petite serre ou en pots sous châssis ou sous une feuille de plastique.

Semis et plantation

- En février-mars, semez en terrines, dans un substrat pour plantes en pots humidifié, et protégez avec une vitre recouverte de papier journal.
- En avril, quand les plantules ont 2 feuilles, repiquez dans des pots de tourbe de 7,5 cm. Conservez-les à l'abri en aérant régulièrement pour endurcir les plants.
- Plantez à l'extérieur en mai-juin : quand les plantes sont bien développées, installez les pots de tourbe dans des pots de 23 cm et plantez-les à l'extérieur, éventuellement protégés par une cloche.

Entretien

Arrosez avant et après la plantation. Binez pour créer une couche protectrice isolante. Palissez sur des tuteurs. Étalez un paillis de fumier bien mûr ou de paille pour retenir l'humidité du sol.

Récolte

Récoltez dès que les fruits sont formés, de juin à octobre selon que vous voulez des poivrons rouges ou verts. Cueillez les fruits avec un couteau bien affûté.

Variétés

'Carré d'Asti jaune', variété très productive aux gros fruits jaune d'or. Chair ferme, croustillante et juteuse, douce et sucrée à maturité.

'Doux d'Espagne', très productif, aux fruits allongés, charnus, rouges.

'Doux très long des Landes', aux fruits

minces et longs, rouges à maturité. Goût excellent, peau très fine, doux, se consomme cru ou cuit.

Pomme de terre

• **Faciles à cultiver, elles sont aussi faciles à stocker.**
• **Riches en magnésium et en potassium, elles contiennent des vitamines B, C et P.**

Calendrier

Plantation des tubercules : d'avril à juin.
Récolte : de juin à octobre.

Sol et emplacement

Les pommes de terre ont besoin d'un sol bêché en profondeur, bien drainé, meuble, calcaire à sablonneux, et retenant bien l'humidité, dans un emplacement ensoleillé.
Un sol humide a tendance à donner des pommes de terre luisantes, un peu cireuses, légèrement jaunâtres, tandis que des pommes de terre cultivées en terre sablonneuse et sèche manquent souvent de consistance.
Un terrain en contrebas donnera de belles pommes de terre les années sèches, mais si le temps est humide, elles seront plus sensibles aux maladies.

Semis et plantation

• Mettez les tubercules à germer pour les récoltes primeurs. Dès février-mars, placez les pommes de terre de semence dans des caissettes, à l'abri, jusqu'à ce qu'elles aient produit un germe de 2,5 cm.
• **Plantations précoces :** en avril-mai, placez les tubercules germés, les bourgeons au-dessus, espacés de 30 à 40 cm, dans des sillons de 15 cm de profondeur distants de 60 à 75 cm. Couvrez les germes de terre.
• **Plantations sous protection :** en avril-mai, ratissez et arrosez le sol. Posez les tubercules germés à la surface, espacés de 40 cm, en rangs distants de 60 à 75 cm. Couvrez d'une butte de terre recouverte d'une bâche de plastique. Percez des trous à l'emplacement de chaque pied.

Entretien

Quand le feuillage apparaît, formez une butte de terre tout autour des plantes avec une binette. Répétez l'opération au cours de la croissance pour ne laisser émerger que quelques centimètres de feuillage. Par temps sec, étalez un paillis de fumier bien décomposé ou de paille coupée autour des pieds.

Récolte

Récoltez les pommes de terre 2 ou 3 mois après la plantation des variétés primeurs, 4 ou 5 mois après la plantation des autres.
Par temps sec, avec une fourche-bêche, arrachez la plante en partant de l'extérieur pour aller vers le centre. Laissez sécher les pommes de terre au sol, puis faites-en deux tas : les « belles » et les « abîmées » ; mangez les « abîmées » d'abord.
Arrachez les pommes de terre nouvelles au fur et à mesure des besoins. Stockez les surplus des pommes de terre de conservation en cageots peu profonds, dans un local hors gel, sec et sombre, ou dans un silo. Pour construire un silo, faites un tas de pommes de terre sèches et couvrez-le de paille, avec de la pomme de terre par-dessus.

Variétés

'Belle de Fontenay' est une variété très précoce, à l'excellente qualité gustative, pour frites ou pommes vapeur.
'Désirée' est une variété de saison, qui résiste bien à la sécheresse, à peau rose lisse et à chair jaune. Peut se cuire au four ou à l'eau, s'accommoder en purée et en salade, mais pas en friture.
'Ratte' est une variété tardive, à peau jaune, à chair jaune, ferme, d'excellente tenue à la cuisson. De faible rendement, elle est considérée comme l'une des meilleures pour la conservation et les qualités gustatives.

Potiron et courges d'hiver

• **Riche en vitamines B et C ainsi qu'en bêta-carotène, le potiron contient du calcium, du fer, du magnésium et beaucoup de fibres.**
• **Il fait partie de la même famille que les courgettes ; outre les potirons classiques, on distingue les potimarrons, les giraumons, le potiron doux d'Hokkaïdo.**
• **Certains fruits sont de taille modeste et d'autres atteignent plusieurs dizaines de kilos.**
• **Traditionnellement, on cultivait les potirons directement sur le tas de compost.**

Calendrier

Semis : en avril (sous abri).
Plantation : mai.
Récolte : septembre-octobre.

Sol et emplacement

Humifère, profond et bien drainé, dans un emplacement ensoleillé et chaud.

POUR LES « PROS »

Quinoa

En climat chaud, pourquoi ne pas essayer la culture du quinoa ? Cette plante herbacée qui a été la nourriture de base des peuples andins pendant des millénaires fournit un grain utilisé comme une céréale. Ses graines riches en protéines sont considérées comme les meilleures protéines végétales en raison de leur haute teneur en acides aminés.

Les graines représentent un excellent substitut du riz et des pâtes et les feuilles se consomment comme des épinards.

C'est aussi un produit de remplacement intéressant pour les personnes allergiques au gluten, car la graine n'en contient pas.

CULTURE. Le quinoa apprécie un sol léger, profond, bien drainé, et un emplacement ensoleillé et chaud. Semez en avril, en rangs espacés de 40 à 60 cm, éclaircissez à 20 ou 25 cm. Binez et arrosez, sans excès. Tuteurez, car les panicules deviennent très lourdes. Éliminez les feuilles abîmées. Dès que les graines sont mûres, coupez les inflorescences. Battez-les dès qu'elles sont sèches sur un chevalet posé sur une bâche. Lavez-les à plusieurs eaux et cuisinez-les comme du couscous.

Semis et plantation

- Faites tremper les graines pendant une nuit avant de les semer.
- Semez en godets sous abri, à 20 °C, à raison de 3 graines par godet.
- Éclaircissez pour ne conserver que le semis le plus beau.
- Endurcissez avant de repiquer en pleine terre. Plantez à l'extérieur en mai, dans des cuvettes tapissées d'une épaisse couche de fumier mélangé à du compost, espacées de 2 ou 3 m.

Entretien

Arrosez par temps sec, sans mouiller le feuillage, et étalez un paillis de fumier bien mûr. Ne laissez que 3 ou 4 fruits par plant sur les grosses variétés de potirons. Posez une tuile ou une grosse pierre sous les fruits, qui risqueraient de pourrir au contact de la terre humide.

Récolte

Laissez les fruits le plus longtemps possible sur les plants pour que leur épiderme durcisse avant le froid. À l'automne, quand les fruits sont durs et que les feuilles ont jauni, cueillez-les et laissez-les quelques jours au soleil pour qu'ils finissent de mûrir. Ils se conservent de 6 à 12 mois dans un endroit sec et aéré, à une température supérieure à 10 °C.

Variétés

'Rouge vif d'Étampes', ancienne variété française de potiron, à beaux fruits côtelés et à chair fine. Pour les potages et gratins, tartes. Conservation moyenne.
'Courge de Hokkaïdo', ou potimarron 'Red Kuri', variété produisant des fruits de 3 kg environ, à la chair ferme et sucrée rappellant la châtaigne.
'Courge Olive', variété coureuse, produisant 3 ou 4 fruits de 3 à 5 kg par pied. Chair épaisse, orange, abondante, d'excellente qualité. Prévoyez 2 m entre les rangs pour lui laisser la place de s'étaler.

Radis

- **On peut cultiver des radis toute l'année.**
- **Le secret des beaux radis qui poussent vite est de bien choisir la variété et de la planter dans un sol riche et humide.**
- **La croissance du radis étant très rapide, il peut servir de culture dérobée entre deux récoltes de choux-fleurs, de petits pois et de laitues ; on le sème aussi dans des « trous » entre laitues, betteraves rouges, bettes, ou pour marquer les rangs de carottes…**
- **On consomme les jeunes feuilles de radis en salade ; elles ont une saveur piquante.**

Calendrier

Semis : de février à août.
Récolte : d'avril à février.

Sol et emplacement

Les radis préfèrent un sol riche, humide, fertile – fertilisé par une culture précédente – et un emplacement ensoleillé. Ils poussent bien dans un terreau composé de fumier semi-décomposé et de tourbe que l'on peut récupérer après des cultures sur couches ou en sacs de culture.

Attention : du fumier trop frais donne des plantes qui poussent tout en feuilles, avec des racines dures et filandreuses.

Semis et plantation

- Faites des semis échelonnés toutes les semaines, à 12 mm de profondeur, en sillons espacés de 10 à 15 cm.
- Quand les plantules sont assez développées pour être manipulées, éclaircissez pour ne garder que les plus beaux plants, à 2,5 cm d'écart.
- Arrosez généreusement, avant et après l'éclaircissage.

Entretien

Binez de chaque côté du rang pour créer une couche protectrice isolante. Arrosez peu, mais souvent, pour éviter les alternances de sécheresse et d'humidité qui provoquent les racines fourchues. Par temps sec, étalez à la binette un paillis de fumier bien décomposé de part et d'autre des rangs.

Récolte

Arrachez les radis quand ils sont jeunes et tendres. Mangez-les le plus vite possible.

Variétés

'Rond écarlate' est une variété populaire, qui pousse vite (de 28 à 35 jours), se sème de mars à septembre et produit de beaux radis fermes, ronds et bien rouges, au goût délicieux.
'Radis de 18 jours' est demi-long, rouge à bout blanc. De végétation rapide, il se sème de janvier à août.
'De 5 semaines' est un radis d'été et d'automne à racine longue. On le sème d'avril à septembre, et on le récolte de 35 à 40 jours plus tard.
'Radis rose d'hiver de Chine', à la racine allongée, chair douce, très proche du radis d'été

POUR LES « CUISTOTS »

Radis noir

D'une saveur plus forte que le radis rose, le radis noir est riche en vitamine C, en magnésium et en phosphore.

Excellent cru, il peut être consommé en rondelles – on doit d'abord le faire dégorger au gros sel –, râpé avec une sauce rémoulade, une vinaigrette, en bâtonnets, trempé dans une sauce, en fins pétales sur une salade de mâche, ou même cuit au four avec une volaille…

CULTURE ET VARIÉTÉS. La culture est très proche de celle du radis rose : semez de juin à août en sillons espacés de 30 à 40 cm et éclaircissez à 5 ou 10 cm. Arrachez à partir de septembre jusqu'aux gelées. On peut les conserver dans le sable à l'abri du gel. Laissez un plant en terre pour servir de porte-graines l'année suivante.

'Radis noir gros rond d'hiver', à la très longue racine, a une saveur agréablement piquante.

'Radis noir long' peut atteindre 20 cm de long, 6 à 9 cm de diamètre et plus de 500 g.

POUR LES « CUISTOTS »

Scorsonère

On remplace parfois les salsifis par des scorsonères qui, selon certains, seraient plus digestes… Ces vivaces traitées en général comme des annuelles ou des bisannuelles se cultivent à peu près comme les salsifis, à quelques différences près : elles supportent la mi-ombre ; cultivées en annuelles, on les sème en février-mars pour une récolte en automne. De plus, on peut les laisser tout l'hiver en terre.

Tomates
sous abri

• Les cloches et tunnels permettent de cultiver des tomates sous abri, même sans serre.
• Les tomates sous abri sont plus sensibles au mildiou et à la pourriture que celles qui sont cultivées au jardin.
• Les anciennes variétés sont plus savoureuses, mais plus sensibles à l'éclatement en raison de leur teneur plus élevée en sucre.

Calendrier
Semis : février-mars.
Plantation : de mars à mai.
Récolte : de juin à octobre.

Sol et emplacement
Les sacs de culture sont la méthode la plus simple. Il suffit de poser le sac au soleil dans un endroit abrité, puis de semer et de repiquer.
Arrosez beaucoup, mais ne laissez pas les plantes patauger dans l'eau.
Les tomates détestent les arrosages irréguliers et l'eau stagnante.

Semis et plantation
• Semez en février-mars en terrines, à une température comprise entre 20 et 25 °C, sur un lit de compost humidifié ; protégez avec une vitre recouverte de papier journal.
• Quand les semis sont assez développés, en avril-mai, repiquez-les dans des pots de tourbe de 7,5 cm.
• Plantez en mai-juin dans des sacs de culture, arrosez abondamment et laissez sous abri.

Entretien
Palissez les plantes sur des tuteurs, en les attachant avec des liens souples. Éliminez les gourmands des tiges latérales qui se développent à l'aisselle des feuilles. Taillez le haut des plantes juste au-dessous du plafond de l'abri. Arrosez au pied, en ajoutant un engrais bio liquide. Évitez de manipuler le feuillage mouillé. Éliminez le feuillage sec.

Récolte
Récoltez 4 ou 5 mois après le semis. Quand le premier groupe de fruits commence à mûrir, enlevez toutes les feuilles du bas, jusqu'à la première fleur au-dessus de la grappe. Cueillez les tomates lorsqu'elles sont fermes et bien colorées.

Variétés
'Beefsteack', bonne variété haute pour l'intérieur, plutôt tardive, aux gros fruits ronds un peu aplatis, dépassant parfois 1 kg, presque sans graines et à la saveur très douce. On en fait de bonnes tomates farcies.
'Noire de Crimée', précoce, début juin. Fruit ronds, de 100 g environ, sucrés, avec peu de pépins.
'Banana Legs', aux fruits jaunes en forme de banane de 10 cm de long. Très grande productivité, à partir de mi-juillet.
'Rose de Berne', excellente variété pour climats frais, aux beaux fruits rouge-rose savoureux.
'Sweet 100 F1', tomate-cerise de haut rendement, aux fruits sucrés, poussant très bien en pot.

Tomates
en pleine terre

• Cultivées en pleine terre, les tomates sont généralement plus savoureuses et moins sensibles aux maladies.
• La culture des tomates de pleine terre ne réussit bien qu'en climat doux, sauf si elles sont plantées contre un mur ensoleillé, en plein soleil, ou protégées des vents dominants par un écran.
• Elles supportent mal les arrosages irréguliers et l'eau stagnante.

Calendrier
Semis : mars-avril.
Plantation : mai.
Récolte : juillet-septembre.

Sol et emplacement
Les tomates acceptent un sol lourd ou léger, à condition qu'il soit travaillé en profondeur, bien amendé, compact, bien drainé, et que l'emplacement soit ensoleillé et abrité. Un sol trop riche en azote favoriserait la pousse des feuilles au détriment des fruits.

Semis et plantation
• Semez en terrines sur un lit de compost humidifié ; protégez avec une vitre recouverte de papier journal.
• Quand les semis sont assez développés, repiquez-les dans des pots de tourbe de 7,5 cm.
• Arrosez et gardez au chaud.
• En mai-juin, installez les pots de tourbe en terre dans un emplacement abrité et arrosez abondamment.

Entretien
Palissez les plantes sur des tuteurs en les attachant avec des liens souples. Éliminez les gourmands.
Pincez la tige en laissant 5 ou 6 bouquets de fleurs. Quand les fruits commencent à mûrir, couvrez le sol d'un paillis de fumier bien décomposé recouvert d'une couche de paille, enlevez les tuteurs et couchez doucement le feuillage sur le sol. Couvrez avec une cloche et arrosez les racines.

Récolte
Quand la première grappe de fruits commence à mûrir, enlevez toutes les feuilles du bas jusqu'à la première fleur au-dessus de la grappe, et retirez les fruits abîmés. Assurez-vous que la paille reste bien sèche. Cueillez les tomates quand elles sont bien fermes et colorées.

Variétés
'Merveille des Marchés', belle tomate, savoureuse, à très gros fruits rouges. Résiste à l'éclatement.
'Marmande', variété classique, précoce, à fruits côtelés ronds, résistante aux maladies.
'Berao', variété productive qui, en terre riche, peut atteindre 3 ou 4 m de haut. Rendement en conséquence. En terre pauvre, on obtient une plante vigoureuse, en longueur, portant de jolies grappes de fruits de type Roma, moyens, ovales, de longue conservation. Résistante aux maladies.
'Fakel', très belle variété productive de tomates-cerises rouges avec des fruits de 30 g. Donne des plantes assez hautes.

Entretenir des tomates

Fruits de A à Z

Abricot

- **Les abricots ont besoin de bonnes conditions pour pousser : en climat trop froid, il vous faudra les cultiver sous abri ou contre un mur abrité et ensoleillé.**
- **Ils sont autofertiles et n'ont pas besoin du pollen d'un autre arbre pour fructifier, un seul arbre est donc suffisant.**
- **L'abricotier peut donner des fruits sur du bois de 1 an ou davantage.**

Calendrier

Plantation à racines nues : novembre.
Plantation en conteneurs : septembre.
Taille de formation : fin de l'hiver.
Taille d'entretien (légère) : août-septembre, après la récolte.
Récolte : de juin à août selon les régions.

Sol et emplacement

L'abricotier apprécie un sol meuble en surface sur un sous-sol caillouteux.
Le sol doit être bien drainé mais rester légèrement humide.
Creuser une fosse et en tapisser le fond de gravillon pour garantir le drainage du sous-sol peut être une bonne solution.
Idéalement, il faut placer les arbres contre un mur ensoleillé, ou à proximité, pour les protéger du vent.

Plantation

- Pour planter un arbre de 2 ans à racines nues, creusez un trou de 60 cm de profondeur et 90 cm de diamètre, décompactez la terre du fond, garnissez le fond d'une couche de briques pilées et recouvrez de terre.
- Mettez l'arbre en place, de telle sorte que la partie supérieure des racines ne soit pas enterrée à plus de 8-10 cm de profondeur, et maintenez-le avec un piquet.
- Remplissez le trou de terreau humifère et tassez bien la terre.

Entretien

À la floraison, étendez un filet ou un voile d'hivernage pour protéger les fleurs du gel. Retirez cette protection dans la journée, quand les conditions sont favorables. Éliminez les branches qui s'entrecroisent et les gourmands.
Après la récolte, coupez les branches ayant fructifié.

Récolte

Cueillez les abricots lorsque les fruits se colorent en rouge, mais quand ils sont encore fermes. Mieux vaut les manger dès qu'ils sont fraîchement récoltés.

Variétés

'Rouge du Roussillon', qui résiste au gel, forme des fruits de taille moyenne, à chair parfumée, sucrée et au goût très prononcé.
'De Nancy', aux fruits orangés sucrés, est tardif ; très rustique et résistant aux parasites.

Cassis

- **Le cassis est beaucoup plus facile à cultiver que son cousin le groseillier.**
- **On en fait de la gelée et des sirops, il se congèle parfaitement.**

Calendrier

Plantation à racines nues : de novembre à février.
Plantation en conteneurs : toute l'année.
Taille de fructification : en février.
Récolte : de fin juin à août.

Sol et emplacement

Le cassis préfère un sol léger, généreusement fertilisé, bien drainé, riche en humus.
Un sous-sol dur doit être décompacté et enrichi par une bonne quantité de fumier ou de terreau de feuilles.
Installez-le dans un endroit ensoleillé, à l'abri du vent, en espaçant les plants de 1,50 m pour que l'air circule bien.

Plantation

- Creusez un trou assez profond et large pour que les racines puissent s'étaler.
- Épandez dans le fond une couche de 10 cm de fumier bien décomposé et installez les arbustes à racines nues. Les arbustes en conteneurs doivent être installés de telle sorte que le haut de la terre des pots soit au niveau du sol.
- Remplissez le trou de fumier bien décomposé recouvert de terre.

Entretien

Après la plantation, rabattez toutes les tiges à 2,5 cm du sol. L'année suivante, supprimez les rameaux ayant produit des fruits.

Récolte

Cueillez les fruits, par grappes, dès qu'ils sont colorés mais encore bien fermes et brillants. Les bonnes années, il faut parfois récolter le cassis deux fois par semaine.

Variétés

'Géant de Boskoop', variété précoce, très vigoureuse, qui donne de longues grappes de gros fruits acidulés.
'Baldwin', variété tardive, de taille moyenne, qui donne des fruits fermes et acidulés, parfaits en confiture.

Cerise

- **Les cerisiers sont des fruitiers rustiques.**
- **On distingue les griottes, rouges et peu charnues, les guignes, plus grosses et plus foncées, et les bigarreaux, encore plus gros, à chair ferme.**
- **La culture des variétés traditionnelles peut présenter des difficultés : les arbres sont très grands, il est difficile de protéger les fruits des oiseaux, etc.**
- **Pour régler le problème des oiseaux, le mieux est de choisir des variétés naines buissonnantes, ou à palisser en éventail le long d'un mur.**

Calendrier

Plantation à racines nues : novembre.
Plantation en conteneurs : toute l'année.
Taille de formation : de fin de l'hiver au début du printemps (au départ des bourgeons).
Taille d'entretien (légère) : août.
Récolte : à maturité des fruits, de fin mai à fin juillet.

Sol et emplacement

Les cerisiers apprécient un sol bien drainé, humifère, comme les abricotiers et les pruniers.
L'emplacement idéal est dégagé et en pente, face au soleil de midi, ce qui garantit un excellent ensoleillement, avec une protection du côté des vents dominants.

Plantation

• Pour planter un arbre de 2 ans à racines nues, creusez un trou de 60 cm de profondeur et de 90 cm de diamètre, décompactez la terre du fond, garnissez le fond d'une couche de briques pilées et recouvrez de terre.

• Mettez l'arbre en place, de telle sorte que la partie supérieure des racines ne soit pas enterrée à plus de 8-10 cm de profondeur, et maintenez-le avec un piquet.

• Remplissez le trou de terreau humifère et tassez bien la terre.

Entretien

Pour la taille des arbres formés sur tiges et en espalier, reportez-vous à la taille des pommiers (voir p. 127). Pour les autres, attendez le printemps et coupez la pousse centrale à 90 cm de haut. Au printemps suivant, coupez à nouveau la moitié de la nouvelle pousse juste au-delà d'un bourgeon dirigé vers l'extérieur. Coupez tous les rameaux latéraux à la base. Les étés suivants, supprimez les branches mal placées et éliminez les gourmands.

Récolte

Récoltez les cerises quand elles sont encore fermes au toucher. Mieux vaut les manger fraîches.

Variétés

'Early Rivers', vieille variété de guignes, très productive, aux gros fruits noirs, à partir de fin mai.

'Montmorency', variété de griotte autofertile, très rustique, se conservant bien à l'eau-de-vie et en confitures, récolte mi-juin.

'Géant d'Hedelfingen', variété de bigarreaux, aux gros fruits violacés à la chair croquante et sucrée, de récolte tardive (début juillet).

Châtaigne

• On apprécie le châtaignier pour sa fructification, mais aussi comme arbre ornemental, pour son feuillage décoratif.

• Pour être productif, le châtaignier a besoin d'un été chaud; si vous vous trouvez dans une zone au climat frais, installez-le dans un endroit abrité du jardin.

• Ne le plantez pas à moins de 7 m de la maison: il a besoin de place pour ses racines, particulièrement en sol lourd.

Calendrier

Plantation à racines nues: novembre.
Plantation en conteneurs: toute l'année.
Taille d'équilibrage (si nécessaire): de novembre à fin mars.
Récolte: automne.

Sol et emplacement

Les châtaigniers apprécient un sol riche, profond, bien drainé, plutôt acide, dans un emplacement ensoleillé et bien dégagé, mais abrité du vent.

Plantation

• Creusez un trou de 60 cm de profondeur et de 90 cm de diamètre, décompactez la terre du fond et recouvrez-la d'une couche de briques pilées.

• Mettez l'arbre en place, de telle sorte que la partie supérieure des racines soit enterrée à environ 8-10 cm de profondeur, et maintenez-le avec un piquet.

• Remplissez le trou de terreau humifère et tassez bien la terre.

Entretien

Coupez les branches mortes ou les branches qui s'entrecroisent en hiver. Équilibrez la charpente si nécessaire.

Récolte

Ramassez les châtaignes tombées au sol. Sortez-les de leurs bogues et faites-les tremper 24 heures dans l'eau froide, puis faites-les sécher. Vous pouvez les conserver plusieurs mois dans du sable sec.

Variétés

'Belle Épine', est une variété très productive, donnant des châtaignes de bonne qualité.

'Marron de Lyon' donne de gros fruits marron-rouge.

Coing

• Dans une perspective d'auto-approvisionnement, mieux vaut choisir les variétés donnant des fruits en forme de poire, plus productives.

• Crus, les fruits sont immangeables, mais ils sont délicieux en confiture et en pâte de fruits.

Calendrier

Plantation à racines nues: de novembre à mars.
Plantation en conteneurs: toute l'année.
Taille: hiver, après la récolte.
Récolte: automne, juste avant les gelées.

Sol et emplacement

Les cognassiers apprécient un sol humide et un lieu ensoleillé, abrité du vent. Traditionnellement, on les plantait à proximité des étangs, dans une terre humide, mais non détrempée.

Plantation

• Creusez un trou de 60 cm de profondeur et de 90 cm à 1,20 m de diamètre, et remplissez-le à moitié d'un mélange de fumier bien décomposé, de terre ordinaire et de terreau de feuilles ou de compost.

• Installez le jeune arbre, couvrez ses racines avec le même mélange de terre et tassez bien.

Entretien

Étalez un paillis de fumier autour du pied pour conserver l'humidité et décourager les mauvaises herbes. Après la récolte, dès que l'arbre perd ses feuilles, raccourcissez les pousses à 3 ou 4 bourgeons de la base et éliminez les branches qui s'entrecroisent.

Récolte

Récoltez les fruits en octobre-novembre, avant les gelées, quand ils sont bien jaunes, commencent à dégager une odeur caractéristique et se détachent plus ou moins au toucher. En cas de risque de gelée précoce, cueillez-les et entreposez-les dans un placard frais et sombre. Cependant, la conservation est délicate.

Variétés

'Champion' est une variété populaire qui donne de gros fruits jaune-vert en forme de poire; récolte fin octobre.

'Monstrueux de Vranja', vigoureux et touffu, produit de très gros fruits (jusqu'à 1 kg).

Figue

• On ne voit jamais les fleurs du figuier, cachées au milieu des fruits.

• La figue est un des fruits les plus savoureux et les plus sains: elle est riche en fibres, en vitamine B et en potassium.

• Les figuiers produisent deux fois par an dans les régions méridionales et une fois par an plus au nord.

• Ils sont autofertiles et n'ont donc pas besoin d'un autre arbre pour se reproduire.

Calendrier

Plantation à racines nues: de novembre à mars.

Plantation en conteneurs : septembre-octobre.
Taille de formation : février.
Taille de fructification : après la récolte.
Récolte : quand les fruits se détachent facilement, de juin à octobre selon les variétés.

Sol et emplacement
Les figuiers apprécient une bonne terre de jardin, plutôt sèche et calcaire.
Pour limiter le développement des racines et drainer le sous-sol, il est bon de garnir le fond du trou de plantation avec du vieux mortier, des gravats ou des briques pilées.
Idéalement, il faudrait planter les figuiers contre un mur ensoleillé, ou à proximité, afin de les abriter du vent.

Plantation
- Creusez un trou de 60 cm de profondeur et de 90 cm de diamètre, garnissez le fond d'une couche de gravats ou de vieux mortier.
- Mettez l'arbre en place, de telle sorte que la partie supérieure des racines ne soit pas enterrée à plus de 8-10 cm de profondeur, et maintenez-le avec un piquet.
- Remplissez le trou de terre et tassez.

Entretien
À la floraison, tendez un filet ou un voile sur l'arbre pour le protéger du gel. Enlevez la protection pendant la journée, quand les conditions sont favorables. Arrosez abondamment au moment du développement des fruits. Utilisez des filets pour écarter les oiseaux. Après la récolte, supprimez les branches qui ont porté des fruits.

Récolte
Récoltez les figues lorsqu'elles se détachent facilement et sont bien colorées. Mangez-les fraîches ou faites-les sécher dans un placard.

Variétés
'Noire de Caromb' donne des fruits bleu-violet allongés, deux fois par an en climat chaud.
'Blanche d'Argenteuil' donne des fruits à la chair blanc verdâtre et réussit bien en climat frais.

Fraise

- **Les fraisiers réussissent mieux s'ils sont plantés en masse.**
- **On peut les multiplier facilement en repiquant les feuilles émises au bout des stolons, en pots ou directement en pleine terre.**

Calendrier
Plantation des fraisiers à racines nues : de l'été à l'automne.
Plantation des fraisiers en godets : toute l'année (en général de septembre à février).
Taille : juste après la récolte.
Récolte : de mi-mai à juillet selon les variétés.

Sol et emplacement
Les fraisiers apprécient un sol profond, lourd, humifère, légèrement acide.
L'emplacement idéal est en pente, face au soleil de midi, avec une protection du côté des vents dominants.
Le sol doit avoir été bêché en profondeur, avec de copieux apports de fumier.

Plantation
- Faites un double bêchage du terrain, en enfouissant beaucoup de fumier bien mûr.
- Dans des rangs espacés de 60 cm, creusez des trous peu profonds, mais suffisamment larges pour laisser les racines s'étaler, en laissant 45 cm entre chaque pied.
- Calez bien les plantes dans le sol, en laissant la couronne dépasser, puis comblez les trous avec de la terre meuble et tassez la terre avec les doigts.

Entretien
Quand les fraises commencent à se développer, étalez un paillis épais de paille propre au pied des fraisiers pour garder les fruits au chaud et au sec. Installez des bâtons ou du fil de fer pour faire un support arqué et y poser un filet pour protéger les fruits contre les oiseaux.

Récolte
Cueillez les fraises le matin, quand elles sont mûres et bien colorées. Prélevez-les en coupant le pédoncule.

Variétés
'Gariguette', non remontant, sauf parfois en sol fertile, précoce, à fruits de taille moyenne, allongés, rouge vif, délicieux.
'Mara des Bois', remontant de mi-saison, à fruits coniques, assez gros, à la saveur de fraise des bois.

Framboise

- **Le framboisier est un arbuste rustique à feuilles caduques, résistant, aux tiges légèrement épineuses et aux fruits d'été ou d'automne.**
- **Les variétés remontantes fructifient à l'automne la première année et une seconde fois l'été suivant, tandis que les variétés non remontantes ne fructifient qu'une fois, l'été.**
- **Renouvelez la plantation tous les 7 ou 8 ans.**
- **En climat froid, les variétés non remontantes réussissent mieux.**

Calendrier
Plantation à racines nues : novembre-décembre.
Plantation en conteneurs : toute l'année.
Taille : juste après la plantation et après la fructification.
Récolte : de juin à octobre, selon les variétés.

Sol et emplacement
Les framboisiers apprécient un sol bien drainé, léger, et un emplacement ensoleillé et abrité.
Prévoyez encore plus de soleil et de protection pour les framboisiers remontants.
Par temps très sec, étalez un bon paillis de fumier bien décomposé.
On peut planter les framboisiers dans une terre lourde, argileuse, tant que le terrain n'est pas gorgé d'eau.

Plantation
- Avant de planter les tiges à racines nues, pratiquez un double bêchage du terrain, en y incorporant une bonne quantité de fumier bien décomposé.
- Creusez une tranchée de 15 cm de profondeur et de 45 cm de large. Installez les tiges, espacées de 40 à 45 cm, dans des rangs distants de 1,50 à 1,80 m.
- Remplissez la tranchée avec un mélange de terreau et de fumier bien décomposé, et tassez bien.

Entretien
Construisez un support avec des fils de fer tendus horizontalement entre des piquets, à 60 cm, 90 cm et 1,50 m du sol. Après la plantation, coupez les tiges à 30 cm environ du sol. Quand de nouvelles tiges commencent à pousser, rabattez les vieilles au ras du sol. Attachez les nouvelles tiges au fil de fer.
Après la fructification des framboisiers non remontants, rabattez au ras du sol toutes les tiges ayant porté des fruits, et attachez les nouvelles aux tuteurs. Chez les remontants, rabattez en hiver l'extrémité des tiges qui ont porté des fruits en automne. Après la fructification

d'été, rabattez à leur tour au ras du sol les tiges ayant fructifié.
Toute l'année, supprimez les drageons en surnombre.
Étalez un paillis de feuilles mortes ou de compost à l'automne.

Récolte

Cueillez les framboises par beau temps, dès qu'elles sont bien colorées et se détachent facilement.
Brûlez les framboises véreuses.

Variétés

'Zeva', remontant, aux gros fruits rouges, est très résistant. Remonte très vite en sol riche, et se développe même sans palissage.
'Malling Exploit', non remontant, très rustique, aux gros fruits rouges, s'adapte partout, fructification de mi-juin à fin juillet.

Groseille

• Les groseilles blanches et rouges sont délicieuses en gelées, en tartes, en sorbets.
• Parfaits pour les débutants, les groseilliers sont vraiment les arbustes fruitiers les plus résistants.
• L'entretien est à peu près le même que celui des groseilles à maquereau.

Calendrier

Plantation à racines nues : octobre-novembre ou février-mars.
Plantation en conteneurs : toute l'année.
Taille d'entretien : de novembre à mars.
Récolte : de juin à août.

Sol et emplacement

Les groseilliers apprécient un sol bêché en profondeur, enrichi en fumier, bien drainé, humifère, lourd ou moyen, dans un emplacement ensoleillé, aéré mais abrité du vent.

Plantation

• Creusez un trou de 40 à 45 cm de profondeur. Épandez une couche de 10 cm de fumier bien décomposé dans le fond et installez l'arbuste.
• Remplissez le trou d'un mélange de terreau et de fumier bien décomposé, recouvrez de terre et tassez.

Entretien

Après la plantation, rabattez les branches principales à la moitié de leur longueur. À l'automne suivant, rabattez toutes les tiges de l'année à la moitié de leur longueur. À la fin de la saison suivante, taillez les tiges qui viennent d'être produites à la moitié de leur longueur, et éliminez toutes les tiges centrales.

Récolte

Prélevez les fruits dès qu'ils changent de couleur. Les bonnes années, il faut les récolter une ou deux fois par semaine.

Variétés

'Versaillaise blanche' est une délicieuse variété de groseilles blanches, qui produit de longues grappes de gros fruits ; fructifie fin juillet.
'Versaillaise rouge', rouge vif, est idéale pour les confitures ; précoce, elle fructifie fin juin.
'Rolan', à fruits rouges, résiste aux maladies et fructifie mi-juillet.

Groseille à maquereau

• Un bon choix pour les débutants, car, même négligé, cet arbuste est capable de donner une impressionnante quantité de fruits.
• La groseille à maquereau se conserve mal, mais se congèle parfaitement et fait de délicieuses tartes et confitures.
• Plantez des variétés différentes pour prolonger la récolte.

Calendrier

Plantation à racines nues : octobre-novembre ou février-mars.
Plantation en conteneurs : toute l'année.
Taille d'entretien : de novembre à mars.
Récolte : juillet-août.

Sol et emplacement

Les groseilliers à maquereau apprécient un sol bêché en profondeur, enrichi en engrais, bien drainé, humifère, de lourd à moyen.
Certaines variétés sont sensibles à l'oïdium et aux moisissures en sol lourd.
Il leur faut un emplacement ensoleillé et aéré, à l'abri du vent.

Plantation

• Creusez un trou assez profond et large pour que les racines puissent s'étaler à leur aise.
• Épandez une couche de 10 cm de fumier bien décomposé dans le fond et installez l'arbuste à racines nues. Pour les arbustes en conteneurs, installez-les de telle sorte que le haut de la terre du pot soit au niveau du sol.
• Remplissez le trou avec un mélange de terreau et de fumier bien décomposé, et recouvrez de terre.

Entretien

Après la plantation, rabattez les branches principales à la moitié de leur longueur. À l'automne suivant, rabattez toutes les tiges de l'année à la moitié de leur longueur. À la fin de la saison suivante, taillez les tiges qui viennent d'être produites à la moitié de leur longueur, et éliminez toutes les tiges centrales.

Récolte

Prélevez les fruits dès qu'ils changent de couleur. Les bonnes années, il faut parfois les récolter deux fois par semaine.

Variétés

'Winham's Industry', vigoureux et productif, très précoce, donne début juillet des fruits violets assez sucrés.
'Black Velvet' est une variété rouge résistant à l'oïdium, qui produit des grappes de groseilles aussi grosses que des grains de raisin.

Kiwi

• Le kiwi est le fruit de l'*Actinidia*, liane décorative pouvant atteindre 10 m, et qui fructifie en été.
• Il peut habiller un mur ou un treillage, mais il est vigoureux : palissez-le sur un support très solide.
• Pour fructifier, il faut que chaque plante femelle soit placée à proximité d'une plante mâle (une plante mâle suffit pour cinq plantes femelles), mais certaines nouvelles variétés portent des fleurs des deux sexes.
• La fructification commence la deuxième année, mais l'arbre commence à produire vraiment la cinquième année, pour atteindre son apogée vers 10-12 ans.

Calendrier

Plantation à racines nues : novembre.
Plantation en conteneurs : toute l'année, plutôt au printemps en climat rude.
Taille de formation : décembre-janvier, en dehors des gelées.
Taille de fructification : février et éventuellement juillet.
Récolte : septembre-octobre, jusqu'aux premières gelées.

Sol et emplacement

Les *Actinidia* apprécient un sol léger, humifère, bien drainé, non calcaire, dans un emplacement ensoleillé ou mi-ombragé, à l'abri du vent.

Plantation

- Creusez un trou de 60 cm de profondeur et de 90 cm à 1,20 m de diamètre; décompactez le fond. Tapissez le fond d'une couche de 10 cm de fumier bien décomposé.
- Placez la plante dans le trou de telle sorte que la surface supérieure de la motte soit au même niveau que la surface du sol.
- Mélangez la terre de la couche de culture avec de la tourbe et mettez-la tout autour de la motte. Tassez bien la terre.

Entretien

Les kiwis doivent être fixés à un échafaudage solide qui supporte le poids des fruits. Plantez dans le sol des tuteurs de 2,50 m de long espacés de 4 à 6 m et installez trois fils de fer à 80 cm, à 1,30 m et à 1,80 m de haut. La première année, choisissez la pousse la plus forte pour la conduire en tronc principal. C'est sur cette pousse que croîtront les premiers fruits les années suivantes. Coupez-la à la pointe pour induire de nouvelles branches. Durant l'été, sur chaque nouvelle pousse, conservez seulement 4 ou 5 bourgeons. Les années suivantes, taillez à deux yeux au-dessus du dernier fruit.

Paillez les pieds les trois premières années. Arrosez par temps sec.

Palissez les tiges au fur et à mesure de leur croissance.

Récolte

Cueillez les kiwis encore verts, et entreposez-les jusqu'à ce qu'ils deviennent tendres et bien mûrs, environ 3 semaines après la récolte. Les kiwis se conservent plus d'un mois au frais.

Variétés

'Bruno' est une variété à petits fruits très parfumés.

'Hayward' est une variété femelle d'une excellente productivité.

'Jenny' est autofertile, ce qui permet de ne planter qu'un pied.

Mûre

- **On peut cultiver les mûres à peu près partout.**
- **Il en existe de nombreuses variétés, ainsi que des hybrides mûre-framboisier, que vous pouvez combiner pour étaler la récolte.**
- **Délicieuses fraîches, elles font une gelée succulente, mais aussi du vin et du vinaigre.**

Calendrier

Plantation à racines nues : novembre-décembre ou février-mars.
Plantation en conteneurs : toute l'année.
Taille de fructification : hiver.
Récolte : de juillet à octobre.

Sol et emplacement

Les mûres poussent dans un sol ordinaire, bêché en profondeur, humide, enrichi en fumier.

En sol léger et sableux, étalez un épais paillis de fumier bien décomposé pour retenir l'humidité.

Si possible, orientez les rangs nord-sud afin que le soleil de midi atteigne les rangs dans toute leur longueur.

Plantation

- Creusez une tranchée de 25 cm de profondeur et de 60 cm de large.
- Tapissez le fond d'une couche de 10 cm de fumier bien décomposé et installez les tiges, espacées de 1,80 m.
- Remplissez la tranchée avec un mélange de terreau et de fumier bien décomposé.
- Construisez un support de 1,80 m de haut avec des piquets et du fil de fer, en tendant les fils de fer horizontalement tous les 30 cm.

Entretien

Après la plantation, coupez les tiges à environ 25 cm du sol, au-dessus d'un bourgeon. Au cours de l'été, palissez les nouvelles pousses le long du support en fil de fer, sauf sur le fil de fer du dessus. L'année suivante, palissez les nouvelles pousses jusqu'au fil de fer du haut. En hiver, rabattez toutes les pousses ayant fructifié. Faites de même les années suivantes.

Récolte

Cueillez les mûres lorsqu'elles commencent à noircir, quand elles se détachent facilement. Elles se congèlent bien.

Variétés

'Géante des jardins' est un mûrier vigoureux, non épineux, aux fruits fermes, excellents ; fructification en septembre.

'Tayberry' est un hybride mûrier-framboisier, aux gros fruits rouge-pourpre, qui fait de délicieuses confitures ; fructification en août.

Myrtille

- **En dehors des myrtilles sauvages, il existe des variétés cultivées, de plus grande taille, buissonnantes.**
- **Si votre sol ne convient pas, vous pouvez les cultiver en conteneurs, dans de la terre de bruyère pure.**
- **Plantez si possible deux ou plusieurs arbustes pour faire des pollinisations croisées et améliorer la récolte.**

Calendrier

Plantation à racines nues : novembre-décembre.
Plantation en conteneurs : de octobre à mars.
Taille de fructification : avril.
Récolte : de juillet à octobre.

Sol et emplacement

Les myrtilles ne poussent qu'en sol acide, humifère, à mi-ombre, même dense, à l'abri du vent et des fortes chaleurs.

Plantation

- Creusez un trou de 60 cm de profondeur et de 90 cm de diamètre, décompactez la terre du fond et tapissez-le, ainsi que les bords, avec du feutre de jardin. Garnissez le fond d'une couche de briques pilées pour améliorer le drainage, et installez l'arbuste. Espacez les pieds de 1,50 m.
- Remplissez le trou de terre de bruyère (2/3) et de terreau forestier (1/3) bien décomposé, puis tassez.

Entretien

Par temps sec, arrosez à l'eau de pluie et étalez un paillis d'écorce, de paille ou d'aiguilles de pin. Éliminez le bois mort en hiver. Taillez pour renouveler les jeunes pousses : la quatrième année, rabattez au niveau du sol les branches ayant fructifié. Continuez, les années suivantes, à couper les tiges faibles et les branches qui s'entrecroisent.

Récolte

Cueillez les myrtilles lorsqu'elles sont bleues, tendres, et qu'elles se détachent facilement. Elles se congèlent bien.

Variétés

'Bluecrop', variété précoce, la plus cultivée, très productive, donne de grosses grappes de fruits bleu-noir, moyens ou gros.

'Atlantic 13', plus tardif, est vigoureux et productif, avec un port étalé, aux fruits moyens, bleu-noir.

Noisette

• Le noisetier n'est pas autofertile et a besoin de la proximité d'un autre arbre pour fructifier, mais un bois de noisetiers, ou une haie, peut faire l'affaire.
• Dans les régions continentales, choisissez de préférence des variétés à floraison tardive, plus résistantes au gel.

Calendrier

Plantation à racines nues : novembre.
Plantation en conteneurs : de préférence en automne, à la chute des feuilles.
Taille : février.
Récolte : d'août à octobre.

Sol et emplacement

Le noisetier apprécie un sol léger, profond, humifère, peu calcaire, bien drainé, dans un emplacement abrité des vents trop froids.

Plantation

• Pour planter un arbre de 2 ans à racines nues, creusez un trou de 60 cm de profondeur et de 90 cm de diamètre, après avoir décompacté la terre. Garnissez le fond d'une couche de briques pilées et recouvrez de terre.
• Mettez l'arbre en place, de telle sorte que la partie supérieure des racines ne soit pas enterrée à plus de 8-10 cm de profondeur, et maintenez-le avec un piquet.
• Remplissez le trou de terreau humifère et tassez bien la terre.

Entretien

Supprimez les rejets en février, ainsi que les vieilles tiges qui s'entrecroisent. Aérez le centre de l'arbuste. Désherbez autour du pied.

Récolte

Cueillez les noisettes lorsqu'elles se détachent bien. Faites-les sécher dans un local aéré et frais.

Variétés

'Fertile de Coutard', précoce, idéal pour les climats doux, vigoureux et productif, donne de grosses noisettes rondes. Maturité vers mi-septembre.
'Merveille de Bolwiller' est très vigoureux, rustique, peu drageonnant, à gros fruits ronds ; sa floraison tardive le rend adapté aux climats froids. Maturité début octobre.
Ces deux variétés se pollinisent mutuellement.

Noix

• De croissance lente, le noyer issu de semis ne donne pas de fruits avant dix ou quinze ans – préférez un sujet greffé, qui sera productif au bout de quatre ou six ans.
• Au moment de la plantation, prévoyez beaucoup d'espace pour le laisser se développer – 15 à 20 m de diamètre tout autour.
• Les noix sont très riches en acides gras insaturés, en vitamine, E, en fibres et en magnésium

Calendrier

Plantation à racines nues : novembre.
Plantation à racines nues : novembre.
Plantation en conteneurs : automne.
Taille : inutile (sauf nettoyage du bois mort en septembre-octobre).
Récolte : en septembre-octobre.

Sol et emplacement

Le noyer pousse dans un sol profond, frais, humifère, bien drainé. Il accepte le calcaire, mais n'aime pas du tout les sols argileux. Il lui faut un emplacement ensoleillé, à l'abri des vents froids et des gelées printanières.

Plantation

• Dans un sol non détrempé et bien ameubli, creusez un trou de 50 cm de profondeur et de 80 cm de diamètre.
• Mettez l'arbre en place en prenant bien soin de garder le point de greffe au-dessus du niveau du sol.
• Étalez bien les racines. Regarnissez le trou de bonne terre, en enlevant les cailloux, tassez. Arrosez.

Entretien

Éliminez les branches mortes à l'automne. Désherbez au pied de l'arbre. Les premières années, arrosez peu mais fréquemment, au printemps et en été.

Récolte

Ramassez les noix quand elles tombent. Collectez-les régulièrement pour leur éviter un trop long séjour au sol, qui les ferait pourrir. Après le ramassage, faites-les sécher dans des cagettes de bois et entreposez-les dans un lieu frais, sec et aéré.

Variétés

'Franquette' est une variété greffée, facile à cultiver, peu sensible aux maladies, qui s'adapte partout et donne assez rapidement des fruits de calibre moyen, qui sèchent bien.
'Parisienne' est une variété très vigoureuse, craignant peu les maladies, aux fruits assez gros.

Pêche

• Le pêcher est de la même espèce que les cerisiers et les pruniers *(Prunus)*, tous membres de la famille des… Rosacées, comme les rosiers.
• Les pêchers sont relativement simples à cultiver.
• Pour améliorer la productivité, plantez-les palissés contre un mur.
• Brugnons et nectarines se cultivent de la même manière.

Calendrier

Plantation à racines nues : novembre.
Plantation en conteneurs : toute l'année, de préférence au début de l'hiver.
Taille de formation : fin de l'hiver, début du printemps (au départ des bourgeons).
Taille d'entretien : avril et juin-juillet.
Récolte : de juin à septembre.

Sol et emplacement

Les pêchers apprécient un sol bêché en profondeur, enrichi en fumier, bien drainé, aéré.
L'emplacement idéal : contre un mur de briques, au soleil et à l'abri.

Plantation

• Creusez une fosse de 90 cm de profondeur et de 1,20 m de diamètre.
• Étalez une couche de 15 cm de briques pilées au fond du trou et recouvrez d'une couche de terre et d'herbe, couche herbeuse au-dessous.
• Épandez par-dessus un mélange de terreau et de déchets de mortier, puis recouvrez le tout de déchets du jardin carbonisés – cendres de bois et de plantes.
• Installez dedans un pêcher de 3 ans en cours de formation en éventail, à racines nues, et remplissez le trou avec de la terre de telle sorte que le haut des racines soit couvert de 5 à 7 cm de terre.

Entretien

Protégez l'arbre du gel par un filet ou un voile de protection. Retirez la protection pendant la journée. Remettez-la l'été pour empêcher les oiseaux d'atteindre les fruits. Par temps sec, arrosez abondamment et étalez un épais paillis de fumier bien décomposé sur le sol pour conserver l'humidité. Avant la récolte, éclaircissez à un fruit par bouquet quand ils atteignent la taille d'un grain de raisin, puis quand ils atteignent la taille d'une noix, pour leur laisser la place de grossir. À la fin de la fructification, taillez à la base tous les rameaux ayant produit.

Récolte
Cueillez les fruits destinés aux conserves, aux tartes et aux confitures quand ils commencent à changer de couleur. Pour consommer les pêches crues, cueillez-les dès que leur chair s'assouplit et qu'elles se détachent facilement.

Variétés
'Amsden', à chair blanche, fertile et résistant aux maladies ; fructifie en juillet.
'Sanguine', pêche de vigne, à chair rouge, adapté au climat tempéré ; fructifie en septembre.

Poire

- **Dans un petit jardin, palisser un poirier en espalier, sur un support en fil de fer, est une bonne solution.**
- **Un poirier de 3 ou 4 ans élevé en conteneur, puis planté dans de bonnes conditions, donnera des fruits 2 ans après la plantation.**

Calendrier
Plantation à racines nues : novembre.
Plantation en conteneurs : mi-novembre et fin mars.
Taille : novembre-décembre.
Récolte : de juillet à octobre.

Sol et emplacement
Bien qu'il préfère un sol humifère et bien drainé, le poirier sera mieux en sol lourd, mais bien drainé, qu'en sol sec, léger et sableux, ou qu'en sol calcaire, sec et lourd.
Les poiriers se plaisent dans un endroit chaud, à l'abri, où il ne gèle pas et où ils sont protégés du vent.

Plantation
- Pour un jeune arbre à racines nues ou élevé en conteneur, creusez une fosse de 45 cm de profondeur et de 90 cm de diamètre, décompactez le sol du fond et recouvrez-le d'une couche de briques pilées.
- Installez l'arbre dans le trou, de telle sorte que le haut des racines soit enterré à une profondeur de 8 à 10 cm.
- Remplissez la fosse avec du terreau humifère et tassez bien.

Entretien
Pour les formes libres, reportez-vous aux conseils donnés pour les pommiers.
Pour former un arbre en espalier, construisez, après la plantation, une sorte de palissade avec du fil de fer. Taillez le jeune arbre à racines nues à 40 cm du sol. L'été, attachez les pousses à la structure en fil de fer. Au début de l'hiver, faites descendre les pousses à l'horizontale et attachez-les. Répétez cette opération les années suivantes.

Récolte
Cueillez les fruits lorsqu'ils se détachent facilement de l'arbre. Attrapez les poires entre vos deux paumes de mains et détachez-les délicatement.

Variétés
'Docteur Jules Guyot', précoce (août), vigoureux et productif, autofertile, donne de gros fruits jaune citron en août.
'Conférence', variété très populaire, autofertile, qui donne de longs fruits compacts, de bonne conservation, de mi-septembre à mi-octobre. Pousse bien au nord, de préférence en espalier.
Ces deux variétés se pollinisent mutuellement.

Pomme

- **Parmi les centaines de variétés existantes, certaines sont mieux adaptées aux formes libres et d'autres aux formes palissées.**
- **La diversité des variétés permet de récolter des pommes de juillet à octobre et d'en manger presque tout au long de l'année, car certaines se conservent jusqu'en avril-mai.**

Calendrier
Plantation à racines nues : de novembre à mars.
Plantation en conteneurs : toute l'année.
Taille : de novembre à mars.
Récolte : de juillet à octobre.

Sol et emplacement
Les pommiers aiment un sol bien drainé, humide, profond et humifère.
Pratiquez un double bêchage pour ameublir le sol.
Enfouissez du fumier bien décomposé et du compost.

Plantation
- Creusez un trou de 60 cm de profondeur et de 90 cm à 1,20 m de diamètre.
- Disposez les arbres à racines nues de telle sorte que la partie supérieure de leurs racines soit enterrée de 8 à 10 cm de profondeur, et maintenez-les avec un piquet vertical.
- Pour les arbustes élevés en conteneurs, installez-les dans le trou et maintenez-les avec un piquet non pas vertical, mais incliné du côté du vent.
- Mettez une petite quantité de fumier bien mûr ou de compost dans le trou et remplissez de terreau.

Entretien
Taillez quand les bourgeons apparaissent, au printemps – ou en automne si la plantation a eu lieu au printemps. Coupez les branches principales à la moitié de leur longueur. Pour les cordons, raccourcissez les pousses latérales au-dessus de 2 ou 3 bourgeons de la tige.

Récolte
Cueillez les pommes lorsqu'elles se détachent facilement quand on tourne les fruits dans la paume de la main.

Variétés
'Cox's Orange' est une variété traditionnelle à la texture ferme et au goût doux ; adapté aux formes plates, car il est peu vigoureux. Récolte en octobre, se conserve jusqu'en janvier.
'Reine des reinettes', variété idéale en forme libre, pour toutes les régions, à chair croquante et parfumée. Récolte en novembre, conservation jusqu'en décembre.
'Belle de Boskoop', variété très vigoureuse, pour climats frais, aux fruits acides vert jaunâtre qui font de délicieuses tartes et compotes. Récolte en décembre, conservation jusqu'en février.

Prune

- **Les pruniers sont les plus résistants des arbres fruitiers à noyaux.**
- **On peut récolter des prunes de juin à fin septembre.**

Calendrier
Plantation à racines nues : novembre.
Plantation en conteneurs : toute l'année.
Taille de formation : début du printemps (au départ des bourgeons).
Taille de fructification : juin-juillet.
Récolte : de juin à septembre.

Sol et emplacement
Les pruniers apprécient un sol bien drainé, léger, humifère.
Un sol humide donnera un beau feuillage, mais peu de fruits.

L'emplacement idéal est dégagé et en pente, face au soleil de midi, ce qui garantit un excellent ensoleillement, avec une protection du côté des vents dominants.

Plantation

• Pour planter un arbre de 2 ans à racines nues, creusez un trou de 60 cm de profondeur et de 90 cm de diamètre, décompactez la terre du fond, et recouvrez d'une couche de briques pilées.

• Mettez l'arbre en place, de telle sorte que la partie supérieure des racines soit enterrée à environ 8-10 cm de profondeur, et maintenez-le avec un piquet.

• Remplissez le trou de terreau humifère et tassez bien la terre.

Entretien

Pour les arbres sur tiges et les espaliers, reportez-vous à la taille des pommiers (voir p. 151). Pour les formes libres, attendez le printemps et coupez la pousse centrale à 90 cm de haut. Au printemps suivant, coupez à nouveau la moitié de la nouvelle pousse, juste au-delà d'un bourgeon dirigé vers l'extérieur. Coupez tous les rameaux latéraux à la base. Les étés suivants, supprimez les banches qui s'entrecroisent et éliminez les gourmands.

Récolte

Récoltez les prunes dès que leur couleur change, lorsqu'elles sont encore fermes au toucher. Prélevez-les une par une pour éviter de les abîmer.

Variétés

'Reine-Claude d'Oullins', autofertile, assure une bonne production de gros fruits jaune verdâtre ; très précoce (fructifie de juillet à mi-août).

'Mirabelle de Nancy', autofertile, donne d'août à début septembre une grande quantité de petits fruits jaune-orangé, qui font de délicieuses tartes et confitures.

'Quetsche d'Alsace' donne avec régularité en septembre des fruits allongés pourpres ; autofertile.

Raisin

• **Le raisin est originaire du bassin méditerranéen, mais on peut le cultiver en climat frais.**

• **Il se cultive en serre, mais ce n'est pas dans l'esprit de notre démarche : nous n'évoquerons donc que la culture à l'extérieur.**

Calendrier

Plantation en conteneurs, à l'extérieur : octobre-novembre ou février-mars.

Taille : printemps et été, puis novembre-décembre.

Récolte : septembre-octobre.

Sol et emplacement

La vigne aime un sol humide, bien drainé, profond, humifère dans un endroit ensoleillé, chaud, à l'abri du vent.

Elle pousse mieux contre un mur exposé au soleil de midi.

Pratiquez un double bêchage du terrain pour décompacter le sol en profondeur, ajoutez des gravats pour améliorer le drainage et une bonne quantité de fumier bien mûr.

Plantation

• Creusez une fosse de 60 cm de profondeur et de 1,20 m de diamètre.

• Tapissez le fond d'une couche de 15 cm de gravats recouverte d'une couche de terre et d'herbe, la couche herbeuse étant placée en dessous.

• Installez la vigne, recouvrez ses racines de terre et soutenez-la avec un piquet planté verticalement.

• Incorporez un peu de fumier bien mûr ou de compost dans le trou et remplissez avec du terreau.

Entretien

Après la plantation, rabattez la jeune vigne, en laissant un seul bourgeon, à environ 15 cm du sol. L'année suivante, coupez les pousses latérales à 2 bourgeons et raccourcissez les jeunes pousses de l'année. Au début de la croissance, formez deux branches latérales de chaque côté de la tige principale. Les années suivantes, continuez, au printemps et en été, à former les quatre branches latérales : laissez-les fleurir et fructifier, puis coupez-les en novembre ou en décembre. Au printemps, étalez un paillis de compost bien mûr au pied de la plante.

Récolte

La récolte dépend de la variété et du mode de culture ; coupez les grappes au sécateur si les grains sont bien formés.

Variétés

'Perdin', variété résistante aux maladies, donne de grosses grappes de grains dorés. Convient dans le Nord. Se récolte en août ou en juillet dans le Midi.

'Chasselas doré', variété traditionnelle facile, pour tout climat, qui produit des grappes ambrées de taille moyenne ; raisin juteux et fondant, un bon choix pour palisser contre un mur.

Rhubarbe

• **La rhubarbe est un légume que nous considérons comme un fruit.**

• **Il vaut mieux la multiplier par division des touffes.**

• **Elle souffre rarement de maladies ou de parasites.**

• **Les feuilles sont toxiques : coupez-les et mettez-les sur le tas de compost.**

Calendrier

Plantation : février-mars ; toute l'année si vous les cultivez en conteneurs.

Récolte : d'avril à juillet.

Sol et emplacement

La rhubarbe apprécie un sol profond, riche, bien drainé, humide, dans un emplacement chaud et abrité.

Inutile de l'installer dans un sol détrempé, marécageux ou, à l'inverse, trop sec.

Le sol doit avoir été préparé par un double bêchage à l'automne et enrichi avec une grande quantité de fumier.

Plantation

• Après avoir divisé les touffes en automne, plantez les éclats de racines munis de 2 ou 3 bourgeons dans une terre bien préparée, dans un trou de 30 cm, assez large pour laisser les racines s'étaler.

• Installez les plantes à 75 cm de distance.

• Remplissez le trou avec un mélange de terre et de fumier bien mûr.

Entretien

Binez le sol pour éviter qu'une croûte ne se forme et recouvrez d'un paillis de fumier bien décomposé. Arrosez très souvent. Supprimez les tiges florales dès leur apparition. Forcez la récolte en couvrant les plantes avec de la paille et une feuille de plastique noir.

Récolte

Récoltez les pétioles de 12 à 18 mois après la plantation, selon la méthode de culture ; on les récolte au fur et à mesure de leur développement et des besoins. Maintenez fermement la tige et faites-lui faire un demi-tour sur elle-même de façon à la séparer de la plante. Coupez les feuilles, en conservant quelques petites feuilles sur chaque plante, et mettez-les sur le tas de compost. Coupez les tiges florales dès leur apparition pour éviter l'épuisement prématuré des plants.

Variétés

'Timperley Early' est une variété précoce, avec des pétioles très fins.

'Victoria', rhubarbe géante au goût acidulé, préfère les sols frais et profonds.

Aromatiques de A à Z

Ail

• Nous savons tous que l'ail permet de tenir les vampires à distance, mais moins que les athlètes de la Grèce et de la Rome antique en mâchaient, ou que c'était une plante sacrée dans l'Égypte des pharaons.
• L'ail est une plante bulbeuse rustique de la même famille que l'oignon.
• Facile à cultiver, il est aussi de conservation aisée. L'espèce étant stérile, elle se multiplie par plantation des caïeux, ou multiplication des bulbilles.

Calendrier

Plantation : avant décembre (ail blanc, violet et rouge) ou avant février (ail rose).
Récolte : de juin à août.

Sol et emplacement

L'ail apprécie un sol bien drainé, riche, léger, dans un emplacement ensoleillé et abrité.

Plantation

• Plantez les caïeux dans des sillons de 5 à 7 cm de profondeur, espacés de 15 à 20 cm, en rangs distants de 30 cm.
• Placez-les la pointe en haut et recouvrez-les à peine de terre.

Entretien

Binez pour créer une couche protectrice isolante et empêcher les mauvaises herbes de pousser. Arrosez abondamment. Veillez à protéger les variétés plantées l'hiver.

Récolte

Quand le feuillage jaunit, arrachez l'ail et laissez-le sécher, pendu dans un local frais et très sec. L'ail blanc se conserve jusqu'en janvier-février, l'ail rose jusqu'en avril-mai.

Variétés

'Ail rose Clédor', variété de printemps tardive, se conserve très bien. Ronde et rose, elle supporte les terres lourdes.
'Ail blanc Thermidrome', variété d'automne précoce, se conserve bien.
'Ail violet Germidour', variété d'automne précoce.

Aneth

• L'aneth est une annuelle rustique dont les longues tiges sont surmontées de feuilles plumeuses vert bleuté pouvant atteindre de 60 à 90 cm.
• Les feuilles fraîchement cueillies peuvent servir à aromatiser le poisson et les pommes de terre nouvelles, et c'est un excellent condiment pour le concombre.
• Vous pouvez récolter les feuilles et les graines, qui ont une saveur caractéristique, proche de l'anis.
• Séchées, les graines aromatisent le vinaigre et les cornichons au vinaigre.

Calendrier

Semis : de mars à mai.
Récolte : de mai à juillet (feuilles), d'août à octobre (graines).

Sol et emplacement

L'aneth se développe bien dans une terre de jardin ordinaire, bien drainée, modérément fertile, dans un emplacement ensoleillé et abrité.

Semis et plantation

• Semez clair, en sillons peu profonds, distants de 30 cm. Recouvrez de terre.
• Tassez le sol et arrosez généreusement.
• Quand les plantules sont assez développées pour être manipulées, éclaircissez-les pour ne conserver que les plus belles, espacées de 30 cm.
• Arrosez avant et après l'éclaircissage.

Entretien

Binez pour créer une couche protectrice isolante. Arrosez peu, mais fréquemment.

Récolte

Récoltez les feuilles dès qu'elles sont bien développées, avant la floraison (de mai à septembre). Vous pouvez les utiliser fraîches ou les congeler.
Quand les fruits sont mûrs, coupez les tiges entières et étalez-les dans un local chaud et sec. Quand les ombelles sont sèches, récoltez les graines.

Variétés

'Tetra Gold', variété très productive.
'Bouquet', variété naine, aux feuilles bleu-vert sur un buisson compact.
'Dukat', variété vigoureuse, très parfumée, qui sèche très bien.

Basilic

• Le basilic est l'accompagnement indispensable de la cuisine italienne.
• Cultivé à l'intérieur ou sur un rebord de fenêtre, il est plus tendre.
• C'est une annuelle semi-rustique.

Calendrier

Semis : mars-avril sous abri.
Plantation : mai-juin.
Récolte : juillet-août.

Sol et emplacement

Le basilic apprécie particulièrement un sol riche, bien drainé, dans un endroit ensoleillé et abrité.
Une bordure à proximité de la cuisine est l'emplacement idéal.

Semis et plantation

• Semez clair en caissettes emplies d'un mélange de terreau et de compost à parts égales. Recouvrez d'une vitre.
• Quand les plantules sont assez développées pour être manipulées, éclaircissez-les pour ne conserver que les plus belles, puis repiquez-les, dans un substrat identique, dans un pot ou une jardinière sur le bord de la fenêtre, ou dans une bordure.

Entretien

Binez pour créer une couche protectrice isolante. Arrosez abondamment. Pincez les extrémités des tiges pour favoriser le développement d'une plante buissonnante. Éliminez les fleurs pour développer les feuilles. Par temps sec, étalez une couche généreuse de paillis de fumier bien mûr sur le sol, et arrosez.

Récolte

Cueillez les feuilles fraîches au fur et à mesure des besoins. Hachées, elles peuvent être séchées ou congelées, mais il vaut mieux les conserver à l'huile, pour préserver leur parfum.

Variétés

'Basilic pourpre' au port compact. Feuilles et tiges fortement teintées d'un violet-brun foncé. Très décoratif.
'Basilic fin vert', trapu, à petites feuilles, se prête bien à la culture en pots, en jardinière, pour bords de fenêtres, balcons, etc.

Bourrache

● La bourrache est à la fois ornementale et aromatique.
● Les feuilles fraîches accompagnent les salades, les potages ; les fleurs décorent les salades.
● Les jolies fleurs bleues sont très mellifères.

Calendrier
Semis : d'avril à juin.
Récolte : les feuilles, de préférence avant la floraison ; les fleurs, d'avril à septembre.

Sol et emplacement
La bourrache apprécie un sol profond, frais, bien drainé, même pauvre.

Semis et plantation
● Faites un semis directement en place, en sillons espacés de 30 à 40 cm.
● Quand les plantules sont assez développées pour être manipulées, éclaircissez-les à 30 ou 40 cm.

Entretien
Coupez les tiges fleuries avant la formation des graines pour éviter d'être envahi, car la bourrache se ressème spontanément. Arrosez par temps sec et binez pour éliminer les mauvaises herbes.

Récolte
Cueillez les feuilles jeunes au fur et à mesure des besoins ; elles noircissent souvent en séchant. Les fleurs se consomment fraîches, séchées, ou glacées dans du sucre.

Variétés
On utilise surtout l'espèce type, *Borago officinalis*.

Cerfeuil

● Le cerfeuil est une bisannuelle rustique, généralement cultivée comme annuelle.
● Avec ses grands feuilles vert vif, il ressemble un peu à du persil ; son goût est à mi-chemin du persil et du fenouil.
● Il peut atteindre 45 cm de haut.
● Les feuilles ont un délicat parfum anisé, délicieux dans les salades, les omelettes, et avec les pommes de terre.

Calendrier
Semis : de mars à août.
Récolte : d'avril à septembre.

Sol et emplacement
Le cerfeuil apprécie un sol bien drainé, pas trop riche, restant frais l'été. Évitez le soleil direct.

Semis et plantation
● Semez dans des sillons espacés de 20 à 25 cm, à 0,5 cm de profondeur, dans une terre ordinaire.
● Quand les plantules sont assez développées pour être manipulées (environ 8 jours après le semis), éclaircissez-les d'abord à 15 cm, puis à 30 cm.
Faites des semis échelonnés pour étaler la récolte et renouvelez vos plantations tous les ans.

Entretien
Binez pour créer une couche protectrice isolante. Par temps sec, arrosez et recouvrez le sol d'un épais paillis. Protégez les jeunes plantes par un voile ou un filet.

Récolte
Récoltez au fur et à mesure des besoins. Cueillez les feuilles jeunes, qui sont alors très parfumées, et consommez-les immédiatement. Laissez certaines plantes poursuivre leur cycle végétatif afin de récolter des graines pour l'année suivante.

Variétés
Le cerfeuil commun a des feuilles longues et plates ; il est plus parfumé que le cerfeuil frisé.
Le cerfeuil frisé a un goût légèrement anisé, plus doux.

Ciboulette

● La ciboulette est une vivace bulbeuse rustique, à croissance lente, formant des touffes dont les tiges vertes tubulaires sont surmontées de têtes florales rondes et roses.
● Les tiges ou les feuilles coupées ont un parfum caractéristique, délicieux en salades et avec les omelettes.
● La ciboulette est très décorative en bordure de pelouse ou de planche de culture surélevée.

Calendrier
Semis : de mars à juin.
Plantation : de mars à juin.
Récolte : d'avril à octobre.

Sol et emplacement
La ciboulette apprécie un sol riche, humide, dans un emplacement chaud, ensoleillé et abrité.
Arrosez abondamment et régulièrement par temps sec.

Semis et plantation
● Semez à 12 mm de profondeur, en sillons espacés de 30 cm.
● Quand les plantules sont assez développées pour être manipulées, éclaircissez à 7,5 cm.

Entretien
Binez pour créer une couche protectrice isolante et pour éliminer les mauvaises herbes. Arrosez abondamment par temps très sec. Couvrez le sol d'un paillis de fumier bien mûr. Divisez les touffes tous les 3 ou 4 ans, en octobre, pour les replanter. Laissez fleurir quelques plants pour leur effet ornemental, mais avant la floraison, retirez les tiges à fleurs, des plantes que vous destinez à un usage culinaire.

Récolte
Coupez les jeunes feuilles tendres au fur et à mesure des besoins. Coupez fréquemment les touffes entières et congelez ou faites sécher les feuilles dont vous n'avez pas besoin pour que la plante ne monte pas en graines, mais produise de nouvelles tiges.

Variétés
On cultive surtout l'espèce type, *Allium schoenoprasum*.

Coriandre

● Elle ressemble au persil plat et est omniprésente dans la cuisine chinoise, d'où le nom de persil chinois qui lui est parfois donné.
● Les feuilles aromatisent soupes, salades, légumes et plats de viande.
● Les graines servent à épicer les currys et les viandes en sauce.

Calendrier
Semis : avril-mai (ou août-septembre).
Récolte : les feuilles, dès qu'elles sont bien développées ; les fleurs, fin juillet, pour utiliser les graines.

Sol et emplacement
La coriandre apprécie un sol bien drainé, moyennement riche, et assez sec, dans un emplacement ensoleillé.

Semis et plantation
● Semez clair, dans des sillons peu profonds, espacés de 30 cm. Quand les

plants sont assez développés pour être manipulés, éclaircissez à 20 cm.

Entretien

Arrosez sans détremper le sol et binez pour créer une couche protectrice isolante.

Récolte

Coupez les feuilles dès qu'elles sont développées, sans laisser les plantes fleurir. Gardez quelques pieds pour les graines et récoltez les ombelles dès juillet. Faites sécher les têtes sous abri, puis séparez les graines, afin de les conserver (entières ou moulues) dans des récipients hermétiques.

Variétés

On cultive l'espèce type, *Coriandrum sativum*.

Estragon

● C'est une vivace rustique buissonnante, cultivée pour ses feuilles aromatiques étroites, allongées et plates.
● Les tiges peuvent atteindre 90 cm de haut.
● Les feuilles aromatisent le vinaigre et la sauce tartare.
● Le goût anisé caractéristique de l'estragon relève toutes sortes de plats, en particulier le poisson.

Calendrier

Division des touffes : mars-avril.
Récolte : au fur et à mesure des besoins pour les feuilles fraîches ; en été pour les feuilles à sécher.

Sol et emplacement

L'estragon apprécie une terre de jardin bien drainée, légère, dans un emplacement ensoleillé.
Sous climat froid, installez des protections du côté du vent.

Plantation

● Divisez les pieds établis pour replanter les éclats de rhizomes dans des trous de 7 à 10 cm de profondeur, espacés de 35 à 40 cm.
● Recouvrez de terre, tassez le sol et arrosez abondamment.

Entretien

Binez pour créer une couche protectrice isolante.
Arrosez peu, mais fréquemment. À l'apparition des fleurs, pincez les tiges florales pour encourager la production de feuilles.

Récolte

Cueillez des feuilles fraîches de mai à septembre, au fur et à mesure des besoins. Vous pouvez les faire sécher pour l'hiver et les conserver dans des récipients hermétiques, ou les congeler.

Variétés

On ne cultive que l'espèce type, *Artemisia dracunculus*.

Fenouil doux

● Le fenouil doux est une vivace herbacée rustique aux hautes tiges, aux feuilles plumeuses et aux fleurs jaune d'or.
● La plante peut atteindre de 1,50 à 1,80 m.
● Les feuilles séchées ou fraîches aromatisent les sauces et le poisson. Les graines donnent du goût aux gâteaux, aux soupes et au pain. Les tiges coupées en tranches fines se mangent en salades.

Calendrier

Semis : mars-avril.
Récolte : en été, au fur et à mesure des besoins.

Sol et emplacement

Le fenouil aime un sol léger, frais, mais bien drainé, si possible fertilisé pour une culture précédente. Il préfère également un emplacement chaud, ensoleillé et abrité.
Les plantes de haute taille ont besoin d'être tuteurées.
Les grandes plantes sont décoratives et peuvent être semées en place, dans une plate-bande abritée.

Semis et plantation

● Semez en avril-mai en sillons espacés de 45 cm. Semez clair et recouvrez de terre.
● Tassez le sol et arrosez abondamment.
● Quand les plantules sont assez développées pour être manipulées, éclaircissez pour ne garder que les plus beaux plants, à 30 cm d'espacement environ, ou repiquez.
● Arrosez avant et après l'éclaircissage et le repiquage.

Entretien

Binez pour créer une couche protectrice isolante. Arrosez sans excès, mais souvent, surtout l'été. Tuteurez les grandes plantes, en particulier si elles sont installées dans un endroit exposé au vent.
Limitez la croissance en pinçant le haut des tiges. Éliminez les fleurs pour encourager le développement des feuilles.

Récolte

Récoltez en juin-juillet, puis selon vos besoins. Coupez les feuilles au fur et à mesure des besoins et éventuellement faites-les sécher et stockez-les dans des récipients fermés.

Laurier-sauce

● Ce laurier est un arbuste persistant rustique aux feuilles aromatiques vert foncé.
● Dans de bonnes conditions, il peut atteindre de 1,80 à 3,50 m et devenir un véritable arbre.
● Les feuilles vernissées sont indispensables dans un bouquet garni et accompagnent parfaitement toutes les viandes en sauce et les plats à base de poisson.

Calendrier

Multiplication : par bouturage en fin d'été.
Récolte : tout au long de l'année, au fur et à mesure des besoins.

Sol et emplacement

L'idéal pour le laurier est un sol bêché en profondeur, bien drainé, humifère, dans un emplacement ensoleillé.
Traditionnellement, les lauriers sont cultivés en bacs et conduits en topiaires – boules ou cônes.
On les laisse souvent dehors tout l'été, pour les rentrer dans un jardin d'hiver ou sous une véranda pendant la saison froide.

Plantation

● Faites des boutures de tiges en fin d'été. En octobre-novembre, installez les boutures dans des pots de tourbe emplis d'un terreau sableux.
● Arrosez généreusement et gardez au chaud.
● Quelques semaines plus tard, quand les boutures sont enracinées, transplantez les plus beaux pieds dans des pots plus grands.
● Placez-les dans un emplacement chaud et ensoleillé, à l'abri du vent.

Entretien

Arrosez un peu et gardez au chaud. Taillez une ou deux fois par an et passez les feuilles au jet d'eau pour les garder propres. Rentrez les pots si le temps devient froid.

Récolte
Prélevez les jeunes feuilles au fur et à mesure des besoins. Vous pouvez les utiliser fraîches ou les faire sécher sur un rebord de fenêtre avant de les entreposer dans un récipient hermétique.

Variétés
L'espèce type *Laurus nobilis*, ou *Laurus nobilis* 'Aurea', décoratif, à feuillage panaché.

Marjolaine

• La marjolaine est une vivace un peu frileuse que l'on cultive souvent comme annuelle semi-rustique.
• On la sème sous châssis en mars-avril et on prélève les feuilles au fur et à mesure des besoins. Elle peut atteindre 60 cm de haut.
• Les feuilles sont excellentes dans les soupes et les viandes en sauce.

Calendrier
Semis : mars-avril.
Récolte : au fur et à mesure des besoins.

Sol et emplacement
La marjolaine apprécie un sol bien drainé, sablonneux, et un emplacement ensoleillé et abrité.
C'est encore mieux si le sol est enrichi en fumier bien mûr, d'une texture légère.

Semis et plantation
• Semez sous châssis dans des terrines emplies d'un substrat léger et sablonneux.
• Éclaircissez les semis à 7 cm environ et repiquez-les dans des caissettes ou des pots.
• Installez les plants à l'extérieur en mai, dans un emplacement ensoleillé et abrité, espacés de 25 à 30 cm, en rangs distants de 30 cm.

Entretien
Binez pour créer une couche protectrice isolante. Par temps sec, arrosez et recouvrez la terre d'un épais paillis. Par temps très sec, protégez les plantes du soleil par un filet.

Récolte
Prélevez les jeunes feuilles au fur et à mesure des besoins. À la fin de l'été, prélevez des tiges entières ou arrachez les plantes juste avant la floraison, et faites-les sécher dans une pièce fraîche.

Variétés
Seule l'espèce type *(Origanum majorana)* est cultivée.

POUR LES « PROS »

Origan
L'origan *(Origanum vulgare)*, ou marjolaine sauvage, est souvent confondu avec la marjolaine *(Origanum majorana)*.
Traditionnellement utilisé pour les pizzas, les grillades et les plats à base de tomate, il est moins frileux que la marjolaine, mais un peu moins parfumé

Mélisse

• La mélisse est une vivace rustique que l'on cultive pour son feuillage vert clair rappelant l'ortie.
• Les feuilles fraîches parfument les crèmes, boissons, salades de fruits, et font de délicieuses infusions. Elles accompagnent aussi la laitue.
• Le semis est un peu délicat, mais possible (reportez-vous aux conseils donnés pour la sarriette p. 160).

Calendrier
Division des touffes : mars.
Récolte : tout l'été, au fur et à mesure des besoins.

Sol et emplacement
La mélisse apprécie un sol frais, fertile, humifère, bien drainé, et un emplacement ensoleillé mais pas trop chaud, ou à mi-ombre sous climat chaud.

Plantation
• Divisez les grosses touffes et replantez les éclats du pourtour dans des trous de 7 à 10 cm de profondeur, espacés de 35 à 40 cm.
• Recouvrez de terre, tassez le sol et arrosez.

Entretien
Arrosez par temps très chaud, sans laisser l'eau stagner. Éliminez les rejets qui ont tendance à envahir le jardin. Supprimez les vieilles tiges en automne ou en hiver.

Récolte
Prélevez les jeunes feuilles tout l'été, au fur et à mesure des besoins. Récoltez-les avant la floraison pour les faire sécher.

Variétés
L'espèce type *(Melissa officinalis)* ou les variétés 'Aurea' et 'All Gold', à feuilles dorées.

Menthe

• La menthe est une vivace herbacée rustique aux feuilles vert moyen, qui atteint 60 cm de haut.
• La menthe pousse à peu près n'importe où et peut se montrer très envahissante.
• Les feuilles de menthe parfument les boissons et les salades ; elles font aussi de bonnes infusions et parfument le fameux thé à la menthe.

Calendrier
Division des touffes : printemps ou automne.
Récolte : au fur et à mesure des besoins.

Sol et emplacement
La menthe apprécie un sol humide, dans un emplacement abrité, à mi-ombre. Pour éviter que la menthe n'envahisse tout le jardin, vous pouvez enterrer un tonneau avant de la planter, pour y contenir les racines.

Plantation
• Divisez les grosses touffes, éliminez la partie centrale ligneuse et plantez les éclats du pourtour, espacés de 20 cm environ.

Entretien
Binez pour éliminer les mauvaises herbes et pour créer une couche protectrice isolante. Arrosez abondamment par temps sec et recouvrez de compost en automne. Par temps très sec, recouvrez le sol d'un paillis de fumier bien mûr.

Récolte
Prélevez les jeunes feuilles au fur et à mesure des besoins. Vous pouvez faire sécher des feuilles pour l'hiver ou conserver les plantes entières dans une serre ou à l'intérieur d'une caisse pleine de sable.

Variétés
La menthe verte *(Mentha spicata)*, aux petites feuilles à nervures profondes, a une saveur douce ; elle sert à parfumer

le thé à la menthe, les salades de fruits et les sauces.
La menthe poivrée *(Mentha* x *piperita)*, aux feuilles vertes devenant pourprées au soleil, parfume salades et desserts.
La menthe à feuilles rondes *(Mentha* x *rotundifolia)* porte des feuilles arrondies à la saveur de pomme.

Persil

- **Le persil est une bisannuelle rustique que l'on cultive généralement en annuelle.**
- **Les feuilles sont utilisées pour des sauces et comme garniture de nombreux plats.**

Calendrier

Semis : de mars jusqu'au début de l'été.
Récolte : au fur et à mesure des besoins.

Sol et emplacement

Le persil apprécie un sol retenant bien l'humidité, fertile, enrichi en terreau de feuilles, en plein soleil en terrain lourd, à l'ombre en sol léger.
Si votre persil a l'air un peu fatigué, recouvrez-le de terreau de feuilles et ajoutez-en au moment des semis suivants.

Semis et plantation

- Mettez les graines à tremper 48 heures avant le semis pour faciliter la levée.
- Semez clair, à 12 mm de profondeur, dans des sillons espacés de 20 à 35 cm ; recouvrez de terre.
- Tassez le sol et arrosez.
- Quand les plantules sont assez développés pour être manipulées, éclaircissez pour ne garder que les plus beaux plants, espacés de 20 à 25 cm environ.
- Arrosez avant et après l'éclaircissage.

Entretien

La germination est très lente, ne vous impatientez pas. Binez pour créer une couche protectrice isolante. Arrosez peu, mais fréquemment. Par temps chaud, recouvrez d'un paillis de feuilles séchées.

Récolte

Prélevez des tiges fraîches au fur et à mesure des besoins. Vous pouvez faire sécher quelques tiges pour l'hiver ou les congeler, ou encore conserver les plantes entières dans une caisse pleine de terre, dans une serre.

Variétés

'Persil géant d'Italie' est une variété à fort développement, au feuillage vert foncé, très parfumée.
'Persil frisé nain', vert foncé, a des feuilles frisées finement ciselées. Goût assez prononcé.

Raifort

- **Le raifort est une vivace rustique touffue dont la longue racine charnue ressemble à un panais.**
- **Le raifort peut rester en place plusieurs années, mais il est préférable de renouveler les plantations tous les deux ans.**
- **Râpées, les racines fraîches sont employées comme condiment.**

Calendrier

Division des racines : mars-avril.
Récolte : été et automne au fur et à mesure des besoins.

Sol et emplacement

Le raifort pousse dans toute terre de jardin, fertile et bien drainée, au soleil ou à l'ombre. Choisissez un coin où il pourra rester deux ans, sans gêner les autres cultures.
Le raifort peut se montrer envahissant ; pour le limiter, enterrez un tonneau en plastique et plantez-le à l'intérieur.

Semis et plantation

- Coupez des racines de grosseur moyenne, en tronçons de 15 à 25 cm, et plantez-les dans des trous de 8 cm, espacés de 25 cm environ.
- Arrosez abondamment et éliminez les mauvaises herbes.

Entretien

Binez pour éliminer les mauvaises herbes et créer une couche protectrice isolante. Arrosez régulièrement.

Récolte

Prélevez les racines au fur et à mesure des besoins jusqu'à la mi-automne, puis entreposez-les dans un endroit sec et frais.

Variétés

On cultive l'espèce type *(Armoracia rusticana)*, ou des variétés à feuilles panachées.

Romarin

- **Le romarin est un arbuste persistant avec des feuilles étroites et pointues, vert moyen.**
- **Il peut atteindre une hauteur de 1,80 à 2,10 m.**
- **Il est doté d'un parfum et d'un goût très prononcé ; traditionnellement considéré comme un désinfectant, il était souvent brûlé dans la chambre des malades.**
- **Les feuilles servent à aromatiser les plats de poisson et de viande.**
- **Ces plantes à fleurs bleues décoratives et odorantes sont souvent plantées près des allées, pour permettre d'en cueillir facilement quelques feuilles.**

Calendrier

Semis : mai-juin.
Bouturage : fin de l'été.
Récolte : au fur et à mesure des besoins.

Sol et emplacement

Le romarin pousse n'importe où, avec une préférence pour un sol léger, bien drainé, au soleil.
On peut alléger un sol lourd et le rendre plus meuble en le mélangeant avec du sable et un terreau de feuilles.

Semis et plantation

- Semez clair en sillons peu profonds, espacés de 45 cm environ, et recouvrez de terre. Tassez le sol et arrosez abondamment.
- La multiplication par bouturage se fait en fin d'été : découpez des rameaux de 25 cm avec un morceau d'écorce de la branche qui les supporte, et plantez-les à 15 cm de profondeur, sous châssis froid. L'année suivante (année 2), installez en pépinière les plants enracinés, espacés de 30 cm. L'année suivante (année 3), mettez-les à leur emplacement définitif.

Entretien

Binez pour créer une couche protectrice isolante. Arrosez peu, mais fréquemment. Taillez tous les ans après la floraison, et rabattez au ras du sol les tiges dégingandées pour donner une forme compacte au buisson.

Récolte

Récoltez les feuilles fraîches au fur et à mesure des besoins. Les feuilles peuvent être récoltées pour l'hiver, mises à sécher et conservées dans un récipient hermétique.

Variétés

'Pointe du Raz' est une variété prostrée, résistante au froid, idéale pour les potées.
'Tuscan Blue' a un port érigé et des fleurs bleu foncé.

Sarriette commune

• La sarriette commune est une annuelle buissonnante, à la différence de la sarriette des montagnes, vivace, mais parfois cultivée comme annuelle. Les deux sont utilisables comme aromatiques.
• Elle a de minces tiges érigées et de petites feuilles étroites, vert pâle. Elle atteint environ 30 cm de haut.
• La sarriette est délicieuse dans les soupes, les salades, les ragoûts, et les viandes et poissons grillés.
• Traditionnellement, les feuilles de sarriette étaient utilisées pour calmer les piqûres de guêpes.

Calendrier

Semis : avril-juin.
Récolte : au fur et à mesure des besoins.

Sol et emplacement

La sarriette apprécie un sol profond, fertile, dans un emplacement ensoleillé et abrité.

Semis et plantation

• Semez à 12 mm de profondeur, en sillons espacés de 20 à 30 cm. Recouvrez à peine de terre.
• Arrosez abondamment et éliminez les mauvaises herbes.
• Quand les plantules sont assez développées pour être manipulées, éclaircissez pour ne garder que les plus beaux plants, espacés de 15 à 20 cm environ.

Entretien

Binez pour éliminer les mauvaises herbes et pour créer une couche protectrice isolante.
Arrosez régulièrement. Par temps très sec, recouvrez le sol d'un paillis de fumier bien mûr.

Récolte

Récoltez les feuilles fraîches au fur et à mesure des besoins. Arrachez les plantes juste avant la floraison, faites-en des bouquets et suspendez-les pour les faire sécher dans une pièce sèche, aérée et fraîche. Prélevez les feuilles séchées et conservez-les dans un récipient hermétique.

Variétés

'Sarriette des jardins' *(Satureja hortensis)*, annuelle décrite ci-dessus.
'Sarriette des montagnes' *(Satureja montana)*, vivace buissonnante aux petites feuilles pointues et aux fleurs mauve pâle.

Sauge

• La sauge est un sous-arbrisseau rustique, pouvant atteindre 60 cm de haut, aux longues feuilles aromatiques gris-vert.
• Les feuilles sont utilisées dans un grand nombre de préparations culinaires : sauces, farces, viandes blanches, poisson...
• Parmi les herbes aromatiques, le goût de la sauge est l'un des plus prononcés.

Calendrier

Bouturage : d'avril à août.
Récolte : au fur et à mesure des besoins.

Sol et emplacement

La sauge préfère un sol léger, bien drainé, fertile, dans un emplacement ensoleillé et abrité.
Gardez le sol humide.

Semis et plantation

• Prélevez des tronçons de 8 à 10 cm sur des tiges de l'année (à l'extrémité ou non).
• Plantez-les sous châssis froid dans un terreau humifère, espacés de 10 cm.

Entretien

Binez pour créer une couche protectrice isolante et pour éliminer les mauvaises herbes. Arrosez abondamment. Tondez les tiges tous les ans pour éviter qu'elles ne se dégarnissent et deviennent dégingandées.

Récolte

Prélevez les jeunes feuilles au fur et à mesure des besoins. Pour les faire sécher, récoltez les feuilles avant la floraison et faites-les sécher dans une pièce tiède, puis stockez-les dans des récipients hermétiques.

Variétés

'Icterina', à feuilles panachées de jaune, ou 'Purpurea', à feuilles pourpres, sont aromatiques et ornementales.
La sauge sclarée *(Salvia sclarea)* est aussi très aroque.

POUR LES « PROS »

Serpolet

Le serpolet *(Thymus serpyllum)* est très proche du thym. Il est d'ailleurs parfois appelé « thym sauvage ». C'est une petite vivace ligneuse rampante, au goût fin et prononcé, qui se cultive comme l'espèce *Thymus vulgaris*.

Thym

• Le thym est un sous-arbrisseau rustique tapissant, cultivé pour ses petites feuilles aromatiques.
• Éléments indispensables du bouquet garni, ses feuilles sont utilisées pour parfumer le poisson et les plats de viande.

Calendrier

Bouturage de racines : avril-mai.
Récolte : au fur et à mesure des besoins.

Sol et emplacement

Le thym apprécie une terre de jardin légère et bien drainée, au soleil.

Semis et plantation

• Plantez les éclats prélevés au pourtour des racines dans des trous de 7 à 10 cm de profondeur, espacés de 25 à 30 cm.
• Recouvrez de terre, tassez et arrosez abondamment.

Entretien

Binez pour créer une couche protectrice isolante. Arrosez peu, mais fréquemment.

Récolte

Prélevez les feuilles fraîches au fur et à mesure de vos besoins. Pour les faire sécher, coupez de longues tiges et mettez-les à sécher dans une pièce ensoleillée. Les feuilles se congèlent bien.

Variétés

Thymus vulgaris 'Archer's Gold' a un feuillage doré.
Thymus x *citriodorus*, le thym citron, a une saveur très agréable.

Cueillette de A à Z

En plus de tout ce que vous cultivez dans votre jardin, la nature vous offre, si vous savez les trouver, mille fruits et baies, champignons, noix et herbes comestibles. En voici un aperçu, avec quelques suggestions d'utilisations, que vous compléterez au fil de vos promenades et de vos lectures. Soyez prudent, ne mangez que les plantes que vous connaissez, et si vous n'êtes pas sûr de votre fait, montrez votre récolte à un expert local.

Agaric des jachères, rosé

(Agaricus arvensis)

Ce champignon pousse en été et en automne dans les prairies et près des bois de feuillus. Souvent aussi gros qu'un poing, le rosé ressemble à un champignon de Paris en plus gros, avec un chapeau blanc, convexe, lisse, et des lames gris rosâtre à chocolat. En vieillissant, les agarics ont tendance à s'aplatir, parfois à se craqueler, et les lames deviennent plus foncées. Leur parfum anisé, caractéristique lorsqu'on les coupe, permet de les identifier à coup sûr; la chair blanche devient alors jaune.

Usages possibles

Un rosé de bonne taille remplit facilement une grande poêle et suffit à rassasier deux affamés. Délicieux frit et coupé en tranches, puis ajouté à une omelette servie avec du pain de seigle… et arrosée d'un bon verre de cidre !

Amour-en-cage, coqueret

(Physalis alkekengi)

Cette vivace de 25 à 50 cm aux feuilles ovales et aux fleurs blanches, que l'on peut voir de mai à octobre, est reconnaissable à ses baies rouges ou orange de la taille d'une cerise, enfermées dans un calice orangé formant une sorte de vessie pointue. Elle pousse spontanément dans les haies, le long des fossés, dans les lieux frais et humides de climat doux.

Usages possibles

Le fruit, très riche en vitamine C et en pectine, se consomme cuit, en confiture, ou dans les clafoutis et tartes. Cru, il agrémente les salades de fruits et leur donne une note acidulée.

Bourrache

(Borago officinalis)

Cette plante annuelle aux feuilles ovales sur des tiges velues, qui arbore d'avril à septembre des fleurs en étoiles bleues à étamines noires, pousse au soleil sur les bords des chemins, sur les terrains cultivés ou non. Feuilles et tiges sentent le concombre lorsqu'on les écrase.

Usages possibles

Les jeunes feuilles fraîches peuvent être accommodées en salade, ou parfumer les poissons et les potages ; on fait des beignets avec les feuilles plus matures. Les fleurs sont cuisinées en beignets, confites dans du sucre ou utilisées pour décorer les salades. L'infusion de feuilles et de fleurs est un tonique contre le stress ; l'infusion de feuilles soulage les maux de gorge.

Châtaigne

(Castaneus sativa)

On trouve beaucoup de châtaigniers dans les forêts, plutôt en terrain acide. Pendant vos promenades d'automne, vous ne manquerez pas de trouver des châtaignes tombées à terre.

POUR LES « CUISTOTS »

Beignet de bourrache

Préparez une pâte à beignet très légère. Assaisonnez les fleurs et trempez-les dans la pâte. Faites frire jusqu'à ce que les beignets soient bien croustillants. Accompagnez d'un coulis de tomates maison un peu épicé.

POUR LES « PROS »

Le purin de consoude

Laissez macérer 1 kg de feuilles de consoude dans 10 l d'eau pendant 4 semaines dans un récipient non métallique. Mélangez de temps en temps. Utilisez comme engrais liquide et pour détruire les pucerons, pur ou dilué à 10 %.

Usages possibles

Sortez les châtaignes de leurs bogues et faites-les tremper 24 heures dans l'eau, puis grillez-les au feu de bois, ou faites-les cuire à l'eau bouillante avant de les réduire en purée.

Consoude

(Symphytum officinale)

Cette vivace robuste, qui atteint parfois 1,50 m, est répandue dans les prairies humides, les berges et les bois. Ses feuilles ovales sont pointues et rugueuses ; elle produit de mai à juillet des petites fleurs tubulaires bleu-violet ou pourpres.

Usages possibles

Les feuilles en cataplasme, déjà utilisées dans l'Antiquité pour favoriser la cicatrisation des plaies, réduisent les contusions et enflures, et accélèrent la cicatrisation des coupures, brûlures et plaies. Les feuilles s'accommodent en salade, en soupe, ou encore en beignets. C'est aussi un bon engrais.

Coquelicot

(Papaver rhoeas)

Nous connaissons tous les coquelicots ; ils réapparaissent aujourd'hui dans les champs où les herbicides sont moins utilisés. Vous pouvez récolter les jeunes feuilles au printemps et les graines dès qu'elles durcissent.

Usages possibles

Cristallisez les pétales dans du sucre pour

décorer les desserts. Les fleurs et les jeunes feuilles agrémentent les salades. On fait un délicieux sirop de coquelicot en jetant des pétales de coquelicot dans de l'eau bouillante, puis en laissant infuser quelques minutes. Après avoir filtré, on ajoute du sucre et on porte à nouveau presque à ébullition.

Cresson de fontaine

(Nasturtium officinale)

Le cresson de fontaine est une plante aquatique vivace, fréquente dans les ruisseaux, près des sources, dès que la température s'élève au-dessus de 10 °C. Le meilleur moyen de l'identifier est de le comparer au cresson cultivé que l'on trouve sur les marchés. Pour éviter le risque de contracter la douve du foie (parasite du mouton parfois transmis par cette plante), ne le récoltez que dans les rivières de plaine, en excluant tous les endroits où des moutons ou du bétail sont susceptibles d'avoir bu, et contentez-vous de cueillir et de consommer les jeunes feuilles et les pousses de l'extrémité.

Usages possibles
Le cresson de fontaine est délicieux en salade. Si vous avez vraiment peur de la douve du foie, faites-le cuire à l'eau ou à la vapeur et servez-le en légume ou en potage.

Cynorrhodon

(Rosa canina)

Les cynorrhodons sont les fruits de l'églantier, arbuste de 1 à 5 m de haut, voisin des rosiers cultivés, mais à fleurs simples, très utilisé comme porte-greffe pour les rosiers hybrides. Cueillez les fruits rouge-orangé dès qu'ils commencent à flétrir, juste après les premières gelées.

Usages possibles
Intégrez les cynorrhodons à vos recette habituelles de confitures, ou faites-en un sirop, en plongeant les fruits dans de l'eau bouillante additionnée de sucre et en faisant réduire à feu doux jusqu'à ce que le mélange soit sirupeux. Excellent pour les maux de gorge ou les refroidissements, ce mélange contient plus de vitamine C que les oranges.

POUR LES « PROS »

Confiture de cynorrhodons

Retirez les extrémités noires, les poils et les graines. Faites cuire les fruits à feu doux environ ½ heure, juste immergés dans l'eau (jusqu'à ce qu'ils soient bien tendres). Passez au moulin à légumes. Pesez la pulpe et ajoutez le même poids de sucre et éventuellement un jus de citron. Laissez cuire ½ heure en tournant régulièrement. (Pour la stérilisation et la mise en pots, voir p. 199.)

Girolle

(Cantherellus cibarius)

Ce célèbre champignon, très apprécié, est jaune, en forme de trompette. Son chapeau au bord ondulé est plat ou creusé au centre, avec des plis ressemblant à des lames sur le dessous ; il n'a pas d'anneau sur le pied, et se trouve couramment en été et en automne, souvent en groupes, sous les conifères ou les feuillus. Sa chair est blanche ou jaune pâle et dégage une odeur d'abricot.

Usages possibles
Laissez-le d'abord rendre son eau de végétation dans une poêle à feu doux. Vous pouvez ensuite le faire sauter dans un peu de beurre, assaisonné d'une persillade. Il accompagne aussi bien les plats de viandes et de poissons que les œufs brouillés.

Merisier, cerisier des oiseaux

(Prunus avium)

On trouve ce cerisier sauvage un peu partout en France, sauf dans le Midi, dans les taillis, les forêts et les futaies. Ancêtre des cerisiers cultivés, il fleurit en avril-mai, puis se couvre de fruits rouges, noirs à maturité, plus petits que les cerises.

Usages possibles
Plus acides que les cerises cultivées, les merises sont délicieuses à l'eau-de-vie ou dans les clafoutis.

Mouron des oiseaux

(Stellaria media)

Cette petite plante annuelle très répandue, aux tiges charnues, aux feuilles opposées et aux fleurs blanches en forme d'étoiles, est une mauvaise herbe de nos jardins et du bord des routes, envahissante et à croissance très rapide. Ses graines sont appréciées des oiseaux, comme son nom le laisse présager.

Usages possibles
Si elle envahit votre jardin, vous pouvez, pour changer, essayer de la manger. On peut en faire des soupes ou des salades (avec les jeunes tiges ou l'extrémité des pousses). Elle est délicieuse cuite à la vapeur et accompagnée d'oignons émincés et d'un filet d'huile d'olive. Attention toutefois, elle contient de la saponine qui pourrait à la longue devenir nocive.

Mûre de ronces

(Rubus fruticosus)

Qui ne connaît pas les ronces et leurs fruits noirs, si faciles à trouver et à cueillir ?

Usages possibles
On en fait de délicieuses gelées et confitures (comme avec les framboises), mais aussi des tartes et clafoutis.

Noisetier sauvage, coudrier

(Corylus avellana)

Souvent cultivé (voir p. 150), il pousse aussi parfois spontanément dans les taillis, les bois, les haies, où il atteint parfois 4 m de haut. Récoltez les noisettes dès septembre, avant les écureuils.

Usages possibles
Croquez-les nature ou sèches, mélangez-les à des salades ou à votre muesli. Faites-les griller pour les consommer à l'apéritif ou râpez-les pour les mettre dans les gâteaux.

POUR LES « PROS »

Le purin d'ortie

Laissez macérer 1 kg d'orties dans 10 litres d'eau, pendant 2 semaines, puis utilisez-le comme engrais liquide, en diluant chaque litre de purin dans 10 fois son volume d'eau.

Ortie

(Urtica dioica)

De toutes les plantes sauvages, l'ortie est sans conteste la mieux connue, et la plus désagréable au toucher. Nous avons appris à éviter les orties dès notre plus jeune âge, sachant à quel point leur brûlure est cuisante, et bien peu d'entre nous, même sachant qu'elles sont comestibles, s'aventurent à les cuisiner, et c'est bien dommage. En effet, séchage et cuisson enlèvent le pouvoir urticant des orties.

Usages possibles

Cueillez-les plutôt au printemps, elles sont alors plus tendres. Accommodées comme les épinards, ou en soupes, les feuilles d'orties sont délicieuses. Séchées, elles peuvent être bues en infusion, et même servir à faire de la bière. On peut aussi faire du purin d'orties.

Pied-de-mouton

(Hydnum repandum)

Voici un champignon difficile à confondre, très courant et apprécié. De couleur crème à beige un peu orangé, il porte un chapeau plat ou légèrement creux au centre, dont le diamètre peut atteindre 15 cm ; sous le chapeau, il arbore des épines jaune-ocre qui se détachent bien ; le pied est un peu plus clair. Sa chair est blanche et ferme, mais pas coriace. On le trouve en automne, en groupes, sous les feuillus et les conifères.

Usages possibles

Préférez les sujets jeunes, car la chair a tendance à devenir amère en vieillissant. Le cas échéant, blanchissez-les dans de l'eau légèrement sucrée avant de les accommoder selon votre goût. Le pied-de-mouton ressemble beaucoup aux girolles et peut se cuisiner de la même manière.

Pissenlit

(Taraxacum officinale)

Le pissenlit est bien connu, avec ses feuilles dentées et ses fleurs jaunes que l'on peut voir du printemps à l'automne. Comme son nom commun le laisse présager, il s'agit d'un diurétique. Il pousse à l'état sauvage dans les jardins et est parfois cultivé.

Usages possibles

Récoltez des feuilles avant la floraison pour en faire des salades ou les cuisiner comme des épinards ; elles sont riches en vitamine C et en sels minéraux. Vous pouvez manger les boutons floraux comme des pointes d'asperges ou les conserver dans le vinaigre. Les fleurs décorent les salades et se mangent en confiture.

Prunelle

(Prunus spinosa)

Les prunelliers, ou épines noires, sont des arbustes épineux de 1 à 3 m de haut, très fréquents dans les haies, qui se couvrent de fleurs blanches avant même les feuilles, dès le mois de mars, puis de petites baies rondes bleu violacé foncé, parvenant à maturité en octobre.

Usages possibles

Les baies très mûres peuvent être incorporées à des marmelades. Distillées, elles donnent de l'eau-de-vie, la prunelle, ou parfument le vinaigre. Recouvrez les baies de sucre et de gin, vous obtiendrez une inoubliable liqueur rose.

Pulmonaire

(Pulmonaria officinalis)

Très proche de la consoude, la pulmonaire est une vivace de 15 à 50 cm, aux feuilles maculées de blanc et aux fleurs bleues, mauves et roses au printemps. On la trouve dans les sous-bois et les haies.

Usages possibles

Crues, les jeunes feuilles se mangent en salade. Cuites à l'eau ou à la vapeur, elles se consomment comme légumes ou parfument les potages.

Raifort

(Armoriaca rusticana)

Le raifort (voir p. 159) pousse souvent à l'état sauvage, dans les zones où la végétation est peu entretenue. Vous le reconnaîtrez à ses longues feuilles aux marges dentées et ondulées et à ses longues racines ressemblant à des rutabagas.

Usages possibles

Râpez les racines crues pour en faire la célèbre sauce au raifort, qui accompagnera aussi bien la viande de bœuf que le thon grillé.

Sureau noir

(Sambucus nigra)

Cet arbuste à feuilles caduques développe parfois un tronc et devient un arbre pouvant atteindre 10 m de haut. On récolte les fleurs blanc crème dès qu'elles sont épanouies, en juin, et les baies lorsqu'elles sont noires, en août-septembre. Attention ! c'est le seul arbre de cette famille dont les fruits soient comestibles.

Usages possibles

Les bourgeons se conservent dans le vinaigre. Faites des beignets avec les fleurs et confectionnez des gelées ou des tartes avec les baies.

Trompette-des-morts

(Craterellus cornucopioides)

Ce champignon a le double avantage d'être délicieux et impossible à confondre. Il n'a pas un pied et un chapeau distincts, mais est constitué d'un « carpophore » en trompette, d'un seul tenant, creux, comme un entonnoir, gris foncé presque noir sur le dessus et blanc grisé sur le dessous. Le dessous est presque lisse. D'une hauteur de 5 à 15 cm, il pousse en été et en automne, en groupes, dans les zones humides sous les feuillus.

Usages possibles

La chair de ce champignon très apprécié est fine et délicate. Il est particulièrement adapté au séchage, après quoi on peut soit le réhydrater pour le cuisiner normalement, soit le moudre et s'en servir pour aromatiser les plats.

Les petits élevages

Élever **des poules**

Les poules et poulets sont à l'autarcie ce que le pain beurré est aux œufs à la coque. Chaque matin, vous irez chercher de savoureux œufs frais, juste pondus, encore tièdes : peut-on rêver nourriture plus « bio » ? Élever des poules ne présente pas de difficultés majeures – c'est même possible dans un petit jardin en ville.

Choisir des poules

À condition de vous en occuper un peu et de leur donner des protéines en plus, vous aurez des œufs frais quasiment tout au long de l'année. Mieux encore, si vous avez, disons six poules et un coq, vous vous retrouverez avec des poussins sans même vous en rendre compte.

Chaque race de poules a ses qualités spécifiques – bonne pondeuse, pondeuse d'œufs bruns, animal de petite taille, de grand gabarit, race résistante, chair ferme, etc. Au moment de faire votre choix, prenez également en considération l'espace dont vous disposez et vos besoins – beaucoup d'œufs, des bêtes de bonne taille, ou toute autre priorité…

Où installer le poulailler ?

Le poulailler doit être sec, chaud, facile à nettoyer et aussi spacieux que votre jardin le permet. Diverses possibilités existent, depuis les petits abris en plastique en forme de dôme – parfaits si vous voulez juste élever quelques volailles dans un petit jardin – jusqu'aux huttes ou arches en bois, de tou-

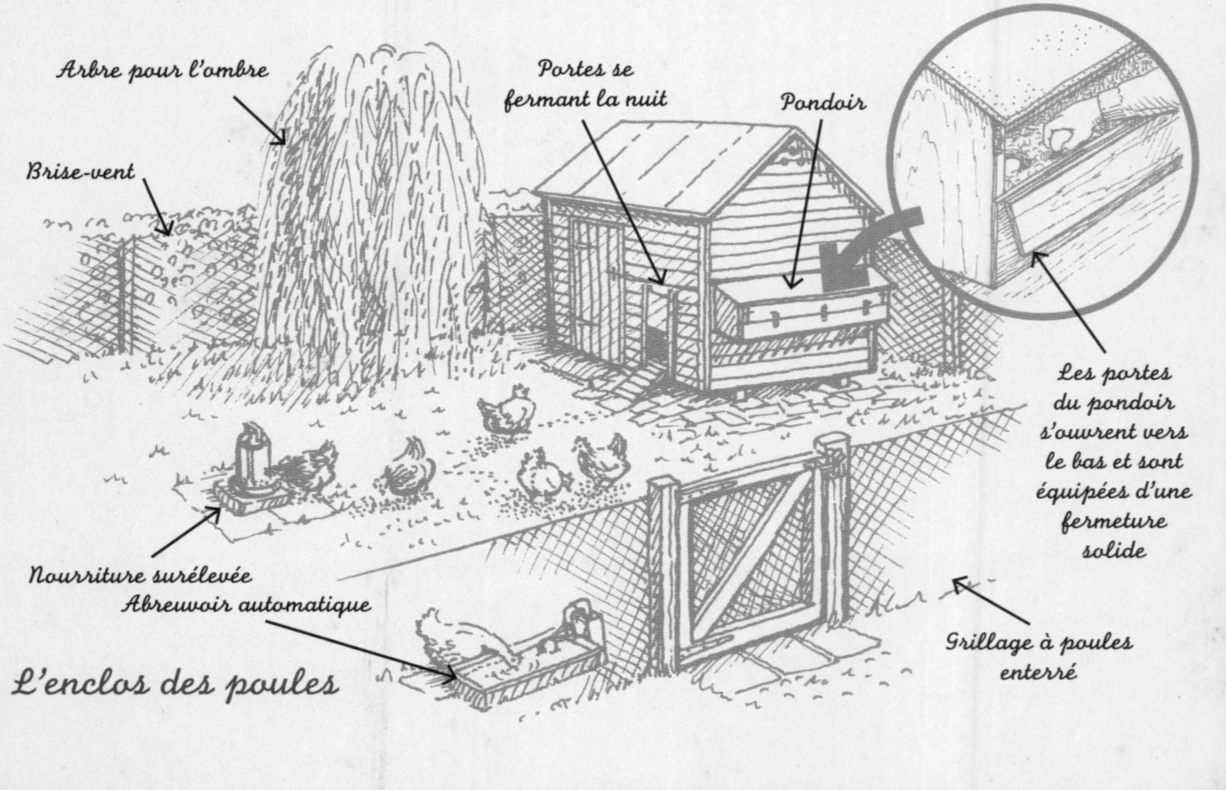

L'enclos des poules

Un choix de 12 bonnes poules pondeuses

Ancône naine
Version miniature de la race Ancône, produisant de jolis petits œufs à coquille blanche. D'un caractère un peu capricieux.

Bresse Gauloise
Cette excellente volaille de chair et de ponte est une des races françaises les plus anciennes et les plus réputées.

Caussade
Cette volaille noire, classée comme rare, se distingue par son petit gabarit. Rustique, dotée d'un caractère vif, c'est une très bonne pondeuse.

Exchequer Leghorn
Un bon choix traditionnel pour les petites fermes et les jardins. Volailles de taille moyenne au plumage noir et blanc, très bonnes pondeuses d'œufs blancs.

Gâtinaise
L'une des plus anciennes races de France. Dès cinq mois, cette volaille se montre bonne pondeuse tant par le nombre que par la grosseur des œufs. Elle est également bonne couveuse et bonne mère.

Isa Brown
Race hybride lourde, au plumage marron à doré. Excellente pondeuse. Donne des œufs à coquille brune, de bonne taille. Un choix judicieux si vous voulez des volailles très résistantes.

Leghorn blanche
Volaille de taille moyenne au beau plumage blanc. Excellente pondeuse (200 à 300 œufs par an), donnant des œufs à coquille blanche, de bonne taille. Convient à la fois aux fermes et aux jardins.

Light Sussex
Volaille robuste, aux plumes blanches et à la chair crème. Intéressante pour la viande et comme pondeuse.

Marans
Cette volaille assez forte, de hauteur moyenne (qui existe aussi en naine), donnant l'impression de robustesse et de rusticité, est probablement la race pure française la plus fréquente chez les éleveurs particuliers. Le succès de cette très bonne pondeuse est dû aux qualités de l'œuf, très gros, couleur chocolat.

Orpington
Race de volailles lourdes, résistantes, avenantes, avec des plumes chamois à bleu-noir et une chair blanche. Donne des œufs à coquille brune.

Plymouth Rock
Petite race robuste, aux plumes bleu perdrix, rayées de blanc, et à la chair jaune. Donne de gros œufs à coquille jaune à brun. C'est une poule mixte, intéressante aussi pour la viande.

Rhode Island rouge
Race traditionnelle, robuste, avec un plumage rouge à marron foncé et une chair jaune, donnant de gros œufs à coquille brune. Très bonne pondeuse d'hiver.

tes tailles et formes. L'idéal est un abri traditionnel, de bonne taille, dans lequel on peut entrer, avec des ventilations et des fenêtres devant et une rangée de pondoirs sur le côté ou à l'arrière. La porte donnant sur les pondoirs permet de récupérer les œufs sans avoir à entrer dans le poulailler.

Admettons que vous souhaitiez élever six poules dans un jardin de taille moyenne. Commencez par enclore la zone que vous avez choisie avec du grillage fin à poules. À l'intérieur de l'enclos, faites en sorte que la façade du poulailler soit orientée vers le soleil de midi. Prenez un grillage en 2,40 m de large : en enterrant environ 40 à 45 cm, il vous restera une clôture de 1,80 m à 2,10 m de haut. Si possible, plantez un petit arbre dans l'enclos pour donner un peu d'ombre. Si vous craignez les renards, vous pouvez recouvrir l'ensemble de l'enclos avec du grillage, ou encore ajouter une clôture électrique plus basse tout autour. Il vous faudra aussi une mangeoire spéciale et un abreuvoir ou une bassine pour mettre de l'eau.

Mieux vaut prévenir…

Le soleil Si vous voulez que vos poules restent en bonne santé, il est essentiel qu'elles bénéficient de la lumière du soleil et du grand air.

La vermine Rats et souris sont attirés par la nourriture que vous donnez aux poules. N'en prévoyez pas plus qu'il n'est nécessaire pour vos poules, changez souvent les mangeoires de place, et... adoptez un chat.

Poux et puces Ils ressemblent à des grains de poussière rouge ou noire. Une bonne hygiène est la meilleure des préventions. Si la production d'œufs diminue et si les poules se grattent, se frottent ou n'ont pas l'air en forme, elles sont peut-être infestées par des parasites de la peau tels que puces et poux. Désinfectez le poulailler avec une poudre spéciale.

Gale des pattes Cette affection assez vilaine et très invalidante est provoquée par un parasite. Si l'une de vos poules boite ou si sa patte semble déformée, elle est peut-être atteinte d'une gale des pattes, se manifestant parfois par un soulèvement des écailles avec accumulation de croûtes, qui provoque parfois aussi la déformation des doigts. Ayez recours à un traitement approprié.

Poids anormal C'est un problème fréquent dans les petits élevages, où les animaux mangent trop de pain et de pommes de terre. Dans les cas extrêmes, les animaux présentent un abdomen dur comme de la pierre et tout gonflé. Traitez en leur lançant du maïs dans l'herbe, de façon à forcer les volailles à picorer dans l'herbe et à prendre ainsi de l'exercice.

Ver rouge, ou « bâille-bec » L'animal ne bouge pas et garde le cou raide, le bec ouvert, comme s'il s'apprêtait à tousser ou s'étrangler. Cela indique que des vers rouges, ou syngames, ont envahi sa gorge et se sont fixés dans sa trachée. Parfois, la maladie est si avancée que l'on peut même les voir au fond de la gorge. Traditionnellement, cette maladie se traitait en attrapant les vers avec une plume en guise d'hameçon et en peignant l'arrière-gorge avec de la paraffine ou de l'huile de ricin. Il existe aujourd'hui d'autres traitements. Mais cette affection indique que l'endroit est contaminé ; il faut donc déplacer les volailles.

Évanouissement soudain La poule devient toute molle et se met à hoqueter en respirant. Ces symptômes indiquent souvent une hémorragie interne provoquée par la rupture d'un vaisseau sanguin. Cela peut être dû à la chaleur excessive ou à une frayeur, provoquée par exemple par un bruit très strident ou un avion volant à basse altitude. Il n'y a pas grand-chose à faire, sinon garder l'animal au frais et au calme.

Une bonne pâtée

Le mot « pâtée » n'est pas très clair. En effet, il désigne à la fois les aliments complets achetés tout prêts dans le commerce, spécifiquement adaptés aux poussins ou aux poules pondeuses par exemple, et aussi un mélange de nourriture fait maison, comme une pâtée d'épluchures de pommes de terre et d'avoine. Si vous devez préparer une pâtée en ajoutant de l'eau, soit pour une pâtée faite maison soit pour tout autre type de nourriture du commerce qui doit être mélangé à de l'eau, il est important que la préparation obtenue ait une consistance granuleuse, humide mais restant très épaisse. En aucun cas vous ne devez avoir un mélange semi-liquide, détrempé. En ce qui concerne les aliments sauvages, les plus dangereux sont le sel, les feuilles de rhubarbe, les pommes de terre vertes germées et la belladone. Les trois derniers sont tout simplement des poisons. Pour le sel, c'est un peu plus compliqué : il est nécessaire dans l'alimentation, mais les poules qui en absorbent trop meurent. Comme le sel entre déjà dans la composition des mélanges tout prêts, évitez de leur en donner par ailleurs.

Nourrir les poules

En plus des épluchures et des déchets verts, il faut donner aux poules pondeuses du grain, du gravier ou des grains de sable, des granulés d'aliments

Les questions courantes

• Pourquoi les poules se donnent-elles mutuellement des coups de bec ?
La plupart du temps, les poules qui se donnent des coups de bec le font par ennui, parce qu'elles n'ont pas assez à manger ou parce qu'elles sont trop nombreuses dans l'enclos, mais certaines le font par plaisir. La seule chose à faire est de les isoler des autres.

• Comment avoir de bonnes couveuses ?
Certaines espèces couvent mieux que d'autres – ce sont en général, mais pas toujours, les espèces les plus grosses. Si vous voulez quelques couveuses, choisissez une espèce qui aime couver (une Nègre-soie ou Angora, par exemple). On peut encourager les poules à la couvaison en laissant des œufs dans le pondoir et en s'assurant que le poulailler soit propre et sec. Une poule couveuse passe beaucoup de temps à couver et, en général, elle bat des ailes quand on s'approche d'elle.

• Faut-il acheter des poussins ?
Pour les débutants, mieux vaut commencer avec des poulettes de huit semaines plutôt qu'avec des poussins. Cela vous évitera aussi les coûts supplémentaires de la nourriture pour poussins et du chauffage. Fournissez-vous chez un bon éleveur. Par la suite, il peut être intéressant d'élever vous-même vos volailles.

• Les poules peuvent-elles manger des plantes sauvages ?
Cela dépend, mais elles peuvent manger des mûres et toutes sortes de baies, mais aussi des châtaignes, des marrons d'Inde, des pommes sauvages et des glands. Évitez de faire cuire les glands pour les donner à manger aux poules : mieux vaut les laisser les éplucher et ne prendre que ce qui leur convient.

• Comment faire élever des poussins par une poule couveuse ?
Si vous avez déjà une bonne poule couveuse, l'étape suivante consiste à installer une poussinière chaude et imperméable – un simple cube de 60 cm de côté. Mettez la poussinière dans un emplacement abrité, bien au chaud, avec une bouteille d'eau et une mangeoire. Quand la poule s'est installée bien confortablement, attendez le crépuscule et présentez vos poussins (bien secs et duveteux) à la poule. Quand la poule et les poussins sont installés, donnez aux petits une ration de nourriture spéciale poussins à base de maïs et de lait. Donnez à la poule sa ration habituelle de grain, de pâtée et de granulés. Répétez l'opération toutes les deux ou trois heures environ, de l'aube jusqu'au crépuscule. Continuez pendant sept ou huit semaines, en agrandissant l'espace ou le parcours.

• Pourquoi y a-t-il du sang sur les œufs ?
Ne vous inquiétez pas, les premiers œufs d'une poulette sont souvent tachés de quelques gouttes de sang. Si cela persiste cependant, cela veut dire que l'animal est probablement blessé.

• Est-il vrai que les déchets de la cuisine peuvent affecter le goût et l'odeur des œufs ?
Les épluchures présentes dans la nourriture des animaux, par exemple d'oignon ou d'ail, peuvent éventuellement modifier la teinte de l'œuf. Mais il est plus vraisemblable que l'œuf ait absorbé l'odeur ou la teinte des oignons par contact avec eux ou en étant enfermé dans un lieu clos à proximité d'oignons.

• Faut-il nourrir des poussins juste éclos ?
Inutile de nourrir les poussins avant qu'ils aient deux jours.

complets ou des granulés spéciaux « poules pondeuses », ou encore des « pâtées » (voir encadré). Il faut savoir que les poules adorent la verdure. Quand les choux ont un peu monté ou qu'une courge est un peu trop grosse, suspendez-les à un des piquets de la clôture, en les laissant pendre à hauteur de bec pour que les poules puissent s'en nourrir sans avoir à piétiner les légumes du jardin.

Pour une meilleure production d'œufs, donnez-leur un peu d'huile de foie de morue, ce qui, selon les statistiques, améliore la production d'œufs mais aussi la vitalité des animaux et leur résistance aux maladies. Une cuillerée à dessert d'huile suffit pour une douzaine de poussins ou de poulettes, tandis qu'une poule adulte a besoin d'une dose de 28 g entre 2,7 et 3,5 kg de nourriture. Cela dit, un bon aliment tout prêt contient en général déjà un supplément en vitamine D. Le gravier ou les grains de sable sont très importants pour toutes les volailles. Dépourvues de dents, celles-ci doivent broyer les graines dans leur gésier avant de les digérer, et le gravier y contribue ; de plus, il leur apporte du calcium pour les aider à fabriquer les coquilles d'œufs. On leur donne aussi à cet effet du calcaire ou des coquilles d'œufs broyées.

Élever **des oies**

Les oies sont presque autonomes en matière de nourriture. Si vous leur laissez assez d'espace (environ 20 m^2 par bête), elles se débrouillent la plus grande partie de l'année sans nourriture supplémentaire.

Les races

Oie d'Embden
D'un blanc pur, bonne pondeuse, cette oie très résistante est facile à élever ; elle pèse environ 8 kg et sa chair est excellente.

Oie de Toulouse
Avec son plumage blanc à gris, elle peut pondre jusqu'à 60 œufs par an, et sa chair est d'un goût délicieux. Son poids moyen est de 13,5 kg.

Des volailles bien utiles

Si vous devez entretenir un verger d'environ 0,2 hectare envahi par les herbes, et que vous appréciez les œufs, plutôt que de tondre l'herbe, pourquoi ne pas mettre une clôture et y installer des oies ? Elles se nourriraient sans problème, vous auriez d'énormes œufs et votre verger n'en aurait que meilleure allure, avec une herbe rase, moins de mauvaises herbes et plus du tout de parasites. Les oies mangent aussi les déchets de la cuisine, et leur chair est excellente. Toutefois, elles sont bruyantes, provoquent beaucoup de pagaille autour d'elles et se montrent parfois agressives.

Où les installer ?

Elles ne sont pas très difficiles : un vieil abri de jardin, une grande caisse surmontée d'un toit, un vieux poulailler ou un appentis, un abri avec des murs en bottes d'herbe ou de paille entourées de fil de fer et un toit en fer-blanc… n'importe quoi fera l'affaire, pourvu qu'elles soient au sec, qu'elles puissent se tenir debout, qu'elles aient la place de pondre et que le lieu soit inaccessible aux renards. La zone devra être enclose par du grillage. Il faut aussi une auge pour la nourriture et une bassine pour l'eau. Pour éviter les renards, les oies doivent être enfermées la nuit, mais si votre troupeau est composé de 6 oies ou plus, aucun renard ne se risquera à les attaquer. En plus de la zone enclose, il leur faut un espace non clos pour vagabonder librement pendant la journée. Les différentes races d'oies doivent vivre dans des cours et des abris séparés. Mélangées, elles ne sont pas heureuses.

Nourrir les oies

Les oies n'ont pas besoin de beaucoup plus que ce qu'elles trouvent en vagabondant, si ce n'est quelques déchets de cuisine, un peu de verdure, un peu de gravier et de l'eau ; si vous cherchez à les engraisser ou à obtenir davantage d'œufs, donnez-leur en plus des céréales ou ce que vous avez sous la main (voir Nourrir les poules p. 170).

Oies

Élever **des canards**

Pourquoi des canards ? La réponse est simple : ils se nourrissent des déchets de la cuisine, les canes pondent des œufs, leur chair est délicieuse et, par-dessus le marché, ce sont des animaux sociables et faciles à élever. Seule difficulté : les canards ont besoin d'eau. Un lac serait idéal, mais ils se contentent d'un petit étang, d'un torrent ou même de quelques grands bacs pleins d'eau.

Les races

Aylesbury
Gros canard à plumes blanches qui produit de gros œufs blanc bleuâtre d'un goût excellent. Très bonne viande.

Coureur indien
Un très bon choix si votre terrain est un peu accidenté et si vous voulez des canards qui se promènent librement. Il a la réputation d'être un redoutable prédateur pour les limaces. Parfait pour les œufs, mais sa chair est un peu filandreuse.

Khaki Campbell
Ce canard au plumage kaki compte parmi les meilleures races pour les œufs, et sa chair est excellente. Environ 300 œufs blancs par an.

Avant de commencer

Réfléchissez bien à l'espace et au temps que vous êtes prêt à leur consacrer ; demandez-vous ensuite

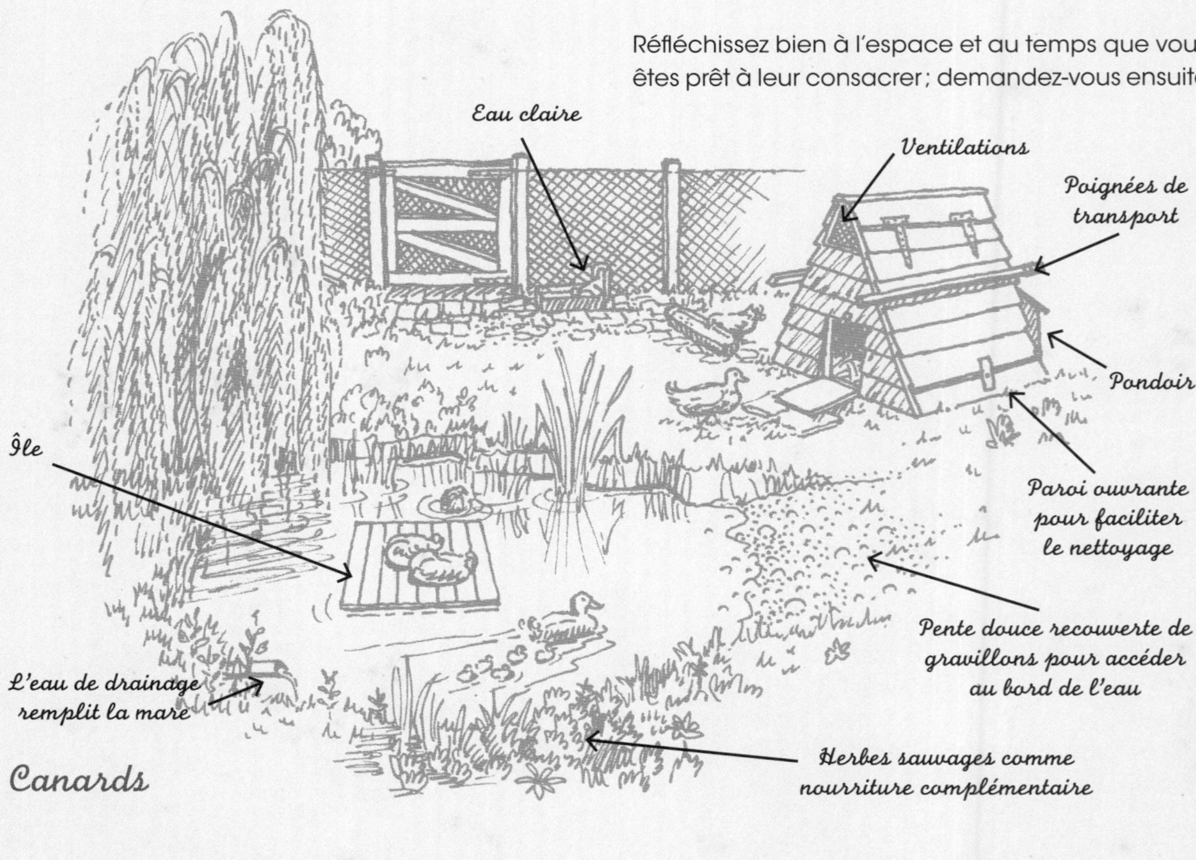

Canards

si vous voulez des œufs ou si c'est la viande qui vous intéresse. Vous pourrez ainsi choisir en connaissance de cause la race qui vous convient. Les canes pondent à partir de l'âge de 4 mois, une vingtaine d'œufs par mois, de janvier à septembre.

Où les installer ?

L'abri idéal pour des canards est une petite maison mobile, facile à nettoyer, en forme d'arche. Quand le sol est un peu trop piétiné et sale, attrapez l'arche par les poignées et posez-la tout simplement ailleurs. L'endroit doit être entouré de grillage à poules. Les canards dorment et pondent au sol ; ils doivent, au moins la nuit, être isolés des autres volatiles.

Prévoyez 16 à 20 m² par animal. Il vous faut aussi une mangeoire et une auge ou une bassine pour l'eau. Si des prédateurs (des renards, par exemple) sévissent dans votre région, recouvrez l'enclos d'un grillage ou entourez-le d'un double enclos et d'une clôture électrique basse.

Nourrir les canards

En plus des déchets de cuisine, de gravillons ou de coquilles d'œufs pilées pour les aider à fabriquer la coquille de leurs œufs, les canards ont besoin d'un aliment complet en granulés ou en pâtée, et de verdure. Complétez leur nourriture par un peu d'huile de poisson pour qu'ils aient un beau plumage.

D'autres volailles pour la basse-cour...

Si vous vous sentez l'âme d'un(e) éleveur (se) de volailles, pourquoi ne pas vous lancer dans l'élevage des dindes ou des pintades ? Avant de prendre votre décision, réfléchissez bien et, surtout, renseignez-vous auprès des associations d'éleveurs de votre région.

Dindes et dindons

La difficulté de cet élevage est l'espace : ces animaux ont besoin de place et de liberté. Assez fragiles dans leur jeune âge, ils sont très robustes dès qu'ils ont passé la « crise du rouge ». Vers l'âge de deux mois, les dindonneaux traversent une période de modification de l'organisme pendant laquelle se forment les excroissances rouges charnues de leur cou ; ils sont alors faibles et très sensibles aux maladies. Ils sont capables de se reproduire dès l'âge de un an pour les dindes et dix-huit mois pour les dindons.

L'élevage familial ne se pratique que depuis peu, en particulier depuis l'apparition de nouvelles races, plus petites que la traditionnelle dinde de Noël. Il faut tout de même réserver aux dindons un vaste enclos. Comme ils recherchent eux-mêmes leur nourriture – herbes, baies, grains, insectes, etc. –, il leur faut un terrain aussi sec que possible, clôturé par un grillage de 2 m de haut, de 100 m² environ pour un mâle et six à huit femelles. S'il est planté d'arbres, ils en feront des perchoirs et y dormiront la plupart du temps. Prévoyez une poussinière pour les jeunes et un abri sommaire pour les adultes, en bois ou en paille, de 2 m de haut, ouvert sur un côté, avec une armature de rondins et équipé de quelques perchoirs, d'une mangeoire et d'un abreuvoir. Le tout loin de la maison, car leurs cris sont très déplaisants.

Attention Les poulets ne doivent jamais entrer dans l'enclos des dindons, sous peine de transmission de maladies des uns aux autres.

Pintades

La plus grande difficulté de l'élevage des pintades est leur cri discordant. Mais leur chair est délicieuse, ainsi que leurs œufs. Évitez de les installer à proximité de la maison. Ces volatiles se différencient des poules et des poulets par une maladresse plus grande et un caractère plus sauvage ; leur élevage est par conséquent un peu plus délicat et demande plus de soins. Plus frileux que les poussins, les pintadeaux ont besoin à la naissance d'une température plus élevée (entre 38 et 39 °C la première semaine, puis 3 °C de moins par semaine jusqu'à 21 °C, qui est la température finale pour l'élevage). Il leur faut aussi plus de place que les poussins. Prévoyez le même nombre de mangeoires et d'abreuvoirs que pour les poussins. Moins sensibles aux maladies que les poules, les pintades ne sont pas particulièrement difficiles à élever, mais il leur faut de préférence un enclos séparé, pour éviter les bagarres incessantes.

Élever **des lapins**

Difficile d'imaginer un élevage familial sans lapins ! Peu coûteux à nourrir et très prolifiques, les lapins vous fourniront en viande d'excellente qualité, riche en protéines et pauvre en graisses. Seule ombre au tableau : il faudra avoir le courage de les tuer…

Les races

Nous vous proposons quelques races de lapins de gabarit moyen, car ils sont mieux adaptés à un élevage familial : plus précoces que les lapins géants, ils donnent davantage de viande que les nains.

Alaska
Lapin très prolifique, à la fourrure noire, d'élevage très facile. Sa chair est très appréciée.

Fauve de Bourgogne
Très prolifique et précoce (il se reproduit dès l'âge de 6 mois), ce lapin à la chair excellente est très rustique et facile à élever. Jolie fourrure jaune fauve.

Néo-Zélandais blanc
Lapin blanc, d'un poids moyen de 4 kg environ, à la chair ferme et savoureuse.

Avant de commencer

Le nombre de lapins dépend de la place dont vous disposez. Commencez petit et votre élevage augmentera de lui-même progressivement si tout se passe bien. Les jeunes lapins, à 6 semaines environ, s'adaptent plus facilement et sont moins chers à l'achat, mais si vous êtes pressé d'avoir des petits, achetez quelques adultes. On compte en général 1 mâle pour 6 femelles. Prenez contact avec une association d'éleveurs de votre région avant tout achat, c'est plus sûr.

Où les installer ?

L'idéal est d'éviter les minuscules clapiers où les lapins peuvent à peine bouger et de les installer en colonies dans un enclos de 1,50 m de haut, très bien fermé, avec des abris artificiels en bois ou en matériaux de récupération pour les protéger du vent et de la pluie.

Si vous ne voulez pas que vos lapins s'attaquent à vos précieuses plantations, il faut prévoir de doubler l'enclos d'une petite clôture électrique et d'enterrer au moins 50 cm de grillage ou d'en bétonner le sol. L'idéal est de prévoir environ 10 m^2 par lapin.

Si vous avez vraiment peu de place, prenez des clapiers d'une taille suffisante, à l'abri de la pluie et des courants d'air. Les lapins ont besoin de calme et de lumière naturelle ; leur abri doit toujours être sec et bien propre.

Quelques faits à connaître

> Comme chacun sait, le lapin est un rongeur dont les dents poussent continuellement. Il lui faut donc en permanence un aliment assez dur pour user ses dents.
> Les peaux de lapin (en particulier les blanches) peuvent être vendues pour être tannées, ce qui représente un intérêt supplémentaire.
> Le poil de lapin angora est très recherché.
> le fumier de lapin est un excellent fertilisant.
> Les lapins font environ 30 repas par 24 heures.
> L'une de leurs particularités est d'ingérer leurs excréments avant qu'ils durcissent : ils récupèrent ainsi de la vitamine B et de l'azote indispensables

à leur développement, puis évacuent des crottes dures. La présence de crottes molles dans la cage signifie que quelque chose ne va pas.

> On peut les manger rôtis à partir de 10 à 12 semaines, jusqu'à 5 mois et en sauce plus tard.

Nourrir les lapins

Pour les lapins élevés en extérieur, complétez la nourriture trouvée sur place par du foin (de 150 g à 200 g par jour), du pain dur, des céréales (50 g d'avoine et 100 g de son), des racines et tubercules, des branchages (en particulier du saule et du noisetier).

S'ils vivent dans des clapiers, les lapins doivent être nourris plusieurs fois dans la journée, à heures régulières. Il existe des aliments complets en granulés, mais on peut parfaitement les nourrir avec des aliments frais : de l'herbe environ 1 kg par jour d'avoine, de luzerne, de thym, de pissenlits, de bruyère, d'orties, de fougères, de liserons...) ; des légumes (chou, betterave, carottes, radis, panais, topinambour, pommes de terre...) ; des matières sèches, telles que le foin et la paille, et des céréales sous forme de grains ou de farines. Lavez les légumes racines, et évitez de leur donner des aliments détrempés.

La reproduction

Pour les lapins élevés en colonies, vous n'avez rien de spécial à faire. Dans les clapiers, il faut mettre la femelle dans la case du mâle. Les lapins peuvent se reproduire à partir de 10 à 12 mois, et à n'importe quelle période de l'année (c'est l'accouplement qui déclenche l'ovulation de la lapine). La lapine n'a pas besoin d'aide pour mettre bas. Vous pouvez toutefois lui préparer un nid de paille ou de copeaux de bois. Chaque portée comporte une moyenne de 6 lapereaux ; la gestation dure environ 30 jours, et la lapine allaite ensuite pendant à peu près 4 semaines, après quoi on sépare les lapereaux de leur mère.

Les problèmes courants

La myxomatose

Il n'existe aucun traitement contre cette maladie virale très contagieuse (tous les animaux atteints doivent être éliminés). Vaccinez vos lapins, luttez contre les insectes parasites, désinfectez régulièrement vos locaux.

Plantes toxiques

Chêne, laurier, tremble, troène et if sont toxiques. Persil et cerfeuil tarissent le lait. L'aconit, les anémones, la belladone, le bouton-d'or, le buis, la ciguë, la colchique, la digitale, les euphorbes, l'hellébore, la jusquiame, le mouron rouge, le mouron bleu, le souci des marais, la morelle et le pavot risquent d'entraîner des vomissements, des diarrhées, et même la mort de vos lapins : éliminez-les de l'enclos.

Tenter un petit élevage d'escargots

Pourquoi ne pas vous lancer dans un petit élevage d'escargots ? Ils sont délicieux et ne coûtent pas cher à nourrir... Vous trouverez auprès des associations d'éleveurs tous les renseignements pratiques nécessaires.

Les meilleures races pour l'élevage sont le célèbre escargot de Bourgogne, à la coquille jaune ou rousse, qui s'éclaircit en vieillissant, dont la chair est délicieuse, et le Petit gris, savoureux également, et qui a l'avantage de grossir beaucoup plus vite.

L'escargot, comme chacun sait, est hermaphrodite ; un accouplement, en général au printemps, est toutefois nécessaire à la reproduction. Après une gestation de deux semaines, l'escargot pond une cinquantaine d'œufs blancs gélatineux, qu'il dépose dans les interstices entre les pierres. Les œufs éclosent environ 25 jours après la ponte.

On peut consommer le Petit gris à l'âge de 4 ou 5 mois, soit vers le mois d'octobre suivant sa naissance, et l'escargot de Bourgogne un an plus tard environ, ce qui rend son élevage plus problématique.

Pour le nourrir, outre les traditionnelles salades, vous pouvez lui donner une pâtée maison préparée avec 400 g de farine de blé, 300 g de farine de haricots secs (moulue par vos soins), 300 g de blanc d'Espagne en poudre, disponible en droguerie.

Élever **des moutons**

Les moutons ont vraiment de bons côtés : un troupeau de six brebis ne coûte presque rien à l'achat et il vous donnera de délicieux gigots, des côtelettes à griller de la viande pour faire des ragoûts. Faciles à loger, ils sont dociles, et les agneaux sont adorables. Ils peuvent vivre en terrain accidenté, tondent l'herbe gratuitement et – c'est essentiel dans un contexte d'autarcie – fournissent de la laine.

> *« Pourquoi élever des moutons ? C'est la question que nous nous sommes posée à chaque fois que l'une de nos brebis se retrouvait coincée dans une barrière, dans une haie, couchée sur le dos dans un fossé, sous le 4 x 4 ou dans le poulailler. Il y avait toujours un de nos moutons coincé quelque part ! Sans compter l'horrible mouche à viande, les douves, pourritures, insectes et parasites, bactéries, virus et autres maladies qui n'attendaient que nos moutons pour se précipiter dessus. »*
>
> *Les auteurs*

Avant de commencer

> Voulez-vous élever des moutons pour la viande, pour la laine, ou pour les deux ?
> Combien de moutons aimeriez-vous posséder, sachant qu'il faut 0,4 hectare pour 3 ou 4 brebis, selon la qualité de l'herbe, et en considérant que chaque brebis aura 1 ou 2 agneaux à chaque agnelage ?
> Est-ce que vous aurez un bélier, ou avez-vous l'intention d'emprunter le bélier d'un fermier voisin pour féconder vos brebis ?
> Votre terrain est-il assez grand pour le morceler en petits enclos ?
> Comptez-vous pratiquer un élevage au pré sur une année (agnelage au printemps, engraissage en été, abattage en automne, et consommation en hiver) ou êtes-vous prêt à investir dans une bergerie où les animaux passeraient l'hiver ?

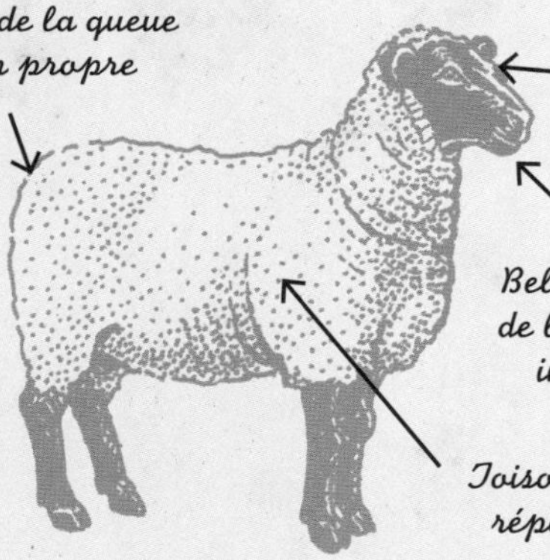

Un mouton en bonne santé

Choisir des moutons

Choisissez une espèce qui convienne à la région et à vos besoins : grande quantité de laine, poids important, petit gabarit... Renseignez-vous auprès des associations d'éleveurs. Il y a des centaines de races de moutons, que l'on peut regrouper en grandes catégories : les moutons à laine (parmi lesquels les Mérinos), les moutons à viande (Charmoise, Berrichon du Cher, Cotentin...), les moutons de montagne (Solognot, Limousin) et ceux destinés à la production de lait (Lacaune, Causse du Lot...).

Quelques faits à connaître

> Les moutons atteignent leur maturité sexuelle entre 15 et 20 mois.
> L'agnelage se produit environ 150 jours (5 mois) après l'accouplement.
> Juste avant l'agnelage, la brebis s'allonge. Si tout se passe bien, la poche des eaux apparaît d'abord, suivie par le nez et deux pattes, puis la tête et les épaules ; finalement, l'agneau est expulsé.
> Quand l'agneau est sorti, la mère lèche le mucus qui le recouvre.
> Si la poche des eaux est suivie par une patte de derrière, ou par une patte de derrière et le nez, par exemple, il faut appeler le vétérinaire.
> L'agneau commence à téter deux heures environ après sa naissance
> Si sa mère le rejette, il faut le faire adopter par une autre brebis ou le nourrir vous-même.
> On peut nourrir les agneaux au biberon avec un lait spécifique, comme un bébé. C'est un travail à temps complet, de nuit comme de jour.

Où installer les moutons ?

La plupart du temps, les moutons n'ont pas besoin de bergerie, si ce n'est un abri sommaire pour l'agnelage. Vous pouvez construire un abri temporaire avec des bottes de paille carrées et une feuille de tôle ondulée, en fermant devant avec une barrière et en attachant l'ensemble avec une corde.

Nourrir les moutons

La plupart des moutons peuvent prospérer sur des pâturages de deuxième ou troisième catégorie. Il faut donner un complément aux brebis juste avant et après l'agnelage (à base de maïs, de rutabagas hachés ou de granulés spécifiques) et aux agneaux que vous engraissez (des rutabagas, du gâteau de foin ou des graines de lin). En hiver, pour 6 brebis, si vous avez l'intention d'engraisser les futurs agneaux pour les abattre avant l'hiver suivant, il faut tous les jours une botte de paille comme nourriture de base, plus une dose de grain qui augmente au fur et à mesure que l'hiver avance et qu'approche la date de l'agnelage.

Tondre et filer la laine

Il vaut mieux regarder faire un spécialiste avant de vous lancer dans ces activités complexes. Il est possible de suivre des stages de formation (l'Association des tondeurs de moutons en propose). Pour filer la laine, choisissez plutôt un grand fuseau traditionnel horizontal.

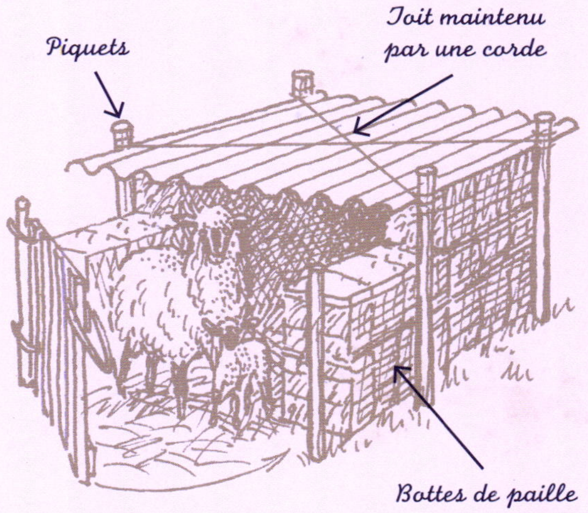

Un abri temporaire

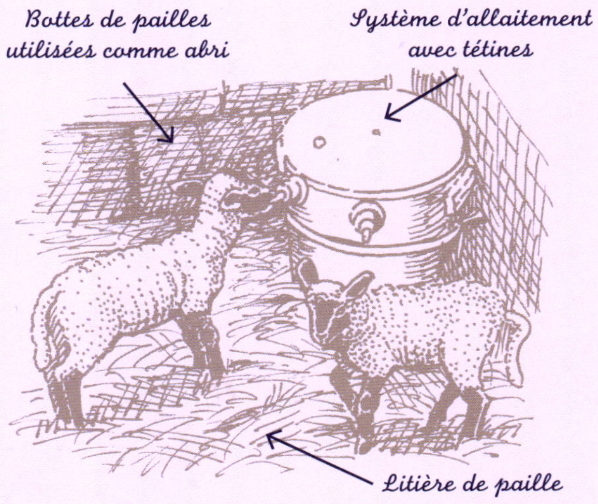

Nourrir des agneaux orphelins

Élever **des chèvres**

Les chèvres sont plus faciles à élever que les vaches, elles ne coûtent pas cher à l'achat, peuvent vivre n'importe où, ne sont pas difficiles pour la nourriture, et donnent chaque jour 3 ou 4 litres d'un lait délicieux et très nutritif (particulièrement adapté aux personnes allergiques au lait de vache). D'une manière générale, elles conviennent parfaitement pour une exploitation de taille moyenne où l'on cherche à couvrir ses besoins alimentaires.

Les bonnes productrices de lait

Alpine
Elle s'adapte à la montagne et à la plaine. De taille moyenne, elle a un poil de diverses couleurs, très brillant. Excellente laitière, elle est facile à entretenir.

Angora
Un bon choix à deux égards : bonnes productrices de lait, ces chèvres sont intéressantes pour leur toison (le mohair).

Poitevine
Bonne laitière, de taille moyenne, à poils longs sur le corps et courts sur la tête. Elle est bien adaptée aux régions tempérées mais peut aussi vivre en moyenne montagne.

Saanen
Une bonne chèvre qui s'adapte aussi bien en plaine qu'à la montagne. Bête de grande taille, à la belle robe blanche courte. Excellente productrice de lait et peu coûteuse à nourrir.

Quelques inconvénients…

Si vous les laissez faire, elles transformeront votre jardin en désert, car elles trouveront toujours un trou dans la palissade où se faufiler. Et il faut les traire deux fois par jour… Néanmoins, elles représentent un bon choix si vous voulez du lait et si votre terrain ressemble plus à des broussailles qu'à une riche prairie.

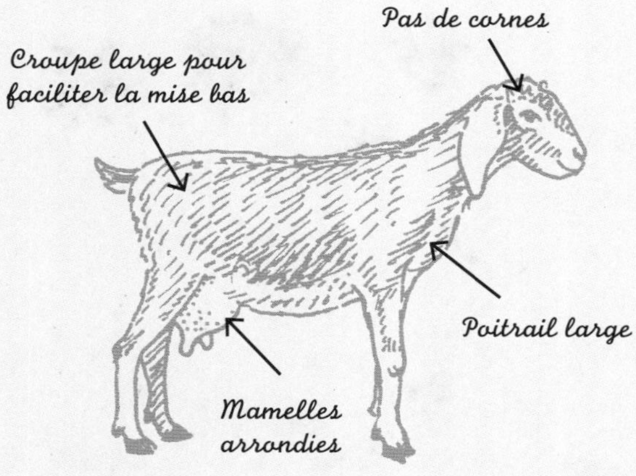

Chèvre angora

Quelle race choisir

Chaque race a ses qualités – petit gabarit, joli pelage, résistance, bonne production de lait… Bien sûr, à l'intérieur de chaque race, il y a de bons et de mauvais exemples. La meilleure chose à faire si vous êtes débutant est de commencer par lire les indications que nous vous donnons, puis de vous adresser à une association d'éleveurs de chèvres pour l'achat.

Attention Si vous pensez que les cornes et les jeunes enfants ne font pas bon ménage – un avis que partagent beaucoup d'éleveurs –, choisissez une chèvre écornée.

Acheter une chèvre

Une fois que vous avez pris contact avec un éleveur agréé et que vous savez à quoi vous en tenir quant aux coûts et aux divers aspects de l'élevage, notamment après avoir bien réfléchi au temps à y consacrer, vient le moment de l'achat proprement dit et du transport de la chèvre. Vous pouvez acheter une chèvre adulte, donnant déjà du lait, ou une bête plus jeune, tout dépend de vos besoins et de votre patience. L'idéal est de commencer par deux chevrettes à peine sevrées, puis de passer par tous les stades de leur croissance. De cette manière, au fil du temps, vous vous habituerez les uns aux autres et vous comprendrez les réactions de votre chèvre juste avant de commencer les traites.

En ce qui concerne la délicate opération du transport, il vaut mieux soit aller les chercher soi-même dans un van ou un fourgon fermé, soit laisser l'éleveur s'occuper du transport. Mais n'oubliez jamais que les chèvres sont agiles et intelligentes !

Où les installer ?

Cela dépend bien sûr beaucoup de la superficie de votre terrain et du nombre de chèvres que vous voulez élever, mais l'idéal est de leur installer un abri résistant aux intempéries, assez haut pour que les chèvres et vous-même puissiez vous tenir debout, avec à l'extérieur une zone bétonnée entourée d'une clôture, et une zone couverte, bien propre, juste à l'entrée de l'abri, pour la traite. Il faut aussi que les chèvres aient accès à un terrain broussailleux pour brouter.

Si vous voulez qu'elles demeurent à l'intérieur de leur enclos, où vous apporterez leur nourriture, alors celui-ci devra être plus vaste. Vous comprendrez donc qu'elles ont besoin de beaucoup d'espace pour être heureuses et pour produire de grandes quantités de bon lait.

Anticipez ce que sera l'élevage au jour le jour au moment d'établir le plan de l'enclos et de la chèvrerie.

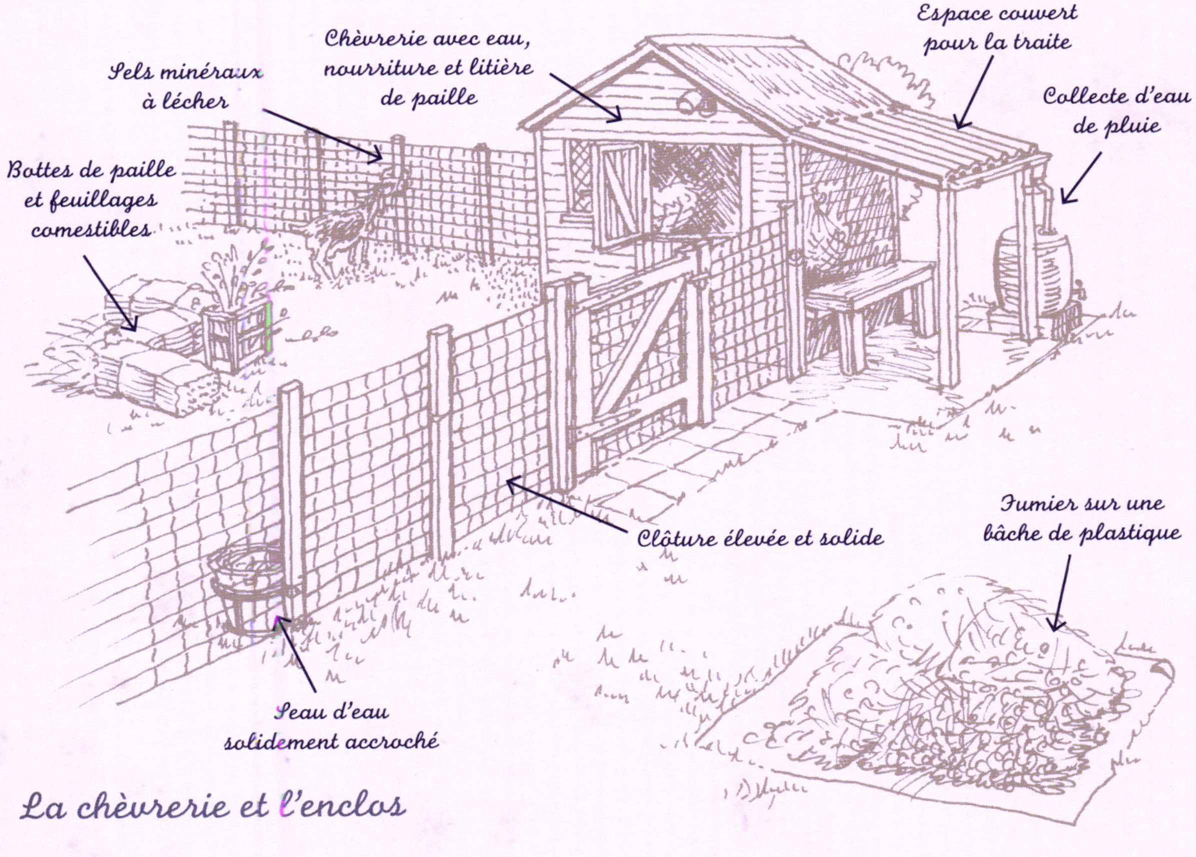

La chèvrerie et l'enclos

Voici le déroulement d'une journée type
En général, le matin, on va voir les chèvres dès qu'on s'est levé, et on les fait sortir s'il fait beau. Il faut aller leur chercher de l'eau, leur donner un peu de nourriture complémentaire, nettoyer leur litière et tout transporter sur le tas de fumier, les emmener à la zone de traite, se laver les mains, puis les traire dans des conditions de confort acceptables... Étudiez l'endroit prévu, notez où se trouve l'approvisionnement en eau, la distance par rapport à la maison et d'autres détails, puis affinez votre projet.

La plupart des experts affirment qu'une clôture en grillage d'une hauteur de 1,20 à 1,50 m, bien tendue sur de solides piquets, est suffisante pour l'enclos autour de la chèvrerie, mais qu'une clôture électrique est nécessaire pour le pré. Les chèvres se tiennent généralement tranquilles si elles sont nourries convenablement, elles ne s'ennuient pas et ne sont pas tentées par des délices défendus, comme des arbres fruitiers ou des carrés de légumes. On risque toujours de tomber sur une chèvre un peu difficile, mais ça fait partie du jeu...

Nourrir les chèvres

Si vos chèvres restent tout le temps à l'intérieur, il leur faut un approvisionnement permanent en eau et en foin, une pierre à sel et un complément soit d'aliment concentré spécifique en granulés, soit d'un mélange de céréales broyées et de flocons de maïs. Si elles peuvent brouter la broussaille, limitez le foin aux périodes de froid (donnez-leur alors environ 5,5 kg de foin par tête et par jour). En période de lactation, ajoutez au foin environ 1 kg de granulés.

La reproduction

La chèvre femelle est prête à la reproduction vers 18 mois, à l'automne. Les chaleurs durent de quelques heures à quelques jours et reviennent tous les 21 jours environ, jusqu'à ce qu'un accouplement ait lieu. Pour cette opération, vous avez le choix entre élever un bouc, utiliser un bouc élevé pour la reproduction ou procéder à une insémination artificielle. La deuxième solution est la plus simple. Assurez-vous que le mâle soit bien de la même espèce et qu'il ait un bon pedigree. La gestation dure environ 150 jours, à une semaine près.

Quand approche le moment de la mise bas, les mamelles grossissent et se remplissent. La chèvre devient agitée et bruyante. Le travail commence puis, très vite, le chevreau est expulsé, joliment enveloppé dans une membrane – les pattes avant d'abord, suivies du museau, puis du reste du corps. Avec de l'eau tiède, du savon, du papier absorbant, des ciseaux et un vaporisateur d'antibiotique à portée de main, commencez par nettoyer la bouche et les narines du chevreau avec du papier absorbant. Après l'expulsion du placenta, tout est terminé.

Un problème risque toujours de survenir – écoulement malodorant, travail plus lent, tête se présentant en premier, mamelles enflées, mère ou chevreau semblant souffrir –, alors ayez toujours sous la main le numéro de téléphone du vétérinaire, au cas où.

La traite

Laissez les bébés avec la mère pendant deux semaines pour leur donner un bon démarrage dans la vie, puis retirez-les pour commencer les traites. Sachez que, si la quasi-totalité des éleveurs traient les chèvres deux fois par jour, certains affirment qu'une seule traite quotidienne est préférable. La deuxième méthode vous donnera sûrement un peu moins de lait, mais le temps passé sera divisé par deux. À vous de voir si vous voulez plus de temps ou plus de lait.

Quand vous êtes prêt, mettez une bride à la chèvre et conduisez-la vers la zone de traite. Installez-la sur la petite table que vous avez installée afin de pouvoir traire sans trop de fatigue, en étant à bonne hauteur ; accrochez la bride au mur et fixez une entrave aux pattes arrière de la chèvre pour éviter qu'elle ne renverse la bassine de lait.

> *« À nos débuts, nous avons eu une chèvre au caractère particulièrement difficile, qui prenait un malin plaisir à renverser le seau dès qu'il était plein de lait ; c'est à ce moment-là que nous avons décidé d'utiliser une entrave. »*
>
> *Les auteurs*

Commencez par nettoyer les mamelles à l'eau tiède pour éliminer la poussière et favoriser la descente du lait, puis essuyez-les. Encerclez l'un des trayons entre le pouce et le reste de la main, le pouce devant et la paume ouverte derrière, puis serrez doucement avec le pouce afin que le lait contenu dans la partie inférieure du trayon soit sous pression. Appuyez fermement tout en descendant de façon à faire jaillir le lait. Laissez tomber au sol la première giclée, qui contient des germes, puis relâchez le pouce pour laisser venir plus de lait. Recommencez à serrer le pouce, puis à appuyer d'un mouvement descendant, mais cette fois-ci, dirigez le jet de lait vers la bassine. Quand l'un des côtés de la mamelle est vide, passez à l'autre trayon.

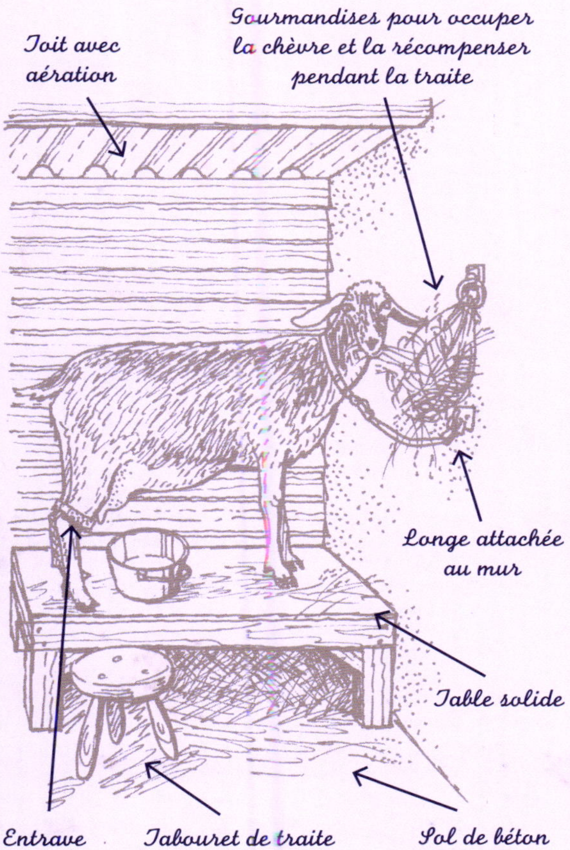

La zone de traite

À la fin, reconduisez la chèvre dans son enclos et une fois de retour à la maison, faites passer le lait à travers plusieurs épaisseurs d'un tissu de coton blanc ou de filtres en papier, puis entreposez-le au réfrigérateur.

Quelques questions sur la traite

Le lait de chèvre a-t-il un goût bizarre ? Pas du tout. Il a un goût crémeux avec un petit arrière-goût de noisette.

Puis-je congeler le lait ? Oui. Versez le lait dans des sacs de congélation qui se ferment et placez-les dans le congélateur.

Combien de temps dure la lactation ? À partir de la naissance des petits, considérez que le lait est réservé aux chevreaux pendant deux semaines, puis comptez 6 ou 7 mois de traite, avec un pic de production 8 ou 9 semaines après la naissance. Cela laisse à la chèvre un repos de 4 mois environ.

Puis-je sauter un jour de traite ? Oui, vous pouvez sauter un jour ou deux si les petits sont à proximité ; il vous suffit de les laisser dormir avec leur mère et ils boiront tout le lait de la journée.

Une chevrette peut-elle donner du lait sans avoir eu de petits ? Non. Comme tous les mammifères, la chèvre doit avoir eu des petits pour allaiter.

Comment peut-on arrêter la lactation ? Arrêtez les apports d'alimentation complémentaire. Commencez par supprimer la deuxième traite de la journée, puis passez à un jour sur deux, et ainsi de suite jusqu'à ce que le lait se tarisse.

Avoir **une vache**

Si vous décidez d'élever une vache pour le lait et le fromage, ne sous-estimez pas les difficultés, liées notamment à la taille de l'animal. Et si vous achetez une vache et son veau, songez que vous aurez deux animaux de plus à soigner.

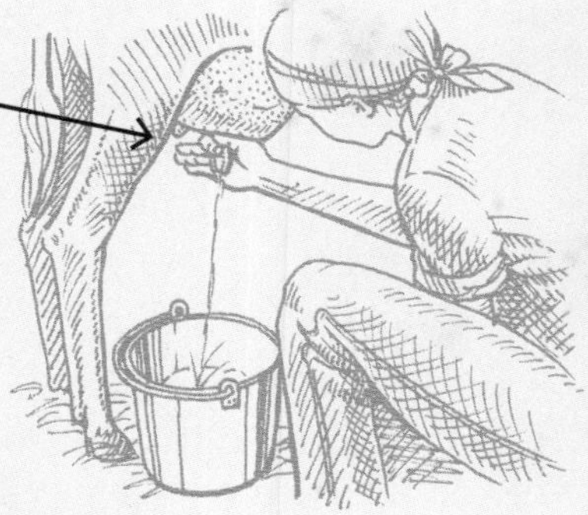

La traite

Choisir une vache

Évitez d'acheter une génisse venant d'avoir son premier veau : la traite serait nouvelle pour vous deux. L'idéal est une jeune vache venant d'avoir son deuxième veau et habituée à la traite manuelle. Demandez-vous pourquoi elle est en vente. Ses pis sont-ils en bon état ? Combien de lait donne-t-elle ?

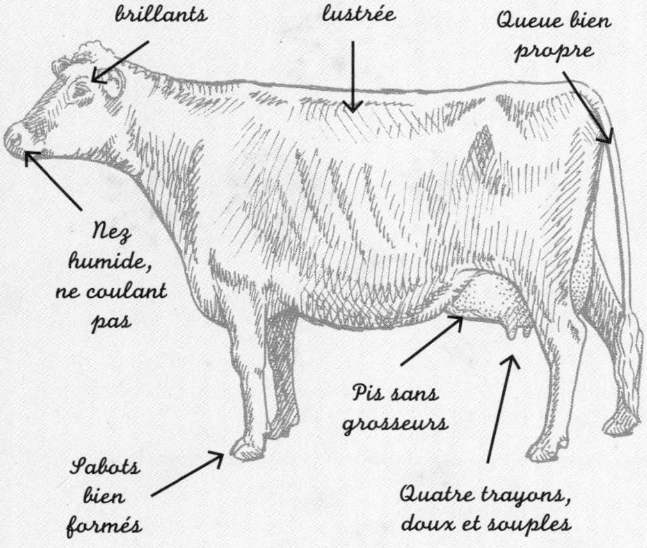

Une vache bien portante

Les questions à se poser

Si vous avez l'intention de lui donner le foin de votre exploitation, sachez qu'une vache consomme environ 1 tonne de foin par hiver. Il vous faut donc en tout 0,8 hect are de prairie : moitié pour la vache et moitié pour le foin.

Si vous achetez votre foin, où allez-vous l'entreposer ?

Que ferez-vous des excédents de lait ? Les donnerez-vous à un veau, ferez-vous du beurre et du fromage, les donnerez-vous aux cochons ?

Comptez-vous la traire deux fois par jour pour une production maximale ou seulement une fois par jour et obtenir moins de lait ?

Êtes-vous prêt à traire votre vache chaque jour, tout au long de l'année ?

Si vous avez l'intention de faire du beurre et du fromage, avez-vous l'équipement nécessaire ?

Votre vache aura besoin d'un abri contre le vent, la pluie, le froid.

Il vous faut un abri pour la traite.

Si vous vous prenez au jeu et décidez de vous lancer dans l'élevage, sachez qu'une génisse atteint sa maturité sexuelle entre 18 et 24 mois et que la gestation dure environ 9 mois. Mais c'est une autre affaire que de se contenter d'avoir une vache pour le lait, alors documentez-vous, allez voir des fermiers des environs avant de prendre votre décision.

Élever **des cochons**

C'est un bon moyen de produire de la bonne viande, et c'est donc financièrement une excellente idée. Mais les cochons sont des animaux très intelligents et familiers, qu'on a toujours beaucoup de mal à tuer le moment venu.

Choisir un cochon

Quand vous choisissez vos porcelets, prenez une race courante (par exemple le Large-White, qui s'adapte très bien et donne une bonne viande). Vous pouvez porter votre choix sur un ou deux porcelets orphelins – ils sont d'un prix très abordable, mais il vous faudra les nourrir au biberon, l'autre option consistant à acheter un ou deux jeunes cochons sevrés de 8 ou 9 semaines – d'un prix plus élevé, mais plus résistants et moins difficiles à élever.

Quelques faits à connaître

> Pour commencer, engraissez un ou deux jeunes juste sevrés avec les excédents de lait et les déchets de la cuisine et du jardin, mais ne vous lancez dans l'élevage que quand vous saurez vraiment bien vous débrouiller.

> Si vous avez deux cochons, ils seront plus heureux, donc engraisseront mieux.

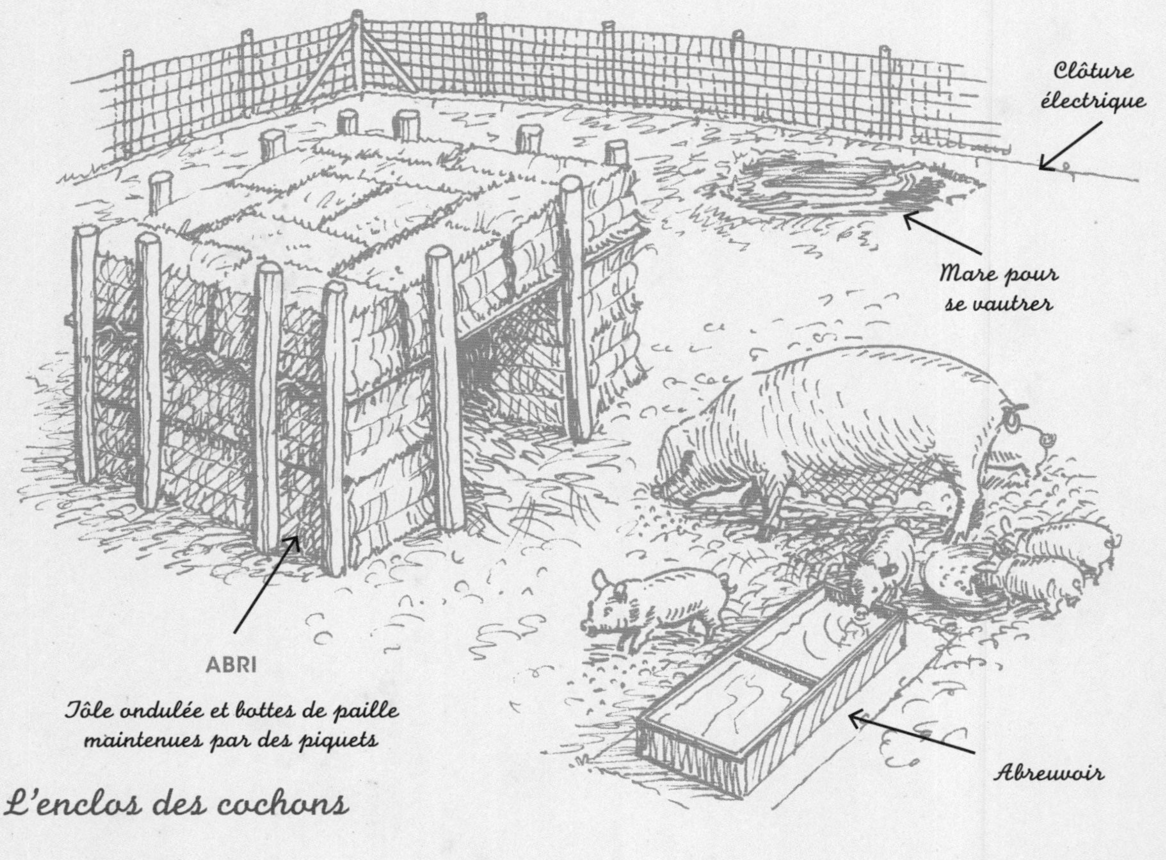

L'enclos des cochons

> Vous pouvez les faire vivre à l'intérieur, dans une grange ou un abri, mais c'est nettement plus agréable de les laisser à l'extérieur : ils profiteront du soleil, se comporteront comme des cochons, et ils vous amuseront.
> Pour l'enclos, le plus simple est d'installer une clôture électrique : facile à installer, elle peut être déplacée facilement et est très efficace.
> Rien de tel que deux cochons pour nettoyer un coin de terrain envahi par les mauvaises herbes.
> Les cochons mangent tous les déchets de la cuisine qu'on met habituellement sur le tas de compost.
> Il leur faut un abri contre le vent, la pluie et le soleil.

Où les installer ?

On peut loger deux cochons dans une hutte en forme de A, en bois et en tôle ondulée, dans un abri fait de bottes de foin surmontées de tôle ondulée, ou dans tout matériau les protégeant du soleil, du vent et de la pluie. Si votre propriété est particulièrement exposée aux vents froids, il vaut mieux construire un abri en bottes de paille avec une bâche en plastique du côté du vent, garni de paille le long des murs et sur le toit.

Vous comprendrez vite que l'un des grands plaisirs de l'élevage des cochons est de lutter contre leur désir apparemment irrépressible de manger, de piétiner, d'écraser leur abri dès que l'occasion s'en présente !

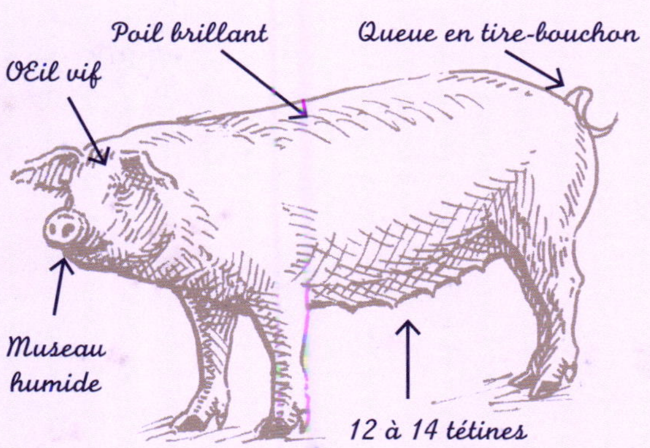

Cochon en bonne santé

Les problèmes courants

Bagarres Si vous mettez ensemble deux porcs qui ne se connaissent pas, ils vont probablement se battre. Ce n'est pas vraiment grave, car en général cela ne dure pas, mais ils risquent de se blesser ou d'abîmer la porcherie. Si vous ne pouvez pas éviter de les mettre en présence, alors faites-le de préférence à la tombée de la nuit.

Empoisonnement Il se manifeste par une diarrhée, une perte d'appétit, de la soif et parfois des convulsions. Les causes possibles sont un excès de sel ou l'ingestion de plantes toxiques. Évitez de donner aux cochons des restes de nourriture trop salée. Faites attention à la ciguë, aux ifs et aux troènes.

Mort subite En cas de mort inexpliquée, vous devez prendre contact avec un vétérinaire, afin de vous assurer qu'une maladie grave (anthrax, rage ou fièvre porcine) ne risque pas de se propager à d'autres animaux.

Pansage Frottez vos cochons avec une brosse en chiendent ; ils adorent cela et ils ont ensuite plus belle allure ; vous pouvez en profiter pour vérifier qu'ils n'ont pas de problème.

Nourrir les cochons

> Il faut nourrir les cochons à heures fixes, car ils semblent apprécier la routine.
> Donnez-leur une quantité de nourriture telle qu'elle soit totalement ingérée en 20 minutes.
> Il leur faut au moins 1 litre d'eau pour 450 g de nourriture – davantage s'ils le souhaitent.
> Les jeunes ont besoin de 3 repas par jour, en plus de tout ce qu'ils trouvent eux-mêmes.
> Quand les cochons passent du temps dans l'herbe, on peut diminuer les doses de nourriture complémentaire.
> Donnez-leur des repas de base jusqu'à 16 semaines, puis commencez à les engraisser.
> À 18 ou 20 semaines, les cochons peuvent manger comme des cochons.
> Ils adorent les plants sauvages telles que les baies de sureau, les glands et les châtaignes.

Avoir **des ruches**

Pourquoi se lancer dans l'élevage des abeilles ? Bien sûr, la raison principale est que vous récolterez du miel, mais les abeilles sont aussi des animaux fascinants à observer.

Quelques faits à connaître

> Tôt ou tard, vous vous ferez piquer. Faites donc un test avant de vous lancer pour vérifier que vous n'êtes pas allergique aux piqûres d'abeilles.

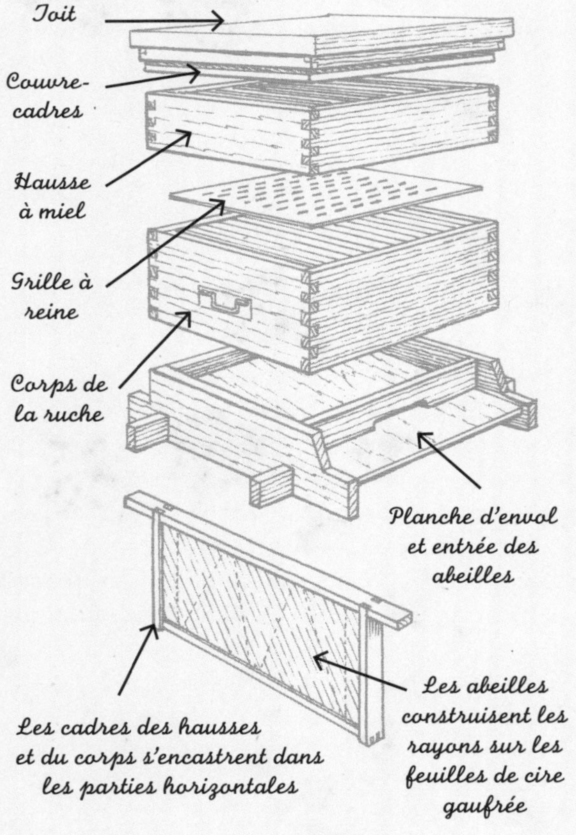

Une ruche

> Si tout se passe à peu près bien, vos investissements seront couverts, vous aurez du miel et peut-être un peu de bénéfice en plus.

> Prenez contact avec une association locale d'apiculteurs ; on vous y donnera des conseils et vous pourrez sans doute y acheter du matériel d'occasion.

> Sachant que les abeilles butinent dans un rayon de 3 km autour de leur ruche, vous pourrez en vous promenant dans les environs savoir à quel type de miel vous attendre : lavande, châtaignier...

> Combien de temps faut-il pour entretenir une ruche ? Les avis sont partagés. Je connais deux apiculteurs : l'un dit n'y consacrer que deux bonnes journées de travail par an, tandis que l'autre passe inspecter ses ruches une fois tous les quinze jours du milieu du printemps à la fin de l'été.

> Combien de ruches pour un débutant ? Beaucoup de spécialistes affirment qu'une seule ne suffit pas, que deux serait un bon chiffre et trois encore mieux.

> La ruche consiste en une base, un plateau de fond, un corps, une grille à reine, deux zones de stockage du miel (les hausses), un couvre-cadres et un toit.

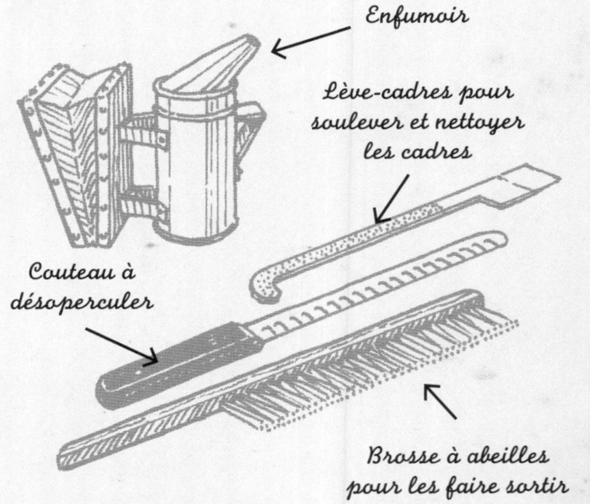

L'extraction du miel

> En plus de la ruche elle-même, il faut des vêtements de protection (combinaison, vareuse ou blouson avec voile, gants de protection), un lève-cadres et un enfumoir.

> Vous pouvez acheter une ruche vide, partir en quête d'essaims d'abeilles et attendre qu'elles s'installent dans votre ruche, mais le plus simple consiste à acheter l'ensemble chez un éleveur. On peut acheter les abeilles au poids, ou une ruche complète. Un débutant a tout intérêt à acheter un pack de démarrage : ruche, reine, abeilles ouvrières, plus trois hausses, le tout étant prêt à produire du miel.

L'extraction du miel

1. Préparez-vous bien, en revêtant tout l'équipement – combinaison avec voile, gants –, et avec le matériel nécessaire – enfumoir, lève-cadres, brosse à abeilles, brouette ou chariot et produit répulsif.
2. Enfumez modérément les abeilles et enlevez le haut de la ruche. Utilisez le lève-cadres pour décoller les différents parties de la ruche.
3. Imprégnez un chiffon de quelques gouttes de répulsif et posez-le sur la hausse, jusqu'à ce que toutes les abeilles soient parties.
4. Soulevez les cadres et déposez-les sur le chariot, sur une hausse propre ; continuez jusqu'à ce que toutes les hausses soient sur le chariot.
5. Replacez le dessus de la ruche et éloignez le chiffon imprégné de répulsif.
6. Faites rouler le chariot jusqu'à la miellerie.
7. Avec le couteau à désoperculer, retirez les opercules de cire et mettez le cadre dans l'extracteur.
8. Mettez l'extracteur en marche : en utilisant la force centrifuge, la machine retire le miel des rayons et le fait couler dans un seau.
9. Une fois tout le miel récolté, retournez à la cuisine et passez-le au tamis.
10. Maintenez la pièce suffisamment chaude pour que le miel ne se solidifie pas et versez-le dans des pots.
11. Étiquetez les pots et nettoyez tout soigneusement.

L'abc de l'apiculture

Alvéoles (ou cellules)
Ce sont les petites cellules hexagonales d'un rayon de ruche où la reine pond ses œufs.

Cadres
Quatre lattes de bois réunies pour former un rectangle ; ils sont destinés à recueillir un rayon de miel. Deux cadres sont séparés par un passage d'abeilles.

Corps
C'est la partie basse de la ruche, où se développe la colonie. Le miel présent dans cette partie n'est pas récolté, mais conservé par les abeilles.

Couvain
Ce sont les œufs et les larves qui se développent au centre du corps de la ruche.

Enfumoir
Appareil muni d'un soufflet et d'un bec pour éloigner les abeilles au moment de la récolte du miel en leur projetant de la fumée.

Fondations
Fines feuilles de cire d'abeille gaufrée, assemblées et sur lesquelles les abeilles vont construire leurs cellules.

Grille à reine
Cette grille empêche la reine et les faux bourdons de pénétrer dans certaines parties de la ruche, tout en laissant passer les ouvrières, moins grosses.

Hausse à miel
Espace où les abeilles stockent le miel.

Lève-cadres
Outil pour faire levier et ouvrir la ruche ou les cadres soudés aux parois par la cire.

Passage d'abeilles
Écartement (généralement de 6 à 9 mm) entre les cadres.

Plateau de fond
C'est le « plancher » de la ruche.

Rayon
Gâteau de cire comportant une double rangée d'alvéoles en couches régulières, où les abeilles élèvent leurs jeunes et emmagasinent le miel.

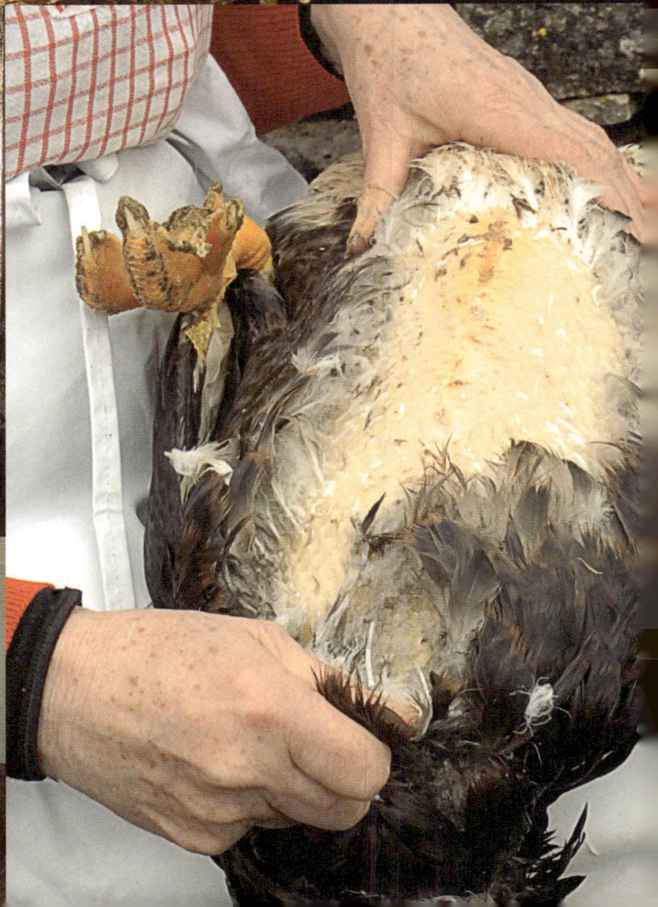

Produits faits maison

Conserver **les fruits**

Pour conserver les fruits, la stérilisation est loin d'être la seule option : la plupart des fruits se congèlent bien, on peut aussi faire des confitures ou des pâtes de fruits, ou encore les conserver dans l'alcool ; certains, comme les abricots et les raisins, peuvent aussi être consommés secs.

La stérilisation

C'est ce qui fait la différence entre des conserves réussies et un ratage complet : bocaux, couvercles et caoutchoucs doivent être absolument stériles. Il existe quatre manières différentes de stériliser : en plaçant les bocaux dans une casserole d'eau bouillante (recette n° 1) ; en les mettant au four (recette n° 2) ; en les mettant au micro-ondes ; en les passant dans une solution stérilisante. Chacun de ces procédés a ses bons et ses mauvais côtés. La solution la plus simple et la plus fiable consiste à faire bouillir les bocaux, mais il faut faire attention de ne pas introduire des bactéries par ailleurs. Inutile de passer du temps à les stériliser si, après, vous trempez le doigt ou une cuillère dedans sans vous être lavé les mains…, ou si vous cherchez à faire des économies de bouts de chandelles en réutilisant des caoutchoucs sales. Il faut être soigneux de bout en bout. On peut tout de même réutiliser les caoutchoucs une fois, à condition de les stériliser à nouveau.

Les fruits en bocaux

Ingrédients & ustensiles

> Des fruits frais. Nous expliquons comment procéder pour des prunes, mais vous pouvez de la même manière mettre en conserve des cerises, des pommes, des abricots, des poires, des pêches, de la rhubarbe ou n'importe quel autre fruit.
> Des bocaux en verre. Nous utilisons des bocaux traditionnels avec des caoutchoucs, mais il existe d'autres modèles.
> Du sel.
> Du sucre (facultatif).
> Une grande casserole ou un faitout assez grand pour y placer 4 ou 5 bocaux.
> Un thermomètre de cuisine.

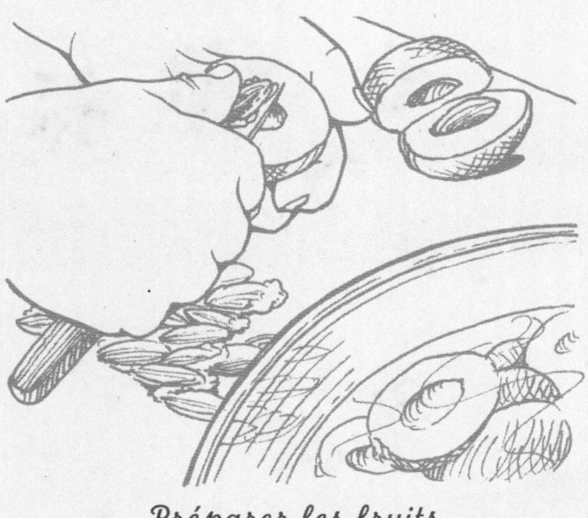

Préparer les fruits

Remplir les bocaux

Recette n° 1 à l'eau bouillante

1. Classez les fruits par taille et par degré de maturité. Choisissez les prunes les plus grosses. Si elles sont trop mûres et abîmées, mettez-les de côté pour les manger tout de suite.

2. Enlevez les feuilles et les tiges, plus lavez soigneusement les fruits.

3. Coupez chaque prune en deux avec un couteau pointu, puis retirez le noyau. Vérifiez encore que les fruits ne sont pas abîmés et mettez toutes les moitiés intactes dans de l'eau légèrement salée (20 g pour 5 litres d'eau) pour éviter que les fruits coupés ne noircissent par oxydation.

4. Lavez et essuyez les bocaux, puis vérifiez que les couvercles et les caoutchoucs sont en bon état.

5. Entassez les moitiés de prunes dans les bocaux, le côté coupé tourné vers l'extérieur.

6. Remplissez les bocaux d'eau bouillante ou d'un mélange d'eau bouillante et de sucre (200 g de sucre pour ½ litre d'eau).

7. Quand les bocaux sont pleins, mettez les couvercles en place, avec le caoutchouc, et vissez-les ou fermez-les à moitié.

8. Placez les bocaux dans le faitout, séparés par un torchon, pour qu'ils ne se heurtent pas. Remplissez ensuite le faitout d'eau jusqu'aux deux tiers de la hauteur des bocaux

9. Faites chauffer l'eau doucement jusqu'à 75 °C – ce qui peut prendre entre ½ heure et 1 heure et demie, selon la taille et la consistance des fruits.

10. Maintenez cette température pendant 20 minutes, puis sortez les bocaux du faitout, vissez ou fermez complètement les couvercles, et laissez-les refroidir sur une table ou une étagère en bois.

11. Quand les bocaux sont froids, testez les systèmes de fermeture en dévissant un peu ou en tirant légèrement sur les caoutchoucs pour vous assurer que le vide interne empêche l'ouverture.

12. Si tout va bien, refermez les bocaux, essuyez-les avec un torchon propre et entreposez-les dans un emplacement frais et sombre, à l'abri du gel.

Recette n° 2 au four

Comencez comme pour la recette n° 1 par les étapes 1 à 4.

1. Entassez les fruits dans les bocaux et remplissez-les d'un mélange d'eau et de sucre jusqu'à 2,5 cm du haut des bocaux.

2. Posez les couvercles dessus sans les fermer.

3. Réglez le four à 120 °C et posez les bocaux sur une grille au milieu du four.

4. Quand les fruits commencent à bouillonner, entre 30 et 120 minutes plus tard (le temps varie selon la consistance des fruits : comptez environ une heure pour des tomates, mais seulement 20 minutes pour des prunes), sortez les bocaux du four, vissez les couvercles ou fermez-les complètement et laissez-les refroidir.

5. Terminez ensuite par les étapes 11 et 12 de la recette n° 1.

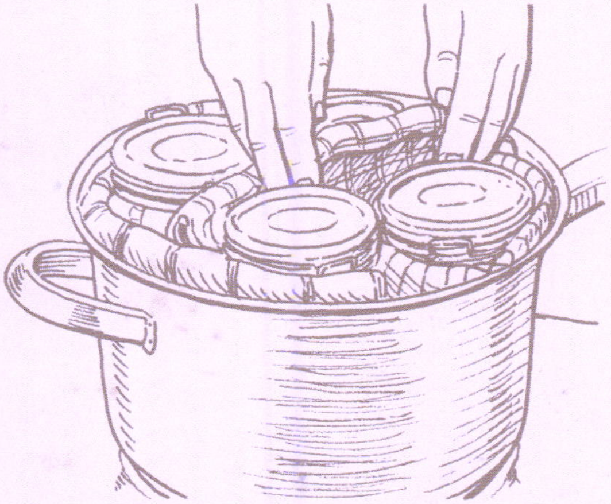

Les caler avec un torchon

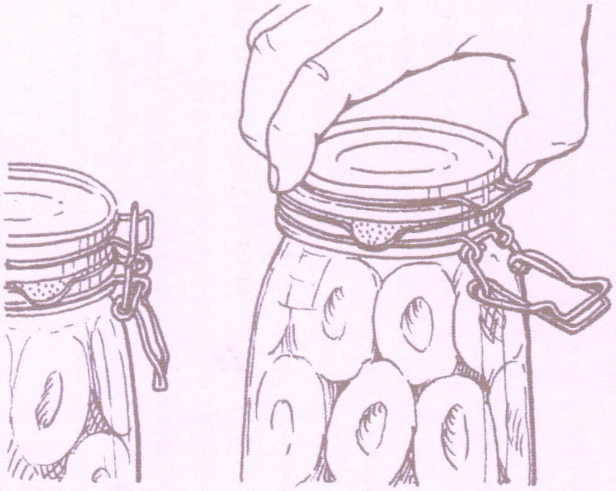

Tester les fermetures

Conserver les fruits **dans l'alcool**

L'alcool est un autre moyen de conserver certains fruits, en particulier les cerises. En saison, après avoir fait tartes, clafoutis, bocaux et confitures – les cerises se congèlent mal –, les cerises à l'eau-de-vie s'imposent ! Les meilleures variétés sont les griottes.

Cerises à l'eau-de-vie

Ingrédients & ustensiles

> 1 kg de cerises.
> 250 g de sucre en poudre.
> 1 litre d'eau-de-vie blanche à 45°.
> ½ verre d'eau.
> 2 grands bocaux.
> 1 faitout pour stériliser les bocaux.
> 1 petite casserole pour faire le sirop de sucre.

La recette

1. Triez les cerises pour ne conserver que les plus belles : elles doivent être mûres, mais pas abîmées.
2. Enlevez les feuilles et coupez les queues à 1 cm du fruit. Percez la peau des cerises avec une aiguille pour éviter qu'elle n'éclate.
3. Rincez les fruits, puis essuyez-les bien.
4. Lavez les bocaux, puis stérilisez-les à l'eau bouillante, ainsi que les couvercles et les caoutchoucs. Essuyez-les bien.
5. Placez les cerises dans les bocaux, en tassant.
6. Faites dissoudre le sucre dans ½ verre d'eau et portez à ébullition. Laissez refroidir, puis mélangez le sirop de sucre à l'eau-de-vie.
7. Recouvrez complètement les cerises avec l'eau-de-vie sucrée.
8. Fermez hermétiquement les bocaux.
9. Entreposez dans un endroit frais, à l'abri de la lumière.
10. Laissez reposer au moins 3 mois avant de consommer.

Confiture de vieux garçon

Ingrédients et ustensiles

> Autant de fruits que vous le souhaitez.
> 750 g de sucre par kilo de fruits.
> 4 dl d'eau-de-vie par kilo de fruits.
> 1 grand pot en grès.

La recette

1. Mettez des fruits dans le pot au fur et à mesure qu'ils arrivent à maturité. Vous pouvez ainsi ajouter, successivement ou simultanément, au fur et à mesure qu'ils mûrissent, des cerises entières non dénoyautées, des abricots dénoyautés coupés en deux, des pêches épluchées, dénoyautées et coupées en quartiers, des framboises non lavées, des groseilles égrappées, des fraises entières (sans leurs queues), des prunes entières, des poires et des pommes avec leur peau, mais sans les pépins, et coupées en morceaux, des raisins égrappés.
2. À chaque apport, ajoutez 75 g de sucre par 100 g de fruits et recouvrez d'eau-de-vie. Laissez reposer à l'abri de la lumière, sans remuer, jusqu'aux fruits suivants.
3. Quand le pot est presque plein, finissez de le remplir avec de l'eau-de-vie, fermez le pot et laissez reposer au moins un mois – mais de préférence 3 mois –, au sec et à l'abri de la lumière.

Faire des pâtes **de fruits**

Pommes, abricots, poires sont autant de fruits dont on peut facilement faire de la pâte, mais le champion de la catégorie est sans conteste le coing. Guère apprécié cru, ce fruit ne se consomme que cuit : accompagné de pommes, il sert à faire de la gelée ou de la compote, ou cette délicieuse friandise – pleine de vitamines A et B et de fibres ! – qu'est la pâte de coings.

La pâte de coings

Vous pouvez appliquer la même recette à d'autres fruits tels que les pommes, abricots, poires…

Ingrédients & ustensiles

> 2 kg de coings.
> 1,5 kg de sucre.
> 1 gousse de vanille (facultative).
> Environ 1 litre d'eau.
> Un carré de mousseline pour la cuisson des cœurs.
> De la ficelle de cuisine
> Une grande casserole ou un faitout.

La recette

1. Triez les fruits pour ne conserver que ceux qui sont sains. Éliminez les coings pourris.
2. Lavez-les bien en frottant pour retirer le duvet qui les recouvre.
3. Coupez-les en morceaux, en laissant la peau.
4. Retirez les cœurs contenant les pépins et mettez-les de côté. Quand tous les coings sont coupés, rassemblez les cœurs dans une mousseline et fermez avec de la ficelle de cuisine.
5. Mettez les fruits et la mousseline contenant les cœurs dans un faitout. Recouvrez d'eau.
6. Portez à ébullition et laissez bouillir de 20 à 25 minutes.
7. Lorsque les fruits sont devenus tendres, égouttez. Retirez la mousseline contenant les cœurs.
8. Passez les fruits au mixer.
9. Remettez la purée de coings ainsi obtenue dans le faitout, avec la vanille et le sucre.
10. Remettez à cuire et laissez mijoter doucement une quinzaine de minutes, sans cesser de remuer à la cuillère en bois, jusqu'à ce que le sucre soit complètement fondu. Remuez bien pour que le mélange n'attache pas au fond.
11. Lorsque la pâte de fruits devient translucide et se détache du fond de la casserole, elle est cuite. Il faut à présent la mettre à sécher.

Le séchage de la pâte

Ingrédients & ustensiles

> Pâte de fruits encore chaude.
> Sucre cristallisé.
> Papier sulfurisé.
> Moules souples, ou plats creux.

Le tour de main

1. Étalez la pâte de fruits sur du papier sulfurisé. L'épaisseur de pâte ne doit pas excéder 2 cm pour que cela sèche bien. Plusieurs méthodes sont possibles : l'étaler dans un ou plusieurs plats creux, disposer des règles tout autour pour délimiter une zone, ou encore la couler dans des moules souples.
2. Laissez sécher plusieurs jours au frais. Retournez-la pour faire sécher l'autre face. Laissez à nouveau sécher quelques jours.
3. Quand la pâte est bien sèche, découpez-la en morceaux de votre choix : carrés, lanières, losanges… et passez-les dans du sucre cristallisé.

Faire **de la confiture**

Faire de la confiture est extraordinaire : vous avez des fruits frais en surabondance – pommes, poires, abricots, prunes –, et l'instant d'après, vous avez des pots de confitures. Alors que les conserves de fruits ne réussissent pas à tous les coups, dans la mesure où les fruits y perdent parfois en saveur et en couleur, le processus de fabrication de la confiture – beaucoup plus satisfaisant – transforme complètement le fruit qui en est la base.

Un plaisir assuré

Si vous faites partie des infortunés qui n'ont jamais goûté autre chose que de l'insipide confiture industrielle que l'on trouve dans le commerce, sachez que la confiture faite maison ne lui ressemble que par le nom. Elle a une couleur vive, une belle consistance et son goût est souvent incomparable.

En plus, le simple fait de récolter les fruits, de remuer à la cuillère en bois pendant la cuisson, de verser la confiture dans les pots, de les fermer à la Cellophane, puis de manger la confiture, tout cela est un bonheur en soi.

Il y a un poème où les pots de confiture faite à la maison sont comparés à des souvenirs d'été emmagasinés – des promenades sur des chemins de campagne, des pique-niques dans les vergers, le bonheur de cueillir une prune bien mûre, le goût et la consistance d'une fraise fraîche. L'auteur de ce poème, quel qu'il soit, a forcément un jour fait ses propres confitures !

La confiture de mûres aux pommes

Avec la recette que nous vous proposons, vous obtiendrez 5,5 kg de confiture de mûres et de pommes, mais vous pouvez bien sûr changer les quantités, et remplacer ces fruits par des groseilles, des framboises, des prunes, ou n'importe quel autre fruit.

Ajouter du sucre

Vérifier la cuisson

Ingrédients & ustensiles

> 2,5 kg de mûres.
> 1 kg de pommes.
> Un grand faitout en inox ou en émail ou en vitrocéramique (pas de fer, ni de cuivre, ni de laiton, ni d'aluminium).
> 15 g de beurre ou de margarine.
> ½ litre d'eau.
> 3,5 kg de sucre brun (en poudre ou cristallisé).
> Des pots stérilisés (pots de confiture, bocaux, avec ou sans couvercles).
> Un entonnoir à confiture.
> De la Cellophane ou du film transparent et des disques de papier paraffiné ainsi que des élastiques adaptés au diamètre des pots.

La recette

1. Sélectionnez et préparez tous les ingrédients – lavez et évidez les pommes, enlevez les queues des mûres. Les fruits doivent être mûrs mais fermes. Lavez tout et éliminez les fruits pourris ou mous.
2. Étalez du beurre ou de la margarine au fond du faitout – cela limite la formation d'écume.
3. Pesez les fruits et mettez-les dans le faitout, avec l'eau.
4. Portez à ébullition et laissez mijoter à feu doux jusqu'à ce que les fruits se défassent.
5. Ajoutez le sucre petit à petit, tout en remuant à la cuillère en bois.

Si vous avez trop de fruits

Pour être réussie, la confiture doit être faite à partir de fruits fraîchement cueillis, mais si vous avez trop de fruits mûrs d'un seul coup ou pas le temps de les faire cuire tout de suite, rien ne vous interdit de les congeler. Inutile de les décongeler le moment venu : mettez-les simplement dans le faitout ; ils leur faudra un peu plus de temps pour parvenir à ébullition.

6. Laissez mijoter, sans cesser de remuer, jusqu'à ce que le mélange parvienne à pleine ébullition.
7. Pour vérifier la cuisson, versez un peu de confiture dans une assiette froide et laissez épaissir pendant 30 secondes, puis, avec l'index, tâtez pour voir si elle s'est solidifiée en surface. Si la surface se « ride », la confiture est cuite.
8. Arrêtez la cuisson. Prenez les pots (préalablement lavés, stérilisés, essuyés et tiédis), posez-les sur une surface en bois et remplissez-les à la louche et à l'entonnoir.
9. Quand les pots sont pleins, posez les disques de papier paraffiné sur la confiture (face paraffinée dessous) et couvrez-les. Posez la Cellophane, préalablement humectée du côté supérieur, sur le dessus de chaque pot, passez l'élastique autour et tendez bien la Cellophane sur le dessus.
10. Enfin, étiquetez et datez les pots avant de les entreposer dans un placard sec et frais, bien ventilé et à l'abri de la lumière, des souris et du gel.

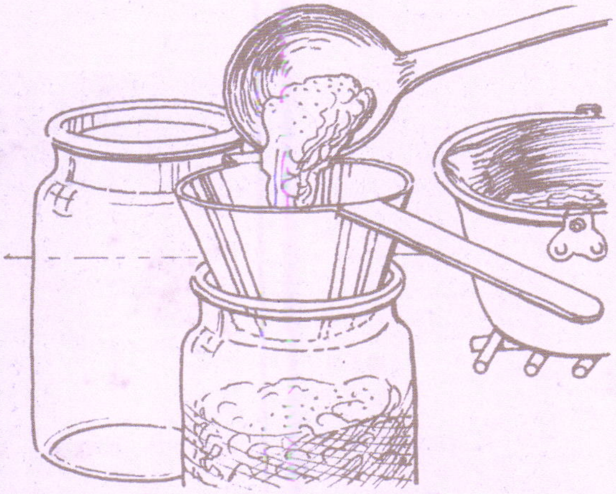

Remplir les pots

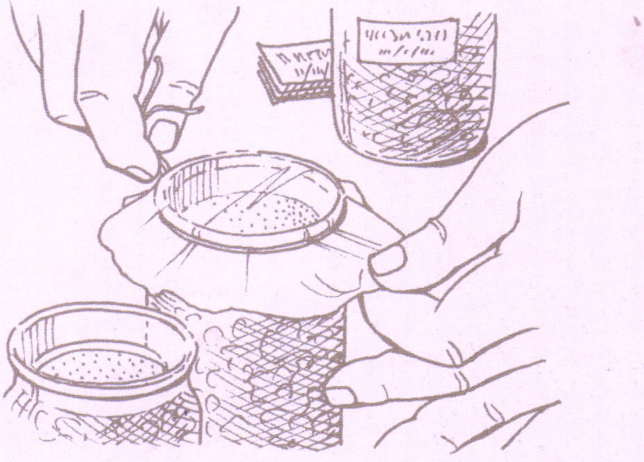

Fermer les pots

Faire **son pain**

Rien n'est plus agréable que de manger le pain que l'on a préparé même si les céréales n'ont pas poussé dans notre propre jardin. On peut faire son pain avec une machine et de la levure boulangère, mais on peut aussi le pétrir à la main et fabriquer soi-même son levain. La recette que nous vous proposons est celle du pain au levain.

Faire du pain au levain

Les proportions indiquées, correspondant en général à deux pains, sont indicatives : testez-les, et ajustez ensuite si nécessaire jusqu'à ce que vous trouviez ce qui vous conviendra le mieux.

Ingrédients & ustensiles

> 500 g de farine complète.
> 1/4 de litre d'eau.
> 1 cuillerée à soupe de gros sel.
> 150 g de levain.
> Un grand saladier.
> Un plat en terre cuite pour chaque pain.
> Un torchon.
> Une lame de rasoir ou un couteau bien aiguisé.

La recette

1. Dans un grand saladier, mélangez l'eau, le sel et le levain jusqu'à ce que ce dernier soit quasiment dilué dans l'eau.
2. Ajoutez la farine : commencez par la moitié, puis mélangez bien à la cuillère en bois. Ajoutez ensuite la seconde moitié de la farine.
3. Lorsque la pâte forme une boule, farinez le plan de travail et commencez à pétrir la pâte. Continuez à pétrir pendant au moins 15 minutes.
4. Lorsque la pâte est bien pétrie, farinez-la un peu pour qu'elle ne colle pas, puis remettez-la dans le saladier et recouvrez d'un torchon.
5. Laissez reposer 7 à 8 heures. La pâte doit au moins doubler de volume.
6. Coupez la pâte en plusieurs morceaux qui formeront chacun un pain.
7. À nouveau, pétrissez ces morceaux, puis farinez-les et mettez-les dans les plats.
8. Laissez encore reposer environ de 30 minutes à 1 heure.
9. Préchauffez le four à 240 °C.
10. À l'aide d'une lame de rasoir ou d'un couteau, faites des entailles obliques de 1 cm de profondeur environ pour que les pains n'éclatent pas à la cuisson.
11. Enfournez les pains et laissez cuire environ 45 minutes – jusqu'à ce que la croûte soit bien dorée.

Faire son levain

Le levain est une levure naturelle : elle est constituée d'eau et de farine, qui ont fermenté à l'air libre, dans une pièce assez chaude (la température idéale est 25 °C à 30 °C). La saveur du pain au levain est un peu plus acide que celle du pain sur levure, il est plus digeste et se conserve plus longtemps ; de plus, le levain améliore l'assimilation du calcium contenu dans les céréales. Il peut avantageusement remplacer la levure habituelle dans toutes les recettes où elle est employée habituellement : pizzas, gâteaux...

Alors n'hésitez plus ! Faites vous-même votre levain, votre pain n'en sera que meilleur.

Ingrédients & ustensiles

> 350 g de farine de blé complet ou de seigle.

> 350 ml d'eau (de source ou filtrée) tiède.
> 20 g de sucre de canne pour accélérer la fermentation, ou une cuillerée à café de miel.
> Un grand pot de confiture ou un bocal avec couvercle.
> Un saladier.
> Un torchon.

La recette

1. Dans le pot de confiture, incorporez 50 ml d'eau tiède à 50 g de farine ; ajoutez le sucre ou le miel. Remuez bien jusqu'à ce que vous obteniez un mélange pâteux.
2. Posez le couvercle dessus sans fermer et laissez reposer jusqu'au lendemain.
3. Le deuxième jour, mélangez dans un saladier 100 g de farine et 100 ml d'eau tiède.
4. Ajoutez au contenu du pot de confiture.
5. Mélangez le tout et laissez reposer à nouveau à température ambiante.
6. Le troisième jour, le contenu commence à faire des bulles ; ajoutez encore 200 ml d'eau tiède et 200 g de farine. Remuez bien.
7. Laissez reposer de nouveau 12 heures en posant le couvercle sur le pot sans le fermer.
8. Lorsque le mélange commence à gonfler, transvasez-le dans un saladier.
9. Recouvrez d'un linge humide et laissez reposer.
10. Vous pouvez maintenant commencer à utiliser le levain obtenu.
11. Chaque fois que vous prélevez 150 g de levain pour faire du pain, remplacez-le par 75 ml d'eau et 75 g de farine. Si vous y faites des apports réguliers, ce levain se conserve très longtemps.

Faire germer des céréales… et autres

Germées, les graines ont des propriétés nutritionnelles supérieures aux graines sèches. Leur taux de vitamines, de minéraux, d'oligo-éléments est accru. Dans un germe de blé, on trouve même certains éléments, comme la vitamine C, inexistants dans le grain de blé. Elles sont en outre plus digestes. Tous les haricots (sauf les verts), l'alfalfa, les lentilles, les petits pois, les pois chiches, le soja, le trèfle, la plupart des céréales, le sésame, le tournesol, les carottes, le céleri en branche, le céleri-rave, le fenouil, le cresson, le lin, la moutarde, les radis, les navets et différents choux peuvent se consommer sous forme de graines germées.

Ingrédients & ustensiles

> Des graines à faire germer.
> De l'eau non chlorée et faiblement minéralisée.
> Un bocal ou un germoir.
> Du tissu aéré (voile ou mousseline) ; un élastique.

La recette

1. Placez les graines au réfrigérateur au moins 24 heures.

2. Déposez-les dans un bocal et recouvrez-les d'eau. Laissez tremper une nuit les graines de petite taille, deux nuits les grosses graines.

3. Rincez les graines et remettez-les dans le bocal.

4. Fermez le bocal avec de la mousseline maintenue par un élastique.

5. Placez le bocal dans un endroit tiède, mais à l'abri de la lumière, en le maintenant incliné la tête en bas. Laissez les graines s'étaler sur la hauteur du bocal.

6. Rincez les graines deux fois par jour jusqu'à la germination. Il arrive que les enveloppes partent avec l'eau du rinçage ; ce n'est pas grave, cette peau a une valeur nutritionnelle moindre et elle se conserve moins bien.

7. Consommez les graines germées ou attendez 5 jours environ pour avoir des pousses.

Comment les consommer

Les graines germent au bout de 2 à 10 jours et se mangent de préférence crues – elles conservent ainsi toute leur valeur nutritive. Elles accompagnent les salades, les soupes, les omelettes…

Attention !

Certaines graines ont des parties toxiques ; ne faites pas germer celles de rhubarbe, de tomate ou d'aubergine.

Conserver **des champignons**

Si vous êtes adepte de la cueillette des champignons, il est probable que vous vous retrouverez un jour à la tête d'une telle quantité qu'il vous faudra en stocker. Diverses possibilités s'offrent à vous : les congeler, préparer des sauces et les mettre en conserve. Nos méthodes préférées sont le séchage ou la conservation à l'huile.

Les faire sécher

Cette méthode offre plusieurs avantages : rapide, elle ne présente aucune difficulté technique et le produit obtenu garde bien le goût du champignon frais. Elle convient particulièrement aux champignons à chair mince (mousserons, trompettes des morts, chanterelles) ou à des champignons plus épais, à découper en lamelles. C'est très simple : il suffit d'éplucher les champignons, si nécessaire, puis, le cas échéant, de les découper en tranches, de les poser à proximité d'une source de chaleur, dans un lieu aéré et sec, ou dans un séchoir.

Ingrédients & ustensiles

> Des champignons.
> Un petit séchoir (ou un radiateur, ou encore le four préchauffé puis éteint, etc.).
> Des boîtes en plastique hermétiques.
> Un torchon, du papier absorbant.

La recette

1. Juste après la cueillette, nettoyez les champignons : enlevez les mousses, brossez-les délicatement ou essuyez-les avec un torchon humide, enlevez la base du pied lorsqu'ils sont trop mûrs ou véreux. Évitez de les faire tremper ; s'ils sont vraiment très sales, passez-les rapidement sous l'eau et essuyez-les soigneusement avec du papier absorbant.

Couper les champignons en fines lamelles

Les mettre à sécher

2. Préparez le séchoir. Coupez les champignons en fines lamelles.
3. Disposez les tranches de champignons sur les clayettes recouvertes de mousseline et placez-les dans le séchoir.
4. Quand les champignons séchés sont doux et un peu caoutchouteux au toucher, mettez-les dans des boîtes en plastique hermétiques. Le processus de séchage est plus ou moins long selon la technique employée, mais il ne doit jamais durer plus de 4 ou 5 jours.
5. Au moment d'utiliser les champignons, sortez-les du récipient et réhydratez-les en les faisant tremper dans un bol d'eau jusqu'à ce qu'ils gonflent et reprennent une apparence proche de celle de champignons frais.

« Pour faire sécher les champignons et diverses denrées, nous avons fabriqué un petit séchoir en contreplaqué de 45 cm de largeur et de profondeur sur 90 cm de haut, avec des clayettes espacées de 7,5 cm, recouvertes de mousseline. Un petit chauffage placé en dessous (une ampoule électrique de 60 W fait l'affaire aussi) fournissait la chaleur nécessaire au séchage. »

Les auteurs

Conserver dans l'huile

Cette méthode convient aux champignons à chair ferme (girolles, pieds-de-mouton, cèpes) et permet une conservation d'un an environ. Laissez-les macérer 3 semaines avant de les consommer.

Ingrédients & ustensiles
> 1,5 kg de champignons.
> 1,5 kg d'huile d'olive.
> 1 l d'eau.
> 1 l de vinaigre.
> Aromates : poivre, coriandre, laurier, thym…
> 2 bocaux de 1 litre.

La recette

1. Nettoyez bien les champignons, comme indiqué à l'étape 1 du séchage ci-contre.
2. Passez-les rapidement à la poêle, sans matière grasse, pour les faire dégorger.
3. Faites bouillir l'eau mélangée au vinaigre, puis salée, et jetez-y les champignons. Laissez frémir 5 minutes.
4. Égouttez les champignons et épongez-les avec un torchon avant de les disposer dans les bocaux. Ajoutez les aromates.
5. Faites chauffer l'huile et recouvrez-en les champignons.
6. Fermez et stérilisez les bocaux comme indiqué pour les conserves de fruits p. 194-195.

Les entreposer dans des boîtes hermétiques

Les réhydrater

Plumer **une volaille**

Lorsqu'ils atteignent 3 ou 4 mois, vos poulets de grain sont assez gros pour être mangés. Même si tout ce qui est lié à l'abattage et à la préparation des animaux que l'on a élevés soi-même est difficile, il faut faire en sorte de leur imposer le moins de souffrances possible.

Abattre des volailles

> Évitez de leur donner à manger dans la demi-journée précédant l'abattage. La vider sera moins désagréables et le goût en sera meilleur, en revanche, ils peuvent boire sans problème.
> En général, on fait en sorte que l'animal soit assommé au moment où on lui tranche la gorge. Donnez-lui un coup sur la tête ou tordez-lui le coup violemment pour qu'il s'évanouisse sans douleur.
> Poules, poulets, canards et oies doivent être saignés pour éviter qu'ils n'aient un goût de gibier, en général peu apprécié. Faites-le juste après les avoir assommés ou endormis. Coupez la veine jugulaire avec un couteau bien aiguisé. Pendez-les ensuite par les pattes pour laisser le sang s'écouler.

Plumer une volaille

1. Juste avant de plumer la volaille, plongez-la une ou deux minutes dans l'eau bouillante.
2. Tirez ensuite sur les plumes à petits coups secs, quand le volatile est encore chaud.
3. Brûlez à la flamme les poils qui restent sur le corps – vous éliminerez en même temps la peau écailleuse des pattes si vous n'avez pas l'intention de les couper.

« Habiller » un poulet

On appelle ainsi les opérations consistant à vider et à préparer la volaille pour la cuisson

Le tour de main

1. Coupez la tête à la moitié du cou, et l'extrémité des ailes. En principe, pour la présentation, on coupe les doigts, sauf celui du milieu, dont on se contente d'enlever la griffe. Mais pour plus de simplicité, vous pouvez couper les pattes à la jointure.
2. Faites une entaille dans la longueur au niveau du cou pour retirer la trachée artère et l'œsophage.
3. Attrapez le jabot : il sera vide si le poulet n'a pas mangé depuis ½ journée. Retirez aussi les éventuels amas de graisse.
4. Au niveau du croupion, incisez la peau du ventre pour aller récupérer les viscères.
5. Enfoncez la main – pensez aux gants de cuisine ! – pour attraper le cœur et si possible tout le reste en même temps. Les poumons sont solidement attachés, alors, si nécessaire, procédez en plusieurs fois, en faisant bien attention de ne pas percer la poche de fiel (la vésicule biliaire) – le poulet deviendrait amer au point d'en devenir immangeable.
6. Jetez les viscères et ne conservez que le foie, le gésier et les rognons.
7. Lavez bien le foie, après avoir soigneusement retiré la vésicule. S'il reste des taches vertes sur le foie, découpez et jetez le morceaux tachés.
8. Coupez le gésier en deux, videz-le et rincez-le.
9. Lavez l'intérieur du poulet à l'eau tiède.
10. Selon le mode de cuisson choisi, il ne vous reste plus qu'à le couper en morceaux ou à le brider avec de la ficelle de cuisine pour le passer au four ou à la cocotte. Vous pouvez aussi le conserver 4 ou 5 jours au réfrigérateur ou le congeler.

Saler et conserver **le jambon**

Même si vous n'élevez pas de cochon, il se peut que vous ayez l'occasion d'acheter un jambon et que vous souhaitiez le saler. Ce mode de conservation très simple consiste à faire « tremper » un jambon dans le sel, puis à le suspendre dans un lieu sec, frais et bien ventilé pour le faire sécher.

La préparation de salage

Selon la taille du jambon, vous aurez besoin d'une quantité variable de préparation de salage. On considère que, pour un jambon de taille moyenne (de 5 à 7 kg), il faut environ de 250 à 300 g de préparation à chaque fois que l'on renouvelle l'application.

Traditionnellement, l'opération se pratique en fin d'automne, cinq jours après que le porc a été tué, et on considère que le jambon doit rester au saloir au moins deux jours par kilo.

Ingrédients & ustensiles

> 1 jambon.
> De la préparation de salage (les proportions données conviennent pour une application, on la renouvelle généralement une fois) : 250 g de sel, 15 g de sucre et 15 g de poivre et de baies de genièvre.
> Du gros sel.
> Du vinaigre.
> 10 cl de cognac (facultatif).
> Un sac de toile.

Le tour de main

1. Commencez par frotter le jambon avec la préparation et recouvrez-le de sel.
2. Conservez au frais – à environ 5 °C – pendant une semaine.
3. Frottez de nouveau avec la même préparation et recouvrez de sel. Vous pouvez éventuellement recommencer une semaine plus tard.
4. Laissez ensuite le jambon au saloir autant que nécessaire, après avoir retiré l'excédent de sel.
5. Il est temps de passer au séchage. Sortez le jambon du saloir et rincez-le à l'eau froide pour enlever le sel, puis rincez de nouveau à l'eau vinaigrée (à raison de 1 litre de vinaigre pour 5 litres d'eau).
6. Laissez-le dessaler dans l'eau pendant quelques heures.
7. Suspendez-le et laissez-le s'égoutter pendant une journée.
8. Séchez-le avec un torchon, frottez-le au cognac (si vous le souhaitez) et avec des épices.
9. Mettez-le à sécher dans un sac de toile pendant au moins 5 mois dans un lieu bien ventilé, bien sec, à l'abri des insectes. Si vous l'aimez vraiment sec, laissez-le 7 mois.

Saler pour conserver

Le procédé du salage permet de freiner ou de bloquer le développement microbien. En effet, le sel a la propriété d'absorber l'eau du produit que l'on cherche à conserver. Et les bactéries se développent moins bien lorsqu'elles sont privées de leur source d'eau. Cette technique est essentiellement utilisée en fromagerie, en charcuterie et pour la conservation de certains poissons (harengs, saumon...).

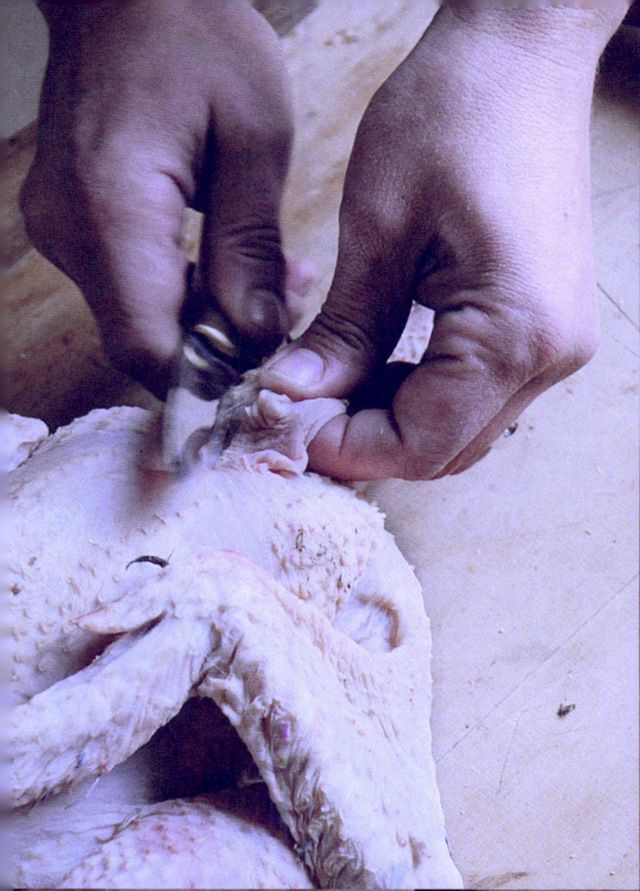
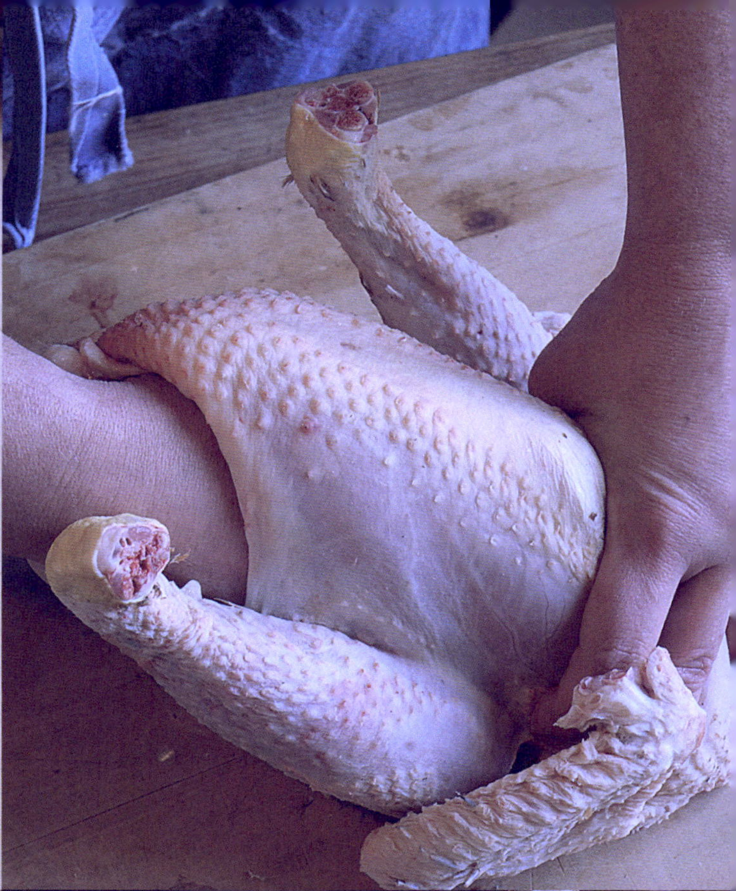
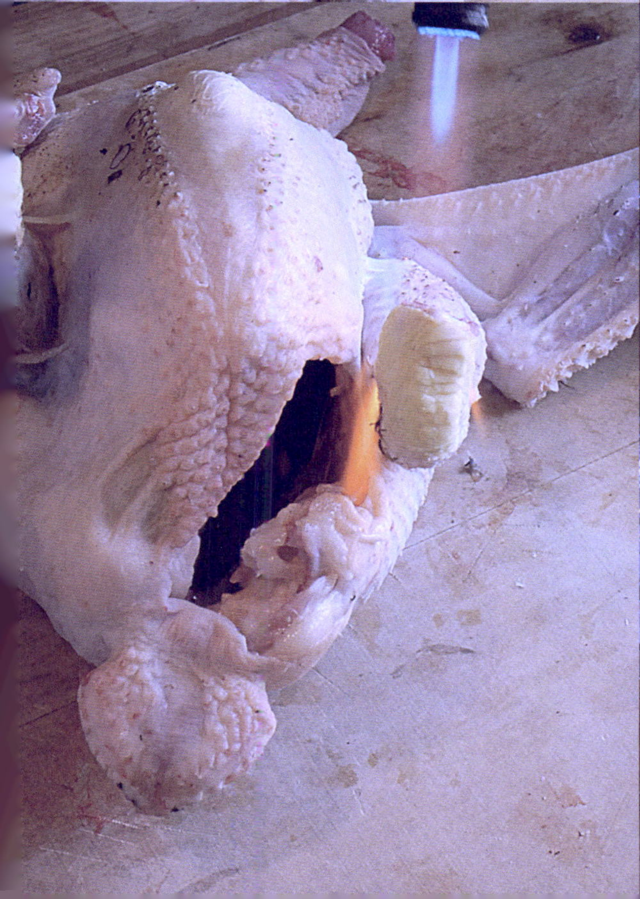

Faire **son beurre**

Pour faire du beurre, il faut de la crème. La première opération consiste donc à séparer la crème du lait, soit par un écrémage manuel sur du lait frais ou qui vient juste de bouillir, soit à l'aide d'une écrémeuse-centrifugeuse. Tout dépend de la quantité de lait à transformer en crème. La plupart des débutants le font à la main, dans la mesure où il s'agit d'une manipulation relativement simple.

Séparer la crème du lait

Ingrédients & ustensiles

> Autant de lait que vous le souhaitez.
> Une grande casserole ou une sauteuse à bords épais, en Inox, munie d'un couvercle.
> Un morceau de mousseline assez grand pour couvrir la casserole.
> Une petite baratte ou une cruche en inox.
> Une écumoire.

Le tour de main

1. Versez le lait dans la casserole en le faisant passer à travers la mousseline, et laissez-le refroidir de 8 à 12 heures.
2. En faisant attention à ne pas trop remuer le lait, enlevez délicatement la crème à l'aide de l'écumoire et mettez-la dans la baratte ou la cruche.
3. Replacez ce qui reste de lait au frais entre 8 et 12 heures, puis retirez-en à nouveau la crème.
4. Le reste de lait, qui est maintenant écrémé, est prêt à être bu ou être donné aux animaux.

Comment faire du beurre

Ingrédients & ustensiles

> De la crème (à volonté).
> Un thermomètre de laiterie.

La pasteurisation

Le barattage

> Un minuteur de cuisine.
> Un mixer aussi grand que possible, avec une lame en forme de pale, ou une baratte à main, selon la quantité.
> Un morceau de mousseline d'une taille suffisante pour couvrir un grand bol à mixer.
> Du sel, ou du beurre demi-sel.
> Une grande planche à découper en bois.
> Deux spatules ou cuillères en bois.
> Du papier sulfurisé.

Ne pas oublier

Stérilisation des ustensiles

Toutes les opérations avec des produits laitiers exigent une hygiène parfaite. Pour stériliser vos ustensiles, passez-les 5 minutes à l'eau bouillante dans un grand récipient en Inox.

Truc à savoir

Avec de la crème tiède, ou un peu tournée, l'opération sera plus lente. Faites rafraîchir la crème et recommencez.

La recette

1. Gardez la crème au réfrigérateur ou au frais jusqu'à ce qu'elle devienne légèrement aigre (environ 30 heures).
2. Pasteurisez la crème en la faisant chauffer dans une casserole. Maintenez-la entre 15 et 20 secondes à 72-76 °C ou 30 minutes à 63 °C (il s'agit alors d'une pasteurisation à basse température) en remuant sans cesse.
3. Sortez-la du feu et mettez-la toute la nuit au réfrigérateur ou dans une pièce fraîche.
4. Le lendemain, versez la crème dans le mixer ou dans la baratte à main, laissez une demi-heure à température ambiante, puis mettez en marche. Continuez jusqu'à ce que vous voyiez la crème se décomposer en beurre et en un liquide laiteux, le babeurre. Vous vous en rendrez compte au bruit, qui change subitement.
5. Continuez à baratter jusqu'à ce que le beurre ne forme plus qu'un gros bloc, puis égouttez-le dans la mousseline. Mettez le babeurre de côté pour l'utiliser dans la cuisine ou pour nourrir les poules et les cochons.
6. S'il fait chaud, mettez le beurre au réfrigérateur avant de continuer. Sinon, passez de l'eau froide sur la motte de beurre pour éliminer les dernières traces de babeurre.
7. Salez le beurre selon votre goût.
8. Posez-le sur la planche à découper et faites des mottes en vous aidant des spatules ou des cuillères.
9. Pour finir, mettez les mottes de beurre dans du papier sulfurisé et entreposez-les au réfrigérateur. Si vous en avez de grandes quantités, vous pouvez les mettre au freezer ou au congélateur.

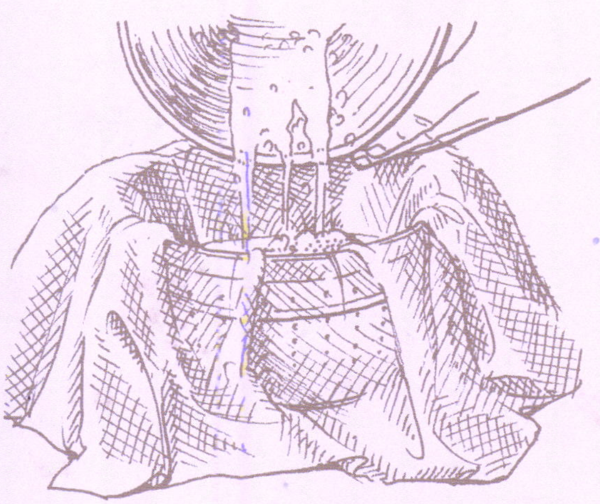

L'égouttage

Former des mottes

Faire du fromage **et des yaourts**

La plupart des débutants font du fromage blanc parce que c'est plus simple. On peut préparer en une matinée un pot de fromage frais avec 2 ou 3 litres de lait alors qu'un fromage sec de même taille demandera quatre fois plus de lait, plus de travail, et devra sécher au moins 1 mois. Mais le fromage sec peut se conserver beaucoup plus longtemps, ce qui est appréciable lorsque l'on souhaite écouler un excédent de lait.

Différents types de fromages

> Tout Français qui se respecte le sait, les variétés de fromages sont innombrables. On peut néanmoins les regrouper selon leur mode de fabrication : la fermentation est obtenue par de la présure en plus ou moins grande quantité, à des températures variables.

Les fromages de type lactique sont obtenus essentiellement par coagulation biologique, avec très peu de présure (3 à 10 ml de présure pour 100 litres de lait). Ce sont les fromages à pâte fraîche : fromage blanc, petits fromages de chèvre, etc. La température nécessaire pour leur fermentation est comprise entre 16 et 23 °C.

> Les fromages à coagulation de type présure sont obtenus essentiellement par coagulation chimique. Ce sont les fromages à pâte pressée (tomme de Savoie, cantal, emmenthal, beaufort, st-paulin, reblochon). La coagulation exige une température de 34 à 40 °C, et il leur faut de 25 à 35 ml de présure pour 100 litres de lait. Entre les deux se trouvent les fromages mixtes, dits à pâte molle, comme le camembert, etc.

> Il est très simple de faire des fromages de type lactique, mais nous vous proposons aussi une « recette » de fromages pressés (voir p. 214-215).

Faire du fromage « lactique »

Ingrédients & ustensiles

> 1 litre de lait frais de chèvre, brebis ou vache.
> 1 petit-suisse.
> 1 goutte de présure liquide (disponible en pharmacie).
> Un saladier.
> Un torchon.
> Une faisselle.
> Une assiette creuse.
> 2 assiettes plates.

La recette

1. Faites chauffer le lait à 20-22 °C, puis, très délicatement, incorporez le petit-suisse préalablement dilué dans un peu de lait.

2. Transvasez dans un saladier et laissez reposer à température ambiante (20 à 22 °C) pendant 2 heures environ.

3. Incorporez 1 goutte de présure et mélangez doucement.

4. Recouvrez le saladier d'un torchon et laissez reposer 24 heures au minimum, à 20 °C.
5. Au bout de 24 heures, le lait s'est transformé en une masse blanche (le caillé) et il y a du liquide jaunâtre – c'est le petit-lait, que vous pouvez prélever et congeler pour utiliser comme ferment à la place du petit-suisse lors de la prochaine fabrication, ou donner à manger aux animaux. Arrêtez-vous à ce stade si vous voulez du fromage blanc : il ne vous reste qu'à l'assaisonner ou à le battre au fouet.
6. À la louche, placez le caillé dans la faisselle pour l'égoutter au-dessus de l'assiette creuse.
7. Quelques minutes plus tard, videz le liquide qui s'est écoulé et recommencez à remplir la faisselle. Vous pouvez répéter l'opération durant 24 heures.
8. Pendant les 24 heures suivantes, laissez le caillé continuer à s'égoutter, mais n'en ajoutez plus.
9. Retournez le fromage dans son moule. Procédez avec délicatesse, il est alors très fragile. Retournez la faisselle sur une assiette, passez le fromage dans une autre assiette en le retournant, puis replacez-le dans son moule.
10. Lorsque le fromage retourné est remis dans la faisselle, salez-le sur le dessus.
11. Retournez-le à nouveau chaque jour, 3 ou 4 fois, en salant à chaque fois, sans excès. Petit à petit, le fromage devient plus consistant ; à ce stade, c'est du fromage dit « frais ». On peut l'aromatiser avec du poivre concassé, des fines herbes, etc., et le manger tel ou commencer à l'affiner.
12. Pour l'affinage, mettez-le à la cave (ou dans une pièce aérée, à environ 15 °C) sous une cloche à fromage pour le protéger des insectes.
13. Retournez-le chaque jour. Pour un fromage sec, laissez reposer dans ces conditions durant quelques jours, jusqu'à la consistance souhaitée. Si vous préférez un fromage coulant, exposez-le à une température de 20 à 22 °C, toujours à l'abri des courants d'air.

Faire des yaourts

Encore plus simples à réaliser que le fromage blanc, ils sont bien plus onctueux et meilleurs faits maison, avec ou sans yaourtière. Nous vous proposons une recette sans yaourtière.

Ingrédients & ustensiles

> 1 litre de lait entier.
> 1 yaourt du commerce.
> Éventuellement 2 sachets de sucre vanillé.
> Un thermomètre de laiterie.
> 8 pots de yaourt.

La recette

1. Portez le lait à ébullition et retirez-le du feu.
2. Laissez refroidir entre 37 et 45 °C.
3. Mélangez bien le lait et les autres ingrédients à la cuillère en bois
4. Versez dans des pots individuels, fermez-les.
5. Mettez au four à 35-40 °C pendant au moins 2 ou 3 heures, 4 ou 5 heures pour une prise absolument assurée.
6. Mettez au réfrigérateur les yaourts fermentés et refroidis.
7. Consommez rapidement – dans les 3 ou 4 jours de préférence.

Yaourts au lait de soja

Pour les personnes qui ne supportent pas le lait, il est tout à fait possible de faire fermenter du lait de soja.

Ingrédients

> 1 litre de lait de soja.
> 1 petit pot de lait de soja fermenté nature du commerce.
> Des pots de yaourt.
> 1 thermomètre

La recette

1. Portez presque à ébullition (90-95 °C) la moitié du lait.

2. Mélangez l'autre moitié du lait froid avec le lait fermenté. Versez le lait chaud.

3. Mettez dans les pots de yaourts et procédez comme pour des vrais yaourts. Vous pouvez aromatiser à la vanille, à la fleur d'oranger, au miel...

Faire **du fromage** (suite)

L'opération que nous vous proposons maintenant est un peu plus complexe et demande plus de matériel. Il s'agit de fabriquer un fromage à pâte pressée, de longue conservation. Ce procédé est idéal pour écouler vos excédents de lait – d'où la grande quantité. Toutefois, nous vous recommandons de commencer par fabriquer du fromage frais, en petites quantités, avant de passer à la recette suivante.

Faire du fromage sec

Ingrédients & ustensiles

> 9 litres de lait entier (de vache, de chèvre ou de brebis).
> Une tablette de présure (pour 9 litres de lait).
> Du sel et des herbes.
> Du beurre.
> Une marmite à bain-marie assez grande pour contenir 9 litres de lait.
> Un thermomètre de laiterie.
> Une grande faisselle et de la mousseline pour la recouvrir.
> Une presse à fromage et des filtres adaptés.
> Du papier sulfurisé.

La recette

1. Sortez le lait du réfrigérateur et mettez-le à chauffer au bain-marie.
2. Pendant que l'eau du bain-marie chauffe, mélangez la présure à 10 cl d'eau.
3. Quand la température du lait atteint 30 °C, sortez-le du feu.
4. Versez dans le lait la présure dissoute dans l'eau et remuez avec une cuillère en bois, environ 1 minute, jusqu'à ce que ce soit bien mélangé.
5. Couvrez le lait d'une mousseline et laissez-le reposer à peu près 1 heure.
6. Quand le lait commence à se solidifier et atteint la consistance de la gomme, c'est du lait caillé, découpez-le en cubes.
7. En faisant attention de ne pas écraser les cubes, retournez-les à la main, en les séparant bien.

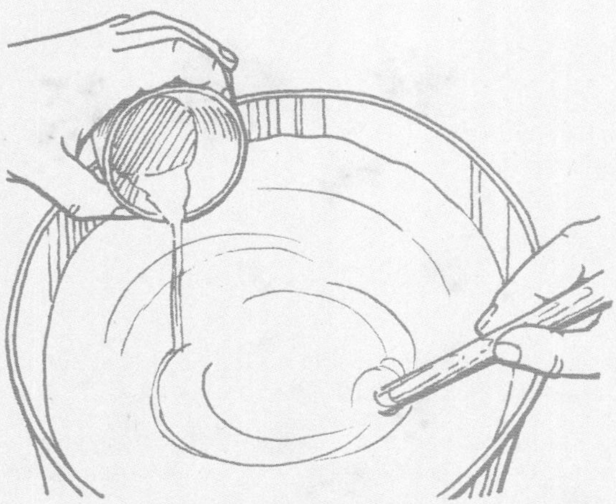

Ajouter la présure

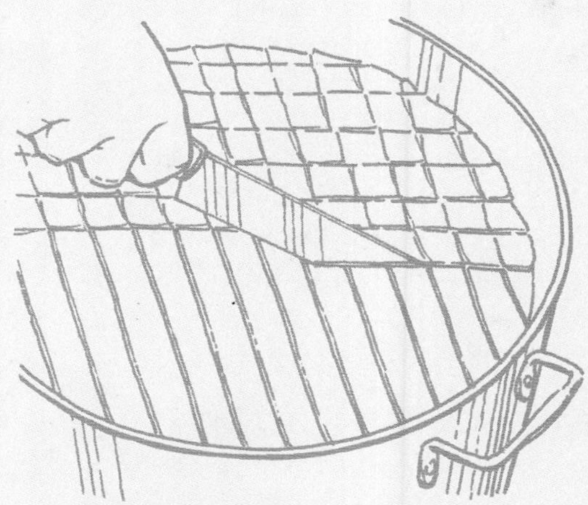

Découper le caillé en cubes

8. Remettez au bain-marie et, à feu très doux, pendant une heure, réchauffez jusqu'à 39 °C, puis éteignez.

9. Quand les cubes de lait caillé sont bien fermes, versez-les dans la faisselle. Ne jetez pas le liquide qui s'écoule (le petit-lait), vous pouvez le mélanger à un repas destiné aux animaux (cochons, poules ou chiens).

10. Quand les cubes de lait caillé ont refroidi (à 32 °C), faites-en de petits morceaux. Ajoutez un peu de sel et, selon votre goût, des herbes.

11. Quand ils ont encore refroidi (à 29 °C), installez le filtre dans la presse et placez-y les cubes. Posez le filtre supérieur, puis installez les poids ou tournez la poignée, selon l'appareil.

12. Environ 1 heure plus tard, quand le petit-lait a cessé de couler, retirez le fromage, jetez les filtres, et passez le fromage sous l'eau tiède.

13. Enveloppez délicatement le fromage dans de la mousseline et remettez-le dans la presse.

14. Environ 24 heures plus tard, sortez le fromage de la presse, retirez la mousseline et lavez le fromage à l'eau chaude (à 60 °C).

15. Posez ensuite le fromage sur une feuille de papier sulfurisé, dans un lieu frais et sec.

16. Chaque jour, retournez le fromage.

17. À la fin de la deuxième semaine, enduisez-le de beurre pour lui donner du brillant.

18. Au bout d'un mois d'affinage, le fromage devrait être prêt. Vous pouvez le congeler si vous en avez trop.

Problèmes

Goût bizarre La plupart du temps, les goûts bizarres sont provoqués par une négligence lors du nettoyage du matériel, provoquant l'apparition de bactéries. (Voir stérilisation p. 211.)

Jamais le même fromage Le résultat obtenu est lié à la température, à l'humidité ambiante, au lait… Notez tout dans un carnet de bord, et essayez dans la mesure du possible d'appliquer la même procédure avec des quantités identiques à chaque fois.

Presser le fromage

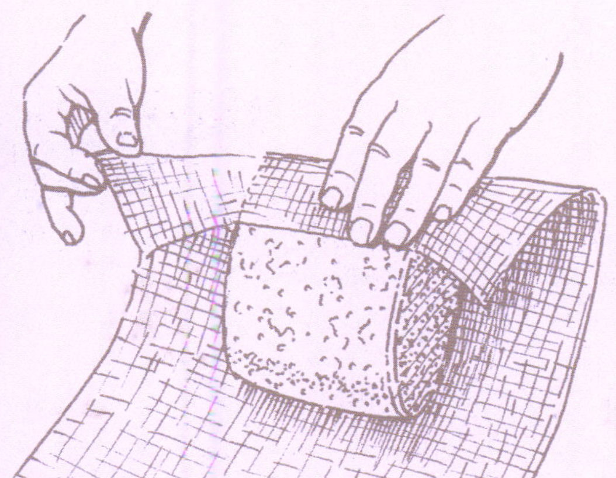

Envelopper le fromage dans la mousseline

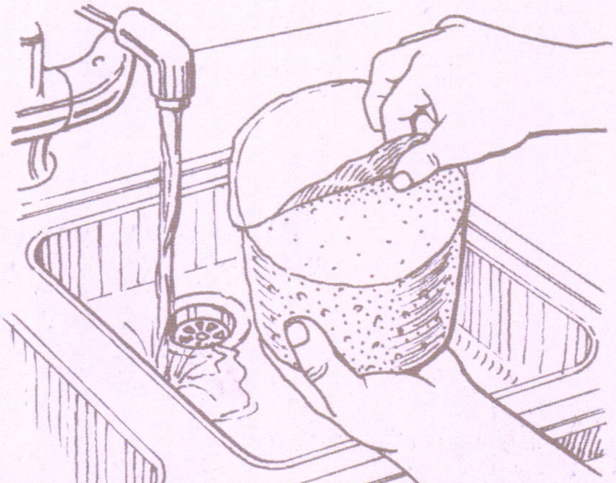

Passer le fromage à l'eau chaude

Faire **sa bière**

Dès la première gorgée, vous comprendrez que la bière maison n'a rien à voir avec celle du commerce. Alors que les bières industrielles sont bourrées d'additifs – toutes sortes de produits chimiques pour donner plus de goût, de couleur, les rendre plus pétillantes... –, la bière maison n'est composée que d'eau et de quelques ingrédients traditionnels.

Comment faire de la bière blonde

Certains ingrédients de la liste peuvent être achetés ou préparés par vos soins. Si vous débutez, mieux vaut vous approvisionner dans des magasins soigneusement sélectionnés, puis petit à petit apprendre à les préparer vous-même.

Quant au choix de mettre la bière en bouteilles ou non, la prudence est de mise : si vous débutez, mieux vaut choisir de la laisser en fût, au moins dans un premier temps, c'est à la fois plus simple et plus sûr.
Si vous doutez de vos talents, vous trouverez sur Internet différents sites où échanger des recettes et du matériel. Quoi qu'il en soit, avec de la patience, et en nettoyant très soigneusement le matériel, vous ne serez pas bien loin du succès !

Ingrédients & ustensiles

> 7 litres d'eau filtrée.
> Un petit paquet de levure de bière blonde.
> 1,6 kg de sirop de malt.
> 900 g d'extrait de malt sec en poudre.
> 225 g d'extrait de malt aromatique cristal.
> 30 g de pellets de houblon amérisant (Fuggles 50 minutes).
> 30 g de pellets de houblon aromatique (Fuggles 15 minutes).
> 30 g de granulés de houblon de finition.
> 1 petit paquet de mousse d'Irlande.
> ½ tasse de sucre.
> Une marmite de 23 litres en acier inoxydable.
> Un entonnoir muni d'un filtre.
> Une bonbonne de verre hermétique munie d'un barboteur.

Ajouter les extraits de malt

Ajouter la mousse d'Irlande

> Un thermomètre.
> Un seau de fermentation de 23 litres.
> Un siphon équipé d'un tuyau.
> Un seau en plastique de 23 litres.

La recette

1. Mélangez la levure conformément aux instructions du fabricant. Si vous utilisez de la levure liquide, secouez-la bien.
2. Nettoyez bien tout le matériel avec de l'eau et un peu de Javel et rincez soigneusement. Vérifiez que vous avez bien tous les ingrédients à portée de main.
3. Versez l'eau dans la casserole et portez à ébullition.
4. Faites tiédir les boîtes d'extrait de malt. Versez-les dans la casserole et remuez.
5. Prenez les comprimés de houblon amérisants et aromatiques, lisez les instructions et ajoutez-les comme indiqué.
6. Laissez mijoter pendant 50 minutes environ, ajoutez la mousse (pour éclaircir), puis le houblon de finition.
7. Laissez le mélange – le moût – refroidir et versez-le dans la bonbonne en le filtrant. Complétez avec de l'eau pour atteindre les 23 litres.
8. Quand la température a baissé jusqu'à 21 °C, ajoutez la levure conformément aux instructions figurant sur le paquet. Secouez le mélange pour l'oxygéner.
9. Installez le barboteur. Placez la bonbonne dans une pièce sombre ou un placard de 6 à 11 jours, jusqu'à ce qu'il n'y ait plus de bulles.
10. Siphonnez le mélange brassé, pour le remettre d'abord dans le seau, afin que les sédiments s'y déposent, puis dans le fût.
11. Ajoutez le sucre (préalablement dissous dans une tasse du mélange) et laissez fermenter entre 2 et 6 semaines.

Conserver et déguster sa bière

Le meilleur endroit pour conserver une bière est un endroit sombre, car la bière n'aime pas la lumière, et frais, avec une température constante; la cave est bien adaptée à la conservation des bières maison. Veillez à ce que les écarts de température ne dépassent pas 5 °C.

Si elle est en bouteilles, conservez-les inclinées et non couchées, pour éviter que toute la pression du liquide ne s'exerce que sur le bouchon. Relevez-les délicatement.

Lorsqu'elles ont été secouées, il est préférable de laisser reposer les bouteilles de bière debout pendant 24 heures au minimum avant de les consommer.

En principe, plus une bière est pâle plus la température idéale pour la déguster doit être basse; d'une manière générale, elle doit être comprise entre 6 et 16 °C. Les saveurs sont plus prononcées si la température est plus élevée et au-dessous de 6 °C, on ne sent pas le goût.

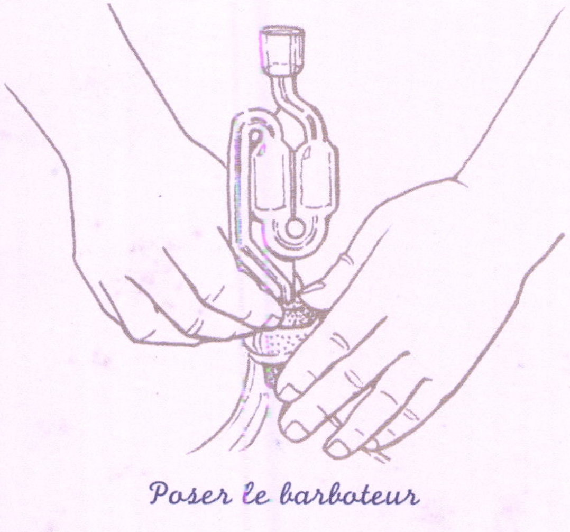

Poser le barboteur

Siphonner le mélange

Faire **du cidre**

L'un des intérêts du cidre est la grande simplicité de sa préparation ; les seuls ingrédients nécessaires sont les pommes – on considère en général que 6,5 kg de pommes donnent 10 litres de cidre. Certaines personnes stérilisent le jus pour le débarrasser des bactéries, puis ajoutent de la levure pour provoquer la fermentation, en prétendant que c'est plus hygiénique, mais ce n'est pas la méthode traditionnelle. Si vous utilisez des pommes bien mûres, si vous résistez à la tentation de trop les laver et si certaines d'entre elles sont un peu abîmées, votre cidre se fera vraiment tout seul. Quelques mois après la récolte, vous pourrez le déguster…

La tradition du cidre

Traditionnellement, la préparation du cidre était un événement festif, avec des chants et des danses le jour de la récolte, d'autres chants et danses le jour du pressage – à l'occasion, on buvait du jus fraîchement pressé –, puis la célébration des différents arômes, et ainsi de suite… Même si de telles fêtes n'ont plus vraiment cours, la récolte des pommes et la fabrication du cidre restent des opérations fort plaisantes.

Choisissez des variétés de pommes à cidre, différentes des pommes dites « à couteau ». Pour un bon cidre, l'idéal est d'assembler plusieurs types de pommes (douces, acides, amères). Un assemblage type comporte 50 % de pommes amères, 40 % de pommes douces et 10 % de pommes acides.

La quantité de pommes pour une même quantité de cidre varie selon la variété des pommes et selon l'année. Ne vous inquiétez pas des pommes abîmées ou des trous de vers, mais jetez celles qui sont vraiment pourries ou molles.

Veillez à ce que l'herbe du verger soit courte et propre, sans fumier : c'est important, car si vous deviez laver les pommes, vous risqueriez d'enlever les ferments naturels présents sur la peau.

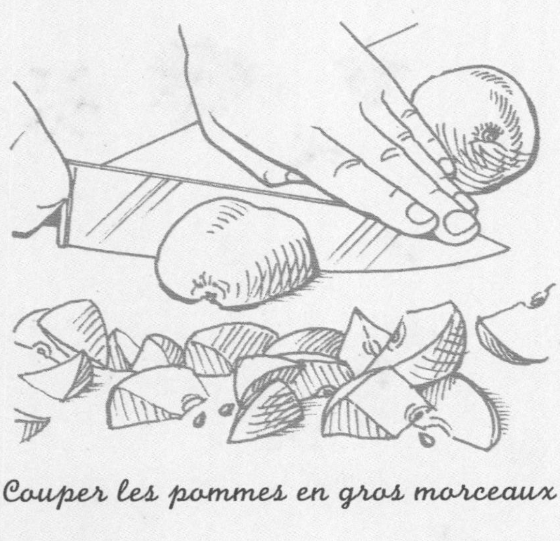

Couper les pommes en gros morceaux

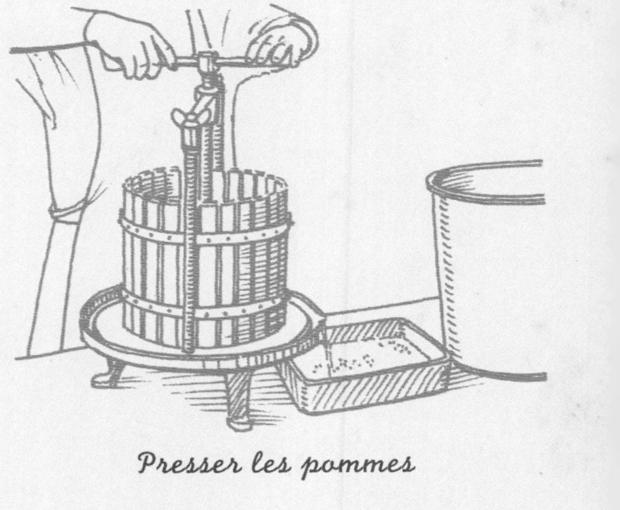

Presser les pommes

Ingrédients & ustensiles

> Assez de pommes tombées naturellement pour faire 25 litres de cidre (environ 15 kg).
> Un pressoir, une centrifugeuse, un hachoir – n'importe quoi, pourvu que cela transforme les pommes en pulpe.
> 2 seaux de fermentation de 23 litres avec des couvercles.
> De la mousseline pour couvrir les seaux.
> Un thermomètre d'intérieur.
> Un siphon avec son tuyau.
> Un tonneau en plastique de 23 litres avec un barboteur.

La recette

1. Ramassez toutes les pommes tombées sous l'effet du vent dans l'herbe propre.
2. Triez-les et rejetez celles qui sont moisies ou pourries.
3. Coupez en gros morceaux celles que vous conservez.
4. Écrasez, pressez, broyez les pommes et recueillez le jus dans les seaux – remplissez le premier aux trois quarts et continuez à verser le jus dans le deuxième seau.
5. Couvrez les seaux avec la mousseline et posez les couvercles par-dessus.
6. Maintenez la température de la pièce entre 15 et 21 °C ; vérifiez plusieurs fois par jour que le cidre fait des bulles, mais ne déborde pas.

Problèmes

Taux d'alcool Le cidre est parfois une boisson assez capiteuse, ce n'est pas de la limonade !

Mise en bouteilles La pratique qui consiste à mettre le cidre dans des bouteilles de vin de récupération en ajoutant un peu de sucre au moment de le boucher comporte un risque : certaines bouteilles peuvent ne pas être assez solides et éclater (privilégiez les bouteilles de type champagne).

Excès d'hygiène ! Le premier problème des débutants est qu'ils cueillent leurs pommes, puis font beaucoup de chichis – en les nettoyant et en les triant –, à tel point qu'ils éliminent tous les ferments naturels présents sur la peau. Contentez-vous de ramasser les pommes tombées à terre, et ne jetez que celles qui sont très abîmées. Si vous avez vraiment peur de tomber malade à cause des bactéries présentes dans le jus, mettez un peu de bicarbonate de soude pour les tuer, ajoutez de la levure et continuez le processus.

7. Quand la production de bulles s'est calmée, siphonnez le cidre dans le tonneau et installez le barboteur.
8. Entreposez dans une pièce fraîche et sombre, et laissez reposer au moins 3 mois – si possible 6 mois. C'est une affaire de goût : certains aiment boire leur cidre après quelques semaines de repos, tandis que d'autres considèrent qu'un bon cidre ne peut pas être fait et bu la même année !

Couvrir les seaux d'une mousseline

Siphonner le cidre

Faire du vin **de rhubarbe**

Les débutants se laissent souvent déborder par le vocabulaire et le matériel compliqués liés à la fabrication du vin. Le fait de vivre dans un pays de vignoble ne fait qu'accentuer la difficulté... Certes, vous pouvez vous lancer dans une élaboration de vin complexe, avec hydromètres et thermomètres, faire imprimer vos étiquettes, et tout le tralala, mais ce n'est pas la seule possibilité. On peut pour son usage personnel élaborer un vin délicieux en suivant quelques règles très simples à commencer par la propreté et la stérilisation de tout le matériel. Nous vous proposons ainsi de préparer un délicieux vin de rhubarbe.

B. a.-ba de la vinification

> La plupart des débutants mettent trop de sucre, tant et si bien que les bouteilles explosent et que le vin se répand en une masse sirupeuse. Ne commencez à mettre en bouteilles que lorsque vous aurez un peu d'expérience.

> Placez les fruits sucrés dans un récipient à ouverture large – seau ou bassine –, pas dans une bouteille. En effet, la fermentation initiale peut provoquer des catastrophes, avec force bulles débordant partout.

> Après la première fermentation, n'utilisez jamais d'eau bouillante qui pourrait détruire les ferments.

> Quand la première fermentation est en cours, assurez-vous que le couvercle reste bien en place, afin que ne pénètrent dans le vin ni poussière, ni mouches, ni autres insectes.

> En siphonnant le vin, faites attention de ne pas récupérer en même temps les ferments décantés au fond.

> Au moment d'acheter des ferments, lisez attentivement l'étiquette et faites vos achats chez un fournisseur sûr, où vous pourrez profiter des conseils de professionnels.

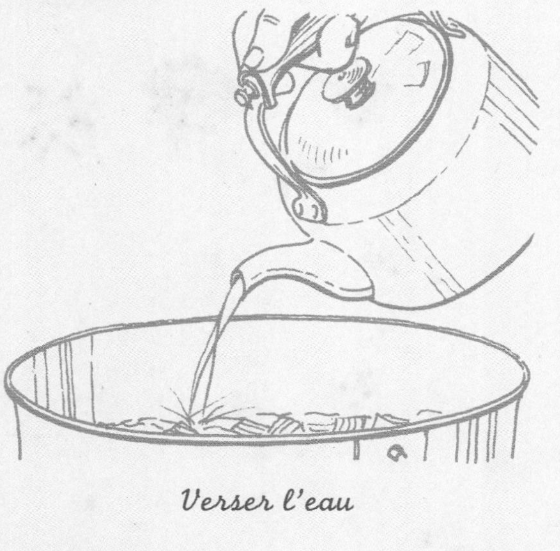

Verser l'eau

Ajouter les citrons, les oranges et les raisins secs hachés

Le vin de rhubarbe

Ingrédients & ustensiles

> 9 litres d'eau.
> 4,5 kg de rhubarbe.
> 2,7 kg de sucre.
> 2 oranges hachées.
> 2 citrons hachés.
> 500 g de raisins secs hachés.
> 30 g de ferments.
> 2 tranches de pain grillé.
> 2 seaux à fermentation de 23 litres avec couvercles.
> De la mousseline pour couvrir les seaux.
> Un gros entonnoir en plastique.
> Une marmite de 23 litres en acier inoxydable.
> Un siphon et son tuyau.
> 2 bonbonnes de fermentation munies de barboteurs.
> Le plus de bouteilles de vin possible.
> Des bouchons et une embouteilleuse.

La recette

1. Récoltez la rhubarbe, lavez-la à l'eau courante et découpez-la en tronçons de 2,5 cm.

2. Placez les tronçons dans l'un des seaux à fermentation avec le sucre et remuez ; couvrez de mousseline, posez le couvercle dessus et laissez fermenter une nuit.

3. Le lendemain, faites bouillir l'eau et versez-la sur la rhubarbe sucrée ; couvrez de nouveau et laissez fermenter une semaine.

4. Après 7 jours de fermentation, versez dans la marmite, en utilisant l'entonnoir doublé de mousseline.

5. Mettez à chauffer, presque à ébullition ; laissez mijoter quelques minutes.

6. Alors que c'est encore bien chaud – mais pas bouillant –, ajoutez citrons, oranges et raisins secs.

7. Mélangez les ferments selon les instructions du fabricant et ajoutez-les.

8. Quand le mélange est presque froid, versez-le à nouveau dans le seau, posez les tranches de pain grillé à la surface et recouvrez avec la mousseline et le couvercle.

9. Laissez reposer 3 ou 4 jours. Quand la surface est couverte d'écume, retirez le pain grillé et remettez le couvercle. Si cela menace de déborder, versez la moitié dans l'autre seau.

10. Laissez reposer de 12 à 15 jours, jusqu'à ce que la fermentation soit terminée, puis siphonnez le liquide dans une des bonbonnes et placez le barboteur.

11. Encore 2 semaines plus tard, siphonnez le vin de l'une des bonbonnes dans l'autre et remettez le barboteur. Répétez cette opération deux fois, 6 et 12 semaines après.

12. Quand le vin est clair, siphonnez-le dans les bouteilles, mettez les bouchons et laissez en cave au moins 1 an.

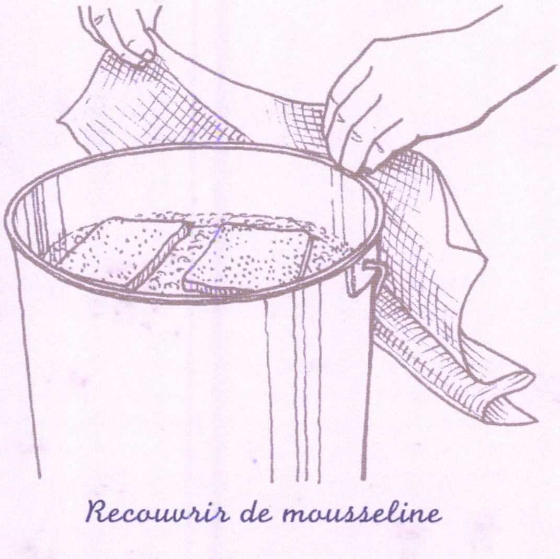

Recouvrir de mousseline

Siphonner le vin

Faire **son vinaigre**

Le vinaigre fait maison est bien meilleur que celui du commerce, et il permet de tirer parti des fonds de bouteilles de vin (ou de cidre). Très simplement, par fermentation naturelle, vous obtiendrez à peu de frais et presque sans aucun travail assez de vinaigre pour toute l'année.

Le vinaigre de vin

Le vinaigre est un produit qui a subi deux fermentations : la fermentation alcoolique et la fermentation acétique – qui transforme le vin en vinaigre. Trois solutions sont possibles pour le vinaigre « familial » : laisser faire les bactéries présentes dans l'air, ou ajouter du vinaigre artisanal (non pasteurisé) à du vin pour le faire fermenter. La troisième possibilité consiste à introduire une « mère » déjà formée dans le vin.

Pour démarrer le vinaigre, l'idéal est d'utiliser un vin dont le degré alcoolique ne soit pas trop élevé : 7 à 8 °, 10 ° au maximum.

Ingrédients & ustensiles

> 35 cl de vinaigre artisanal (non pasteurisé).
> 70 cl de vin rouge à faible teneur en alcool.
> Un vinaigrier ou un récipient opaque : pot en grès, fût, bocal en verre sombre (mais pas de métal).
> De la mousseline ou bouchon de liège.

La recette

1. Vérifiez l'étanchéité du vinaigrier et le fonctionnement du robinet.
2. Introduisez le vinaigre et le vin dans le vinaigrier. Mélangez bien.
3. Posez sur le vinaigrier un bouchon de liège ou une mousseline pour le protéger de la lumière, de la poussière, et pour empêcher les insectes de pénétrer et d'abîmer la mère tout en laissant passer l'air.
4. Maintenez le récipient à l'abri de la lumière, dans un emplacement sec et aéré, à température ambiante (et si possible à 25 °C) ; évitez de le bouger.
5. Une quinzaine de jours plus tard, lorsqu'un voile apparaît à la surface du liquide, cela signifie que la mère est en train de se former et que la fermentation acétique a commencé.
6. Laissez le mélange continuer à fermenter pendant 2 ou 3 mois avant de soutirer le vinaigre.

Le vinaigre de cidre

Pour faire du vinaigre de cidre, répétez la procédure de fabrication du cidre jusqu'au moment où les bulles se forment, puis couvrez simplement avec de la mousseline et laissez le cidre devenir alcoolisé, puis acide. À ce moment-là, goûtez-le, puis diluez-le avec de l'eau de pluie ou de l'eau filtrée, selon votre goût. Prenez votre herbe favorite – ce peut être de la menthe, du basilic, de l'aneth, du romarin –, émincez-la et ajoutez-la au vinaigre.

Qu'est-ce que la mère de vinaigre ?

C'est un voile de micro-organismes qui se forme sur un liquide alcoolique et transforme l'alcool en acide acétique – donc en vinaigre. En se développant, la mère devient une peau épaisse et gélatineuse flottant à la surface du vinaigre. Si elle atteint plusieurs centimètres d'épaisseur, vous n'êtes pas obligé de la conserver en totalité : gardez plutôt la partie supérieure. Si elle coule au fond du vinaigre, remettez-la à la surface.

Conserver dans **le vinaigre**

La plupart des légumes, ainsi que de nombreux fruits – cerises, abricots, agrumes – se prêtent à la conservation dans le vinaigre. Il s'agit d'une alternative intéressante à la stérilisation. Nous vous donnons la recette des cornichons confits au vinaigre – le plus populaire des légumes ainsi conservés –, mais il est facile de l'adapter à d'autres végétaux.

Les cornichons au vinaigre

Ingrédients & ustensiles

> 1 kg de cornichons.
> 1 litre de vinaigre blanc.
> 200 g de gros sel.
> 200 g de petits oignons bancs.
> Poivre en grains, laurier, estragon…
> 2 bocaux.

La recette

1. Brossez les cornichons pour retirer les poils superficiels. Coupez les plus gros dans la longueur.
2. Couvrez-les de gros sel et faites-les dégorger pendant 24 heures, puis rincez-les et essuyez-les bien.
3. Lavez les bocaux, puis stérilisez-les à l'eau bouillante, ainsi que les couvercles. Essuyez-les bien.
4. Disposez les cornichons jusqu'en haut des bocaux, en tassant, puis ajoutez les petits oignons.

Vinaigre froid ou chaud ?

Si vous voulez déguster rapidement vos cornichons, préférez du vinaigre chaud : il imprégnera plus vite les cornichons mais les ramollira un peu. Au contraire, le processus d'absorption des aliments par du vinaigre froid sera plus long, mais préservera davantage leur croquant.

5. Ajoutez selon votre goût de l'ail, de l'estragon, des clous de girofle, du poivre, des aromates ou des épices, puis couvrez le tout de vinaigre froid.
6. Fermez hermétiquement et tapotez le fond des bocaux pour chasser les bulles d'air. Laissez macérer au moins 3 ou 4 semaines, à l'abri de la lumière.
7. De temps en temps, vérifiez que les cornichons sont bien recouverts de vinaigre, et complétez le cas échéant. Vous pouvez conserver ces cornichons environ 1 an à température ambiante.

Stériliser les bocaux à l'eau bouillante

Faire **du savon**

Savon artisanal

Ingrédients & ustensiles

> 450 g de suif (ou d'un équivalent végétal).
> 25 cl d'eau de pluie.
> 30 g de soude caustique.
> Un réchaud de camping.
> Une grande casserole en acier inoxydable.
> De la mousseline.
> Un tube de vaseline.
> Une boîte de beurre ou un autre moule.

Le tour de main

1. Par temps sec, installez le réchaud dans le jardin.
2. Prenez le suif et retirez-en les derniers morceaux de viande. Coupez le gras en petits morceaux et faites-le fondre dans la casserole. Versez la graisse dans un bol en la filtrant avec une mousseline pour la faire refroidir.
3. Versez l'eau de pluie dans un bol résistant à la chaleur et ajoutez la soude. Mélangez avec une cuillère en bois jusqu'à ce que le mélange soit chaud. Laissez-le ensuite refroidir.
4. Pendant que le mélange eau-soude refroidit, passez de la vaseline sur le moule.
5. Ajoutez la soude refroidie à la graisse tout en continuant à remuer jusqu'à ce que le mélange ait la consistance du caramel mou, puis versez-le dans le moule. Tant que le savon n'est pas sec, la soude reste active, alors laissez-le reposer 24 heures hors de portée des enfants et des animaux de compagnie.
Attention! La soude caustique est un produit très dangereux, qui peut provoquer de graves brûlures par simple contact avec la peau.

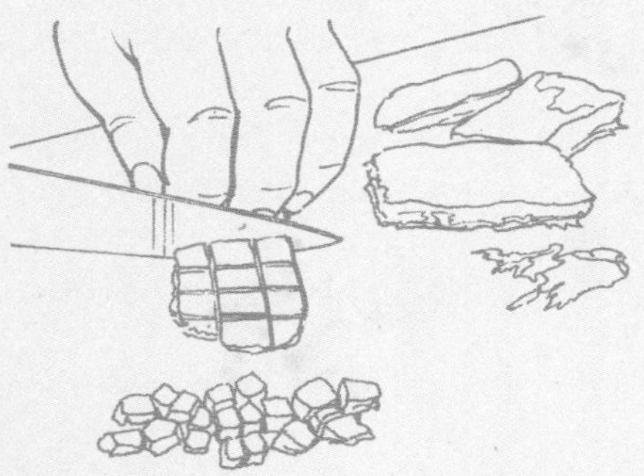

Couper le gras en petits morceaux

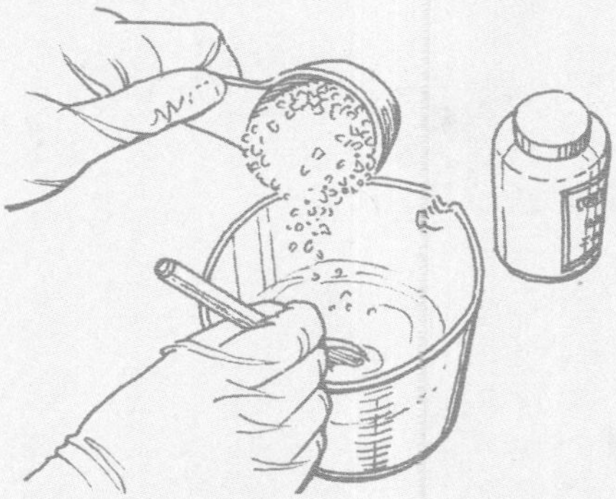

Verser la soude dans l'eau

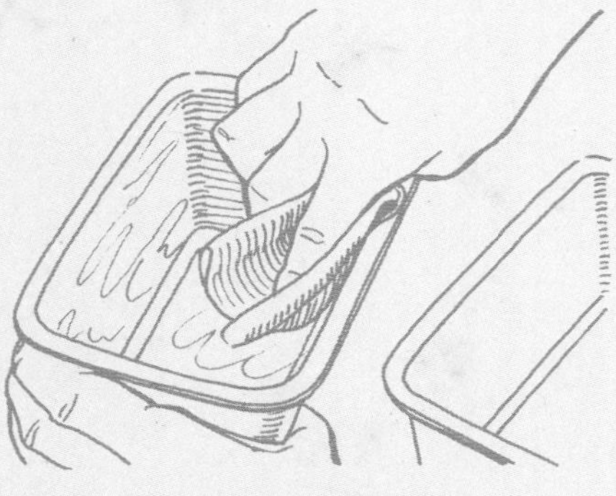

Graisser le moule

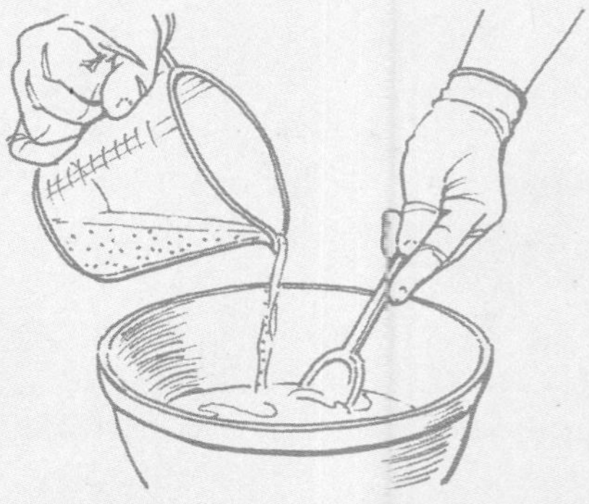

Ajouter la soude à la graisse

Faire **des bougies**

Bougie en cire d'abeille

Ingrédients & ustensiles

Pour réaliser environ 100 bougies :

> 450 g de cire d'abeilles.
> 1 feuille de cire d'abeille gaufrée par bougie.
> Une bobine de mèche ronde en coton adaptée à des bougies de 2,5 cm de diamètre.
> Une casserole à bain-marie.
> Des ciseaux.
> Une pince plate.
> Une planche à découper.
> Un couteau bien aiguisé passé à l'eau chaude.

Le tour de main

1. Découpez le bloc de cire en petits morceaux et mettez-le au bain-marie.

2. Tandis que la cire fond, découpez avec les ciseaux une mèche de 31 cm pour chaque bougie.

3. Prenez une mèche avec la pince plate et, sans la lâcher, faites-la tremper dans la cire en remuant dans tous les sens, puis sortez-la et mettez-la de côté pour la laisser durcir.

4. Installez-vous sur une table bien stable.

5. Prenez une feuille de cire d'abeille et aplatissez-la soigneusement sur la planche à découper.

6. Prenez une mèche déjà trempée dans la cire et posez-la sur la feuille de cire, de façon qu'elle dépasse d'environ 1 cm à l'une des extrémités, puis, très délicatement, enroulez avec les doigts la feuille de cire autour de la mèche, en serrant bien, pour former un cylindre.

7. Quand vous avez réalisé un cylindre bien serré, prenez le couteau passé sous l'eau chaude et « soudez » la feuille de cire en place.

Découper la cire en morceaux

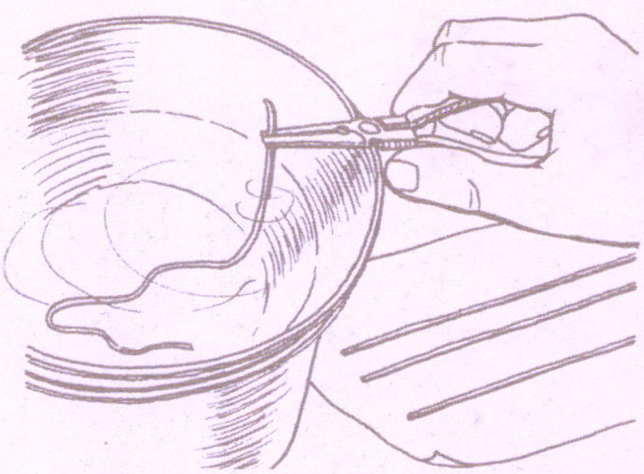

Faire tremper la mèche dans la cire

Enrouler la feuille de cire autour de la mèche

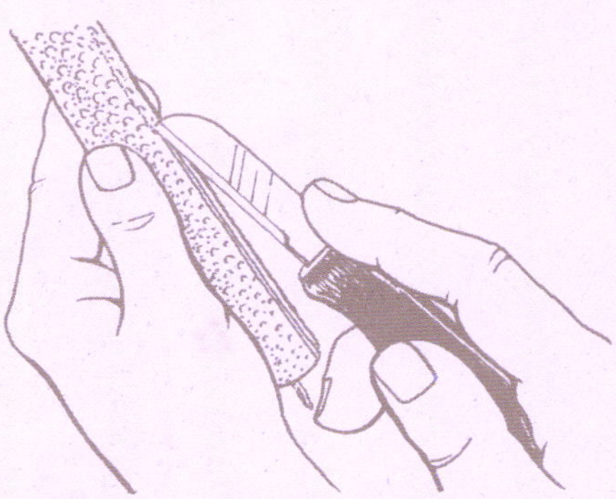

Souder la feuille de cire

Adresses utiles

Pour que la vie au vert ne vire pas au rouge

Périodiques

Village magazine Ce site propose un calendrier des manifestations villageoises, des témoignages des personnes parties vivre à la campagne, des fiches pratiques. Vous y trouverez également des petites annonces pour louer, acheter ou vendre à la campagne. En plus de leur site, vous avez la possibilité de vous abonner à leur magazine.
www.village.tm.fr

La Maison Écologique
Le Petit Bourg, 35630 Bazouges-sous-Hede
Tél. : 02 99 37 06 96 (abonnement et comptabilité)
Tél. : 02 99 37 06 97 (rédaction)
Fax : 02 99 37 06 98
Revue bimestrielle qui fait référence pour ce qui a trait à la construction écologique et saine, les économies d'énergie, la gestion de l'eau et les énergies renouvelables. Ce site donne les noms de différentes associations en France ainsi que des distributeurs d'écomatériaux. Mais aucun article n'est diffusé en ligne, il faut s'abonner à la revue.
www.la-maison-ecologique.com

Consom'action, magazine trimestriel d'information grand public des biocoops sur l'alimentation bio et l'écologie (gratuit dans les biocoops).
www.biocoop.fr

La Revue durable, bimestriel grand public sur l'écologie et le développement durable.
www.larevuedurable.com

Science Frontières, mensuel « pour vivre, comprendre, anticiper et rêver le monde ».
www.sciencefrontieres.com

Ecorev' Ce magazine virtuel est destiné aux militants écologistes qui veulent agir. Il présente, chaque saison, un nouveau numéro avec de nombreux articles et des dates de manifestations.
www.ecorev.org

Demain Tv est une chaîne câblée entièrement consacrée à la vie rurale. Elle est présente dans de nombreuses régions de France. Le Site est particulièrement axé sur le travail puisqu'il propose des offres d'emploi en France et dans le monde ainsi que des annonces de vente d'entreprise.
Découvrez tous les services proposés et choisissez en toute sécurité : Quitter la ville, S'installer ailleurs, Changer de vie, Créer son projet. Il donne également des adresses pour des aides financières.
demain. tv
1, rue Patry 92220 Bagneux
Tél. : 01 45 36 89 00
www.demain.fr

Aides aux démarches administratives

Comment améliorer son habitat ?

Choisissez la solution la plus confortable pour les travaux d'aménagement, de rénovation ou d'amélioration de votre maison : travaux géothermie, chauffage, construction, électricité, avantages fiscaux.
www.conseils-infos-batiment.fr

Le crédit d'impôt est accordé pour les travaux suivants :
www.conseils-infos-batiment.fr/fiscalite/credit-impots.php

Comment se faire électrifier en site isolé ?

EDF propose des solutions pour se faire électrifier en site isolé. Parcourrez les pages dédiées au développement durable où vous serez informé sur les choix possibles pour les particuliers.
www.edf.com

Fonds d'amortissement des charges d'électrification (FACÉ)
32, rue de Lisbonne, 75008 Paris
C'est un fond financé par les distributeurs d'électricité en France, qui aide les collectivités rurales en charge de réseaux de distribution d'électricité dans le financement des travaux d'amélioration de ces réseaux.
www.face-infos.com

Trois secteurs clés de la qualité de vie en milieu rural : alimentation en eau potable, assainissement, électrification des communes rurales.
www.agriculture.gouv.fr
Voir aussi Association des Maires de France
www.amf.asso.fr

Comment trouver des subventions pour la rénovation de sa maison ?

Agence nationale d'amélioration de l'habitat (ANAH) Chaque département possède des délégations locales. Leur adresse se trouve sur le site Internet ou en écrivant au bureau central de Paris.
8, avenue de l'Opéra, 75001 Paris
Fax : 01 44 77 40 42
www.anah.fr

La Direction départementale de l'équipement (DDE), en collaboration avec l'ABF (Architecte des bâtiments de France), est susceptible de donner des subventions pour la rénovation de votre maison si elle présente un intérêt historique et architectural.
www.equipement.gouv.fr

La Direction régionale des affaires culturelles (DRAC) propose une aide financière pour monter des projets artistiques et culturels, ainsi que des subventions pour la rénovation de monuments historiques. Afin d'obtenir les différentes adresses des DRAC en France, consultez votre mairie ou :
www.culture.gouv.fr/culture/regions/index.html

Comment bénéficier du crédit d'impôt et pour quelles factures ?

Sur le site **www.travaux.com** découvrez de nombreux dossiers sur les aides financières et les crédits d'impôt. Pour un accès direct utilisez les adresses suivantes :
www.travaux.com/dossier/credit-impots
www.travaux.com/dossier/aides-et-subventions

Le site gouvernemental donne les informations complètes sur les conditions pour bénéficier du crédit d'impôt dédié au développement durable.
www.industrie.gouv.fr

ADEME vous accompagne dans le développement de vos projets
Agence de l'environnement et de la maîtrise de l'énergie (ADEME). Des conseils d'experts peuvent vous aider à faire votre choix dans l'optimisation de votre consommation d'énergie, ou à réaliser un plan de développement d'entreprise (PDE).
Centre de Vanves
27, rue Louis Vicat, 75737 Paris Cedex 15
Tél. : 08 10 06 00 50
Conseils aux parts - Info Energie
312, avenue René Gasnier, 49100 Angers
Tél. : 08 10 03 60 38
Centre de Sophia Antipolis
500, route des Lucioles, 06560 Valbonne
Tél. : 04 93 95 79 00
www2.ademe. fr

Graines bio

Graines Baumaux Vous trouverez des graines potagères et des bulbes à fleurs à commander en ligne.
www.graines-baumaux.fr

Le Biau Germe Ce site vend en ligne des graines potagères, condimentaires & florales, de culture biologique

et biodynamique. Les jardiniers amateurs, à la recherche de saveur et d'authenticité, pourront choisir parmi moult variétés et espèces.
www.biaugerme.com

Ferme de Sainte-Marthe Tout pour votre potager ! C'est ce que propose ce site de vente en ligne.
www.fermedesaintemarthe.com

Le Potager d'un curieux Ce magasin a la particularité de vendre des espèces de légumes oubliés (250 variétés de piments), de plantes aromatiques et de fleurs rares.
Jean-Luc Daneyrolles
La Molière, 84400 Saignon Vaucluse
Tél. : 04 90 74 44 68

L'Association Kokopelli propose une collection d'anciennes variétés potagères et florales, issues de l'agriculture biologique ou de l'agro-écologie que vous pouvez commander en ligne.
www.kokopelli.asso.fr

Jardin au naturel Sur ce site, achetez en ligne tous les produits pour votre jardin bio (graines & semis, traitements bio, pots et accessoires...).
www.jardin-au-naturel.com

S'installer à la campagne

La Foire à l'installation en milieu rural se déroule tous les deux ans à Limoge. « Unique en son genre, cette manifestation met en relation des visiteurs désireux de s'installer à la campagne avec des territoires et des acteurs ruraux. »
Sur ce site vous trouverez également des informations sur le collectif ville-campagne qui est un réseau de compétences en matière d'accueil et d'installation en milieu rural.
Collectif Ville Campagne
24, avenue du Président Wilson
87700 Aix sur Vienne
Tél. : 05 55 70 47 00
Fax : 05 55 70 47 01
www.projetsencampagne.com

Découvrir sa destination, préparer son départ
Fédération Nationale des offices de Tourisme (FNOT)
11, rue du Faubourg Poissonnière, 75009 Paris
Tél. : 01 44 11 10 30
www.tourisme.fr

Petites annonces : Ventes/Achats
Le site de la fédération nationale de l'habitat et du développement rural vous propose des annonces pour acheter ou louer. Il donne également des renseignements sur les aides financières.
www.habitat-developpement.tm.fr

Des ID Maison
Ce site donne des conseils pour faire construire sa maison, pour bricoler simplement. Il propose également le guide des économies d'énergies que vous pouvez faire sans réduire votre confort.
www.ideesmaison.com

Travailler à la campagne

Créer son entreprise en zone rurale

Agence pour la création d'entreprise (APCE)
14, rue Delambre, 75682 Paris Cedex 14
Tél. : 01 42 18 58 58
Fax : 01 42 18 58 00
Un organisme qui recense 150 aides financières pour s'installer en zone rurale.
www.apce.com

Ouvrir un gîte

Gîtes de France
Bien que ce site ait surtout un but touristique, vous pourrez y télécharger le guide du créateur de gîte pour obtenir tous les renseignements sur la création d'un gîte ou de chambres d'hôte. Vous pouvez également les contacter par courrier ou par téléphone :
La Maison des Gîtes de France et du Tourisme Vert
59, rue Saint-Lazare, 75439 Paris Cedex 09
Tél. : +33 (0)1 49 70 75 75
Fax : +33 (0)1 42 81 28 53
www.gites-de-france.com

Futurs agriculteurs

Fédération nationale d'Agriculture biologique des régions de France (FNAB). Ce site est plutôt réservé aux (futurs) professionnels de l'agriculture. Il dit tout ce qu'il faut savoir pour obtenir une appellation bio réglementée.
FNAB / 40, rue de Malte, 75011 Paris
Tél. : 01 43 38 38 69. Fax : 01 43 38 39 70
www.fnab.org

Télétravail

Association française du télétravail et des téléactivités (AFTT). Vous pourrez vous renseigner sur les différentes modalités ou formes de travail à domicile.
www.aftt.asso.fr

Télétravail indépendant Comment ça fonctionne ? Vous trouverez vos réponses en allant sur le site :
www.teletravailler.com

Travail à domicile « Et si je travaillais à la maison ? » Excellente idée, mais ne vous jetez pas dans le monde du travail spécifique sans être informé.
www.travail-a-domicile.net

Annuaire des télétraváilleurs Contactez gratuitement les professionnels que vous aurez sélectionnés. Consultez les appels d'offres.
www.teletravail.fr

France télétravail Ce site entièrement gratuit met en ligne de nombreuses offres d'emploi.
www.franceteletravail.com

Travail online Si vous décidez de travailler avec le statut d'indépendant, ce site propose des offres d'emploi pour des missions ponctuelles dans de nombreux secteurs.
www.new-business.com

Offres d'emploi Ce site généraliste donne des conseils et des offres d'emploi pour travailler à domicile :
www.aidemploi.com

Écologie et aménagement durable

Les gestes écologiques

Terre vivante vous fait partager 25 ans d'expériences de l'écologie pratique dans les domaines du jardinage biologique, de l'habitat écologique, de l'énergie, de l'alimentation-santé : Jardiner bio, Habiter écologique, Manger bio...
Nous vous proposons de découvrir comment, dans la vie quotidienne, de façon simple et pratique, il est possible d'adopter des techniques et comportements respectueux de la santé et de l'environnement.
Tél. : +33 (0)4 76 34 80 80. Fax : +33 (0)4 76 34 84 02
www.terrevivante.org

Ce site est dédié à l'écologie et l'économie d'énergie. Il donne des astuces diverses sur le jardinage, le bricolage, le recyclage des déchets.
www.etikeco.com

Ce site vous donne des informations sur le tri des déchets. Vous trouverez des pages ludiques destinées aux enfants.
www.ecoemballages.fr

Avoir son éolienne

Un particulier passionné par la construction d'éoliennes, vous donne des conseils pour en construire vous-même et pourquoi pas aussi vendre le surplus à EDF !
perso. orange. fr/ebonys

À qui demander un permis de construire pour une éolienne ?
Le permis de construire n'est nécessaire qu'à partir de 12 mètres de hauteur. Vous pouvez vous renseigner en lisant la loi n° 2003-590, 2 juillet 2003, urbanisme et habitat, article 98 ; J.O. du 3 juillet 2003.
Vous trouverez également des informations sur le site gouvernemental.
www.industrie.gouv.fr

La maison autonome

Réseau de distribution d'eau « Eautarcie ou comment devenir indépendant par rapport au réseau de distribution d'eau et par rapport aux égouts ». Ce site vous donne des informations juridiques mais aussi pratiques : construire une citerne, des toilettes sèches…
www.eautarcie.com

Nouveaux modes de vie Vous y trouverez des fiches techniques et pratiques pour améliorer votre maison autonome. Il y a entre autre des informations sur la phytoépuration.
www.passerelleco.info

Au quotidien

La servitude de passage

Chacun doit pouvoir, de sa propriété, accéder à la voie publique. La loi reconnaît un droit particulier au profit du propriétaire d'un fonds enclavé.
www.droitquotidien.net

Jardinage et petits élevages

Ce site vous donne des conseils pour élever des animaux de la ferme (poules, lapins, moutons, chèvres et même les escargots !)
www.catalogue-fr.com

Ce site est tenu par un particulier qui souhaite faire partager son expérience. Il prodigue des conseils pour les animaux mais aussi pour les plantes.
axcdrom.free.fr

Ce site vend les produits dédiés à l'élevage de lapins. Il vous donne également quelques conseils pour que vos lapins grandissent bien.
www.lapiniere.com

Ce site donne des conseils pour l'élevage de lapins et procure également des adresses de fournisseurs.
www.cuniculture.info

Pour la maison

Monsieur Bricolage offre des fiches pratiques ainsi que la description de leur produit.
www.mr-bricolage.fr

Leroy Merlin propose des fiches pratiques : construire et rénover sa maison, aménager et cultiver son jardin, agencer et décorer son intérieur.
www.leroymerlin.fr

Ce site canadien propose des conseils et astuces pour le jardinage, la décoration et la rénovation de votre maison : **micasa.canoe.com**

Bricovidéo met en ligne des vidéos pour vous aider plus concrètement.
www.bricovideo.com

Aide au bricolage Ce site met à votre disposition des fiches de bricolage. Vous pouvez également échanger votre expérience et demander de l'aide dans le forum : **www.aidaubricolage.com**

Mistral diffusion Sur ce site vous trouverez quelques conseils mais surtout vous avez la possibilité d'acheter des produits en ligne.
www.bricolage-accastillage.com

Brocantes et vide-greniers

Annuaire Quelque soit votre région et même votre pays, ce site vous indiquera l'annuaire des différentes brocantes ou vide-greniers près de chez vous.
http://vide-greniers.org

Ce site vous donne les **dates des vide-greniers** et brocantes selon la région ou la ville. Il les accompagne parfois de commentaires et donne le plan d'accès.
http://les.vide.greniers.free.fr

N'hésitez pas à aller dans votre mairie pour vous renseigner sur les commerces de proximité, les services ainsi que les activités et les festivités organisées par votre commune.

Glossaire

Aérogénérateur : système permettant de convertir l'énergie du vent en énergie électrique.

Air primaire : air alimentant la base des flammes pour assurer la combustion du bois dans un poêle.

Air secondaire (arrivée d') : ouverture qui introduit un courant d'air au-dessus du feu, ce qui force les gaz à descendre dans le feu avant de monter dans le conduit de cheminée. C'est l'air secondaire qui assure la combustion des gaz.

Axe : la plupart des éoliennes modernes tournent sur un axe horizontal ; elles ont un gouvernail ou une girouette (aile) d'un côté, un arbre et un générateur au centre, un moyeu de propulseur rotatif à l'autre extrémité. La girouette tourne afin que les pales soient toujours face au vent.

Babeurre : liquide laiteux se séparant du beurre au cours du barattage de la crème.

Barboteur : sorte de siphon par où s'échappe le gaz du seau à fermentation.

Bioclimatique (habitat) : habitat dans lequel la climatisation est réalisée en tirant le meilleur parti des rayonnements solaires et de la circulation naturelle de l'air.

Blanchiment : méthode consistant à placer une plante à l'abri de la lumière pour qu'elle s'étiole et perde sa couleur, afin de l'attendrir et parfois d'en atténuer l'amertume. On blanchit les endives, les pissenlits, etc.

Butter : former une butte de terre au pied d'une plante pour la protéger du froid, la stabiliser et encourager la production de petites racines ou de tubercules. C'est aussi un moyen de blanchir certaines plantes.

Buttes (culture sur) : il s'agit de former des buttes de terre pour y installer des plantes. C'est l'équivalent de la culture en planches surélevées.

Caïeu : petit bulbe qui se développe à l'intérieur du bulbe principal et sert à multiplier la plante.

Capteur solaire thermique : dispositif conçu pour capter l'énergie solaire et la transformer en énergie thermique, destinée au chauffage de l'eau sanitaire ou à un système de chauffage. Le capteur se présente généralement sous la forme d'un coffre vitré à l'intérieur duquel une plaque noire (l'absorbeur) et des tubes métalliques reçoivent le rayonnement solaire et chauffent un liquide dit caloporteur. Quand ils sont « intégrés » ou « incorporés » à une toiture, les panneaux de capteurs assurent également une fonction de couverture du bâtiment.

Cellule photovoltaïque : générateur électrique élémentaire. Il s'agit d'un composant électronique semi-conducteur dans lequel l'absorption des photons du rayonnement solaire libère des électrons chargés négativement et des « trous » chargés positivement ; ces charges électriques sont séparées par un champ électrique interne et collectées par une grille à l'avant et par un contact à l'arrière.

Chancre : maladie due à un champignon qui provoque des lésions sous forme de petites taches allongées et de crevasses. Il faut tailler et brûler tiges et branches contaminées (pommiers, poiriers).

Chancre du panais : noircissement et pourrissement du haut de la racine. Cette maladie est favorisée par l'humidité, les sols trop azotés ou pauvres en calcaire.

Châssis froid : cadre en planches recouvert d'un vitrage utilisé pour protéger des semis ou favoriser la croissance des plantes exigeantes en chaleur. On parle de châssis froid parce que dans ce mode de culture, aucun processus n'est prévu pour apporter de la chaleur (à la différence de la culture sur couche chaude, *voir* ce mot).

Chauffage solaire passif : technique de chauffage qui utilise l'inertie thermique (*voir* p. 49-50).

Collet : point de jonction entre la racine et la tige d'une plante, situé au niveau du sol.

Compost : résultat de la fermentation de déchets, produit en vue de récupérer des éléments riches en minéraux et en matières organiques pour les intégrer au sol et ainsi l'enrichir. Le compost est l'étape intermédiaire entre la matière fraîche et l'humus (*voir* ce mot).

Contre-cloison : cloison posée devant une autre paroi ; l'espace laissé entre les deux peut être rempli ou non d'un produit isolant.

Cordon : arbre fruitier à une seule tige portant de petites branches latérales.

Couche chaude (culture sur) : cette technique consiste à enterrer une couche de fumier frais afin que celui-ci, en se dégradant, dégage de la chaleur qui favorise la croissance des plantes.

Créosote : mélange collant de goudrons et de graisses très inflammables, pouvant s'accumuler dans les conduits de cheminée, puis s'enflammer, provoquant un feu de cheminée. La créosote est le produit de la combustion incomplète du bois, et sa présence est favorisée lorsque le feu est étouffé.

Culture dérobée (ou culture secondaire, ou intercalaire) : il s'agit d'un végétal à croissance rapide ou à faible développement, planté sur un espace inutilisé entre des cultures principales à croissance plus lente. La culture dérobée doit pouvoir être récoltée avant que la culture principale ait besoin de l'espace pour se développer. Toutes les salades conviennent, ainsi que les radis, les courgettes, les courges et les potirons (à planter, par exemple, au pied du maïs et des haricots d'Espagne).

Culture intercalaire voir **Culture dérobée.**

Déflecteur : paroi autour de laquelle la fumée et le gaz doivent passer pour traverser un poêle ; paroi destinée à contrôler l'écoulement de l'air.

Drageon : tige formée par un œil situé sur une racine. Une fois séparé du pied mère, il se conduit comme une plante à part entière.

Éclaircir (les semis) : éliminer les plants trop serrés pour laisser la place aux autres.

Émissions : émanations toxiques (en particulier de monoxyde d'azote) dues à une mauvaise combustion. Un bon poêle moderne produit relativement peu d'émissions.

Endurcir (les semis) : rendre les semis plus résistants en les plaçant à l'extérieur, d'abord quelques heures à l'abri du vent lorsqu'il fait doux, puis de plus en plus longtemps, avant de les repiquer en pleine terre à l'extérieur.

Énergie solaire passive : énergie solaire captée, stockée et distribuée sans aucun apport d'énergie extérieure.

Éolienne de toit : en réponse à la demande d'énergie renouvelable pour tous, un petit modèle de générateur de toit a été commercialisé. Mais certains experts remettent en cause ce type d'appareil en raison des vibrations, du bruit à l'intérieur du bâtiment et des fortes turbulences qu'il provoque au niveau du toit.

Espalier : rangée d'arbres fruitiers adossés à un mur contre lequel on palisse leurs branches. *Voir* palissage.

Fluide caloporteur : fluide transportant ou évacuant de la chaleur.

Fluide frigorigène : fluide susceptible de se vaporiser et de se condenser à des températures proches de celles de notre environnement lorsque l'on modifie sa pression. Il est capable de produire du froid en captant la chaleur d'un local ou d'une enceinte et en la rejetant à l'extérieur.

Godet : contenant de petite taille utilisé pour la culture de jeunes plants pendant une courte période.

Gourmand : rameau qui se développe à partir d'une branche ou tige principale, et qui doit être supprimé, car il épuise inutilement la plante porteuse.

Griffe : nom donné en raison de leur forme aux racines des asperges ; outil en forme de griffe servant à ameublir le sol.

Habiller (un plant) : suppression d'une partie des racines et du feuillage au moment de la plantation.

Humifère : riche en humus.

Humus : matière noire et spongieuse obtenue par la décomposition lente de matière organique. L'humus produit naturellement les éléments nutritifs indispensables aux plantes.

Inertie thermique : capacité pour un matériau d'accumuler de l'énergie calorifique et de la restituer en un temps plus ou moins long.

Insert : équipement de chauffage au bois à foyer fermé, destiné à la rénovation d'une cheminée existante à foyer ouvert, dont il améliore les performances.

Masse thermique : quantité de chaleur qu'un matériau est capable de capter. Plus le matériau est lourd et dense, donc plus sa masse est élevée, et plus il peut accumuler et conserver la chaleur longtemps, donc la restituer.

Mât (d'une éolienne) : la plupart des générateurs éoliens doivent être installés au sommet d'un mât – plus la machine est grosse, plus le mât est large, haut, et généralement de conception complexe. Généralement, plus la tour est haute, plus le vent est rapide et constant ; les tours peu élevées souffrent en général d'une vitesse de vent inférieure et de fortes turbulences.

Microcentrale : installation hydroélectrique d'une puissance inférieure ou égale à 500 kW.

Mosaïque du concombre : virus transmis par les pucerons ou d'autres plantes malades, qui touche les concombres, courgettes, céleris, haricots et poivrons. Il provoque une marbrure ou une mosaïque et une déformation des feuilles. Arrachez les plantes contaminées dès le début des symptômes.

Mur Trombe (ou mur capteur) : dispositif composé d'une paroi vitrée, posée devant un mur doté d'une masse thermique importante et de ventilations hautes et basses. La chaleur provenant du rayonnement du soleil chauffe le dispositif, qui capte et accumule la chaleur pour la restituer ensuite.

Œilleton (d'artichaut) : rejet se développant à la base de la touffe principale.

Oïdium : maladie, parfois qualifiée de « blanc », due à un champignon microscopique et provoquant un feutrage blanchâtre sur la plante touchée.

Paillis : couverture de paille, d'écorces, de feuilles mortes, de plastique... au pied des plantes, destinée à les protéger du froid et de la sécheresse, mais aussi à limiter les mauvaises herbes.

Palissage : opération consistant à attacher les branches ou les tiges d'une plante sur un tuteur, contre un mur, ou tout autre support, pour les soutenir et leur donner une direction précise.

Pare-vapeur : feuille ou membrane réduisant le passage de la vapeur d'eau provoquée notamment par la respiration des habitants.

Passif, passive voir **Énergie solaire passive.**

Photovoltaïque voir **Cellule photovoltaïque.**

Pincer : supprimer l'extrémité tendre d'un rameau, en général avec le pouce et l'index (parfois avec des ciseaux), pour favoriser la ramification.

Planche surélevée voir p. 93.

Plancher chauffant : dispositif de chauffage intégré à une dalle de béton.

Plantule : toute jeune plante issue de la germination d'une graine.

Poêle de masse : poêle fabriqué dans un matériau doté très dense et lourd (briques, terre) ; en effet, plus sa masse est importante, plus grande sera la quantité de chaleur qu'il a la propriété d'absorber par inertie. Il restitue ensuite la chaleur par rayonnement.

Pont thermique : zone présentant une moindre résistance thermique ; il s'agit souvent de la jonction de deux parois, par exemple. Les ponts thermiques créent un point froid où l'humidité peut se condenser.

Poquet (semis) : technique consistant à déposer un groupe de trois à cinq graines dans un trou au lieu d'une seule.

Pourriture des racines de la violette : maladie cryptogamique (provoquée par un champignon) qui provoque l'apparition de filaments violet foncé renfermant des taches sombres sur les navets, pommes de terre, carottes, panais ; les racines peuvent pourrir. Arrachez les plantes malades, brûlez les racines et améliorez le drainage du sol.

Racines fourchues : problème apparaissant chez les carottes et parfois les panais, dû à un apport d'engrais juste avant la plantation, à un sol trop maigre ou à un sol trop pierreux. Choisissez un terrain qui n'a pas été enrichi pour de précédentes récoltes.

Racines nues : mode de commercialisation et de plantation des arbres et arbustes avec les racines apparentes, par opposition aux plantes vendues avec leur motte, en conteneurs.

Repiquage : transfert de jeunes plants issus de semis vers un emplacement où ils auront plus d'espace. Le repiquage peut se faire en pleine terre comme en pot.

Rotor : partie tournante d'un mécanisme rotatif (turbine, compresseur, alternateur).

Roue hydraulique : machine transformant l'énergie disponible d'une chute d'eau en énergie mécanique.

Sonde géothermique : échangeur de chaleur constitué de tubes de polyéthylène insérés verticalement dans un forage de plusieurs dizaines de mètres de profondeur et dans lesquels circule un fluide frigorigène (*voir* ce mot) qui prélève la chaleur du sol environnant.

Stolon : tige rampante, aérienne ou souterraine, qui s'enracine à son extrémité et forme une nouvelle plante.

Terrine : récipient peu profond, en terre cuite, utilisé pour les semis et les repiquages de plantes fragiles.

Thrips : insectes allongés qui perforent feuillages et fleurs, provoquant une marbrure argentée et une déformation. Différentes espèces attaquent les oignons, les pois et les plantes de serre. Arrosez bien et gardez humide l'atmosphère de la serre.

Tipi : tuteurage, en forme de tipi, des haricots et des pois.

Toilettes à litière biomaîtrisée : toilettes n'utilisant pas d'eau et visant à réintroduire les déjections au cycle de formation de l'humus. La conception est différente de celle des toilettes sèches de type Clivus ; on utilise ici de la cellulose végétale pour bloquer les réactions enzymatiques qui transforment l'azote (utile) en ammoniac (inutile et malodorant).

Trayon : extrémité de la mamelle des vaches, brebis et chèvres permettant au lait de sortir.

Turbine : moteur composé d'une roue mobile sur laquelle est appliquée l'énergie d'un fluide moteur (qui peut être un gaz, de l'eau, de la vapeur...).

Turion : jeune pousse souterraine des asperges.

Vermiculite : minéral argileux employé comme isolant thermique en raison de son aptitude à augmenter de volume en se déshydratant sous l'effet de la chaleur.

Voile de protection (ou voile horticole) : toile synthétique très légère, non tissée, qui protège les plantes du froid et de certains ravageurs, tels que la mouche de la carotte.

Index

D

E

F

G

R

S

T

V-Y

Crédits photographiques

De haut en bas et de gauche à droite :
h = haut, b = bas, c = centre, g = gauche, d = droite.

Ph. © Fabien Delairon : pages 14 (hg), 15 (hg) et (bd), 62, 166 (bg), 178 (hd), 179 (hd) et (bg), 192 (hd) et (bg), 201 (4 ph.), 216, 217 (4 ph.).

Ph. © Emma Luvisutti : pages 4 (bg), 15 (bg), 20 (hg) et (bd), 31, 89, 108 (hg), 153 (bd), 154.

Ph. © Alix Marnat : pages 3, 5 (bd), 30 (hg) et (bd), 44 (hd), 70 (4 ph.), 71, 80 (hg) et (bg), 81, 98 (hd) et (bg), 99, 108 (bg), 109, 116 (hd) et (bg), 117, 144, 153 (hg) et (hd), 166 (hg) et (bd), 178 (bd), 228.

Ph. © Olivier Ploton : pages 4 (bc et bd), 5 (bg et bc), 8 (hg) et (b), 9, 14 (hd), (bd) et (bg/Jardins de Vieils-Maisons 02), 15 (hd), 20 (hd) et (bg), 30 (hd) et (bg), 44 (hg) et (bd-bg), 45, 70 (4 ph.), 80 (hd) et (bd), 88 (hg-hd/Jardins de Vieils-Maisons 02) et (bg-bd), 98 (hg) et (bd), 108 (hd) et (bd), 116 (hg) et (bd), 124, 143 (4 ph.), 153 (bg), 161 (4 ph.), 162, 166 (hd), 167, 171 (4 ph.), 178 (hg) et (bg), 179 (hg) et (bd), 187, 192 (hg) et (bd), 193, 200 (4 ph.), 208 (4 ph.), 209 (4 ph.).

Nous tenons également à remercier Brigitte Guilmin et Olivier Raquois, Annie Férère et Louis Cocat, Marie-Thérèse et Jean Le Bis, Chloé, Lucas et Marin Chaspoul pour nous avoir permis de réaliser certaines des photos de l'ouvrage.

Un grand merci à Christine et Blandine de nous avoir ouvert les portes de leur charmante maison de Coulommiers et pour leur acceuil chaleureux ; à Charles, Camilla, Ibook et tous les autres animaux dont nous n'avons pas retenu le nom... pour leur patience.

Photogravure : IGS, 16 L'Isle d'Espagnac.
Imprimé en Espagne par Graficas Estella, Estella.
Dépôt légal : Avril 2015
313690/01 - 11025853 - Mars 2015